Gymnasium Bayern

Deutschbuch

Sprach- und Lesebuch

7

Herausgegeben von
Kurt Finkenzeller und Andrea Wagener

Erarbeitet von
Sabine Gräwe (Bamberg)
Stefan Hahnemann (Ingolstadt)
Robin Hötschl (Ingolstadt)
Nathali Jückstock-Kießling (Erlangen)
Michael Lessing (Schwabach)
Markus Peter (Vilshofen a. d. Donau)
Christian Rühle (Weilheim i. OB)
Martin Scheday (Passau)
Florian Schneider (Ingolstadt)
Andrea Stadter (Fürth)
Konrad Wieland (Vilshofen a. d. Donau)

Cornelsen

Euer Deutschbuch auf einen Blick

Das Buch ist in **vier Kompetenzbereiche** aufgeteilt. Ihr erkennt sie an den Farben:

|||||||||| Sprechen – Zuhören – Schreiben
|||||||||| Lesen – Mit Texten und weiteren Medien umgehen
|||||||||| Sprachgebrauch und Sprache untersuchen und reflektieren
|||||||||| Methoden und Arbeitstechniken

Jedes **Kapitel** besteht aus **drei Teilen**:

1 Üben der Hauptkompetenz
Hier wird die Fähigkeit trainiert, um die es in dem Kapitel hauptsächlich geht, z. B. in Kapitel 7 – „Die Mitternacht zog näher schon" – Balladen verstehen und gestalten:

|||||||||| 7.1 Von Mut und Übermut – Balladen lesen und untersuchen

2 Verknüpfung mit einem zweiten Kompetenzbereich
Die Hauptkompetenz wird mit einem anderen Kompetenzbereich verbunden und vertiefend geübt, z. B.:

|||||||||| 7.2 Stoff für einen Zeitungsartikel – Eine Ballade umgestalten

3 Fit in ... oder Projekt
Hier überprüft ihr das Gelernte anhand einer Übungsschulaufgabe und einer Checkliste oder ihr erhaltet Anregungen für ein Projekt, z. B.:

|||||||||| 7.3 Projekt – Eine Ballade szenisch gestalten

Grundlegendes Wissen findet ihr in den blauen Kästen mit der Bezeichnung

Wissen und können.

Auf den blauen Seiten am Ende des Buches (▶ S. 306–348) könnt ihr die Informationen und Methoden (= „Wissen und können") aus den Kapiteln noch einmal nachschlagen.

Lernaufgaben
In diesem Buch findet ihr an vielen Stellen **Aufgaben**, die ihr über einen **längeren Zeitraum selbstständig** bearbeitet. Abschließend könnt ihr sie z. B. mit Hilfe von Checklisten oder Feedbackbögen bewerten. Die Lernaufgaben findet ihr vor allem auf den Seiten **„Fordern und fördern"**, in den **Projektkapiteln** sowie als **Zusatzaufgaben** für Profis. Eure Ergebnisse solltet ihr ausstellen oder in Lerngruppen vergleichen.

Folgende **Kennzeichnungen** werdet ihr im Buch entdecken:

- 👥 Partnerarbeit
- 👥👥 Gruppenarbeit
- 🔊 Diese Texte könnt ihr euch anhören.
- ▶ S. 313 Auf der angegebenen Seite könnt ihr weitere Informationen nachschlagen.
- ●○○ Fordern und fördern: Aufgaben mit Hilfen und Tipps
- ●●○ Fordern und fördern: Aufgaben, die schwieriger zu lösen sind als die mit einem Punkt
- ●●● Fordern und fördern: Diese Aufgaben verlangen, dass ihr sie möglichst selbstständig bearbeitet.
- [4] Zusatzaufgabe

Inhaltsverzeichnis

1 Leben in virtuellen Welten? – Materialgestützt informieren 13
Sprechen – Zuhören – Schreiben
Kompetenzschwerpunkt

1.1 Kommunikation im Wandel – Informationen vergleichen und weiterführen 14
Eine Jugend ohne Handy und Internet 14
Informationen sammeln und ordnen 15
Messengerdienste 15
Ein Diagramm zur Internetnutzung 16
Interview mit Philippe Wampfler 17
Thema „Stressfaktor Smartphone" 18
Über das Thema „Kommunikation im Wandel" mit Hilfe von Materialien informieren 20
✗ Testet euch! – Informationen mit eigenen Worten wiedergeben 23

▶ **Lesetechniken und -strategien anwenden**
nutzen Zusatzinformationen und beziehen eigene Erfahrungen mit ein, um pragmatische Texte in unterschiedlicher medialer Form, auch zu unbekannten Themen, zu verstehen

▶ **Pragmatische Texte verstehen und nutzen**
verstehen pragmatische Texte unterschiedlicher medialer Form (z. B. Lexika, nicht lineare Texte wie Diagramme, Grafiken, Abbildungen, Erklärvideos) und entnehmen ihnen Informationen, um ihr Interesse und Verständnis für Sachfragen zu vertiefen; untersuchen pragmatische Texte mit Hilfe von Leitfragen, z. B. zu Inhalt, Adressatenbezug, Intention; prüfen, auch im Vergleich mehrerer Texte, die Qualität von Informationen

1.2 Computerspiele – Einen informierenden Text untersuchen und materialgestützt fortsetzen
Die USK – Wer entscheidet über die Altersfreigabe bei Computerspielen? 24
Jugendschutzgesetz § 14 26
Statistik 2016: Freigaben 2004–2016 26
Fordern und fördern – Informationen mit eigenen Worten wiedergeben 27
Machen Computerspiele gewalttätig? 27

▶ **Weitere Medien verstehen und nutzen**
erkennen die Notwendigkeit eines verantwortungsvollen Umgangs und reflektieren ihre eigene Mediennutzung und -rezeption

▶ **Über Schreibfertigkeiten verfügen**
nutzen Formen der Redewiedergabe (v. a. Paraphrase, indirekte Rede) für die Übernahmen von Informationen aus fremden Texten; wenden Textverarbeitungsprogramme auch zum Überarbeiten an

1.3 Fit in ... – Einen informierenden Text verfassen 29

▶ **Texte planen, schreiben und überarbeiten**
nutzen geeignete Verfahren zur Ideensammlung und konzipieren ihre Texte adressatengerecht; strukturieren ihre Texte und überprüfen deren Logik; verfassen informierende Texte über einfache Sachverhalte, indem sie geeignete Materialien auswerten

2 Respekt und Benehmen – Zu strittigen Fragen begründet Stellung nehmen 33
Sprechen – Zuhören – Schreiben
Kompetenzschwerpunkt

2.1 Wozu Regeln? – Überzeugend argumentieren 34
Argument = Behauptung, Begründung, Beispiel 34
Gutes Benehmen kann man lernen 34
Benimmkurs als Schulfach? – Eine Pro-und-Kontra-Diskussion führen 36
Respekt vor dem Alter? – Einen Leserbrief schreiben 38
Wissen ältere Menschen alles besser als jüngere Menschen? 38
✗ Testet euch! – Argumentieren – Stellung nehmen 42

▶ **Texte planen, schreiben und überarbeiten**
planen und strukturieren ihre Texte mit Hilfe verschiedener Ordnungssysteme und überprüfen deren Logik; nehmen begründet Stellung zu Themen ihres näheren Erfahrungsbereichs, formulieren Behauptungen, stützen sie mit Begründungen und veranschaulichen diese durch Beispiele; ordnen Argumente nach ihrer Stichhaltigkeit an und bauen einen argumentierenden Text linear auf; beurteilen und überarbeiten eigene und fremde Texte mit geeigneten, der Schreibsituation angemessenen Kriterien eigenständig; überarbeiten Texte auch im Team und überprüfen dabei gezielt Sprachrichtigkeit und Stil

2.2	Eine Kultur des Beleidigens? – Zu einer Diskussion im Internet schriftlich Stellung nehmen **43**
	„Das war nicht schlecht, das war richtig gruselig!" 43
	Fordern und fördern – Stellung nehmen 45
2.3	Fit in … – Schriftlich argumentieren **47**

▶ Verstehend zuhören sowie zu, vor und mit anderen sprechen
hören Gesprächspartnern aufmerksam zu, um Aussage und Intention zu erfassen; sprechen weitgehend frei, strukturiert und adressatenorientiert über Erfahrungen, Ereignisse, Vorgänge bzw. Texte des weiteren Erfahrungsbereichs und verwenden dabei angemessen und sicher die Grundformen des Argumentierens; bewältigen verschiedene Gesprächssituationen (z. B. Unterrichts-, Fach- und Alltagsgespräche) sicher, indem sie das jeweils geeignete sprachliche Handlungsmuster verwenden; vertreten in Diskussionen oder in anderen kurzen Redebeiträgen mit Argumenten ihre eigene Meinung; fassen in Gesprächen die Positionen anderer zusammen und bekräftigen oder widerlegen deren Argumentation

Sprechen – Zuhören – Schreiben

3 Clevere Typen – Erzählungen lesen und zusammenfassen 49

Kompetenzschwerpunkt

3.1	Wendepunkte – Über den Inhalt einer Geschichte informieren **50**
	Geschichten untersuchen und zusammenfassen 50
	Annette Weber: Eins zu null für Fabian 50
	Giovanni Boccaccio: Der Koch und der Kranich 55
	❌ Testet euch! – Über den Inhalt einer Geschichte informieren 58
3.2	Unterhaltsames und Lehrreiches – Kurze Geschichten untersuchen **59**
	Besondere Alltagssituationen in Kurzgeschichten 59
	Wladimir Kaminer: Schönhauser Allee im Regen 59
	Anekdoten bringen es auf den Punkt 61
	Herbert Ihering: Die schlechte Zensur 61
	Hermann Schreiber: Der alte Mantel 62
	Kalendergeschichten oder Kluges im Kleinformat 63
	Bertolt Brecht: Der hilflose Knabe 63
	Johann Peter Hebel: Der kluge Richter 64
	Fordern und fördern – Eine kurze Geschichte untersuchen 65
3.3	Fit in … – Über den Inhalt einer Geschichte informieren **67**
	Herbert Birken: Achmed, der Narr 67

▶ Literarische Texte verstehen und nutzen
vollziehen auch zunächst fremde Handlungen und Denkweisen von Figuren nach; erleben Literatur als Erfahrungsraum und Möglichkeit zur Begegnung mit anderen Zeiten, Gesellschaften, Kulturen und Milieus und verwenden literarische Texte zur Überprüfung eigener Haltungen und Urteile; erschließen epische Kleinformen; erschließen literarische Texte unter Beachtung prägender Merkmale, v. a. Form- und Gattungselemente, Thematik, Aufbau, Handlungsführung, Figuren, auffällige sprachliche Mittel

▶ Über Schreibfertigkeiten verfügen
nutzen Formen der Redewiedergabe (v. a. indirekte Rede) für die Übernahme von Informationen

▶ Texte planen und schreiben
informieren über literarische Texte, indem sie das Thema benennen und die wesentlichen Handlungsschritte herausarbeiten

▶ Texte überarbeiten
beurteilen und überarbeiten eigene und fremde Texte mit geeigneten, angemessenen Kriterien eigenständig; überarbeiten Texte auch im Team und überprüfen dabei gezielt Sprachrichtigkeit und Stil

Sprechen – Zuhören – Schreiben

Kompetenzschwerpunkt

4 Mit allen Sinnen – Anschaulich erzählen 71

4.1 Draußen sein mit allen Sinnen – Stimmungen schildern **72**
Erzählen und Berichten unterscheiden 72
Weißer Sommer 72
Schwere Unwetter nach Hitzewelle 72
Mit bildhafter Sprache anschaulich und lebendig schildern 74
Schilderungen in Erzählungen untersuchen und fortsetzen 77
Susan Kreller: Schneeriese 77
❌ Testet euch! – Schildern 78

4.2 Unterwegs – Schilderungen in literarischen Texten **79**
Inés Garland: Wie ein unsichtbares Band (1) 79
Inés Garland: Wie ein unsichtbares Band (2) 81
Cornelia Funke: Tintenherz 85
Fordern und fördern – Einen Text schildernd fortsetzen 87

4.3 Fit in ... – Schildern **89**
Jean Craighead George: Julie von den Wölfen 89

▶ **Literarische Texte verstehen und nutzen**
erschließen literarische Texte unter Beachtung prägender Merkmale, v. a. Thematik, Aufbau, Handlungsführung, Figuren-Raum- und Zeitgestaltung, auffällige sprachliche Mittel

▶ **Über Schreibfertigkeiten verfügen**
wenden die Grundformen schriftlicher Darstellung (Erzählen und Berichten) der Schreibsituation angemessen an; setzen eine angemessene Auswahl vielfältiger sprachlicher Mittel gezielt zur Textgestaltung ein (z. B. treffende Wortwahl, anschauliche Adjektive/Partizipien und sprachliche Bilder)

▶ **Texte planen und schreiben**
nutzen geeignete Verfahren zur Ideensammlung und planen ihre Texte mit Hilfe verschiedener Ordnungssysteme; erzählen zu unterschiedlichen Impulsen wirkungsvoll von Erlebtem und Erfundenem; gestalten die erzählte Welt, indem sie schildernde und beschreibende Elemente verwenden, u. a. in der Auseinandersetzung mit literarischen Texten

▶ **Texte überarbeiten**
beurteilen und überarbeiten eigene und fremde Texte mit geeigneten, der Schreibsituation angemessenen Kriterien eigenständig; nutzen beim Überarbeiten von Texten ein zunehmend breiteres Repertoire an Methoden, z. B. die Umstell-, Erweiterungs-, Ersatz- und Weglassprobe

Lesen – Mit Texten und weiteren Medien umgehen

Kompetenzschwerpunkt

5 Ruhm, Ehre, Macht und Minne – Das Mittelalter kennen lernen 91

5.1 Das Nibelungenlied – Auszüge eines Epos erschließen **92**
Heldenfiguren und ihre Beziehungen untersuchen 92
Wie Siegfried nach Worms kam 92
Das Bild des Ritters untersuchen 95
Wie Siegfried mit den Sachsen stritt 95
Schwert und Rüstung allein machen noch keinen Ritter aus 97
Das Verhalten der Figuren Kriemhild und Brünhild ergründen 99
Wie die Königinnen einander beschimpften 99
Das Ende des Nibelungenepos kennen lernen 102
❌ Testet euch! – Inhalte des Nibelungenliedes kennen 104

▶ **Literarische Texte verstehen und nutzen**
vollziehen auch zunächst fremde Handlungen und Denkweisen von Figuren nach; erleben Literatur als Erfahrungsraum und Möglichkeit zur Begegnung mit anderen Zeiten, Gesellschaften, Kulturen (insbesondere Mittelalter) und Milieus und verwenden literarische Texte zur Überprüfung eigener Haltungen und Urteile; erschließen Gedichte, nutzen handlungs- und produktionsorientierte Methoden, um ihr Textverständnis abzubilden und zu vertiefen, z. B. durch Fortsetzungen, Umschreibungen aus anderen Perspektiven und in andere Textsorten, Verwendung anderer medialer Formen, Füllen von Leerstellen

5.2 Mittelhochdeutsche Gedichte – Den Bedeutungswandel von Wörtern untersuchen ... **105**

Minnelyrik kennen lernen ... 105
Walther von der Vogelweide:
Nemt, fróuwe, disen kranz ... 105
Friedrich von Hausen:
In mînem troume ich sach ... 105
Georg Britting: Kurze Antwort ... 107
Wörter und ihr Bedeutungswandel ... 108
Formen des Bedeutungswandels ... 108
Fordern und fördern – Mittelalterliche Gedichte erschließen ... 111

5.3 Projekt – Ritterbilder vergleichen und in einem Galeriegang mit Audioguide vorstellen ... **113**

▶ **Texte planen und schreiben**
informieren über literarische Texte, indem sie das Thema benennen und die wesentlichen Handlungsschritte herausarbeiten

▶ **Sprachliche Verständigung untersuchen und reflektieren**
beschreiben grundlegende Entwicklungen des Wortschatzes, insbesondere den Bedeutungswandel, und vertiefen so ihr Sprachbewusstsein

6 Lesen – Mit Texten und weiteren Medien umgehen
Kompetenzschwerpunkt
„Nennt mich nicht Ismael!" – Einen Jugendroman lesen und verstehen **115**

6.1 Ismael, Scobie, Barry – Figuren und Handlungsabläufe untersuchen ... **116**

Die Hauptfigur und der Erzähler ... 116
Michael Gerard Bauer:
Nennt mich nicht Ismael! (1) ... 116
Die Hauptfigur charakterisieren ... 118
Nennt mich nicht Ismael! (2) ... 118
Die Raum- und Zeitgestaltung untersuchen ... 122
Den zentralen Konflikt erschließen ... 123
Nennt mich nicht Ismael! (3) ... 123
Ein Lesetagebuch führen ... 127
❌ Testet euch! – Den Charakter einer Figur erschließen ... 128
Nennt mich nicht Ismael! (4) ... 128

6.2 Im Debattierclub – Aus Sicht der Figuren argumentieren ... **129**

Nennt mich nicht Ismael! (5) ... 129
Fordern und fördern – Aus Sicht einer Figur argumentieren ... 131
Nennt mich nicht Ismael! (6) ... 131

6.3 Fit in ...– Die Sicht einer Figur einnehmen ... **135**

Nennt mich nicht Ismael! (7) ... 135

▶ **Lesetechniken und -strategien anwenden**
vertiefen ihre Leseerfahrung durch schulische Lektüre, insbesondere aus dem Bereich der modernen oder klassischen Jugendbücher; dokumentieren ihr Textverständnis, z. B. in Lesetagebüchern

▶ **Literarische Texte verstehen und nutzen**
vollziehen auch zunächst fremde Handlungen und Denkweisen von Figuren nach; erleben Literatur als Erfahrungsraum und Möglichkeit zur Begegnung mit anderen Gesellschaften und Milieus und verwenden literarische Texte zur Überprüfung eigener Haltungen und Urteile; erschließen literarische Texte unter Beachtung prägender Merkmale, v. a. Form- und Gattungselemente, Thematik, Aufbau, Handlungsführung, Figuren-, Raum- und Zeitgestaltung, auffällige sprachliche Mittel; nutzen handlungs- und produktionsorientierte Methoden, um ihr Textverständnis abzubilden und zu vertiefen

▶ **Über Schreibfertigkeiten verfügen**
wenden die Grundformen schriftlicher Darstellung (Erzählen, Informieren und Argumentieren) der Schreibsituation angemessen an

▶ **Texte planen und schreiben**
formulieren Behauptungen, stützen sie mit Begründungen und veranschaulichen diese durch Beispiele; bauen einen argumentierenden Text linear auf (z. B. in Form eines sachlichen Briefs)

7 Lesen – Mit Texten und weiteren Medien umgehen
„Die Mitternacht zog näher schon" – Balladen verstehen und gestalten   137

7.1 Von Mut und Übermut – Balladen lesen und untersuchen   138
Eine Ballade verstehen und vortragen   138
Heinrich Heine: Belsatzar   138
Merkmale von Balladen kennen lernen   141
Friedrich Schiller: Der Handschuh   141
Eine Ballade inhaltlich verstehen und formal untersuchen   144
Johann Wolfgang Goethe: Der Fischer   144
Eine Ballade gestaltend erschließen   146
Annette von Droste-Hülshoff: Der Knabe im Moor   146
Ballade oder nicht? – Textformen vergleichen   148
Theodor Storm: Abseits   148
Komische Balladen lesen und selbst verfassen   149
Joachim Ringelnatz: Ein männlicher Briefmark   149
Heinz Erhardt: Ritter Fips und sein anderes Ende   149
❌ Testet euch! – Balladen untersuchen   150
Ludwig Uhland: Die Rache   150

7.2 Stoff für einen Zeitungsartikel – Eine Ballade umgestalten   151
Wolf Biermann: Die Ballade vom Briefträger William L. Moore aus Baltimore   151
Fordern und fördern – Einen Zeitungsartikel verfassen   153

7.3 Projekt – Eine Ballade szenisch gestalten   155
Emanuel Geibel: Die Goldgräber   155
„Die Goldgräber" als Theaterstück gestalten   157
„Die Goldgräber" als Hörspiel gestalten   158

Kompetenzschwerpunkt

▶ **Literarische sowie pragmatische Texte verstehen und nutzen**
erleben Literatur als Erfahrungsraum und Möglichkeit zu Begegnung mit anderen Zeiten, Gesellschaften und Kulturen; verwenden literarische Texte zur Überprüfung eigener Haltungen und Urteile; erschließen Balladen unter Beachtung prägender Merkmale, v. a. Thematik, Aufbau, Handlungsführung, Metrik, Reimschema; nutzen handlungs- und produktionsorientierte Methoden, um ihr Textverständnis abzubilden und zu vertiefen, z. B. durch Fortsetzungen, Umschreibungen in andere Textsorten, Verwendung anderer medialer Formen, Gestaltung eines Theaterstücks; untersuchen pragmatische Texte ggf. mit Hilfe von Leitfragen

▶ **Zu, vor und mit anderen sprechen**
tragen Balladen frei und sinnbetont vor; setzen einfache rhetorische Mittel ein; unterstützen ihre Beiträge durch stimmliche und nonverbale Mittel, z. B. Variation des Sprechtempos, Modulation der Stimme, Mimik und Gestik; vertreten in Diskussionen oder in kurzen Redebeiträgen (z. B. im Rollenspiel) mit Argumenten ihre eigene Meinung

▶ **Szenisch spielen**
gestalten beim szenischen Spiel eigenständig Szenen und Rollen und setzen ggf. Medien ein; nutzen das szenische Darstellen als eine Möglichkeit der Persönlichkeitsentfaltung und für das Verständnis von Sachverhalten bzw. literarischen Texten

8 Lesen – Mit Texten und weiteren Medien umgehen
„Träum weiter!" – Ein Jugendtheaterstück lesen, fortsetzen und spielen   159

8.1 „Rosinen im Kopf" – Figuren und ihre Konflikte untersuchen   160
Thomas Ahrens / Volker Ludwig: Rosinen im Kopf (1)   160
Rosinen im Kopf (2)   164
❌ Testet euch! – Rund ums Theater   167

Kompetenzschwerpunkt

▶ **Literarische Texte verstehen und nutzen**
vollziehen zunächst fremde Handlungen und Denkweisen von Figuren nach; nutzen handlungs- und produktionsorientierte Methoden, um ihr Textverständnis abzubilden und zu vertiefen, z. B. durch Fortsetzungen, Füllen von Leerstellen

8.2 Nicos Traumwelt – Szenen schreiben und spielen ... **168**
Rosinen im Kopf (3) ... 168
Fordern und fördern – Theaterszenen schreiben ... 170

▶ **Szenisch spielen**
gestalten beim szenischen Spiel eigenständig Szenen und Rollen und setzen ggf. Medien ein; nutzen das szenische Darstellen als eine Möglichkeit der Persönlichkeitsentfaltung und für das Verständnis von Sachverhalten bzw. literarischen Texten

8.3 Projekt – Das Stück inszenieren ... **172**
Effekte erzielen – Chorisches Sprechen ... 172
Das Theaterstück aufführen ... 173

9 Lesen – Mit Texten und weiteren Medien umgehen
Ausgefallene Sportarten – Sachtexte lesen und auswerten 175
Kompetenzschwerpunkt

9.1 Höher, schneller, verrückter – Sachtexten Informationen entnehmen ... **176**
Sachtexte mit Hilfe der Fünf-Schritt-Lesemethode erschließen ... 176
Handyweitwurf und Moorfußball ... 176
Informationen übersichtlich zusammenfassen ... 179
Mara Schneider: Matschfußball ... 179
Sachtexte und Grafiken auswerten ... 182
Sina Löschke: Die Reifeprüfung ... 182
Diagramme auswerten ... 184
❌ Testet euch! – Sachtexte lesen und verstehen ... 185
Mülltonnenrennen ... 185

▶ **Lesetechniken und -strategien anwenden**
lesen Texte je nach Lesezweck in unterschiedlicher medialer Form, z. B. zur raschen Informationsentnahme punktuell oder zum vertieften Textverständnis schrittweise-sinnerfassend (sequenzielles Lesen)

▶ **Pragmatische Texte verstehen und nutzen**
verstehen pragmatische Texte unterschiedlicher Form (z. B. Jugendsachbücher, Jugendzeitschriften, Lexika, Wörterbücher; auch nicht lineare Texte wie Diagramme, Grafiken, Abbildungen, Erklärvideos) und entnehmen ihnen Informationen, um ihr Interesse und Verständnis für Sachfragen zu vertiefen; untersuchen pragmatische Texte ggf. mit Hilfe von Leitfragen, z. B. zu Inhalt, Adressatenbezug, Intention; recherchieren auf der Basis geeigneter Suchbegriffe im Internet

9.2 Die Olympischen Spiele – Informationen recherchieren, auswerten und präsentieren ... **186**
Holger Sonnabend:
Der Anfang der Olympischen Spiele ... 186
Fordern und fördern – Informationen vergleichen ... 188
Informationen recherchieren ... 190
Einen Kurzvortrag gliedern und halten ... 191

▶ **Texte planen, schreiben und überarbeiten**
konzipieren ihre Texte adressatengerecht; strukturieren ihre Texte und überprüfen deren Logik; verfassen informierende Texte über einfache Sachverhalte, indem sie geeignete Materialien (Bilder, Grafiken, kürzere Texte) auswerten; beurteilen und überarbeiten eigene und fremde Texte mit geeigneten, der Situation angemessenen Kriterien eigenständig

▶ **Zu und vor anderen sprechen**
informieren die Mitschüler, auch in Referaten, über ein Sachthema und setzen dabei Visualisierungsmittel ein, ggf. auch digitale

9.3 Fit in ... – Einen Jahrgangsstufentest meistern **192**
Die Paralympics ... 192
Medaillenspiegel Paralympics Sotschi (2014) ... 194

Lesen – Mit Texten und weiteren Medien umgehen · Kompetenzschwerpunkt

10 „Spin or God is a DJ" – Einen Kurzfilm untersuchen 195

10.1 Wenn Gott ein Discjockey wäre – Story und Figuren des Films kennen lernen **196**
Inhalt und Aufbau des Films erschließen 196
Haupt- und Nebenfiguren untersuchen 197
✖ Testet euch! – Den Inhalt eines Kurzfilms kennen 198

10.2 Kamera, Schnitt, Ton – Die Filmsprache untersuchen **199**
Fordern und fördern – Eine Filmsequenz untersuchen 201

10.3 Projekt – Eine Filmsequenz drehen **203**

▶ **Weitere Medien verstehen und nutzen**
untersuchen Filme, beschreiben dabei die Wirkung von Gestaltungsmitteln wie Ton- und Bildeffekten sowie Schnitttechnik; untersuchen ggf. filmische Sequenzen

▶ **Szenisch spielen**
gestalten beim szenischen Spiel eigenständig Szenen und Rollen und setzen Medien ein; nutzen das szenische Darstellen als eine Möglichkeit für das Verständnis von Sachverhalten

Sprachgebrauch und Sprache untersuchen und reflektieren · Kompetenzschwerpunkt

11 Von Wörtern umworben – Über Wörter und ihre Bedeutung nachdenken 205

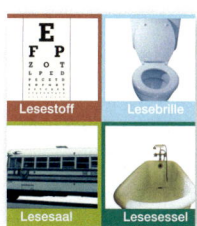

11.1 Gekonnt bewerben – Sprachbilder erzeugen und nutzen **206**
Synonyme erkennen und bewusst einsetzen .. 206
Homonyme erkennen und mit ihnen spielen .. 207
Metaphern untersuchen und einsetzen 208
Fachsprache übersetzen 209
Abstrakta und Konkreta unterscheiden 210
✖ Testet euch! – Wörter und ihre Bedeutung 211

11.2 Anglizismen in der Werbung – Sprachwandel untersuchen **212**
Fordern und fördern – Mit Anglizismen umgehen 214

11.3 Projekt – Neue Namen für Produkte erfinden **216**

▶ **Sprachliche Strukturen untersuchen und reflektieren**
beschreiben und begreifen Sprache als System, um sprachliche Verständigung fachgerecht untersuchen und reflektieren zu können; nutzen dabei Anglizismen aus dem eigenen Umfeld; strukturieren und erweitern ihren aktiven und passiven Wortschatz und ihr Ausdrucksvermögen, u. a. indem sie Abstrakta und einfachen Fachwortschatz erklären und verwenden

▶ **Sprachliche Verständigung untersuchen und reflektieren**
beschreiben grundlegende Entwicklungen des Wortschatzes, insbesondere den Bedeutungswandel, und vertiefen so ihr Sprachbewusstsein; erkennen Zusammenhänge zwischen sprachlicher Gestaltung und Wirkung (u. a. Synonyme, Homonyme, Metaphern, Wortspiele, Konkreta und Abstrakta)

Sprachgebrauch und Sprache untersuchen und reflektieren · Kompetenzschwerpunkt

12 Grammatiktraining – Wortarten bestimmen, den Konjunktiv anwenden 217

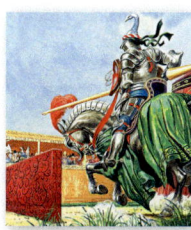

12.1 Modegeschichte(n) – Wortarten und Tempusformen wiederholen **218**
Rund um das Nomen 218
Mit Adverbien genaue Angaben machen 219
Personal- und Possessivpronomen 220

▶ **Über Schreibfertigkeiten verfügen**
nutzen Formen der Redewiedergabe (v. a. indirekte Rede) für die Übernahmen von Informationen aus fremden Texten

Mit Demonstrativpronomen Bezüge herstellen	221
Mit Verben Zeitformen bilden – Präsens und Futur I	222
Mit Verben Zeitformen bilden – Perfekt	223
Mit Verben Zeitformen bilden – Präteritum und Plusquamperfekt	224
Fordern und fördern – Zeitformen des Verbs bestimmen und verwenden	225
⊗ Testet euch! – Zeitformen des Verbs	226

12.2 Fantastische Reisen – Konjunktiv und indirekte Rede **227**

Den Konjunktiv II oder die *würde*-Ersatzform	227
Die Verwendung des Konjunktivs II in Bedingungssätzen	229
Deutsch und Englisch – Irreale Konditionalgefüge vergleichen	231
Den Konjunktiv I in der indirekten Rede	232
Verschiedene Formen der Redewiedergabe	234
Fordern und fördern – Wörtliche Rede indirekt wiedergeben	235
⊗ Testet euch! – Konjunktiv und Formen der Redewiedergabe	236

12.3 Fit in ... – Einen Text überarbeiten **237**

▶ Sprachliche Strukturen untersuchen und reflektieren
unterscheiden verschiedene Modi des Verbs, verwenden den Konjunktiv als Mittel der Redewiedergabe oder der Graduierung von Modalität; unterscheiden einfache Sätze und Satzreihen und komplexe Sätze und Satzgefüge und verwenden sie funktional, um Texte und Äußerungen zu gestalten

▶ Lesetechniken und -strategien anwenden
nutzen Zusatzinformationen und beziehen eigene Erfahrungen ein, um pragmatische Texte, auch zu unbekannten Themen, zu verstehen

13 Sprachgebrauch und Sprache untersuchen und reflektieren
Grammatiktraining – Sätze und Satzglieder 239

Kompetenzschwerpunkt

13.1 Spektakuläre Erfindungen – Satzglieder und Sätze unterscheiden **240**

Satzglieder wiederholen (I) – Subjekt, Prädikat und Objekt	240
Satzglieder wiederholen (II) – Adverbiale Bestimmungen	241
Satzglieder wiederholen (III) – Attribute als Teil eines Satzglieds	243
Relativsätze – Attribute in Form eines Nebensatzes	244
Satzarten wiederholen (I) – Die Satzreihe verknüpft Hauptsätze	245
Satzarten wiederholen (II) – Das Satzgefüge verknüpft Haupt- und Nebensätze	246
Fordern und fördern – Satzbaupläne zeichnen	247
⊗ Testet euch! – Satzglieder und Sätze bestimmen	248

▶ Sprachliche Strukturen untersuchen und reflektieren
unterscheiden wesentliche Satzglieder bzw. Satzgliedteile wie Prädikat, alle Objekte, Adverbialien, temporale, kausale, finale, modale, lokale Adverbialsätze, Attribute, auch Relativsatz, und verwenden sie grammatikalisch richtig; unterscheiden einfache Sätze und Satzreihen sowie komplexe Sätze und Satzgefüge (auch konditionale, konsekutive, konzessive und adversative Beziehungen) und verwenden sie grammatikalisch richtig

▶ Texte überarbeiten
beurteilen und überarbeiten fremde Texte mit gemeinsam entwickelten Kriterien zunehmend eigenständig und nutzen beim Überarbeiten von Texten eine Auswahl von Methoden

13.2 Große und kleine Forscher – Gliedsätze untersuchen und formulieren **249**

Mit Adverbialsätzen unterschiedliche Zusammenhänge darstellen 249

Üben (I) – Adverbialsätze erkennen, bestimmen und ersetzen 252

Üben (II) – Mit Temporalsätzen zeitliche Zusammenhänge verdeutlichen 253

Üben (III) – Adverbialsätze mit Hilfe von Konjunktionen bilden 254

Fordern und fördern – Adverbialsätze bestimmen 255

✗ Testet euch! – Adverbialsätze bestimmen, Satzbaupläne zeichnen 256

13.3 Fit in ... – Einen informierenden Text überarbeiten **257**

14 Sprachgebrauch und Sprache untersuchen und reflektieren
Rechtschreibung – Übung macht den Meister 259

Kompetenzschwerpunkt

14.1 Menschenskinder! – Richtig schreiben **260**

Großschreibung von Verben und Adjektiven ... 260

Groß- und Kleinschreibung bei Zeitangaben ... 261

Groß- und Kleinschreibung von Fremdwörtern . 263

Fordern und fördern – Groß- und Kleinschreibung 264

Getrennt- und Zusammenschreibung 265

Fordern und fördern – Getrennt oder zusammen? 267

✗ Testet euch! – Rechtschreibregeln beherrschen 268

14.2 Wenn Kinder reisen – Zeichen setzen **269**

Das Komma in Satzgefügen setzen 269

Das Komma in Aufzählungen beachten 272

Das Komma bei Appositionen und nachgestellten Erläuterungen 273

Das Komma bei Infinitivkonstruktionen bedenken 274

Partizipialkonstruktionen erkennen, Kommas setzen 275

Die Zeichensetzung bei der wörtlichen Rede kennen 276

Fordern und fördern – Zeichensetzung trainieren 278

✗ Testet euch! – Zeichensetzung 279

▶ **Richtig schreiben**
schreiben orthografisch und grammatikalisch weitgehend richtig, auch bei Groß- und Kleinschreibung, Getrennt- und Zusammenschreibung, geläufigen Fremdwörtern; setzen Satzschlusszeichen, Redezeichen und Kommas bei Infinitiv- und Partizipialkonstruktionen, bei Apposition und nachgestellter genauerer Bestimmung grundlegend richtig; wenden ihr erweitertes grammatikalisches und orthografisches Regelwissen für die korrekte Gestaltung von Texten an

14.3 Fit in ... – Richtig schreiben ... **280**
- Die eigenen Fehlerschwerpunkte finden ... 281
- Training an Stationen ... 283
- 1: Kommasetzung im Satzgefüge ... 283
- 2: Kommasetzung bei Infinitiv- und Partizipialkonstruktionen ... 284
- 3: Kommasetzung bei Appositionen und nachgestellten Erläuterungen ... 285
- 4: Groß- und Kleinschreibung bei Zeitangaben ... 286
- 5: Getrennt- und Zusammenschreibung ... 287

Methoden und Arbeitstechniken — Kompetenzschwerpunkt

15 Im Team arbeiten – In Medien recherchieren, mit Medien präsentieren **289**

15.1 Los geht es! – Themen für Kurzvorträge finden und festlegen ... **290**
- Die Teamarbeit planen und organisieren ... 291
- Ein Team bilden, die Aufgaben verteilen ... 292
- Informationen recherchieren und auswerten ... 293
- Den Kurzvortrag ausarbeiten ... 298
- Ein Erklärvideo erstellen ... 298

▶ Zu und vor anderen sprechen
informieren die Mitschüler in Form eines Kurzreferats über ein Sachthema und setzen dabei einfache Visualisierungsmittel ein, z. B. Folien, Erklärvideos, Handouts

▶ Pragmatische Texte verstehen und nutzen
verstehen pragmatische Texte unterschiedlicher medialer Form und entnehmen ihnen Informationen, um ihr Interesse und Verständnis für Sachfragen zu vertiefen; untersuchen pragmatische Texte ggf. mit Hilfe von Leitfragen, z. B. zu Inhalt, Adressatenbezug, Intention

15.2 „Mein Thema ist ..." – Einen Kurzvortrag anschaulich präsentieren ... **299**
- Eine Bildschirmpräsentation erstellen ... 299
- Ein Handout verfassen ... 301
- Die Ergebnisse präsentieren ... 302

▶ Weitere Medien verstehen und nutzen
recherchieren auf der Basis geeigneter Suchbegriffe im Internet, beurteilen ihre Rechercheergebnisse anhand formaler und inhaltlicher Kriterien, z. B. indem sie die Informationsqualität in verschiedenen Medien vergleichen

15.3 Projekt – Einen Aufruf verfassen und in einer Schreibkonferenz überarbeiten ... **303**
- Texte am Computer kommentieren und überarbeiten ... 305

▶ Über Schreibfertigkeiten verfügen
wenden Textverarbeitungsprogramme auch zum Überarbeiten an

▶ Texte planen und schreiben
nutzen geeignete Verfahren zur Ideensammlung

Grundwissen 306

- Sprechen und Zuhören ... 306
- Schreiben ... 307
- Lesen – Mit Texten und weiteren Medien umgehen ... 313
- Sprachgebrauch und Sprache untersuchen und reflektieren ... 320
- Methoden und Arbeitstechniken ... 341
- Textartenverzeichnis ... 350
- Autoren- und Quellenverzeichnis ... 352
- Sachregister ... 354
- Bildquellenverzeichnis ... 358
- Lösungen zu einzelnen Aufgaben ... 359

1 Leben in virtuellen Welten? –
Materialgestützt informieren

1 a Bestprecht: Welche der abgebildeten Funktionen und Apps kommen euch bekannt vor? Welchen Zweck sollen sie erfüllen? Welche verwendet ihr häufiger?
b Nennt und erläutert weitere Funktionen und Apps, die ihr oft für die Kommunikation gebraucht.

2 Besprecht, welche dieser Apps auch von euren Eltern verwendet werden.

3 Stellt euch vor, ihr sollt eure Eltern in einem Informationstext über das Kommunikationsverhalten Jugendlicher informieren. Welche Aspekte wären euch besonders wichtig?

In diesem Kapitel ...
– tauscht ihr euch über eure Erfahrungen mit älteren und neueren Kommunikationsmitteln aus,
– informiert ihr euch über Kommunikation im Wandel der Zeit,
– schreibt ihr informierende Texte und wertet dazu geeignete Sachtexte und Grafiken aus.

1.1 Kommunikation im Wandel – Informationen vergleichen und weiterführen

M1 Eine Jugend ohne Handy und Internet – eine Mutter erzählt

In meiner Jugend in den 1980er und frühen 1990er Jahren gab es noch kein Handy und natürlich auch keine Messengerdienste. Die meisten Familien hatten bestenfalls einen Computer; Laptops waren gerade erst erfunden worden. E-Mails waren vor allem für den geschäftlichen Austausch da. Zu privaten Zwecken wurden sie zu dieser Zeit kaum verwendet.

Wenn ich mich mit meinen Freunden treffen wollte, musste ich mich schon mit ihnen in der Schule mit genauer Orts- und Zeitangabe verabreden, d. h. analog in ihrer Anwesenheit und nicht digital mit Hilfe technischer Geräte, während sie dabei woanders sind. Verabredungen galten nur für die so direkt Angesprochenen: Man traf sich meist mit ein oder vielleicht zwei Freunden. Ich verabredete mich mit Freunden zum Reden, zum Musikhören (Vinyl! Kassetten!), manchmal für gemeinsame Aktivitäten wie Kino oder Sport. Oftmals lasen wir auch zusammen in Jugendzeitschriften. Neuigkeiten über Stars fand man eigentlich nur hier. Es war auch nicht möglich, solche Informationen einfach mit anderen zu teilen und einen Fund schnell weiterzuverbreiten. Nach der Schule und ohne Verabredung hatte ich kaum Kontakt zu meinen Freunden, sondern ich war allein. Es gab zwar in den meisten Familien ein einzelnes Telefon, doch das stand im Flur oder im Wohnzimmer und hatte ein Kabel, das in der Regel nicht bis ins Kinderzimmer reichte. Telefongespräche, auch Ortsgespräche, wurden einzeln und nach Sprechdauer abgerechnet. Wenn ich mit meiner besten Freundin „Dringendes" zu besprechen hatte, gab es darüber regelmäßig Streit mit meinen Eltern, die das zu teuer fanden. Zudem war es undenkbar, während des Essens Telefongespräche zu führen. Das galt als unhöflich. Auch Telefonate, während Gäste da waren, wurden vielleicht angenommen, aber möglichst rasch wieder beendet. Ich unterhielt zu einigen Jugendlichen, die ich nicht persönlich kannte, in anderen Teilen Deutschlands und auch der Welt Brieffreundschaften. Mein interessantester Brieffreund kam aus Ägypten. Ein Brief dorthin brauchte eine Woche. Auf diese Weise entstanden zwischen unseren Briefen lange Pausen und ich überlegte mir genau, welche Nachrichten ich aufschrieb. Wenn ich mir meine Kinder anschaue, die mit digitalen Kommunikationsmitteln wie Smartphone und Tablet groß geworden sind, hat sich schon enorm viel verändert. Auch wenn ich selbst Messengerdienste und soziale Netzwerke nutze, habe ich doch den Eindruck, dass Jugendliche anders damit umgehen.

1
a Notiert, was für das Kommunikationsverhalten der Verfasserin zu ihrer Zeit als Jugendliche typisch war.
b Vergleicht die im Text beschriebenen Kommunikationsgewohnheiten mit euren heutigen. Benennt Gemeinsamkeiten und Unterschiede. Haltet eure Ergebnisse in einer Tabelle fest.
c Interviewt eure Eltern zu deren Kommunikationsgewohnheiten in ihrer Jugend. Befragt sie insbesondere zu den Vor- und Nachteilen dieser Gewohnheiten.
Tipp: Ihr könnt das Interview auch als szenisches Spiel vortragen.

Informationen zielgerichtet sammeln und ordnen

Mit Hilfe des Textes M1 auf Seite 14 und der folgenden Materialien M2 bis M6 (▶ S. 15–18) könnt ihr zu der nachstehenden Leitfrage grundlegende Informationen sammeln, bevor ihr sie später in einem eigenen Text zusammenhängend beantwortet. Zunächst solltet ihr euch Schritt für Schritt mit den einzelnen Materialien auseinandersetzen.
Die Leitfrage lautet: **Kommunikation im Wandel – Wie kommunizieren Jugendliche heute?**

1 Lest M1 (▶ S. 14) erneut und beschreibt schriftlich kurz den Wandel des Kommunikationsverhaltens zwischen den 1980er Jahren und heute. Nutzt folgende Gegensatzpaare:
analog/digital, verbindlich/unverbindlich, privat/öffentlich, preiswert/teuer, schnell/langsam.

M2

> **Messenger-Dienste:** Beim Instant Messaging stehen ein oder mehr Teilnehmer miteinander in Kontakt. Die Kommunikation erfolgt in der Regel über Textnachrichten. Manche Messenger-Dienste sind auf das Austauschen von Fotos oder Videos spezialisiert.
> **Internet-Telefonie:** Verschiedene Dienste bieten – als Zusatzfunktion oder vorrangig – die Möglichkeit, über Video kostenlos zu telefonieren.
> **Soziale Netzwerke (Social Media):** In einem sozialen Netzwerk legen Benutzer ein Profil von sich an, auf dem sie Informationen über sich bereitstellen. Dieses Profil kann privat sein und nur für zugelassene Freunde sichtbar sein, es kann aber auch öffentlich für jeden Verwender des entsprechenden Mediums zugänglich sein.

2
a Notiert konkrete Beispiele zu den in M2 genannten digitalen Kommunikationsmöglichkeiten.
b Ergänzt die Auswahl gegebenenfalls um weitere Kommunikationsmittel, die ihr verwendet. Beschreibt diese ebenfalls mit Hilfe eines kurzen Textes.
c Prüft, ab welchem Alter Messenger-Dienste und soziale Netzwerke genutzt werden dürfen.

M3

3 Erläutert knapp anhand der Illustrationen (M3), für welche verschiedenen Zwecke man welches Kommunikationsmittel verwendet bzw. verwenden kann.

4 Ordnet eure ersten Ergebnisse in Form einer Mind-Map (▶ S. 19).
a Schreibt die Leitfrage in die Mitte eurer Mind-Map.
b Nutzt für die Mind-Map-Äste folgende Überschriften/Unterthemen:
Wandel des Kommunikationsverhaltens, digitale Kommunikationsmittel, Kommunikationszwecke.

M4 Ein Diagramm zur Internetnutzung Jugendlicher (2016)

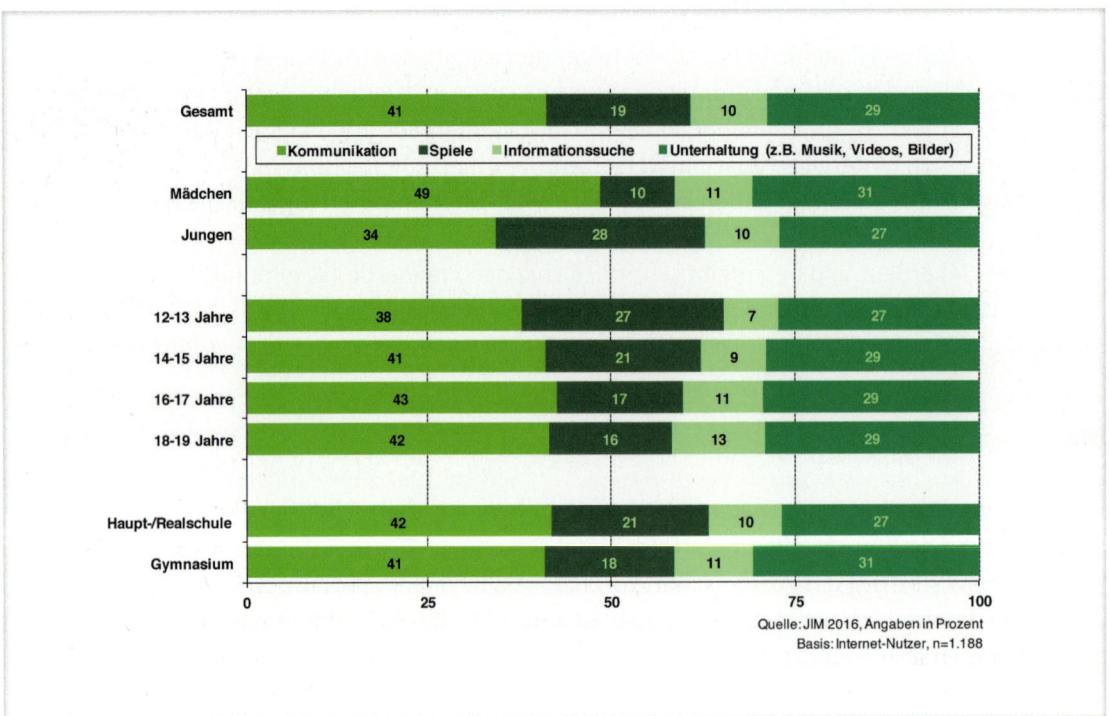

1   a Verschafft euch einen Überblick über das Diagramm, indem ihr vor allem beachtet, was auf der y-Achse steht und was die Farben und Zahlen auf der x-Achse jeweils bedeuten (▶ S. 318). Findet dann für das Diagramm eine passende Überschrift.
    b Fasst mit Hilfe des nachstehenden Wortspeichers zentrale Aussagen des Diagramms in knappen Sätzen schriftlich zusammen.

> ... wird vor allem / am meisten genutzt für ... • der größte/kleinste Unterschied zwischen ... und ... besteht darin, dass ... • Je älter die Jugendlichen sind, desto ... • Der Anteil von ... nimmt beständig/stark zu/ab

2   a Recherchiert im Internet nach einer aktuellen Version der JIM-Studie (JIM = Jugend, Information, (Multi-)Media). Sucht darin ein Diagramm zum selben Thema.
    b Vergleicht es mit dem Diagramm von 2016. Was hat sich geändert? Welche Gründe könnte es dafür geben?

3   a Fragt in der Klasse euer eigenes Nutzungsverhalten ab.
    b Wertet aus: Stimmt euer Nutzungsverhalten mit den Ergebnissen der Studien überein? Inwiefern weicht es ab?
    Tipp: Ihr könnt aus den Einzelergebnissen ein Klassendiagramm anfertigen.

4   Ergänzt eure Mind-Map (▶ Aufgabe 4, S. 15) um wichtige Informationen aus den Diagrammen.

M5 Ein Interview mit dem Lehrer und Medienpädagogen Philippe Wampfler
(scoyo Lernwelt, 2014)

scoyo: Würden Sie Eltern raten, sich eigene Profile anzulegen und ihren Kindern in den sozialen Netzwerken zu folgen?
Philippe Wampfler: Ich vergleiche das Netz oft mit der Straße: Kinder müssen lernen, den Weg zur Schule selbst zu bewältigen. Eltern begleiten sie im Kindergarten, später nicht mehr. Analog halte ich es für sinnvoll, die ersten Erfahrungen in sozialen Netzwerken mit Kindern zusammen zu sammeln: also das Profil gemeinsam anzulegen, Kontakte anzufragen und erste Nachrichten zu schreiben. Das Ziel müsste aber die Selbstständigkeit sein. Von Überwachung als pädagogisches Prinzip halte ich wenig. Wer Kindern nicht vertraut, müsste konsequenter sein und die Nutzung untersagen. Vertrauen lohnt sich aber deshalb, weil es zur Bereitschaft führt, auch über Probleme zu sprechen, die man antrifft. Gerade bei Cyber-Mobbing schämen sich Opfer stark, weil sie befürchten, dass ihre Eltern ihnen Vorwürfe machen. So verschlimmern sie das Problem, das in einer frühen Phase besser lösbar wäre.
scoyo: Immer wieder werden Social Media für eine neue Oberflächlichkeit verantwortlich gemacht. Kinder und Jugendliche seien heute nicht mehr in der Lage, intensive Freundschaften aufzubauen, weil sie Beziehungen vorrangig in sozialen Netzwerken lebten. Was halten Sie von dieser Einschätzung?

Philippe Wampfler: Für Kinder und Jugendliche sind Freundschaften absolut zentral, das zeigt jede Befragung. Social Media ersetzen dabei Briefpost und Telefon, mehr nicht. Die Netzwerke sind deshalb so attraktiv, weil sie Beziehungen ermöglichen – nicht umgekehrt.
scoyo: Für viele Heranwachsende beginnt und endet der Tag vor dem Schlafengehen mit dem Blick auf das Smartphone – oftmals verbunden mit der Angst, etwas zu verpassen.
scoyo: Kann ein Verbot helfen, die Kinder und Jugendlichen von diesem Druck zu befreien, oder gibt es andere Wege?
Philippe Wampfler: Ja. Verbote können Jugendliche entlasten, weil sie selbst oft nicht stark genug sind, sich sozialem Druck zu widersetzen. Klare Regeln sind in Familien sinnvoll. Die einfachsten: Smartphone-freie Zeiten, z. B. während des Essens und im Urlaub, sowie keine Smartphones oder Tablets im Schlafzimmer. Das führt automatisch zu einer gesteigerten Schlafqualität.

1 a Ordnet im Heft die Themen A bis C den Interviewabschnitten passend zu: *Z. 1–... = ...*

> A Auszeiten für den Smartphone-Gebrauch
> B Auswirkungen der Mediennutzung auf Freundschaften
> C Die Rolle der Eltern im Umgang mit sozialen Netzwerken

b Tauscht euch aus und bezieht in eure Ausführungen die Aussagen eurer Mitschüler ein:
Welche Regelungen gibt es bei euch zu Hause bezüglich medienfreier Zeiten?
Wie bewertet ihr diese Regelungen?

2 Ergänzt eure Mind-Map (▶ Aufgabe 4, S. 15) um neue Informationen aus dem Interview, z. B. zum Unterthema: *Regeln für die Nutzung digitaler Medien.*

M6 Ein Informationstext zum Thema „Stressfaktor Smartphone"
(klicksafe, 2015)

Medien wollen Aufmerksamkeit, und wir geben sie ihnen. Mobile Geräte können sich auf vielen Wegen bemerkbar machen: Sie klingeln, vibrieren oder blinken, um uns mitzuteilen, dass wir uns ihnen zuwenden sollen.

Dabei steckt hinter dem Blick auf den Bildschirm einerseits das Verlangen, wissen zu wollen, was gerade passiert. Andererseits ist es das Bewusstsein, dass der Grund für die „Störung" meist eine Nachricht oder ein Anruf eines anderen Menschen ist. Dabei hat es sich zwischen vielen Menschen als unausgesprochene Regel etabliert, dass auf Nachrichten sofort geantwortet wird – egal, womit man gerade eigentlich beschäftigt ist.

Sofort auf empfangene Nachrichten zu reagieren, kommt also auch aus dem Bedürfnis heraus, anderen gefallen und es ihnen recht machen zu wollen. Der Autor und Blogger Sascha Lobo verwendet für die digitale Ungeduld den Begriff „Sofortness". Nicht gleich eine Reaktion zu erhalten, empfinden manche gar als unhöflich. Verstärkt wird dies noch durch die Anzeige von Empfangs- und Lesebestätigungen, die dem Absender den vermeintlichen Eindruck vermitteln, er würde absichtlich ignoriert. Um sich diesem Stress zu entziehen, lassen sich Empfangs- und Lesebestätigungen oder die Anzeige, wann man zuletzt online war, in einigen Diensten abschalten.

Das Gefühl, ignoriert zu werden, mag auch damit zusammenhängen, dass ein Gespräch per Messenger gerade von Jugendlichen wie ein normales Gespräch empfunden wird. In einem normalen Gespräch wirkte es tatsächlich unhöflich, würde man nicht antworten, wenn man von seinem Gegenüber angesprochen wird. Es fehlt hier manchmal an einem Bewusstsein dafür, dass eine Nachricht per Messenger eher als Gesprächsangebot verstanden werden sollte und der Empfänger beim Erhalt gerade seinem Alltag nachgeht. In Gruppenchats besteht zudem die Angst, wichtige Termine nicht mitzubekommen oder gar komplett vom sozialen Miteinander ausgeschlossen zu werden, wenn man sich nicht beteiligt oder zumindest alle eingehenden Nachrichten verfolgt. Bei mehreren Hundert Nachrichten am Tag, von denen manche Schülerinnen und Schüler aus ihren Klassengruppen berichten, scheint es fast unmöglich, auch nur eine ruhige Minute zu haben. [...]

Das Phänomen FOMO – „Fear of Missing Out" (dt.: „Die Angst, etwas zu verpassen") – beschreibt den Druck, ständig dabei sein zu müssen, und die Angst, dabei irgendetwas nicht mitzubekommen. Dies zeigt sich besonders in sozialen Netzwerken [...] oder in Messengern [...]. Das Gefühl, eine wichtige Erfahrung oder Begegnung zu verpassen, wenn das Smartphone nicht in der Hand ist, lässt Menschen alle paar Minuten zu den mobilen Begleitern greifen.

Das Phänomen kann auch mit einem Casino-Effekt beschrieben werden: Beim Einwerfen von Münzen in Spielautomaten hoffen wir immer auf den Gewinn, obwohl wir wissen, dass in fast jedem Fall nichts dabei herauskommt. Aber der nächste Versuch könnte ja der „eine" sein.

Genauso ist es auch, wenn das Smartphone vibriert: Hinter den meisten Benachrichtigungen steckt keine wichtige Information, aber wir könnten ja das „eine" wichtige Ereignis verpassen, wenn wir nicht immer wieder nachschauen.

1 a Findet im Text die Fachbegriffe: „Sofortness", „FOMO", „Casino-Effekt" und erläutert sie.
b Findet im Text weitere Verhaltensweisen, die das Smartphone zum „Stressfaktor" machen.
c Besprecht in der Klasse, welche entsprechenden Verhaltensmuster ihr von euch selbst kennt. Erläutert, wie ihr sie verändern könntet.

2 Ergänzt eure Mind-Map (▶Aufgabe 4, S. 15) um neue Informationen aus dem Sachtext, z. B. zum Unterthema: *Risiken der digitalen Kommunikation*.

3 Informationen sollten aus glaubwürdigen Quellen stammen. Ordnet zu:
Aus welchen Quellen stammen die Informationen in den Materialien M1 bis M6 (▶S. 14–18)?
Die Glaubwürdigkeit der Quelle beruht auf:
A ... dem Wissen und Urteilsvermögen eines Experten,
B ... einer bekannten und vertrauenswürdigen Einrichtung/Institution, Behörde,
C ... möglichst vielen Daten.

4 a Sucht im Internet ein Erklärvideo (▶S. 293, 297 f.) mit den Schlagwörtern „Erklärvideo Kommunikation früher heute". Schaut es euch an und notiert neue Informationen.
b Bewertet das Video: Wurden die Informationen verständlich präsentiert? Wurden sie gut durch Bilder oder Symbole veranschaulicht? Ist die Quelle verlässlich oder wurde damit für ein Produkt geworben?

5 Vergleicht in Partnerarbeit eure Notizen und ergänzt im Heft die abgebildete Mind-Map.

| Wissen und können | Sich über ein Thema informieren – Materialien gezielt auswerten |

Jeder **Informationstext zum Thema,** z. B. Interviews, Schaubilder, sollte **genau gelesen und ausgewertet** werden.
- Markiert wichtige **Schlüsselwörter** (▶S. 178). Klärt die Bedeutung euch unbekannter Wörter.
- **Schreibt wichtige Informationen** heraus und **ordnet** sie z. B. in einer **Mind-Map.**
- Wertet **Schaubilder** (Diagramme, Grafiken, Karten) aus (▶S. 318). Beachtet insbesondere die Informationen, die entweder euren bisherigen Informationsstand stützen oder die neu sind.

Über das Thema „Kommunikation im Wandel" mit Hilfe von Materialien informieren

Eure Klasse veranstaltet einen Informationsabend zum Thema „Kommunikation im Wandel". Ihr sollt Erwachsene darüber informieren, wie Jugendliche heute digital kommunizieren.

Den Informationstext planen – Informationen mit eigenen Worten wiedergeben

1 Plant auf der Grundlage eurer ausgewerteten Materialien (▶S. 14–19) einen Informationstext mit einem Umfang von ca. 450 Wörtern. Die darin zu beantwortende Leitfrage (▶S. 15) lautet: **Wie kommunizieren Jugendliche heute?**

   a Bestimmt, in welcher Reihenfolge ihr die Unterthemen aus eurer Mind-Map in eurem Text behandeln möchtet. Nummeriert die Unterthemen.
   b Vergleicht in Partnerarbeit eure Ergebnisse und erläutert sie.

2 Aussagen anderer müssen gekennzeichnet und die Quelle muss angegeben werden, z. B.:
Laut JIM-Studie aus dem Jahr … / Der Experte … erklärt …
Hinweis: Zitate ohne Quellenangaben sind Plagiate, d. h., man begeht Gedankendiebstahl.
   a Wählt ein bis zwei Aussagen aus euren Materialien aus, die ihr für besonders wichtig haltet, um sie als Zitate wortwörtlich wiederzugeben (▶Wissen und können, S. 21).
   b Entscheidet, welche Aussagen ihr gut mit eigenen Worten wiedergeben und mit einer Quellenangabe in euren Text einfügen könnt.
   c Ordnet eure Auswahl eurer Mind-Map zu.

> *(1) Jugendliche benutzen das Mobiltelefon sehr selbstverständlich und häufig. (2) Sie greifen damit auf Unterhaltungsangebote zurück, sie informieren sich oder sie spielen darauf. (3) Vor allem aber halten sie den Kontakt zu ihren Freunden, auch wenn diese nicht anwesend sind. (4) Laut JIM-Studie aus dem Jahr 2016 verwenden Jugendliche zwischen 12 und 18 ihr Handy vor allen Dingen für diese Art der Kommunikation. (5) Kontakte zu Gleichaltrigen sind ihnen besonders wichtig. Dafür stehen ihnen Messenger-Dienste und soziale Netzwerke zur Verfügung. (6) Die Netzwerke sind deshalb so attraktiv, weil sie Beziehungen ermöglichen. (7) Zugleich liegt darin auch eine Gefahr. (8) Manche Jugendliche haben das Gefühl, eine wichtige Erfahrung oder Begegnung zu verpassen, wenn das Smartphone nicht in der Hand ist. (9) Das lässt sie alle paar Minuten zu den mobilen Begleitern greifen.*

3 a Der Auszug oben aus einem Schülertext benennt nicht alle Quellen. Klärt zu welchem Unterthema eurer Leitfrage der Absatz passt und auf welche Materialien er sich bezieht.
   b Prüft den Text auf wörtliche Übernahmen bzw. Zitate, die nicht angegeben sind.

4 Verbessert den Schülertext auf Seite 20.
   a Übertragt die wörtlichen Übernahmen ins Heft. Kennzeichnet sie als Zitate durch Anführungszeichen.
   b Benennt die Quellen, aus denen die Zitate stammen. Nutzt den folgenden Wortspeicher:

> – Laut Aussage … verhält es sich so, dass …
> – Der Experte / Die Expertin … erklärt, dass … • erläutert, dass … • legt dar, dass … • stellt fest, dass … • ist überzeugt, dass … • rät dazu, dass …

5 Wenn man wiedergeben möchte, was ein anderer gesagt hat, dann verwendet man außer dass-Sätzen vor allem den Konjunktiv I der indirekten Rede (▶ S. 232–235), z. B.:
Philippe Wampfler meint, für Kinder und Jugendliche seien Freundschaften absolut zentral.
   a Formt die Zitate aus dem Text auf Seite 20 in die indirekte Rede um.
   b Wählt zwei weitere wichtige Aussagen aus M5 und formt sie in die indirekte Rede um.

6 Übt, die wörtlichen Übernahmen mit eigenen Worten wiederzugeben. Geht so vor:
   a Ersetzt einzelne Nomen und Verben durch Wörter mit gleicher oder ähnlicher Bedeutung (▶ Synonyme, S. 206) oder verändert die Wortarten.
   b Verdeckt den neuen Satz und schreibt seinen Inhalt mit eigenen Worten erneut auf. Verändert auch den Satzbau.

Wissen und können — Mit eigenen Worten formulieren oder zitieren

In aller Regel verwendet man in informierenden Texten **Informationen aus anderen Quellen**. Diese Informationen sollten zum größten Teil **mit eigenen Worten** formuliert werden. Damit umgeht man nicht nur den Vorwurf, dass man andere Texte nur abgeschrieben hat, sondern man gestaltet **für seine Adressaten bzw. Leser einen eigenen zusammenhängenden Text**.
Um Informationen wiederzugeben, eignen sich folgende Methoden:

- **Wörter aus dem Wortfeld einsetzen**
  - Ersetzt einzelne Nomen und Verben durch Wörter mit gleicher oder ähnlicher Bedeutung (▶ Synonyme, S. 206).
  - Verändert die Wortarten.
  - Verändert den Satzbau.
  Tipp: Fachbegriffe dürfen unverändert übernommen werden, z. B.: *soziale Netzwerke*.
- **Wörtliche Übernahmen aus anderen Texten kennzeichnen**
  - Wörtliche Übernahmen aus Texten müssen als Zitate mit Anführungszeichen markiert werden (▶ S. 277), z. B.: *Philippe Wampfler sagt: „Verbote können Jugendliche entlasten."*
- **Quellen nennen**
  - Quellen zu Übernahmen kann man im Text wie folgt benennen:
    Laut Aussage des Experten … In der Studie … wird festgehalten, dass … Nach Meinung der …

Den Informationstext verfassen und überarbeiten

1 Euer Informationstext sollte in der Einleitung darüber informieren, was das Thema des gesamten Textes ist. Begründet, welchen der folgenden Sätze ihr wählen würdet.

> A In den letzten dreißig Jahren hat sich eine Kommunikationsrevolution ereignet.
> B Liebe Eltern, Sie haben früher ganz anders kommuniziert als wir Jugendliche heute.
> C Soziale Netzwerke verändern unsere Kommunikationsgewohnheiten.
> D Viele Eltern machen sich Sorgen über das Kommunikationsverhalten ihrer Kinder.

2 Verfasst den Hauptteil eures Informationstextes.
Verdeutlicht eure Unterthemen bzw. den Aufbau eures Textes, z. B.:
– Formuliert sachlich und ohne eigene Wertung, z. B.:
  Viele Eltern sorgen sich, wie ihre Kinder heute kommunizieren.
  ↔ *(unpassend: Eltern sollten sich nicht so anstellen.)*
– Verknüpft eure Unterthemen durch geeignete Überleitungen und macht Absätze, z. B.:
  Das war früher. Doch heute wird Kommunikation vielfach anders verstanden.
  So zeigen Studien ...
– Formuliert Zwischenüberschriften und stellt sie über eure Unterthemen (▶ S. 24), z. B.:
  Kommunikation früher   Kommunikation heute   Vor- und Nachteile
– Gliedert den Text durch Fragen, z. B.:
  Wie kommunizierte man früher?   Wie kommuniziert man heute?   Welche Gefahren ...?

3 Verfasst euren Schlussteil. Hebt z. B. eine wichtige Kommunikationsregel erneut hervor und erläutert, was sie für euch bedeutet.

4 a Prüft in Partnerarbeit eure Informationstexte für Erwachsene und überarbeitet sie. Nutzt als Kriterienkatalog die Checkliste auf S. 32.
  b Gestaltet eure Texte am Computer. Klickt in die Menüleiste eures Schreibprogramms und probiert verschiedene Möglichkeiten aus (▶ S. 348):
  Schriftart und -größe ändern 12 ▼, fett oder kursiv F K sowie Schriftfarbe A.

  Tipp: Überarbeitet eure Texte mit Hilfe eures Schreibprogramms (▶ S. 305).

5 Erstellt ein Erklärvideo (▶ S. 298) zu einem eurer Unterthemen (▶ Mind-Map, S. 19), z. B. zu „Regeln für die Nutzung digitaler Medien" in unserem Alltag.

Wissen und können | Den Informationstext planen und gliedern

- Gebt eurem Text eine **klare gedankliche Struktur** (roter Faden).
- Ordnet die Informationen **sinnvoll** an, z. B.: *Vergangenheit → Gegenwart → Zukunft*.
- Gliedert euren Text in **Überschrift, Einleitung** (Hinführung zum Thema), **Hauptteil** (logisch gegliederte Darstellung und Erläuterung des Themas) und **Schluss** (Zusammenfassung, Ausblick).

Testet euch!

Informationen mit eigenen Worten wiedergeben

1 a Ordnet das Diagramm einem Unterthema eures Informationstextes zu.
   b Formuliert drei Aussagen aus dem Diagramm mit eigenen Worten. Benennt die Quelle.
   c Vergleicht die letzte Aussage („Wenn ich …") mit der Information aus dem klicksafe-Text (▶ S. 18–19).

Meinungen zu Handy/Smartphone 2016
– stimme voll und ganz / weitgehend zu –

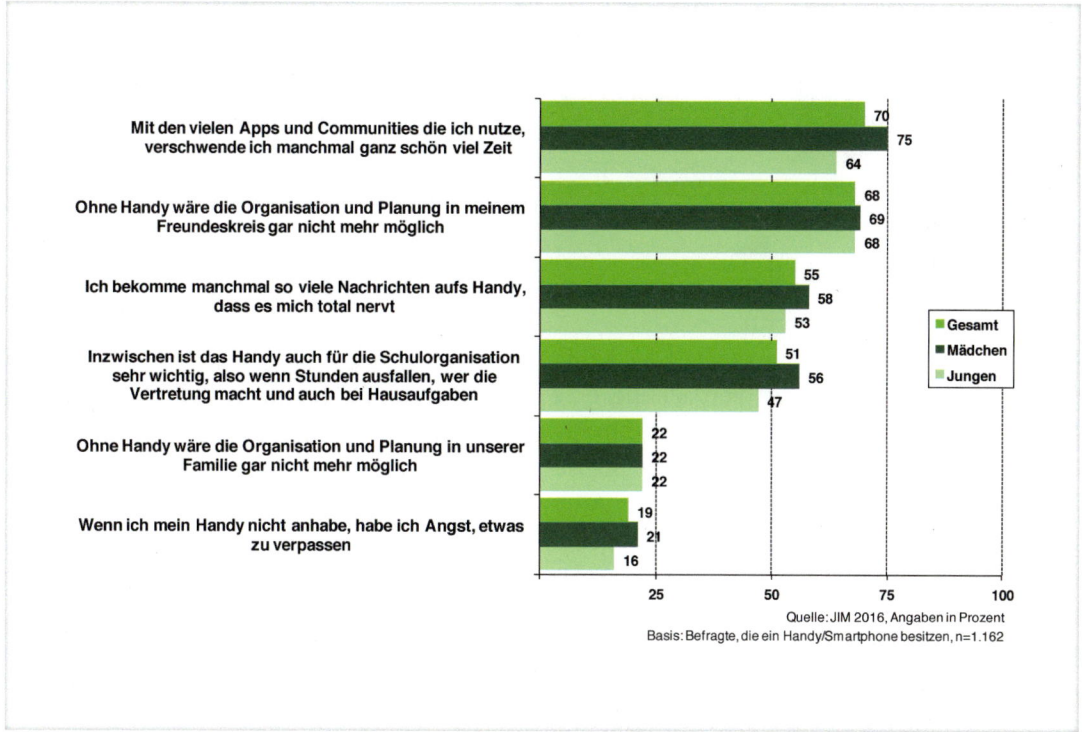

2 a Welche Aussagen A bis E sind richtig? Schreibt die richtigen Aussagen ins Heft.
   b Berichtigt im Heft die falschen Aussagen.

> A Zitate sind in informierenden Texten streng verboten.
> B Man sollte eigene Informationstexte auf der Grundlage mehrerer Materialien verfassen.
> C Indirekte Übernahmen aus anderen Texten muss man nicht kennzeichnen.
> D Wörtliche Übernahmen aus anderen Texten müssen als Zitate gekennzeichnet und die jeweilige Quelle muss benannt werden.
> E Man kann die Informationen zu den Einzelthemen unverbunden aneinanderreihen, da es nur um die Sache bzw. die einzelnen Informationen geht.

3 Vergleicht in Partnerarbeit eure Ergebnisse.

1.2 Computerspiele – Einen informierenden Text untersuchen und materialgestützt fortsetzen

Die USK – Wer entscheidet über die Altersfreigabe bei Computerspielen?

Wer die Entscheidungen trifft
Wer sich Computerspiele ausleiht oder kauft, findet in der Regel auf der Verpackung eine farbig markierte Kennzeichnung mit der Abkürzung USK (Unterhaltungssoftware Selbstkontrolle). Diese empfiehlt, ab welchem Alter ein Spiel gespielt werden sollte. Das Jugendschutzgesetz (JuSchG., ▸ S. 26) verlangt das und die Computerspielfirmen organisieren und bezahlen die jeweilige Prüfung. Die Altersentscheidungen jedoch treffen staatlich beauftragte Sachverständige. Seit der Gründung der USK im Jahr 1994 wurden in den folgenden 20 Jahren über 30 000 Spiele getestet, ob sie für Kinder- und Jugendliche geeignet sind.

Tester spielen
Deutschland ist Weltmeister, und zwar darin, dass bei der USK jeder Titel auch gespielt werden muss. Dieses Verfahren ist weltweit einmalig. Denn nur wer selbst spielt, kann sich auch ein Bild davon machen, was auf die zukünftigen Spielerinnen und Spieler zukommt. Doch es ist nicht nur ein einzelnes USK-Mitglied, das über die Altersfreigabe entscheidet. Ein Team von Sachverständigen diskutiert und bewertet es.

Die Bewertung
Am Ende muss jedes Spiel in eine der fünf Altersgruppen des Jugendschutzgesetzes eingestuft und die Entscheidung in einem Gutachten begründet werden. Die Bewertungsmaßstäbe dafür sind unter allen Bundesländern abgestimmt. Es darf z. B. keine Gewalt verherrlicht oder die Menschenwürde verletzt werden. Fällt ein Spiel dabei durch, bekommt es auch keine Alterskennzeichnung und keine gesetzliche Freigabe.

Strafen
Hat ein Spiel eine Altersfreigabe erhalten, darf es nur gemäß dieser Angabe den Spielerinnen und Spielern zugänglich gemacht werden. Händler drohen Bußgelder bis zu 50 000 Euro, wenn sie gegen diese Freigabe verstoßen.

Am Ende entscheiden die Eltern
Was auch immer die USK freigibt, letztlich sind es die Eltern, die entscheiden müssen, was ihre Kinder spielen dürfen. Die Alterskennzeichen dienen ihnen dazu als wertvolle Orientierung.

1
a Sicher kennt ihr das USK-Kennzeichen.
   Was kann man eurer Erfahrung nach bei Spielen mit den Altersfreigabe 0, 6 und 12 spielen und was nicht?
b Betrachtet die Abbildung zum Text (▶ S. 24).
   Formuliert, wie ihr die Darstellung der jeweiligen Altersfreigabe für Computerspiele durch eine Figur oder einen Gegenstand versteht.

2
a Lest den Informationstext. Notiert, was ihr bereits wusstet, was euch neu ist und worüber ihr gern noch mehr wissen möchtet. Vergleicht anschließend eure Ergebnisse.
b Besprecht und diskutiert, wie eure Eltern mit den Alterskennzeichnungen umgehen. Hört genau zu und haltet fest, wie die Mehrheit der Eltern damit umgeht.

3
a Zeigt anhand von Beispielen aus dem Text, dass es sich um einen sachlich informierenden und nicht um einen Meinungstext handelt.
b Beschreibt, wie der Aufbau des Textes den Lesern verdeutlicht wird (▶ S. 22, Aufgabe 2).

4 Übernehmt in euer Heft das folgende Flussdiagramm zum Verlauf des Prüfverfahrens bei Computerspielen. Vervollständigt es mit Hilfe des Textes.

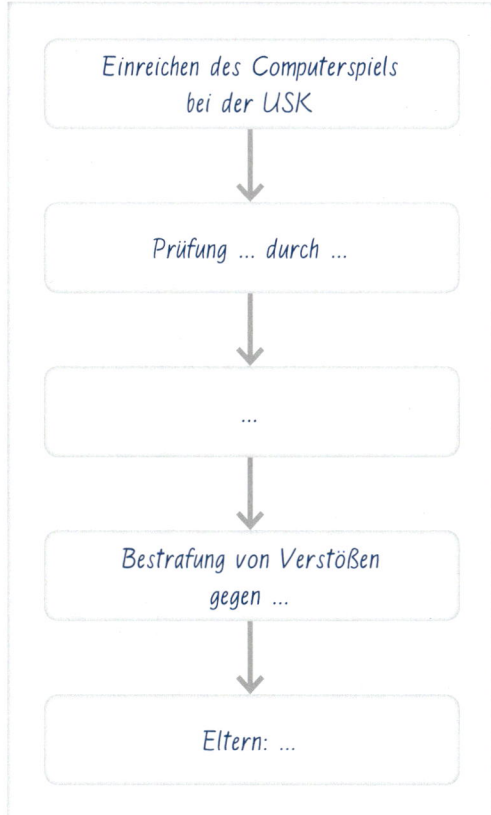

5 Diskutiert mit Hilfe des Textes die folgende Situation:
Ein Mitschüler spielt ein Spiel mit USK 16, das ihm von seinen Eltern gekauft worden ist.

M1

Jugendschutzgesetz (JuSchG)
§ 14 Kennzeichnung von Filmen und Film- und Spielprogrammen

Der Paragraf 14 des im Sachtext (▶ S. 24) genannten Jugendschutzgesetzes ist die gesetzliche Grundlage, nach der Computerspiele geprüft und Altersfreigaben erteilt werden.

> (1) Filme sowie Film- und Spielprogramme, die geeignet sind, die Entwicklung von Kindern und Jugendlichen oder ihre Erziehung zu einer eigenverantwortlichen und gemeinschaftsfähigen Persönlichkeit zu beeinträchtigen, dürfen nicht für ihre Altersstufe freigegeben werden.
> (2) Die oberste Landesbehörde oder eine Organisation der freiwilligen Selbstkontrolle [...] kennzeichnet die Filme und die Film- und Spielprogramme mit
> 1. „Freigegeben ohne Altersbeschränkung",
> 2. „Freigegeben ab sechs Jahren",
> 3. „Freigegeben ab zwölf Jahren",
> 4. „Freigegeben ab sechzehn Jahren",
> 5. „Keine Jugendfreigabe".

1 a Besprecht und haltet schriftlich fest, was im Gesetz mit „eigenverantwortlich" (Z. 2) und „gemeinschaftsfähig" (Z. 3) gemeint sein könnte. Was wäre ein davon abweichendes Verhalten?
b Sammelt Beispiele für Handlungen und Szenen in Filmen und Computerspielen, die Kinder und Jugendliche in ihrer Entwicklung beeinträchtigen können.

M2

2 a Erläutert, über welches Thema das Balkendiagramm informiert. Beschreibt, wie es gestaltet ist.
b Vergleicht die Jahre 2004, 2009 und 2016. Was fällt euch in der Entwicklung auf?

3 a Ergänzt den Text (▶ S. 24) mit Hilfe der Informationen aus M1 und M2 um einen weiteren Abschnitt. Informiert darin über die gesetzliche Grundlage des Prüfverfahrens (M1) und über die Freigaben 2004–2016 (M2).
Tipp: Prüft, ob ihr im Internet eine aktuelle Statistik findet, die ihr aufnehmen könnt.
b Gebt eurem Abschnitt eine Zwischenüberschrift und ordnet ihn in den Sachtext ein.

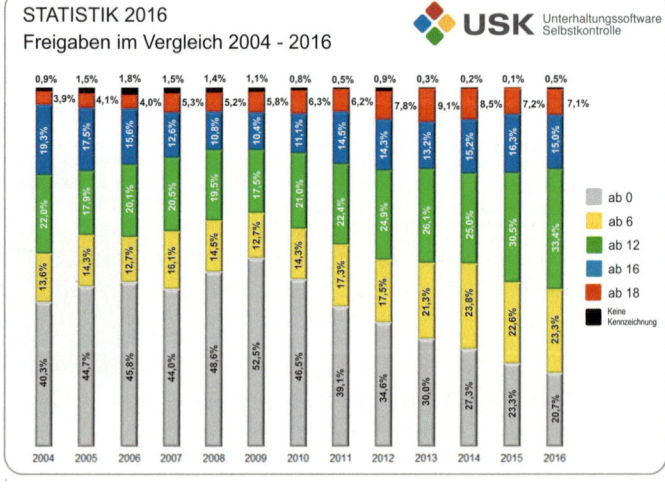

Fordern und fördern – Informationen mit eigenen Worten wiedergeben

Machen Computerspiele gewalttätig?

Die Frage, ob blutrünstige Spiele die Gewaltbereitschaft verstärken, wird heiß diskutiert. Allein von 2009 bis 2013 sind dazu mindestens 98 einzelne Untersuchungen veröffentlicht worden – das ist etwa alle zwei bis drei Wochen eine Studie. Nun haben Tobias Greitemeyer und Dirk Mügge von der Universität Innsbruck all diese Untersuchungen zusammengeführt und für eine sogenannte Meta-Analyse ausgewertet. Ihr Ergebnis lautet: Computerspiele zeigen Wirkung, und zwar im Guten wie im Schlechten. Anders ausgedrückt: Aggressive Spiele verstärken aggressives Verhalten und Spiele mit vorbildlichem Inhalt verstärken vorbildliches Verhalten. Dabei liegt die Betonung auf dem Wort „verstärken". Man muss also bereits eine gewisse Gewalt- oder Hilfsbereitschaft in sich tragen, damit sie jeweils durch Computerspiele ausgeprägt werden kann. Damit ist aber noch nicht gesagt, wie stark sie sich ausprägen wird. In einer oft sehr hitzig geführten Diskussion klingt dieser Befund recht zurückhaltend. Übertreiben demnach die Gegner von Computerspielen die Gefahr? Die beiden Forscher halten dagegen: Gerade weil z. B. allein in den USA 97 % aller Teenager und 50 % aller Erwachsenen regelmäßig am Computer spielen und bei virtuellen Kämpfen Blut vergießen, sei das Spielen ein Problem, das man diskutieren müsse, da es nicht nur wenige, sondern Millionen von Menschen beträfe. Die Frage ist also nicht aus der Welt, obwohl es noch niemandem gelungen ist, Computerspiele als direkte Ursache für eine einzelne Straftat nachzuweisen.

1 Notiert auf der Grundlage des Textes eine Antwort auf die Titelfrage.
▶ Eine Hilfe zu Aufgabe 1 findet ihr auf Seite 28.

2 Prüft, ob der Text Informationen enthält, die sich eurer Textfortsetzung zuordnen lassen (▶ S. 26, Aufgabe 3). Überlegt auch eine neue Zwischenüberschrift.
▶ Hilfe zu 2, Seite 28

3 Wählt drei Aussagen aus dem Text aus, die sich mit der im Titel gestellten Frage auseinandersetzen. Gebt diese Aussagen schriftlich und möglichst mit eigenen Worten wieder.
▶ Hilfe zu 3, Seite 28

4 Verfasst auf der Grundlage eurer Vorarbeiten einen weiteren Absatz zum Text auf Seite 24, z. B. zum Thema „Die USK und die Sorge um die Gewalt".
▶ Hilfe zu 4, Seite 28

Fordern und fördern – Informationen mit eigenen Worten wiedergeben

Aufgabe 1 mit Hilfe

Notiert auf der Grundlage des Textes (▶ S. 27) eine Antwort auf die Titelfrage.
Übernehmt die treffendste der folgenden Formulierungen A bis D in eure Heft.

> A   Es gibt jährlich sehr viele Studien zur Frage, doch keine eindeutige Antwort.
> B   Wer aggressiv veranlagt ist, kann durch Computerspiele noch aggressiver werden.
> C   Computerspiele machen nicht gewalttätig und man kann es nicht beweisen.
> D   Die Gefahr, die von Computerspielen ausgehen soll, wird übertrieben.

Aufgabe 2 mit Hilfe

Prüft, ob der Text Informationen enthält, die sich eurer Textfortsetzung zuordnen lassen
(▶ S. 26, Aufgabe 3). Überlegt euch auch eine neue Zwischenüberschrift.
Ihr könnt zwischen den Möglichkeiten A bis D wählen. Ergänzt die Begründungen im Heft.

Zuordnungsvorschläge	Überschriftenvorschläge
A *An den Beginn des Textes, da so geklärt wird, warum die USK ...*	C *Jugendschutz aus Vorsicht* Begründung: ...
B *In die Mitte des Textes, um mögliche Gefahren ...*	D *Gefahren nicht kleinreden* Begründung: ...

Aufgabe 3 mit Hilfe

Wählt drei Aussagen aus dem Text aus, die sich mit der im Titel gestellten Frage auseinandersetzen.
Gebt diese Aussagen schriftlich und möglichst mit eigenen Worten wieder.
a Ersetzt einzelne Nomen und Verben durch Wörter mit gleicher oder ähnlicher Bedeutung
   (▶ Synonyme, S. 206) oder verändert die Wortarten, z. B.:
   „Aggressive Spiele verstärken aggressives Verhalten" (S. 27, Z. 12–13).
   → *Gewaltverherrlichende Spiele steigern eine kämpferische Haltung.*
b Verdeckt den neuen Satz und schreibt seinen Inhalt mit eigenen Worten erneut auf.
   Verändert auch den Satzbau, z. B.:
   Wer durch seine Grundhaltung zu Gewalt neigt, kann darin durch Computerspiele ...

Aufgabe 4 mit Hilfe

Verfasst auf der Grundlage eurer Vorarbeiten einen weiteren Absatz zum Text auf Seite 24,
z. B. zum Thema „Die USK und die Sorge um die Gewalt".
Ihr könnt den folgenden Absatz in eurem Heft sinnvoll ergänzen:

> *Die ... spricht ihre Empfehlungen aus, obwohl ungeklärt ist, ob ...*
> *Doch nicht der Einzelfall zähle nach den beiden Innsbrucker ..., sondern dass ...*
> *Immerhin spielen ...*
> *Also sollte man ihrer Meinung nach ..., denn das Ergebnis ihrer Meta-Studie lautet: ...*

1.3 Fit in ... – Einen informierenden Text verfassen

Stellt euch vor, ihr erhaltet folgende Schulaufgabe:

Aufgabe

Verfasse auf der Grundlage der folgenden Materialien M1 bis M4 einen Text (ca. 300–350 Wörter), in dem du über den Beruf des Game-Designers informierst. Gehe auf folgende Fragen näher ein:
- Welche Berufe gibt es im Zusammenhang mit Computerspielen?
- Was genau machen Game-Designer?
- Was sind Voraussetzungen für die Ausbildung und was sind deren Inhalte?
- Welches Gehalt bekommen Game-Designer im Vergleich zu anderen Berufen?

M1

Dorothea Szymanski

Beruf Game-Designer
(GEOlino, 2017)

Spieleentwickler zu werden – das ist der Traum von vielen Computerspielfans. Was viele nicht wissen: Bis ein Computer- oder Konsolenspiel fertig gestellt ist, haben eine Menge Menschen mit ganz unterschiedlichen Berufen aus vielen verschiedenen Abteilungen daran gearbeitet.
Zuerst beschäftigen sich die Game-Designer mit einem Spiel. Sie überlegen sich die Grundlagen und die Spielregeln. Wo soll das Spiel stattfinden? Was sind die unterschiedlichen Levels und Stationen, die der Spieler im Spiel durchlaufen muss? Und was ist das Ziel des Spiels?
Die Arbeit eines Game-Designers muss man sich in etwa so vorstellen wie die Arbeit eines Regisseurs beim Film. Der Game-Designer entwickelt das Konzept, hat den Überblick über das Spiel und weiß genau, wie es umgesetzt werden muss. Nur, dass er damit nicht allein beschäftigt ist: Ihm steht ein ganzes Team aus Grafikern und Game-Developern zur Seite.
Die Grafiker etwa entwerfen das Aussehen des Spiels. Je nach Art des Spiels kann es sein, dass sehr viele Grafiker mit einzelnen Details beschäftigt sind. So werden beispielsweise Häuser, Menschen, Tiere oder Landschaften entworfen und bekommen ein ganz eigenes, an das Grunddesign des Spiels angepasstes Aussehen.
Sind die Grafiker mit ihrer Arbeit fertig und steht der Spielablauf, übernehmen die Game-Developer. Übersetzt heißt „Game-Developer" eigentlich „Spieleentwickler". Sie sind für die technische Umsetzung des Spieldesigns verantwortlich. Nach den Vorgaben der Game-Designer und den Vorlagen der Grafiker programmieren sie die virtuellen Welten und lassen so das Spiel entstehen.

M2

Spiele entwickeln – Studieninhalte und Ablauf (Studium OnlineCheck, 2018)

Vorausetzung für das Game-Design-Studium ist das Abitur. Das Studium selbst ist auf eine Dauer von acht Semestern (4 Jahre) ausgelegt. Die Hauptfächer beim Game-Design-Studium sind Informatik, Medientechnik und Mediendesign. Darüber hinaus geht es darum, Spiele zu entwickeln, im sogenannten Leveldesign (auch Mapping oder Editing) zwei- bis dreidimensionale Spielebenen zu gestalten und natürlich die Technik von Computerspielen und Grafikprogrammierung zu beherrschen. Bei der Spieleentwicklung lernt man, Konzepte und Drehbücher zu schreiben und dabei soziale und psychologische Grundlagen von Spielen zu beachten. In diesem Zusammenhang lernt man, wie sich Spielsituationen und zur Geschichte passende Charaktere visuell darstellen lassen. Neben diesen konkreten Lerninhalten geht es ebenso darum, ein allgemeines Fachwissen rund um das Medium Computerspiel und seine Vermarktung zu erwerben. Das geschieht in den Bereichen Medienwissenschaften und Medienforschung, Spielemarketing und Unternehmensführung.

Erste wirkliche Berufserfahrungen werden je nach Hochschule in Form verschiedener Praktika angeboten, zum Beispiel in Ton- oder bei Entwicklerstudios.

M3

Interview mit Dr. Weber – Leiter „Studieninformationen Internet"

Frage: Für wen ist das Studium Game-Design geeignet?

Dr. Weber: Das Studium ist für solche Menschen geeignet, die viel Fantasie haben und diese in die Wirklichkeit umsetzen wollen. Sie sollten selbst gern Computerspiele spielen und zudem ein Gespür dafür besitzen, wie man Spiele visuell gestalten und musikalisch untermalen kann.

Frage: Was sollte man noch können?

Dr. Weber: Da das Studium einen großen Anteil Informatik beinhaltet, sollte man Interesse an Physik und Mathematik mitbringen. Darüber hinaus werden viele Projekte in Gruppenarbeit entwickelt. Man sollte also möglichst auf Erfahrungen in Teamarbeit zurückgreifen können und diese weiter ausbauen wollen. Denn für den Beruf des Game-Designers ist es Voraussetzung, dass man mit vielen anderen Menschen zusammenarbeitet, mit denen man sich absprechen und beraten muss.

M4

Gehälter im Vergleich (2017)

Lohn/Gehalt vor Abzug von Steuern (= brutto)

Beruf	durchschnittliches Gehalt	Beruf	durchschnittliches Gehalt
Architekt/-in	4.004 €	Chemiker/-in	5.245 €
Game-Designer/-in	3.032 €	Musiker/-in	4.170 €
Schauspieler/-in	3.304 €	Tierpfleger/-in	2.255 €
Wirtschaftswissenschaftler/-in	4.724 €	Zahnarzt/Zahnärztin	4.427 €

1.3 Fit in ... – Einen informierenden Text verfassen

Die Aufgabe richtig verstehen

1 Stellt fest, was genau die Aufgabe (▶ S. 29) von euch verlangt.
Welche der Aussagen A bis D treffen zu? Schreibt sie ins Heft.

> A Ich soll die einzelnen Materialien zum Beruf des Game-Designers zusammenfassen.
> B Ich soll mit einem eigenen Text über den Beruf des Game-Designers informieren.
> C Ich soll mit Hilfe der Materialien begründen, ob ich ein Game-Designer werden möchte.
> D Ich soll anhand der Materialien verschiedene Gesichtspunkte des Berufs sachlich darstellen.

Informationen sammeln und einen Schreibplan erstellen

2 a Fertigt eine Kopie der Materialien M1 bis M4 (▶ S. 29–30) an.
Unterstreicht darin möglichst verschiedenfarbig die Informationen, mit denen
ihr die vier Fragen der Aufgabe (▶ S. 29) beantworten könnt, z. B.:

M3

Interview mit Dr. Weber – Leiter „Studieninformationen Internet"

FRAGE: Für wen ist das Studium Game-Design geeignet?
DR. WEBER: Das Studium ist für solche Menschen geeignet, die viel Fantasie haben und diese in die Wirklichkeit umsetzen wollen. Sie sollten selbst gern Computerspiele spielen und zudem ein Gespür dafür besitzen, wie man Spiele visuell gestalten und musikalisch untermalen kann.
FRAGE: Was sollte man noch können? teresse an Physik und Mathematik mitbringen. Darüber hinaus werden viele Projekte in Gruppenarbeit entwickelt. Man sollte also möglichst auf Erfahrungen in Teamarbeit zurückgreifen können und diese weiter ausbauen wollen. Denn für den Beruf des Game-Designers ist es Voraussetzung, dass man mit vielen anderen Menschen zusammenarbeitet, mit denen man sich absprechen und beraten muss.

b Übernehmt die Mind-Map in euer Heft. Ergänzt sie nach dem angegebenen Beispiel.

Mit eigenen Worten sachlich informieren

3 a Entscheidet, welche Informationen ihr als Zitate oder mit eigenen Worten in euren Text aufnehmen wollt, damit sie einzelne Informationen stützen.
Übernehmt diese Zitate bzw. Informationen in eure Mind-Map.
b Überarbeitet den folgenden Textausschnitt. Achtet vor allem auf eine sachliche Sprache und darauf, dass Quellen richtig zitiert oder angegeben sind.
Tipp: Wenn ihr klärt, welcher Unteraspekt des Themas behandelt wird, hilft euch eure Mind-Map bei der Überprüfung auf wörtliche Übernahmen.

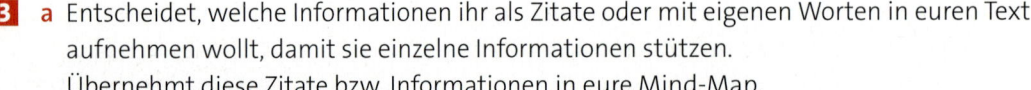

> Game-Designer ist einer der coolsten Berufe, die es so gibt. Anders als du vielleicht vermutest, darf man nicht den ganzen Tag spielen. Schade eigentlich. Vielmehr ist die Entwicklung eines Computerspiels eine echt anspruchsvolle Tätigkeit. Die Arbeit eines Game-Designers muss man sich in etwa so vorstellen wie die Arbeit eines Regisseurs beim Film. Der Game-Designer entwickelt das Konzept, hat den Überblick über das Spiel und weiß genau, wie es umgesetzt werden muss. Wer allerdings Physik und Mathematik nicht so doll findet, sollte die Finger von diesem Studium lassen.

Den informierenden Text verfassen und überarbeiten

4 Verfasst euren Informationstext über den Beruf des Game-Designers.
a Formuliert einen einleitenden Satz, der Auskunft über das Thema gibt.
b Entscheidet euch für eine der drei Möglichkeiten, den Aufbau eures Textes zu verdeutlichen (▶ S. 22, Aufgabe 2).
c Verfasst einen Schluss. Betont z. B., für wen sich der Beruf besonders eignet.

5 a Prüft in Partnerarbeit mit Hilfe der folgenden Checkliste eure informierenden Texte:
Schätzt euch ein: Was ist besonders gut gelungen und woran solltet ihr noch arbeiten?
b Überarbeitet eure Informationstexte.

Einen informierenden Text verfassen
- **Aufbau**
  - Habt ihr mit einem Einleitungssatz über das Thema des Textes informiert?
  - Habt ihr alle Fragen der Aufgabe im Text beantwortet?
- **Hauptteil**
  - Habt ihr euren Textaufbau verdeutlicht, z. B. durch Zwischenüberschriften?
  - Habt ihr sachlich und mit eigenen Worten informiert?
  - Habt ihr Zitate und Quellen kenntlich gemacht? (▶ S. 310, 336)
- **Schluss**
  - Habt ihr eine bestimmte Information noch einmal hervorgehoben?

2 Respekt und Benehmen –
Zu strittigen Fragen begründet Stellung nehmen

> Es ist wirklich unhöflich, wenn du auf dein Smartphone starrst, statt mir zuzuhören.

> Reg dich ab, ich hab gerade eine Nachricht von Lisa bekommen. Wir können uns ja auch danach weiter unterhalten!

1 Kennt ihr ähnliche Auseinandersetzungen? Spielt szenisch eine Situation vor, in der ihr z. B. mit euren Eltern über Respekt und Benehmen sprecht.

2 a Versetzt euch in eine der beiden Personen: Welche Begründungen und Beispiele fallen euch ein, um die Position des Vaters oder des Sohnes zu stützen?
b Spielt die Situation.

3 Sammelt Tipps, wie man seine Meinung überzeugend begründen kann.

In diesem Kapitel ...

– trainiert ihr, eure Standpunkte überzeugend vorzutragen, und zwar durch Behauptungen, die ihr jeweils sachlich begründet und mit Beispielen veranschaulicht,
– vergleicht und bewertet ihr verschiedene Argumentationen zu einem strittigen Thema,
– übt ihr, in einer Pro-und-Kontra-Diskussion eure Position zu vertreten,
– lernt ihr, in einem Leserbrief euren Standpunkt überzeugend zu formulieren.

2.1 Wozu Regeln? – Überzeugend argumentieren

Argument = Behauptung, Begründung, Beispiel

Gutes Benehmen kann man lernen

Benimmkurse werden wieder modern. Weil Lehrkräfte und die Wirtschaft darüber klagen, dass Schülerinnen und Schüler nicht mehr wüssten, wie man sich höflich gegenüber anderen verhält, soll Abhilfe geschaffen werden. Der ehemalige Tanzlehrer Sebastian Schmidt unterrichtet nun für je zwei Stunden die Woche eine siebente Klasse eines bayerischen Gymnasiums, wobei er mit gutem Beispiel vorangeht. Er trägt eine modisch bewusst gewählte Krawatte, ein weißes Hemd, eine schwarze Anzughose und schwarze Lederschuhe. „Schülerinnen und Schüler haben oft gar nicht gelernt, wie man sich richtig in der Berufswelt anzieht", meint er. Deshalb sind Benimmkurse, die auf Verhaltensweisen in und außerhalb der Schule eingehen, umso wichtiger. Wenn sie zum Beispiel im Unterricht oder auf dem Schulhof Kaugummi kauen dürfen, warum sollen sie es dann bei einem Gespräch für ein Praktikum mit einer Personalleiterin nicht mehr dürfen? Auf solche Fragen geht Schmidt gern ein und lässt in Rollenspielen die Schülerinnen und Schüler die verschiedenen Rollen einnehmen. „Wie würde das auf euch wirken?", fragt er und hebt, sich einen Bleistift in die Nase steckend, unangebrachte Verhaltensweisen nach einem gespielten Gespräch hervor. Alle lachen.
Die Frage nach dem richtigen Benehmen ist nicht neu, denn Menschen waren sich schon immer unsicher, wie sie sich in bestimmten oder ungewohnten Situationen angemessen verhalten sollen. Beispielhaft dafür steht der Name Freiherr Adolph Franz Friedrich Ludwig Knigge (1752–1796). Zwar kennen nicht mehr viele sein Buch „Über den Umgang mit Menschen", doch als „Knigge" werden heute ganz allgemein alle möglichen Benimmratgeber bezeichnet.

Früher lernten Kinder gutes Benehmen zu Hause oder auch in der Tanzschule. „Heute ist das weitaus weniger der Fall", stellt Schmidt fest. Gründe für das sinkende Niveau sind zum einen viel beschäftigte Eltern mit wenig Zeit für ihren Nachwuchs und zum anderen wachsende Anforderungen in einer immer komplizierter werdenden Welt. Schmidt selbst, so gibt er offen zu, hat es früher oft aus Bequemlichkeit unterlassen, seinen eigenen Kindern zu sagen, dass man sich am Telefon nicht einfach mit „Ja" oder „Hallo" meldet, sondern mit Namen, damit der andere weiß, wer dran ist. Dessen ist sich Sebastian Schmidt sicher: Wer sich richtig zu benehmen weiß, ist im Leben erfolgreicher. Allerdings lehrt er nicht das blinde Befolgen von Regeln, sondern ein bewusstes Umgehen mit ihnen je nach Situation, damit sich die Schülerinnen und Schüler selbst ein Bild machen können. So sollte man die geliebte Baseballkappe absetzen, wenn man von Erwachsenen darum gebeten wird. „Wieso?", rufen sofort mehrere aus der Klasse. Auf diese Frage hat Schmidt gewartet, denn man muss Benimmregeln kritisch prüfen, um wirklich etwas über sich und andere zu lernen.

1
a Begründet spontan eure Meinung: Was haltet ihr von Benimmkursen an Schulen?
Hört euren Vorrednern genau zu und knüpft an sie an: *Du meinst ... Das sehe ich anders/genauso: ...*
b Welche Höflichkeitsregeln erkennt ihr in der Zeichnung auf Seite 34?
Nehmt kritisch zu ihnen Stellung.
c Kennt ihr Benimmregeln aus anderen Ländern? Stellt sie euch gegenseitig vor.

2
a Formuliert das Thema des Textes in einem vollständigen Satz.
b Erklärt anhand des Textes, was in einem Benimmkurs vermittelt werden soll.
c Ergänzt selbst Themen, die für einen Benimmkurs geeignet wären.

3 Der Autor versucht, den Sinn von Benimmkursen überzeugend zu begründen.
Untersucht in Partnerarbeit die Argumentation. Ergänzt dazu im Heft die folgende Tabelle:

Behauptung	Begründung mit *weil, da,* ...	Beispiel
– *Benimmkurse werden wieder ... (Z. 1)*	– ...	– ...

4
a Notiert eure Meinung zur Frage, ob ihr für oder gegen die Einführung eines Benimmkurses an eurer Schule seid.
b Stützt euren Standpunkt mit je einer Behauptung, einer Begründung und einem Beispiel.

> - **für den Standpunkt:** Ich bin der Meinung, dass ... / Ich halte es für falsch/richtig ... / Ich bin dagegen, ...
> - **für die Behauptung:** Alle sagen, ... / Grundsätzlich gilt, ...
> - **für die Begründung:** Ein wesentlicher Grund dafür ist ... / Das ist so, weil/da ...
> - **für das Beispiel:** ... zum Beispiel ... / insbesondere ... / Ich habe selbst erlebt, dass ...

c Vergleicht eure Argumentation mit eurer spontanen Meinungsäußerung (▶ Aufgabe 1 a).
Wie überzeugend wirkt sie? Inwieweit hat sich euer Standpunkt geändert?

5 Begründet schriftlich eure Meinung zu der folgenden Benimmregel:
Man soll Erwachsene stets aussprechen lassen, bevor man selbst spricht.
Nennt deutlich euren Standpunkt: Formuliert mindestens zwei Behauptungen, ergänzt je eine gute Begründung und formuliert nachvollziehbare Beispiele.

Wissen und können — Argumentieren – Behauptung, Begründung, Beispiel

- Beim **Argumentieren** versucht man, seinen **Standpunkt überzeugend zu begründen**. Man stellt für den eigenen Standpunkt **unterschiedliche Behauptungen** auf, die man durch **Begründungen** stützt und durch **Beispiele veranschaulicht** bzw. erklärt, z. B.:
  - **Behauptung:** *In einem Gespräch zwischen zwei Menschen ist ein Smartphone oft störend.*
  - **Begründung:** *Denn der ständige Blick auf neu ankommende Nachrichten lenkt ab.*
  - **Beispiel:** *Vorhin wollte ich mit meinem Freund ein ernstes Problem besprechen, aber er hörte mir gar nicht zu, weil er mit einem Auge stets am Display hing. Danach haben wir gestritten.*
- **Begründungen** kann man mit **Verknüpfungswörtern** bewusst einleiten: *weil, da, denn, daher, ...*

Benimmkurs als Schulfach? –
Eine Pro-und-Kontra-Diskussion führen

Die Schülerinnen und Schüler fit zu machen für das Leben, das ist unsere Aufgabe. Dazu gehören auch ein höflicher Umgangston und angemessene Umgangsformen. Höfliches Auftreten, nicht zu verwechseln mit „Schleimen", eröffnet die Chance, positiv von anderen wahrgenommen zu werden. Auch das Kennenlernen nützlicher Verhaltensregeln, die man z. B. im Ausland beachten sollte, kann im Leben hilfreich sein.
(Herr Mayer, Lehrer)

Wenn es einen Benimmkurs an unserer Schule gibt, dann haben wir ein weiteres Fach, das wir besuchen und für das wir bestimmt auch lernen müssen. Außerdem bleibt mir jetzt schon am Nachmittag wenig Zeit für meine Freunde und meine Hobbys. Deshalb bin ich gegen einen Benimmkurs als Unterrichtsfach.
(Katharina, 13 Jahre)

Es ist die Aufgabe der Eltern, die Kinder zu erziehen. Außerdem, was würde ein Benimmkurs bewirken, wenn die Schüler keine Lust auf diesen zusätzlichen Nachmittagskurs haben?
(Doris Schmitt, Mitglied des Elternbeirats)

Ich habe an meiner früheren Schule an einem solchen Benimmkurs für alle teilgenommen. Viele Lehrer und Schüler meinten, dass sich die Kurse positiv auf das Schulklima ausgewirkt hätten.
(Hamid, 13 Jahre)

1 a Lest die vier Sprechblasen zum Thema „Benimmkurs".
 – Wer formuliert seinen Standpunkt deutlich?
 – Wessen Aussagen verraten die Meinung eher indirekt?
 b Begründet: Welcher Position könnt ihr euch anschließen?

2 Wie verteilen sich in eurer Klasse die Meinungen zur Frage:
Soll es an unserer Schule für alle 7. Klassen einen Benimmkurs am Nachmittag geben?
 a Erstellt eine Positionslinie:
 Denkt euch eine Linie im Klassenraum:
 Die eine Seite steht für (pro), die andere gegen (kontra) einen Benimmkurs.
 b Nehmt euren Standpunkt (pro oder kontra) auf der Linie ein, indem ihr euch links oder rechts positioniert.
 c Wertet die Positionslinie aus:
 – Stellt fest, wie die Meinungen in der Klasse verteilt sind.
 – Haltet an der Tafel fest, wie sie begründet werden.

3 Bereitet in Gruppen eine Pro-und-Kontra-Diskussion zur Frage aus Aufgabe 2 vor.
  a Bildet mit Schülerinnen und Schülern, die eure Position vertreten, eine Gruppe.
  b Legt eine Stoffsammlung für die Diskussion an: Sucht Behauptungen und Begründungen für euren Standpunkt sowie anschauliche Beispiele.
  Tipp: Berücksichtigt den Text auf Seite 34 und die Sprechblasen auf Seite 36.
  c Bestimmt in eurer Gruppe eine Sprecherin oder einen Sprecher, die/der eure Position in einem kurzen Eingangsvortrag (Statement) vor der Diskussion zusammenfasst:
  – Formuliert gemeinsam das Statement und haltet es fest, z. B. auf einer Karteikarte.
  – Notiert den stärksten Einwand gegen euren Standpunkt und entkräftet ihn.
  – Hört dem Statement der anderen Gruppe aufmerksam zu und macht euch Notizen, damit ihr euch in der Diskussion auf deren Argumente beziehen könnt.

> *Eingangsvortrag (Statement)*
> *1. Unsere Meinung:*
> *Wir sind der Auffassung, dass …*
> *2. Überleitung:*
> *Dafür gibt es / sprechen mehrere Gründe, die …*
> *3. Argumentation:*
> *– Zunächst möchten wir anführen, dass …*
>   *Am Beispiel von … lässt sich das gut …*
> *– Außerdem …, wie sich … sehen lässt, …*
> *– Ein weiterer Gesichtspunkt ist, dass …*
> *4. Zusammenfassender Schlusssatz:*
> *Unsere Argumentation zeigt, dass …*

> *Einen möglichen Einwand entkräften*
> *Es stimmt schon … / Wir können verstehen, wenn ihr meint, dass ein solcher Kurs für manche von uns hilfreich wäre. Allerdings wären die zusätzlichen Belastungen …*

4 a Führt eure Pro-und-Kontra-Diskussion. Nutzt das folgende „Wissen und können".
  b Besprecht nach eurer Diskussion jeweils das Gesprächsverhalten (▶ Wissen und können). Habt ihr einander zugehört und seid ihr auf die jeweiligen Argumente eingegangen?

5 Prüft, ob sich das Meinungsbild in eurer Klasse verändert hat.
  Nehmt nach der Diskussion erneut einen Standpunkt auf der Positionslinie ein (▶ S. 36, Aufgabe 2).

Wissen und können — **Eine Pro-und-Kontra-Diskussion führen – Das Gesprächsverhalten**

1 Eine vorab gewählte **Diskussionsleitung** eröffnet die Diskussion. Sie erteilt **zunächst** den Sprechern der **Eingangsvorträge** das Wort. Anschließend leitet und beendet sie die Diskussion.
2 Jede **Pro-** und **Kontra-Gruppe** hält ihren **Eingangsvortrag** (Statement).
3 Die Diskussionsleitung öffnet die **Diskussion für alle.**
4 Wer sich gerade nicht am Gespräch beteiligt, **beobachtet** den Diskussionsverlauf und **notiert Auffälliges,** z. B. zur Argumentation (wurden gute Begründungen und Beispiele angeführt?) und zum **Gesprächsverhalten** (▶ Fishbowl-Diskussion, S. 344).
▪ Eine Diskussion kann man durch sein **Gesprächsverhalten** fördern oder hemmen.
  – Man sollte auf den anderen **eingehen,** z. B.: *Du sagst, dass … Das sehe ich anders, weil, …*
  – Haltet **Gesprächsregeln** ein: **Fragt nach,** wenn ihr etwas nicht verstanden habt, und **vermeidet** sogenannte **Killerphrasen,** die den anderen herabsetzen und unsachlich sind, z. B.: *Du immer mit deinem … Das haben wir nie so gemacht. Jedes Kind weiß doch, dass …*

Respekt vor dem Alter? – Einen Leserbrief schreiben

Wissen ältere Menschen alles besser als jüngere Menschen?

Müssen Jugendliche die Meinung älterer Menschen widerspruchslos annehmen? Immerhin haben diese Lebenserfahrung!

Pro

HANNAH: Jeder Mensch hat unabhängig von Alter, Geschlecht, Aussehen, Glaube und Herkunft Respekt, also Achtung und Anerkennung, verdient. Warum sollte das für ältere Menschen umso mehr gelten? Der wichtigste Grund für mich lautet, dass sie eines haben, was Jüngeren in der Regel noch fehlt, nämlich Lebenserfahrung. Mein Großvater zum Beispiel ist zwar nicht sehr belesen, aber er hat in seinem bisher 80-jährigen Leben so viel erlebt, Krieg und Frieden, Armut und Erfolg, Liebe und Trauer, dass er mir bei vielen Fragen mit Rat und Tat zur Seite steht.

Die Verehrung älterer Menschen sowie der Ahnen gehört bei vielen Völkern zur Tradition, nur uns scheint dieser Brauch abhandengekommen zu sein. Da wir oft an verschiedenen Orten leben oder die Großeltern in Altersheime stecken, gehen damit auch das Lernen von ihnen und der gegenseitige Respekt verloren. Mehrgenerationenhäuser, wie sie mittlerweile in vielen deutschen Städten gegründet werden und wo jüngere Menschen mit älteren zusammenleben, sie treffen und von ihnen lernen können, sind ein gutes Beispiel dafür, wie es auch anders geht.

Viele mögen das sicher nicht so gern wahrhaben und mich nervt diese Kritik total, aber man sollte erst einmal den eigenen Eltern und Großeltern zuhören. Denn nur so können wir lernen, Dinge und Situationen auch anders zu betrachten. Das heißt ja nicht, wie manche jetzt sicher einwenden würden, dass man alles kritiklos und ohne Nachfragen zu glauben hat. Ich habe bisher meine Eltern und Großeltern als Menschen erlebt, die aufrichtig mit mir umgehen und die – wie es oft so schön heißt – wirklich „nur das Beste für mich wollen".

Alles spricht meiner Meinung nach also dafür, ihnen zu vertrauen. Es ist ein gegenseitiges Geben und Nehmen. Respektiere ich sie, respektieren sie mich.

Kontra

MATEO: Ältere Menschen glauben meist, dass Jugendliche einfach noch zu jung sind, um sich wirklich eine eigene Meinung bilden zu können. Doch weil sie bereits mehr erlebt haben, heißt das noch lange nicht, dass sie auch über alles besser Bescheid wissen. Wer das sagt, kann nicht ganz richtig im Kopf sein. Zu Hause bin beispielsweise ich derjenige, der die Computer wartet, und die neuesten Spiele kennen meine Eltern und Großeltern in der Regel auch nicht, haben aber stets eine Meinung dazu.

Wer von uns Jüngeren ihnen widerspricht, muss sich meist einen Vortrag zum Thema „Respekt" anhören. Ist das respektvoll? In Lexika kann man nachlesen, dass Respekt die Wertschätzung eines anderen Lebewesens bedeutet, für Tiere und Menschen, für Groß und Klein, für Jung und Alt. Wer von uns Jugendlichen kennt nicht Sätze wie: „Du hast in deinem Alter doch noch nichts Richtiges erlebt. Dir fehlt der Überblick. Werde erst einmal älter und rede dann mit."

Alter ist keine Leistung, darauf muss man nicht stolz sein. Denn jede und jeder, du und ich, werden alt. Unsere Eltern waren früher einmal Kinder und unsere Großeltern auch.
Die eigentliche Frage lautet meiner Meinung nach: Vor wem soll man wann und warum Respekt haben? Die Frage des Alters ist dabei eher zu vernachlässigen, denn wichtiger sind Fachwissen und die Bereitschaft, sich mit einem Thema ernsthaft auseinanderzusetzen. Das Beispiel der Computer habe ich schon angeführt. Jeder von euch wird sein liebstes Hobby nennen können, von dem Ältere oft keine Ahnung haben, es sei denn, sie sind jung geblieben.

1
a Formuliert mit eigenen Worten die strittige Frage, mit der sich Hannah und Mateo auseinandersetzen. Wozu nehmen sie Stellung?
b In beiden Argumentationen spielt der Begriff „Respekt" eine große Rolle. Erklärt, was Hannah und was Mateo unter „Respekt" verstehen. Was bedeutet „Respekt" für euch?
c Ergreift begründet Partei für einen der beiden Standpunkte.

2 Untersucht in Partnerarbeit, wie Hannah und Mateo argumentieren und Stellung beziehen, um andere von ihrer Meinung zu überzeugen.
Legt dazu im Heft für Hannah und Mateo je eine Tabelle wie folgt an und ergänzt sie.

Position/Standpunkt von … für/gegen …		
1. Behauptung	Begründung	Beispiel
… (Z. 1–4)	… (Z. …–…)	… (Z. …–…)
2. Behauptung	Begründung	Beispiel
… (Z. 14–…)	… (Z. …–…)	… (Z. …–…)

3
a Sicher habt ihr schon einmal gehört, dass eine Argumentation stichhaltig und sachlich sein soll. Erläutert, was ihr unter „stichhaltig" und „(un)sachlich" versteht.
b Findet die beiden unsachlichen Äußerungen in den Pro- und Kontra-Texten und formuliert sie um.
c Findet zu der folgenden Äußerung Mateos das Beispiel in seinem Text.
MATEO: „Eine meiner Behauptungen habe ich dadurch untermauert, dass ich mich darin auf eine weithin anerkannte Autorität berufe."
d Hannah hat an einer Stelle einen Einwand formuliert. Welche Begründung entkräftet sie?

Wissen und können — Die Qualität einer Argumentation bewerten

Argumentationen werden oft danach beurteilt, ob sie **stichhaltig** und damit **überzeugend** formuliert sind. Wichtige Fragen zu ihrer Beurteilung sind:
- Besteht ein Argument aus den **Bausteinen Behauptung, Begründung und Beispiel**?
- Sind die **Beispiele gut nachvollziehbar**? Stammen sie aus naheliegenden Lebensbereichen?
- Sind die **Formulierungen sachlich** oder lenken sie vom Thema ab?
- Gibt es Begründungen, die sich auf **weithin anerkanntes Wissen** (Autoritäten) berufen?
- Wird auf mögliche **Einwände eingegangen?** Werden sie entkräftet?

4 In einem Leserbrief stellt man schriftlich seine Meinung zu einem bestimmten Zeitungsartikel dar. Kern des Briefes ist die Argumentation. Das Muster eines solchen Briefes findet ihr auf Seite 41. Stellt euch vor, Hannahs und Mateos Pro- und Kontra-Texte (▶ S. 38–39) wären in eurer Tageszeitung abgedruckt gewesen.
Verfasst mit Hilfe der folgenden Schritte einen Leserbrief zum Thema:
„Muss ich Respekt vor älteren Menschen haben?"

Schritt 1: Eine Stoffsammlung anlegen

5 a Schreibt im Heft euren Standpunkt zu der strittigen Frage in Aufgabe 4 auf:
*Ich bin der Ansicht, dass ... / Nach meiner Auffassung/Meinung ... /
Ich vertrete den Standpunkt/die Position, dass ...*
b Notiert knapp zwei bis drei gute Argumente (Behauptung, Begründung, Beispiel),
die für eure Position sprechen.
Tipp: Nutzt eure Ergebnisse zu Aufgabe 2, Seite 39.

Schritt 2: Argumente ordnen

6 a Tauscht in Partnerarbeit eure bisherigen Argumente aus Schritt 1 für eure Position aus.
b Entscheidet euch für einen gemeinsamen Standpunkt und ordnet eure dazu passenden Argumente nach ihrer Qualität und Überzeugungskraft zu (▶ S. 39). Verteilt Punkte, z. B.:
1 = schwaches Argument, 2 = stärkeres Argument, 3 = stärkstes Argument.
c Wählt eure zwei überzeugendsten Argumente aus und formuliert sie jeweils in Form von Behauptung, Begründung und Beispiel zusammenhängend aus.
Nutzt die Formulierungsbausteine im folgenden „Wissen und können".
d Notiert einen Einwand gegen eure Position und entkräftet ihn (▶ Wissen und können).

Wissen und können	Argumentieren (Stellung beziehen) – Formulierungshilfen
■ **Behauptungen aufstellen** – Es verhält sich so, dass ... – Viele glauben, dass ... – Der neueste Trend ist ... – Grundsätzlich gilt, dass ...	■ **Zu Argumenten hinführen** – Mein stärkstes Argument für ... ist ... – Hinzu kommt, dass ... – Darüber hinaus sollte man bedenken, dass ... – Für/Gegen ... spricht zudem die Tatsache, dass ...
■ **Begründungen einleiten** – Das zeigt sich vor allem daran, dass ... – Der Grund dafür ist/lautet ... – ... daher/deshalb/denn/weil/da	■ **Beispiele einleiten** – Ein Beispiel dafür ist ... / Zum Beispiel ... – Das habe ich selbst erlebt, als ... – Wie ich aus Erzählungen von ... weiß, ... – Eine aktuelle Umfrage zeigt, dass ...
■ **Einwände entkräften** – Sicherlich kann man einwenden, dass ... Dennoch habe ich die Erfahrung gemacht, dass ... – Obwohl ... denken, dass ..., muss man berücksichtigen, dass ... – Es ist schon richtig, dass ... Es darf aber nicht übersehen werden, dass ...	

Schritt 3: Den Leserbrief verfassen

7 Verfasst euren Leserbrief (▶ Wissen und können). Er sollte nicht mehr als 250 Wörter umfassen. Nutzt die folgende Vorlage und die Formulierungshilfen auf Seite 40.

Betreffzeile	– Artikel „Wissen ältere Menschen alles besser als jüngere Menschen?" vom 15.3.20..
Anrede	– Sehr geehrte Redaktion, / Sehr geehrte Damen und Herren,
Einleitung Anlass des Leserbriefs (Überleitung zum Hauptteil)	– mit Interesse habe ich Hannahs und Mateos Positionen zum Thema ... gelesen. – Darin wird unter anderem der Standpunkt vertreten, dass ... – Weil ich selbst ..., möchte ich meine Position ...
Hauptteil Standpunkt/Position und Argumente (Behauptungen/Begründungen/ Beispiele) Einwand entkräften	– Ich vertrete die Auffassung, dass ... – Ein wichtiges Argument für/gegen ... ist, dass ... – Hinzu kommt, dass ... – Zwar ..., aber ...
Schluss Zusammenfassung, Vorschlag	– Aus diesen Gründen vertrete ich den Standpunkt / bin ich der grundsätzlichen Meinung, dass ... – Ich fände es gut, wenn ...
Grußformel Unterschrift	– Mit freundlichen Grüßen ...

Schritt 4: Den Leserbrief überarbeiten

8 Überarbeitet am Computer in einer Schreibkonferenz (▶ S. 304, 343) eure Leserbriefe:
– Ist der Standpunkt klar formuliert? Überzeugen die Argumente? (▶ Wissen und können, S. 35 u. 39)
– Sind alle Argumentationsteile sprachlich gut verknüpft (▶ Formulierungshilfen, S. 40)?

> **Wissen und können**   **In einem Leserbrief argumentieren**
>
> In einem Leserbrief reagiert ihr schriftlich auf einen Zeitungsartikel.
> - **Einleitung:** Stellt knapp den **Anlass** des Leserbriefes dar: Weshalb schreibt ihr? Leitet dann zum Hauptteil über. Man kann auch schon kurz seinen **Standpunkt zur strittigen Frage** angeben.
> - **Hauptteil:** Formuliert eure **Argumente** (Behauptungen, Begründungen, Beispiele) für eure Position. Verknüpft die Bestandteile eurer Argumente und leitet sprachlich deutlich und abwechslungsreich zum nächsten Argument über (▶ S. 40). Mögliche Einwände (Gegenargumente) könnt ihr nennen, um sie argumentativ zu entkräften.
> - **Schluss:** Fasst am Ende noch einmal euren **Standpunkt zusammen** oder formuliert einen Vorschlag oder einen Wunsch für die Zukunft.
> **Tipp:** Macht zwischen Einleitung, Hauptteil und Schluss Absätze. Nennt die Anschrift, den Betreff (Bezug zum Zeitungsartikel) und ergänzt am Ende eine Grußformel mit Unterschrift.

Testet euch!

Argumentieren – Stellung nehmen

1 a Bestimmt bei jeder Aussage 1 bis 5, ob sie als eine Behauptung zum Standpunkt (Bh), als eine Begründung (Bg) oder als ein Beispiel (Bei) verwendet wird. Notiert so im Heft:
… = *Bh* (für Behauptung), … = *Bg* (für Begründung), … = *Bei* (für Beispiel).

> 1 Ein Schulvertrag sorgt für ein besseres Schulklima und stärkt die Schulgemeinschaft.
> 2 Denn ein Schulvertrag regelt für alle, wie man sich auf dem Schulgelände verhält.
> 3 Ich habe die Erfahrung gemacht, dass ich mehr Spaß und bessere Lernerfolge in der Schule habe, wenn wir freundlich miteinander umgehen und uns gegenseitig helfen.
> 4 Das Kant-Gymnasium hat schon seit zwei Jahren einen Schulvertrag. Eine Schülerin berichtete, dass es seitdem keinen Mobbing-Fall mehr gegeben habe.
> 5 Es wird dann weniger Streitigkeiten auf dem Schulhof geben.

b Verknüpft die Aussagen 1 bis 5 sprachlich so miteinander, dass deutlich wird, um was für einen Baustein (Behauptung, Begründung, Beispiel) es sich handelt. Schreibt ins Heft.

2 Prüft die Qualität der folgenden Argumentationsbausteine. Welche sind unsachlich formuliert, mit welchem wird sich auf eine Autorität berufen? Notiert die Buchstaben.

> A Um das beurteilen zu können, fehlt Ihnen das Fachwissen.
> B Nach den neuesten wissenschaftlichen Untersuchungen sind Schulverträge …
> C Einen Schulvertrag abzuschließen, kann das Schulklima verbessern.
> D Das ist doch reine Theorie.

3 In der Schülerzeitung wurde ein Artikel abgedruckt, in dem ein Schüler für die Einführung eines Schulvertrags wirbt. Lino schreibt daraufhin der Redaktion einen Leserbrief. Überarbeitet den Anfang seines Leserbriefs, sodass Anrede und Einleitung stimmig sind.

> *Hi, ich bin der Lino!*
>
> *Euren Artikel über den Schulvertrag fand ich echt krass.*
> *Ist man da denn echt vertraglich verpflichtet,*
> *sich zu benehmen?*
> *Also die Idee ist auf alle Fälle klasse, denn Teamgeist*
> *ist echt wichtig, so für später.*
> *Jetzt möchte ich euch aber mal meine Meinung*
> *zu der ganzen Sache sagen.*

4 Vergleicht eure Ergebnisse in Partnerarbeit. Fragt in Zweifelsfällen eure Lehrkraft.

2.2 Eine Kultur des Beleidigens? – Zu einer Diskussion im Internet schriftlich Stellung nehmen

Internettext von oneworld2share, 16. September 2018

„Das war nicht schlecht, das war richtig gruselig!"

Mit dem Respekt voreinander geht es nur noch bergab. Ich finde, dass es nicht richtig ist, andere Menschen öffentlich der Lächerlichkeit preiszugeben oder sie sogar zu beleidigen. Auch bei uns an der Schule passiert es andauernd, dass Mit-
5 schüler peinliche Situationen im Sport, auf dem Schulhof und auch auf der Toilette fotografieren oder filmen. Dann stellen sie die Aufnahmen mit hässlichen Kommentaren ins Netz. Wenn man die Missetäter auf solche Respektlosig-keiten gegenüber anderen anspricht, reden sie sich mit
10 scheinbar witzigen Sprüchen heraus. Und wer nicht die Ellenbogen ausfährt und auf hart macht, bekommt schnell das Etikett „Loser" aufgeklebt.

Wundern müsste ich mich eigentlich nicht darüber. Denn die Medien liefern uns genügend schlechte Vorbilder. Insbesondere Prominente stehen in ihren Sendungen mit ihren beleidigen-
15 den Sprüchen zum Beispiel als Helden da. Es gibt Sendungen, da werden Nachwuchsmusiker vor aller Welt lächerlich gemacht.

Im Fernsehen sind Beleidigungen und Respektlosigkeit grundsätzlich normal geworden und werden als Show teuer verkauft. Wenn Journalisten die Fernsehmacher deswegen kritisieren, geben diese sich stets unschuldig. Die Teilnahme sei ja freiwillig und das Publikum wolle solche
20 Unterhaltungsshows sehen. Außerdem helfe den wirklich Guten eine originelle Kritik. Die Macher behaupten sogar, dass eine solche Show junge Menschen auf die harten Realitäten des Showbusiness vorbereiten würde. Das ist jedoch nicht der Fall: Erst kürzlich habe ich im Internet eine Studie entdeckt, in der ca. 1 200 junge Zuschauer entsprechender Sendungen befragt wurden. Das Ergebnis: Zwar denken viele Jugendliche, dass Tugenden wie Disziplin, Üben oder Kritik
25 annehmen eine wichtige Rolle im Leben spielen, doch sie meinen ebenso, dass dies nicht in Form derber Sprüche formuliert werden sollte. Aber in Wirklichkeit geht es der Jury und den Sendern nur um die Zuschauerzahlen, die Quoten. Sie spielen mit den Träumen Zehntausender Jugendlicher, die auf ein Leben als Star hoffen. Aber die Fernsehmacher verschweigen, dass solche Träume in der Realität praktisch nie in Erfüllung gehen. Wer kann sich noch an die ersten Ge-
30 winner solcher Sendungen erinnern? Echte Stars werden woanders gemacht.

Am wenigstens verstehe ich, dass sich alle in unserer Schule diese Shows ansehen. Vielleicht liegt es daran, dass Jugendliche allzu oft nicht ernst genommen werden, wenn sie bekannt oder berühmt werden wollen. Und deshalb fühlen wir uns besser, wenn wir zusehen können, wie sich andere zum Affen machen. Stattdessen sollten wir aber denjenigen Respekt erweisen, die sich
35 etwas trauen. Jeder Versuch kann schließlich schiefgehen. Aber es ist mutiger, etwas auszuprobieren, als nur zuzusehen und zu grinsen, wenn dann etwas nicht klappt. Die Welt besteht eben nicht nur aus einer Hand voll Gewinnern und einer grauen Masse von scheinbaren Verlierern.

Diskussion:

1. Die Leute haben selbst Schuld (fabi2007, 17.9., 16:53)
Ich finde es richtig, dass Juroren schlechte Kandidaten schonungslos aburteilen. Denn wenn Leute ihre Fähigkeiten überschätzen, haben sie deutliche Kritik verdient. Müssen sie denn unbedingt öffentlich ihrer Umwelt mit grausigen Auftritten die Zeit stehlen? Sie werden doch nicht gezwungen, dort aufzutreten. Es geht meiner Meinung nach doch nur um die Show, und das wissen auch die Kandidaten und die Zuschauer. Außerdem muss man auch im späteren Leben Kritik und dumme Sprüche einstecken können. **[Weiterlesen …]**

2. Super Beitrag (XoliX, 17.9., 17:15)
Ich bin genau der Meinung von oneworld2share. Wir haben uns inzwischen an diese Kultur des Beleidigens gewöhnt. Von mir aus müsste es entsprechende Sendungen nicht geben, weil viele Leute sich dort die Respektlosigkeit und das schlechte Benehmen abschauen. Sie glauben, es sei richtig, sich beleidigend zu verhalten. Zum Glück gibt es auch andere Castingshows. Darin beweist die Jury, dass eine Musikshow auch ohne herabsetzende Sprüche funktioniert. Sie geht mit ihren Kandidaten höchst respektvoll um und hat damit spektakuläre Quoten erzielt. **[Weiterlesen …]**

1
a Lest den Artikel auf Seite 43 und begründet, ob ihr bei einer solchen Castingshow mitmachen würdet.
b In welchen Bereichen des öffentlichen Lebens sieht *oneworld2share* fehlenden Respekt? Lest den Text erneut und listet Beispiele mit Zeilenangaben auf.
c Erläutert, welchen Standpunkt die Verfasserin oder der Verfasser zu Castingshows vertritt. Nennt wichtige Argumente. Beginnt z. B. so:
Im Artikel wird der Standpunkt vertreten, dass … Das stärkste Argumente lautet, dass …

2
a An einigen Stellen im Artikel werden Aussagen stark verallgemeinert, z. B.:
„Mit dem Respekt voreinander geht es nur noch bergab" (Z.1).
Findet weitere solcher Verallgemeinerungen im Text und erläutert, ob sie auf euch überzeugend wirken.
b Überarbeitet diese Textstellen und vergleicht die Wirkung mit dem ursprünglichen Satz. Nutzt Adverbien wie *manchmal, häufig, meist, scheinbar, wahrscheinlich, vermutlich*.

3
a Erstellt ein erstes Meinungsbild zu den beiden Diskussionsbeiträgen:
Welcher Position könnt ihr euch spontan anschließen?
b Erläutert, was *fabi2007* meint, wenn er sagt, dass die Kandidaten selbst wissen müssten, was sie tun, und nehmt Stellung zu dieser Aussage.
c Diskutiert, ob solche Castingshows das Verhalten im Alltag beeinflussen können.

4
a Berichtet: Kennt ihr Foren, in denen man Standpunkte zu strittigen Themen austauscht?
b Seid ihr auch schon mal auf Beleidigungen gestoßen? Erläutert, wie man reagieren kann.

Fordern und fördern – Stellung nehmen

In den beiden Diskussionsbeiträgen (▶ S. 44) äußern die Verfasser ihre Meinung darüber, ob sie den respektlosen Umgang mit den Kandidaten in Castingshows für problematisch halten oder nicht. Welche Meinung dazu wollt ihr vertreten? Schreibt selbst einen Diskussionsbeitrag zu dem Artikel aus dem Internetforum (▶ S. 43), in dem ihr euren Standpunkt begründet. Der Beitrag sollte nicht mehr als 250 bis 300 Wörter umfassen. Geht so vor:

1 Findet ihr es problematisch, wenn in Castingshows respektlos mit den Kandidaten umgegangen wird? Notiert euren Standpunkt.
▶ Eine Hilfe zu dieser Aufgabe findet ihr auf Seite 46.

2 a Sammelt Argumente für euren Standpunkt.
Tipp: Greift auf den Artikel und die Diskussionsbeiträge von Seite 43–44 zurück. Sucht aus diesen die Argumente (Behauptung, Begründung, Beispiel) heraus, die für eure Position sprechen, und ergänzt sie gegebenenfalls durch (weitere) Begründungen oder Beispiele.

> *Behauptung: Umgang ist ein Problem, ...*
> *Begründung: ... da ... schlechtes Vorbild ...*
> *Beispiel: ...*

> *Behauptung: Umgang ist kein Problem.*
> *Begründung: Jury macht doch nur Show.*
> *Beispiel: ...*

b Ordnet eure Argumente nach ihrer Überzeugungskraft:
1 = schwaches Argument, 2 = stärkeres Argument, 3 = stärkstes Argument.
Tipp: Ihr solltet mindestens zwei stichhaltige Argumente (▶ S. 39) für eure Position haben. Ergänzt gegebenenfalls eure Stoffsammlung.
▶ Hilfe zu 2, Seite 46

3 Notiert einen Einwand, der gegen eure Position spricht, und entkräftet ihn.
▶ Hilfe zu 3, Seite 46

4 a Verfasst eure Diskussionsbeiträge von ca. 250 bis 300 Wörtern.
Es soll ein sprachlich gut verknüpfter und zusammenhängender Text entstehen.

> *Einleitung: Ich finde ... / Ich bin der grundsätzlichen Meinung/Überzeugung, dass ...*
> *Argumentation: Zu oft wird ..., da/weil ... In einer aktuellen Show wurde ...*
> *Einwand entkräften: Zwar ..., aber ...*
> *Schluss: Mit den Castingshows wird also ... / Ich würde mir wünschen, dass ...*

b Überarbeitet in Partnerarbeit eure Texte mit Hilfe der Formulierungen auf Seite 40.
▶ Hilfe zu 4, Seite 46

5 Lest eure Diskussionsbeiträge in der Klasse vor und diskutiert anschließend eure Standpunkte zum Thema „Respektlosigkeit in Castingshows".

Fordern und fördern – Stellung nehmen

Aufgabe 1 mit Hilfe
Findet ihr es problematisch, wenn in Castingshows respektlos mit den Kandidaten umgegangen wird? Lest erneut die Diskussionsbeiträge von Seite 44.
Notiert die Position, der ihr euch anschließen könnt, z. B.:
- *Ich finde den respektlosen Umgang in Castingshows grundsätzlich …*
- *Meiner Überzeugung nach ist es ein Problem / kein Problem, wenn …*

Aufgabe 2 mit Hilfe
a Sammelt Argumente für euren Standpunkt. Ordnet die folgenden Argumentationsbausteine (Behauptung, Begründung, Beispiel) in eurem Heft einander sinnvoll zu.
Formuliert dann ein weiteres Argument oder übernehmt eines aus den Texten S. 43–44.

Castingshows sind kein Problem, …	…, da durch sie vielmehr die Konkurrenz untereinander gefördert wird.	Denn nur wer sich durchsetzt, wird Erfolg haben.
Ich wurde auch schon oft kritisiert, aber es hat mir nicht geschadet.	Castingshows spiegeln wider, was wir in Schule, Beruf und Alltag können müssen.	Ich selbst strenge mich umso mehr an, wenn ich weiß, dass man mich sonst heftig kritisiert.

b Ordnet eure Argumente nach ihrer Überzeugungskraft:
1 = starkes Argument, 2 = stärkstes Argument.

Aufgabe 3 mit Hilfe
Wählt einen der folgenden Einwände aus, der gegen eure Position spricht, und entkräftet ihn.
A Wer Castingshows nicht ansehen will, muss sie auch nicht einschalten.
B Wer meint, dass er bereits ein Star ist, wird hier richtig auf den Boden der Tatsachen zurückgeholt.
C Es gibt Castingshows, in denen Menschen wirklich ihre Talente einer großen Öffentlichkeit zeigen dürfen, ohne lächerlich gemacht zu werden.

Aufgabe 4 mit Hilfe
a Verfasst mit Hilfe der folgenden Gliederung eure Diskussionsbeiträge von ca. 250 bis 300 Wörtern.

> **Einleitung** (Standpunkt): *Meiner Überzeugung nach ist der respektlose Umgang … / Ich finde, dass der respektlose …*
> **Argumentation** (Behauptung, Begründung, Beispiel):
> *Es ist entwürdigend, Menschen für ihren Versuch …, weil … / Eine Show sorgt noch nicht dafür, dass alle plötzlich …, denn es gibt genügend andere …*
> *Zunächst … • Außerdem spielt eine Rolle, dass … • Besonders wichtig ist, dass … •*
> *Hinzu kommt, dass … • Wenn …, dann … • Darum …*
> *Ich selbst habe … • … zum Beispiel … • Das sieht man daran, dass …*
> **Einwand entkräften:** *Viele meinen zwar, dass … Aber das ist aus meiner Sicht …, weil …*
> **Schluss:** *Castingshows wie … sind also … / Mein Vorschlag/Wunsch lautet, …*

b Überarbeitet zu zweit eure Texte. Nutzt das „Wissen und können" (▶ S. 39, 40 und 41).

2.3 Fit in … – Schriftlich argumentieren

Stellt euch vor, ihr erhaltet folgende Schulaufgabe:

Aufgabe

Die Hausordnung eurer Schule soll um sechs Regeln zum respektvollen Umgang miteinander ergänzt werden. Der nachstehende Entwurf wurde in der Schülerzeitung abgedruckt.
a Schreibe einen Leserbrief an die Schülerzeitung, in dem du zu mindestens drei Regeln Stellung nimmst. Du kannst einzelnen Regeln zustimmen oder sie ablehnen.
b Schließe deinen Leserbrief mit einem Wunsch oder einem weiteren Vorschlag ab.

Neue Regeln für die Hausordnung

Um unser Schulklima angenehmer und freundlicher zu gestalten, wollen wir neue Regeln in unsere Hausordnung aufnehmen.

A Für jeden sind Höflichkeit und gute Umgangsformen selbstverständlich:
1. Alle Schülerinnen und Schüler sind verpflichtet, Lehrkräfte bei der ersten Begegnung am Tag freundlich zu grüßen, und zwar mit den Worten „Guten Tag, Frau … / Herr …".
2. Auch die Schülerinnen und Schüler sollen sich grüßen. Jüngere müssen ältere Schülerinnen und Schüler zuerst grüßen.
3. Schülerinnen und Schüler machen Erwachsenen immer unaufgefordert den Weg frei, wenn diese sich im Schulgebäude begegnen. Sie halten Taschen tragenden Lehrkräften die Türen auf.

B Alle verhalten sich anderen gegenüber tolerant, respektvoll, rücksichtsvoll und friedlich:
1. Wir behandeln uns mit Respekt. Niemand darf herabsetzende oder beleidigende Bemerkungen über das Aussehen, die Kleidung oder das Verhalten anderer machen.
2. Meinungsverschiedenheiten sollen sachlich und fair gelöst werden. Jede Form von Gewalt ist zu vermeiden.
3. Jede Art von unnötigem Lärm ist zu unterlassen – auch lautes Kreischen und Lachen.

Die Aufgabe richtig verstehen

1 Lest die Aufgabe mehrmals konzentriert.
Erklärt euch in Partnerarbeit gegenseitig, was ihr bei eurem Leserbrief beachten müsst.
Beantwortet dazu die folgenden Fragen:
– Zu welchem Thema sollt ihr euren Standpunkt deutlich machen?
– Zu wie vielen Einzelregeln sollt ihr Stellung nehmen?
– In welcher Weise könnt ihr euch zu den Einzelregeln verhalten?
– Womit soll euer Leserbrief abschließen?

Ideen für die Argumentation sammeln (Stoffsammlung)

2 Entscheidet, welchen Regeln der Hausordnung (▶ S. 47) ihr zustimmen könnt und welchen nicht. Legt z. B. eine Tabelle an:

Regeln, die mich überzeugen	Regeln, die mich nicht überzeugen
B1 Keine herabsetzenden oder ... B2 ...	A1 Alle Schülerinnen und Schüler sind verpflichtet, Lehrkräfte ... zu grüßen. A2 ...

3 a Entscheidet euch für mindestens drei Regeln, zu denen ihr zustimmend oder ablehnend Stellung nehmen wollt. Markiert sie in eurer Tabelle.
b Formuliert zu den von euch ausgewählten Regeln eure Meinung, stützt sie mit einer Begründung und veranschaulicht sie durch ein Beispiel.
Tipp: Ihr könnt auf die folgenden Formulierungsbausteine zurückgreifen.

> Ich finde es zwar richtig, wenn sich alle ... Aber dass jüngere ältere Schüler zuerst grüßen sollen, sehe ich nicht ein, weil ... • Ich bin ebenso der Meinung, dass man unnötigen Lärm ... Aber Lachen kann man nicht verbieten, denn das widerspricht dem, wie sich ... Außerdem ist es doch schön zu hören, wenn Schülerinnen und Schüler auch in der Schule ... • Meinungsverschiedenheiten sollten grundsätzlich ... Denn nur das bewirkt, dass wir uns in der Schule ...

Den Leserbrief verfassen und überarbeiten

4 Schreibt einen Leserbrief an die Redaktion der Schülerzeitung. Nehmt Stellung zu einzelnen Regeln.

> *Liebes Schülerzeitungsteam,*
> *in unsere Hausordnung neue Regeln aufzunehmen, die für ein besseres Schulklima sorgen, finde ich grundsätzlich gut. Unter den vorgeschlagenen Regeln gibt es einige, die ich für sinnvoll halte. Aber es werden auch Regeln vorgeschlagen, die ...*

5 Überarbeitet in Partnerarbeit eure Leserbriefe. Nutzt die Checkliste und schätzt eure Leistung ein.

In einem Leserbrief Stellung nehmen
- **Einleitung:** Habt ihr den Anlass genannt, der euch zum Schreiben bewegt?
- **Hauptteil:** Habt ihr je Regel eure Meinung klar formuliert? Führt ihr Begründungen und Beispiele für eure Behauptungen an? Ist eure Argumentation sachlich? Nutzt ihr abwechslungsreiche Verknüpfungen?
- **Schluss:** Habt ihr eure Position zusammengefasst oder einen Vorschlag oder Wunsch geäußert?

3 Clevere Typen –
Erzählungen lesen und zusammenfassen

„Der unbekannte Bankräuber hat 560 000 € erbeutet."
Pat starrte zum Fernseher. „350 €, ihr Idioten!"
Der Kassierer auf dem Bildschirm lächelte.
Florian Meimberg

Ich habe schon die CD mit Hundegebell an, oben ist gleich wieder eine Wohnungsbesichtigung.
Renate Bergmann

David atmete flach. Wie vor jedem Flug übermannte ihn die Panikattacke.
Er räusperte sich: „This is your captain speaking."
Florian Meimberg

Tim keuchte. Er hatte soeben die Urknall-Theorie widerlegt. Zu dumm, dass er es niemandem sagen konnte. Er nuckelte an seinem Schnuller.
Florian Meimberg

1 a Welche der vier Minigeschichten gefällt euch am besten? Tauscht euch aus.
   b Erklärt die jeweilige Pointe (= überraschende Wendung) der Geschichten.

2 Solche Geschichten werden auch als „Bierdeckelgeschichten" bezeichnet und sind höchstens 140 Zeichen lang. Erklärt diese Bezeichnung. Woher könnte diese Beschränkung der Länge stammen?

3 Tauscht euch aus: Welche Formen von kurzen oder sehr kurzen Geschichten kennt ihr? Welche Merkmale zeichnen sie außer der Kürze jeweils aus?

In diesem Kapitel ...
– lest und untersucht ihr Geschichten, die belehren und unterhalten,
– lernt ihr Merkmale von kurzen Geschichten kennen,
– übt ihr, den Inhalt einer Geschichte zusammenzufassen.

3.1 Wendepunkte – Über den Inhalt einer Geschichte informieren

Geschichten untersuchen und zusammenfassen

Annette Weber

Eins zu null für Fabian (2009; gekürzt)

Als Fabian den Supermarkt betrat, stellte er zu seiner Erleichterung fest, dass er zu dieser Zeit ziemlich leer war. Gott sei Dank. Fabian hasste es einzukaufen. Besonders wenn es, wie heute, für seine Oma war. Für sie musste er immer so peinliche Dinge einkaufen. Rosenseife zum Beispiel. Oder die „Frau im Spiegel". Heute stand sogar eine Damenfeinstrumpfhose auf dem Einkaufszettel.

Fabian schaute nach allen Seiten. Nein, es schien ihn niemand zu beobachten. So schnell er konnte, griff Fabian nach der Strumpfhose, schaute dann auf der Verpackung nach, ob er die richtige Größe erwischt hatte.

„Ach, sieh an. Fabilein, unser Bester!", hörte Fabian plötzlich eine vertraute Stimme hinter sich. Er fuhr herum. Bine, Pelle und Big Brother, drei aus seiner Klasse, hatten sich hinter ihm aufgebaut. Fabian wurde rot und versuchte, die Strumpfhose hinter seinem Rücken zu verstecken.

„Was hat unser Kleiner denn da?", quietschte Pelle. „Ich werd verrückt. Der kauft Frauenklamotten." Die anderen bogen sich vor Lachen.

„Die ist für meine Oma", versuchte Fabian zu erklären. „Meine Oma sitzt im Rollstuhl. Ich kaufe für sie ein." Aber er sah gleich, dass es keine Möglichkeit gab, die anderen zu überzeugen.

An der Kasse sah sich Fabian noch einmal nach allen Seiten um. Die Clique war verschwunden. Gott sei Dank. Nach und nach legte Fabian seinen Einkauf auf das Band. Nanu, was war das? Ein schwarzes Stückchen lag in seinem Einkaufskorb. Fabian hob den Stoff

hoch und betrachtete ihn genauer. Es war eine große schwarze Damenunterhose mit Stickerei an den Beinen. Wie war sie in den Einkaufskorb gekommen?

Klick, machte es plötzlich. Fabian zuckte zusammen und drehte sich um. Big Brother hatte ein Handy auf ihn gerichtet. Und ihn genau in dieser Position, wie er verwundert die Damenunterhose nach allen Seiten drehte, fotografiert. Das war ja nicht zu fassen.

Die Clique wartete draußen auf ihn. „Na, Süßer", stichelte Pelle. „Was meinst du, was die anderen sagen, wenn dieses Foto durch die Schule wandert? Dann bist du erledigt, weißt du das?"

Fabian bemühte sich, die anderen nicht spüren zu lassen, wie viel Angst er hatte. Aber er hätte am liebsten geweint. „Was wollt ihr von mir?", flüsterte er heiser.

Die Clique grinste. Jetzt umstanden sie ihn im Halbkreis. „Nichts Schlimmes", erwiderte Pelle. „Nur dass du Big Brother bei der nächsten Mathearbeit ein bisschen unter die Arme greifst."

„Soll ich ihm Nachhilfeunterricht geben?"
„Nachhilfeunterricht?", wunderte sich Big Brother. „Wie kommst du denn auf so einen Schwachsinn? Einen Spickzettel brauche ich. Das ist alles. Und wenn ich dann die Mathearbeit hingekriegt habe, löschen wir das Foto, garantiert."
Sie einigten sich darauf, das Handy in ein Schließfach der Schule einzuschließen, damit niemand das Foto weitergeben konnte. Wenn Fabian Big Brother bei der Mathearbeit helfen würde, sollte das Foto gelöscht werden. Wenn nicht, würde es in der Klasse die Runde machen.
Mit großer Sorge wartete Fabian auf die Mathearbeit, die einen Tag später anstand. Big Brother setzte sich auf den Platz direkt vor Fabian und legte sein Etui neben sich auf den Stuhl. Dann warteten alle mit Spannung darauf, dass Herr Lemmert, der Mathelehrer, die Aufgabenblätter verteilte. Fabian warf einen Blick auf die Aufgaben. Sie waren wie immer kein Problem für ihn. In Mathe war er unschlagbar. Im Nu hatte er die Aufgaben gelöst. In sorgfältiger Mädchenhandschrift, wie Fabian sie von Bine kannte, notierte Fabian nun die Lösungen auf einem Zettel. Und als Herr Lemmert sich einmal zur Tafel umdrehte, platzierte er den Zettel unbemerkt. Big Brother nahm den Zettel an sich und begann, eine Lösung nach der anderen abzuschreiben.
„Noch fünf Minuten!", rief Herr Lemmert nach einer Weile. Die Klassenkameraden stöhnten. Fabian betrachtete Big Brother vor sich. Sein Heft füllte sich Seite um Seite. Nun klappte er sein Heft mit einem Seufzer zu und verstaute den Spickzettel in seiner Jackentasche, die über seiner Stuhllehne hing.
Fabian unterdrückte ein Grinsen. Das lief ja alles besser, als er gedacht hatte. Leise beugte sich Fabian vor und zog den Spickzettel aus Big Brothers Jacke, um ihn in seiner Hosentasche verschwinden zu lassen. Dann meldete er sich.
„Darf ich Ihnen helfen, die Hefte ins Lehrerzimmer zu tragen?", fragte er beflissen. Die anderen stöhnten. „Au Mann, schleimt der Typ aber heute!", seufzte Bine. Doch Herr Lemmert freute sich. „Das ist sehr aufmerksam von dir, Fabian", sagte er. „Ich habe heute wirklich eine schwere Tasche."
Die Clique hielt sich wirklich an ihr Versprechen. In der großen Pause gingen sie gemeinsam an das Schließfach, zogen das Handy hervor und betrachteten das Foto noch einmal.
„Schade um das Bild", grinste Pelle, „es wäre bestimmt in der Schülerzeitung gelandet."
„Aber versprochen ist versprochen, oder kann ich noch nicht mal darauf zählen?", fragte Fabian unruhig.
„Mann, Schleimi, was glaubst du von uns!", tönte Big Brother. „Das Ehrenwort halten wir ja wohl." Dann löschte er das Foto.
Es dauerte zwei Wochen, bis sie die korrigierten Mathearbeiten zurückbekamen. „Nun sind wir bei den Einsen angekommen", sagte Herr Lemmert. „Und da habe ich zwei zu nennen, Fabian Hille und Anna Brand."
„Und ich!", rief Big Brother nun. „Was ist mit meiner Eins?"
„Ach so, Benjamin", wandte sich Herr Lemmert an Big Brother. „Dein Heft habe ich dem Schulleiter gegeben. Versuchte Täuschung. Tut mir leid. Das wird leider eine Sechs!"
„Waaas!", rief Big Brother fassungslos. „Was soll das denn heißen?"
„Benjamin Müller, wenn du schon keine Ahnung von Mathe hast, solltest du wenigstens so klug sein, deinen Spickzettel aus dem Heft zu nehmen", seufzte Herr Lemmert. Dann wandte er sich den Mitschülern zu. „Stellt euch mal vor, da liefert er eine fehlerfreie Arbeit ab und legt den Spickzettel auf die erste Seite."
Die Klasse lachte laut. Nur Pelle, Bine und Big Brother warfen sich entsetzte Blicke zu.
„Das stimmt doch nicht! Ich habe für die Arbeit gelernt", rief Big Brother. Doch er war ein schlechter Schauspieler. Das merkten alle sofort.
„Und du, Sabine", wandte sich Herr Lemmert an Bine, „hast auch einen Termin beim Schulleiter. Deine saubere Handschrift auf dem Spickzettel haben wir nämlich sofort erkannt."

1 Notiert eure ersten Leseeindrücke und tauscht euch anschließend darüber aus.

2 a Erläutert Fabians Problem. Könnt ihr es nachvollziehen?
b Diskutiert, ob sich Fabian eurer Meinung nach richtig verhält. Begründet eure Meinung.

3 a Worum geht es in dieser Geschichte? Begründet, welches der folgenden Themen passt:

> Kaufverhalten • Mobbing • Konflikt mit Mitschülern • Freundschaft • Leistungsdruck • Vertrauen • Umgang mit dem Smartphone • Freizeitverhalten

b Benennt mit eigenen Worten den überraschenden Wendepunkt der Geschichte.

4 a Charakterisiert Fabian und die Clique anhand nachfolgender Begriffe.
b Findet danach weitere Bezeichnungen. Lest zum Beleg entsprechende Textstellen vor.

> ängstlich • hilfsbereit • gemein • ehrlich • traurig • herablassend • allein • clever • spöttisch

5 Um eine Geschichte zusammenzufassen, muss man ihren Inhalt gut kennen.
a Macht euch den Inhalt klar, indem ihr die Geschichte in Handlungsschritte gliedert. Notiert im Heft die Zeilen *von ... bis*.
Tipp: Ein neuer Handlungsschritt beginnt häufig dann, wenn z. B. der Ort der Handlung wechselt, eine neue Figur auftaucht oder die Handlung eine Wendung erfährt.
b Gebt jedem Handlungsschritt eine treffende Überschrift und notiert die wichtigsten Informationen in Stichworten oder kurzen Sätzen, z. B.:

> *Z. 1–...: Fabian muss für seine Oma einkaufen*
> *– Fabian erledigt im Supermarkt Einkäufe für seine Großmutter.*
> *– Unwillig sucht er die ihm peinlichen Artikel für die alte Dame zusammen.*
> *Z. ...–...: ...*

c Vergleicht eure Ergebnisse und überarbeitet gegebenenfalls eure Notizen.

6 Die Einleitung einer Textzusammenfassung benennt auch das Thema einer Geschichte.
a Begründet, welche der beiden Einleitungen genauer über den Inhalt der Geschichte informiert.
b Haltet fest, welche Informationen eine gelungene Einleitung enthält.

> A Die Geschichte „Eins zu null für Fabian" handelt von Fabian, der von einer Clique bei peinlichen Einkäufen beobachtet wird und ihr deshalb helfen muss, aber das nur zum Schein tut.

> B In Annette Webers Geschichte „Eins zu null für Fabian" wird Fabian von Mitschülern so unter Druck gesetzt, dass er einem von ihnen bei einer Mathematikarbeit beim Spicken hilft. Er rächt sich jedoch durch eine List.

7 Bei einer Textzusammenfassung wird keine wörtliche Rede verwendet.

a Beschreibt in Partnerarbeit anhand des folgenden Beispiels, welche Möglichkeiten es gibt, den Inhalt einer wörtlichen Rede wiederzugeben (▶ S. 233–234).

> „Das stimmt doch nicht! Ich habe für die Arbeit gelernt", rief Big Brother (S. 51, Z. 144–145).

Big Brother behauptet, er habe für die Arbeit gelernt.
Big Brother erklärt, dass er für die Klassenarbeit gelernt hat.
Big Brother gibt an, für die Arbeit gelernt zu haben.
Big Brother versucht die Vorwürfe zurückzuweisen.

b Gebt die folgende wörtliche Rede auf mindestens zwei verschiedene Arten wieder:

> „Ach so, Benjamin", wandte sich Herr Lemmert an Big Brother. „Dein Heft habe ich dem Schulleiter gegeben" (Z. 129 ff.).

8 Überarbeitet den folgenden fehlerhaften Textauszug aus einer Textzusammenfassung, indem ihr
– überflüssige Einzelheiten weglasst,
– auf eine sachliche Sprache achtet,
– die Zusammenhänge der Handlung deutlich macht (▶ Wissen und können).

> *Fabian geht für seine Oma einkaufen. Die Oma sitzt im Rollstuhl. Er muss für sie lauter Zeug für alte Frauen kaufen wie Seife, eine Zeitschrift oder eine Damenfeinstrumpfhose. Das nervt ihn total. Ist ja auch voll peinlich!*
> *Er nimmt die Strumpfhose aus dem Regal. Drei Mitschüler beobachten ihn. Diese Clique hat sowieso vor, ihn mal richtig fett reinzulegen. Jetzt lachen sie ihn natürlich aus. Fabian versucht vergeblich alles zu erklären. Er geht zur Kasse. Er räumt seine Einkäufe auf das Förderband. In seinem Wagen entdeckt er eine krasse Damenunterhose. Ja so eine Überraschung! Er hält das Höschen hoch und schaut es sich genauer an. Die Clique macht ein Foto von ihm.*

9 Verfasst mit Hilfe eurer Vorarbeiten (▶ Aufgabe 5–8) eine vollständige Zusammenfassung der Geschichte. Nutzt das „Wissen und können" auf S. 54.

Wissen und können **Zusammenhänge deutlich machen**

Handlungszusammenhänge in Geschichten könnt ihr **mit eigenen Worten verdeutlichen,** indem ihr passende **Adverbien und Konjunktionen zur Satzverknüpfung** verwendet, z. B.:
als, während, nachdem, weil, obwohl, sodass, denn, damit, deshalb, aber, jedoch, um oder
Adverbien und adverbiale Bestimmungen für die Satzeinleitung, z. B.:
zuerst, anfangs, dann, daraufhin, anschließend, in diesem Moment.

10 Überarbeitet eure Zusammenfassungen mit Hilfe der Textlupe (▶ S. 343).

Unter der Lupe …	gelungen	teilweise	nicht gelungen	Verbesserungen
Einleitung vollständig?	X			*Titel ergänzen*
Handlung in zeitlich richtiger Reihenfolge zusammengefasst?				…
Unnötige Einzelheiten weggelassen?				…
Mit eigenen Worten, knapp und sachlich formuliert?				…
Zusammenhänge durch Verknüpfungen deutlich gemacht?				…
Wörtliche Rede umgewandelt?				…
Präsens verwendet?				…

Wissen und können — Über den Inhalt einer Geschichte informieren

Damit andere, die eine Geschichte nicht gelesen haben, über das Wesentliche informiert werden, fasst man ihren Inhalt knapp und sachlich zusammen.

Aufbau
- In der **Einleitung** nennt ihr die Art des Textes (z. B. *Fabel, Erzählung*), den Titel, die Autorin / den Autor und benennt mit wenigen Worten den Inhalt (Thema ▶ S. 52, Aufgabe 6, B).
- Im **Hauptteil** fasst ihr die **wichtigsten Ereignisse der Handlung** (Handlungsschritte) in der zeitlich richtigen Reihenfolge zusammen. Mögliche Rückblenden oder Vorausdeutungen werden in den zeitlichen Handlungsverlauf eingeordnet.

Sprache
- Schreibt **sachlich**, vermeidet ausschmückende Formulierungen.
- Formuliert **mit eigenen Worten** möglichst ohne Wendungen aus dem Originaltext.
- Macht die Zusammenhänge der Handlung durch **passende Satzverknüpfungen und Satzanfänge** deutlich (▶ S. 53), z. B. die zeitliche Abfolge:
  Während Fabian an der Kasse seinen Wagen ausräumt, bemerkt er darin eine Damenunterhose. **Doch gerade als** er sie erstaunt herausnimmt, um sie zu betrachten, fotografiert ihn Big Brother.
- Verwendet als Zeitform das **Präsens** (bei Vorzeitigkeit das Perfekt), z. B.:
  Überrascht **starrt** Fabian die Clique an, deren Kommen er nicht bemerkt hat.
- Verwendet **keine wörtliche Rede**. Besonders wichtige Aussagen von Figuren werden in eine mögliche Form der Redewiedergabe (▶ S. 233–234) umgewandelt, z. B. S. 51, Z. 144–145:
  – „Das stimmt doch nicht! Ich habe für die Arbeit gelernt", rief Big Brother. (wörtliche Rede)
  → *Big Brother behauptet, er habe für die Arbeit gelernt.* (indirekte Rede im Konjunktiv I)
  → *Big Brother erklärt, dass er für die Klassenarbeit gelernt hat.* (dass-Satz mit Indikativ)
  → *Big Brother gibt an, für die Arbeit gelernt zu haben.* (Infinitivkonstruktion)

Giovanni Boccaccio (1313–1375)

Der Koch und der Kranich

Currado Gianfiliazzo[1] war einer der edelsten, freigiebigsten und prachtliebendsten Kavaliere[2] von Florenz. Er führte mit seinen Jagdhunden und Falken ein herrschaftliches Leben, ohne sich um wichtige Geschäfte zu bekümmern.

Einst fing er mit einem seiner Falken bei Peretola[3] einen fetten, jungen Kranich, den er seinem ausgezeichneten Koch Chichibio aus Venedig zum Abendessen aufs Beste zuzubereiten befahl.

Chichibio, dem man den leichtfertigen Gesellen ansehen konnte, brachte den Kranich gehörig zubereitet ans Feuer und briet ihn sorgfältig. Als der Braten beinahe fertig war und bereits herrlich duftete, trat Brunetta, ein Mädchen aus der Nachbarschaft, das Chichibio heftig liebte, in die Küche und bat den Koch, gelockt durch den Anblick und den Geruch, ihr eine Keule zu geben.

„Ihr bekommt sie nicht, Jungfer[4] Brunetta, Ihr bekommt sie nicht", antwortete er ihr singend.

„Bei Gott", erwiderte das Mädchen, „wenn du sie mir nicht gibst, tu ich dir im Leben keinen Gefallen mehr." Und sie gerieten heftig miteinander in Streit.

Endlich schnitt Chichibio, um seine Schöne nicht weiter zu erzürnen, eine Keule herunter, gab ihr diese und setzte Currado und seinen Gästen den Kranich so auf die Tafel.

Verwundert ließ der den Koch rufen und fragte, wo die andere Keule des Kranichs hingekommen sei.

„Mein Herr", log der Venezianer sogleich, „die Kraniche haben ja nur eine Keule und ein Bein."

„Was zum Teufel soll das?", entgegnete Currado zornig. „Willst du etwa behaupten, dass sie nur eine Keule und ein Bein haben? Meinst du, ich hätte noch nie einen Kranich gesehen?"

„Es ist so, wie ich sage", beharrte Chichibio, „und ich zeige es Euch, wenn Ihr's verlangt, an einem lebendigen Vogel."

Aus Achtung vor seinen Gästen wollte Currado die Auseinandersetzung beenden. „Wenn du mir an einem lebendigen Kranich zeigen kannst, was ich bisher weder gesehen noch gehört habe, so sollst du es morgen früh tun und ich bin zufrieden. Ist es aber nicht so,

---

1 Gianfiliazzo, sprich: Dschanfiliazzo [ˈdʒanfilijaˈtsc]

2 der Kavalier: höflicher, vornehmer Mann

3 Peretola: Gegend bei Florenz

4 die Jungfer, hier: junges Mädchen

so schwöre ich dir bei Gott, will ich dich so zurichten, dass du für den Rest deiner Tage an mich denken sollst."

Damit hatte der Streit für diesen Abend ein Ende.

Bei Anbruch des Tages stand Currado, der seinen Zorn keineswegs verschlafen hatte, ganz missmutig auf, ließ die Pferde satteln und ritt mit Chichibio zu einem Fluss, wo man immer Kraniche antraf.

„Nun wollen wir bald sehen", sprach er, „wer gestern Abend gelogen hat, ich oder du!"

Chichibio, der merkte, dass sein Herr immer noch wütend war, und auch nicht wusste, wie er seine Lüge untermauern könnte, ritt an Currados Seite in allergrößter Angst. Gern wäre er, wenn's möglich gewesen wäre, geflohen, aber das ging nicht. Er sah daher bald vor, bald hinter sich, bald seitwärts, aber überall glaubte er nur Kraniche auf zwei Beinen zu sehen.

Als sie den Fluss erreichten, war das Erste, was sie am Ufer erblickten, rund ein Dutzend Kraniche, von denen jeder einzelne auf einem Bein stand, wie es Kraniche gewöhnlich im Schlaf tun. Augenblicklich zeigte Chichibio auf sie und sagte: „Nun, da könnt Ihr es selbst sehen, Herr, dass ich gestern Abend Recht hatte, Kraniche haben nur ein Bein und einen Schenkel. Seht sie Euch dort an!"

„Warte", erwiderte Currado, „ich will dir gleich zeigen, dass jeder von ihnen zwei Beine und zwei Schenkel hat!", näherte sich den Kranichen und schrie: „Ho! Ho!", worauf die Kraniche das andere Bein hervorstreckten und

nach einigen Schritten davonflogen. „Nun, du Gauner", wandte Currado sich zu Chichibio, „siehst du, dass die Vögel doch zwei Beine haben?"

„Ja, mein Herr", antwortete der in größter Bestürzung, „aber gestern habt Ihr nicht ‚Ho! Ho!' geschrien. Hättet Ihr das getan, hätte er das andere Bein auch ausgestreckt."

Diese Antwort gefiel Currado so, dass sein ganzer Zorn sich in Heiterkeit und Lachen verwandelte. „Du hast Recht, Chichibio", sagte er, „das hätte ich tun sollen."

So entging jener dank seiner schlagfertigen Antwort der drohenden Strafe und beide schlossen Frieden.

1 Lasst euch die Geschichte vorlesen und sammelt eure ersten Leseeindrücke. Begründet, was euch an der Geschichte gefällt oder nicht gefällt.

2 **a** Überlegt gemeinsam, was die folgenden Textstellen bedeuten:
– „Chichibio, dem man den leichtfertigen Gesellen ansehen konnte [...]" (▶ S. 55, Z. 11–12)
– „[...] Currado, der seinen Zorn keineswegs verschlafen hatte [...]" (▶ S. 56, Z. 54–55)
b Klärt andere Wörter oder Textstellen, die euch unklar sind.

3 **a** Erläutert mit eigenen Worten, wie der Koch Chichibio der drohenden Strafe entgeht. Worin besteht die überraschende Wendung?
b Beurteilt das Verhalten der beiden Hauptfiguren.

3.1 Wendepunkte – Über den Inhalt einer Geschichte informieren

4 Lest die Geschichte erneut und verschafft euch
für eine Textzusammenfassung
einen genauen Überblick über den Inhalt.
Formuliert W-Fragen zum Text und beantwortet sie:
Wer? Wo? Wann? Was? Warum?

5 Gliedert die Erzählung. Formuliert Überschriften
für die einzelnen Handlungsschritte
und notiert die wichtigsten Informationen
in Stichworten oder kurzen Sätzen, z. B.:

> Z. 1–…: Der Koch soll einen Kranich zubereiten
> – Currado Gianfiliazzo ist ein reicher
>   Edelmann aus Florenz. Er liebt die Jagd
>   und fängt einen Kranich.
> – Sein Koch Chichibio soll den Kranich für
>   die Gäste seines Herrn zubereiten.
> Z. …–…: …

6 Welche der folgenden Aussagen A bis D benennt mit wenigen Worten am besten
den Inhalt der Erzählung?
Wählt die treffendste Aussage aus und formuliert damit eine vollständige Einleitung.

> In der Erzählung … von …
> A … gelingt es einem Koch, sich mit einer schlagfertigen Lüge
>   aus einer schwierigen Situation zu befreien.
> B … muss ein Edelmann erkennen, dass Kraniche nur ein Bein haben.
> C … geraten ein Edelmann und sein Koch in Streit und versöhnen sich wieder.
> D … bekommt ein Edelmann aus Florenz von seinem Koch eine Lehre erteilt.

7 Schreibt mit Hilfe eurer Vorarbeiten (Aufgabe 4 und 5) den Hauptteil
einer Textzusammenfassung (▶ Wissen und können, S. 54).

8 Bildet Gruppen und überarbeitet eure Zusammenfassungen
mit Hilfe der Textlupe auf Seite 54.

Testet euch!

Über den Inhalt einer Geschichte informieren

1 Wie müssen die folgenden Aussagen A bis J richtig lauten? Schreibt die Sätze richtig ins Heft.

> Wenn man über den Inhalt einer Geschichte informiert bzw. diesen zusammenfasst, dann …
> A … gibt man *anschaulich und lebendig / knapp und sachlich* die Handlung einer Geschichte wieder.
> B … *beschränkt man den Inhalt auf das Wesentliche / geht man auf möglichst viele Details ein*.
> C … gliedert man die Geschichte *in Form einer Spannungskurve / in Handlungsschritte*.
> D … gibt man den Verlauf des Geschehens *nach der Wichtigkeit der einzelnen Handlungsschritte / in der zeitlich richtigen Reihenfolge* wieder.
> E … formuliert man vor dem Hauptteil *eine Einleitung / einen persönlichen Leseeindruck*.
> F … lässt man die Zusammenhänge *deutlich werden / bewusst offen*.
> G … schreibt man überwiegend in der Zeitform *Präsens / Präteritum*.
> H … sind wichtige Äußerungen *als wörtliche Rede / nicht als wörtliche Rede* wiederzugeben.
> I … formuliert man *möglichst eng am Wortlaut des Textes / mit eigenen Worten*.
> J … sollen die Leser *sich gut amüsieren / wissen, worum es genau geht*.

2 Schreibt die folgenden Sätze mit den richtigen Präpositionen in euer Heft.

> – Die Geschichte handelt ❓ einem schlagfertigen Koch.
> – In der Erzählung geht es ❓ einen schlagfertigen Koch.
> – Der Erzähler berichtet ❓ einen schlagfertigen Koch.
> – Die Erzählung dreht sich ❓ einen schlagfertigen Koch.

3 Wandelt die nachstehenden direkten Reden aus der Erzählung „Der Koch und der Kranich" in eine mögliche Form der Redewiedergabe um:

> A Zur Rede gestellt, lügt der Koch: „Mein Herr, die Kraniche haben ja nur eine Keule und ein Bein" (S. 55, Z. 33–35).
> B Currado antwortet fröhlich: „Du hast Recht, Chichibio […], das hätte ich tun sollen." (S. 56, Z. 93–94).

4 Verbindet die folgenden Sätze durch passende Verknüpfungen:

> A Der reiche Edelmann erjagt einen Kranich. / Er bittet seinen Koch, das erlegte Tier für die Gäste zuzubereiten.
> B Der Koch ist in seine Nachbarin verliebt. / Er gibt ihren Bitten um eine Keule nach.

5 Prüft in Partnerarbeit eure Ergebnisse. Nutzt das „Wissen und können" von S. 54.

3.2 Unterhaltsames und Lehrreiches – Kurze Geschichten untersuchen

Besondere Alltagssituationen in Kurzgeschichten

Wladimir Kaminer (*1967)

Schönhauser Allee[1] im Regen (2001)

Ab und zu regnet es in der Schönhauser Allee. Ein Unwetter bringt das Geschäftsleben in Schwung. Die Fußgänger verlassen die Straßen und flüchten in alle möglichen Läden rein. Dort entdecken sie Dinge, die sie sich bei Sonnenschein nie angucken würden, und kaufen Sachen, die sie eigentlich überhaupt nicht brauchen, zum Beispiel Regenschirme.
Wenn der Regen aufhört, ist die Luft wunderbar frisch, es riecht nach Benzin und den wasserfesten Farben der Fassaden. In jedem Mülleimer steckt dann ein Regenschirm, und überall sind große Pfützen zu sehen. Meine Tochter Nicole und ich gehen oft nach dem Regen spazieren. Wir gehen am Optikladen vorbei. Dort kauft sich ein Araber eine Brille.
„Guck mal!", zeigt Nicole mit dem Finger auf ihn. „Eine Frau mit Bart!"
„Nimm deinen Finger runter!", zische ich. „Das ist keine Frau mit Bart, das ist ein Araber, der sich eine Brille kauft."
„Wozu sind Brillen eigentlich gut? Für blinde Menschen?", fragt mich meine Tochter.
„Nein", sage ich, „blinde Menschen brauchen keine Brille. Man kauft sie, wenn man das Gefühl hat, etwas übersehen zu haben."
Nicole zeigt auf die bunten Benzinstreifen, die in der Sonne blitzen. „Wäre es möglich, dass der Regenbogen vom Himmel runtergefallen ist?"
„Korrekt", antworte ich.
Wir gehen weiter. Ein vietnamesisches Mädchen steht mit beiden Füßen in einer besonders tiefen Pfütze. Das Wasser reicht ihr fast bis zu den Knien. Sie bewegt sich nicht und guckt traurig vor sich hin.
Eine alte Frau bleibt vor ihr stehen. „Armes Mädchen! Du hast ja ganz nasse Füße", sagt sie. „Warum gehst du nicht nach Hause und ziehst dir neue warme Socken an?"
Die kleine Vietnamesin schweigt.
„Hast du überhaupt andre Socken?", fährt die alte Dame fort. „Wo wohnst du? Hast du ein Zuhause?"
Ein Ehepaar bleibt ebenfalls bei dem Mädchen stehen, die Frau erwartet ein Baby, so sind sie auch interessiert. „Verstehst du eigentlich unsere Sprache?", fragt der Mann besorgt.
Das Mädchen schweigt.
„Sie hat sich bestimmt verlaufen und kann ihre Eltern nicht finden, armes Kind", vermutet die alte Frau.

---

1 Schönhauser Allee: Straße in Berlin

Eine Touristengruppe frisch aus einem Bus nähert sich dem Mädchen vorsichtig. Überwiegend ältere Menschen, die miteinander plattdeutsch reden.

„Aber warum steht sie in einer so tiefen Pfütze?", fragt ein Mann.

„Das ist doch ganz klar: Sie kann unsere Sprache nicht und will auf diese Weise unsere Aufmerksamkeit erregen. Sie signalisiert uns, dass sie Hilfe braucht", erklärt die schwangere Frau.

„Was machen wir jetzt?", fragt die alte Dame, die als Erste das Mädchen entdeckt hat. „Wir können das Kind unmöglich allein hier stehen lassen. Am besten, wir rufen die Polizei."

„Genau", meint die Touristengruppe, „rufen Sie die Polizei, und wir passen inzwischen auf das Kind auf."

1 a Tauscht eure Vermutungen aus: Warum steht das Mädchen in der Pfütze?
b Formuliert, wie die Geschichte weitergehen könnte.

2 Lest die Geschichte zu Ende. Vergleicht den tatsächlichen Schluss mit euren Erwartungen.

Plötzlich springt das vietnamesische Mädchen aus der Pfütze nach vorn, das schmutzige Wasser bespritzt die Passanten. Alle sind nun nass: die alte Frau, das Ehepaar, die Plattdeutschtouristen.

„Reingelegt!", ruft das Mädchen, lacht dabei diabolisch[2] und verschwindet blitzschnell um die Ecke. Alle Betroffenen bleiben fassungslos auf der Straße stehen. Nicole und ich kennen das Mädchen, weil sie in unserem Haus wohnt. Ihre Eltern haben einen Lebensmittelladen im Erdgeschoss und geben uns manchmal Erdbeeren und Bananen umsonst.

Und diesen Witz kennen wir auch schon. Das Mädchen macht ihn jedes Mal, wenn die großen Pfützen auf der Schönhauser Allee auftauchen und die großen Menschenmengen kurzzeitig verschwinden.

Auf wunderbare Weise wird die Allee aber schnell wieder trocken und belebt, sodass dann keiner mehr auf die Idee kommt, dass es hier vor Kurzem noch geregnet hat.

2 diabolisch: teuflisch

3 Worum geht es in dieser Geschichte? Formuliert den Satz zu Ende:
In Wladimir Kaminers Geschichte „Schönhauser Allee im Regen" wird von einem Mädchen erzählt, das ...

4 Handelt es sich bei Kaminers kurzer Geschichte um eine sogenannte Kurzgeschichte?
Prüft das mit Hilfe des folgenden „Wissen und können". Welche Merkmale erfüllt sie?

Wissen und können — Die Kurzgeschichte

Die **Kurzgeschichte** ist eine **knappe Erzählung**, die eine **Momentaufnahme**, z. B. eine krisenhafte Situation oder eine wichtige Episode, **aus dem Alltagsleben eines oder mehrerer Menschen** zeigt. Kurzgeschichten haben meist folgende **Merkmale:**
- **geringer Umfang,** wenige Figuren,
- Ausschnitt aus einem **alltäglichen Geschehen,** das für die dargestellten Figuren von besonderer Bedeutung ist,
- **unmittelbarer Beginn,** der die Leser schlagartig mit dem Geschehen konfrontiert,
- **eine Pointe (überraschende Wendung),**
- **offener Schluss,** der Fragen und Deutungsmöglichkeiten zulässt.

Anekdoten bringen es auf den Punkt

Herbert Ihering (1888–1977)

Die schlechte Zensur

Brecht[1], der schwach im Französischen war, und ein Freund, der schlechte Zensuren im Lateinischen hatte, konnten Ostern nur schwer versetzt werden, wenn sie nicht noch eine gute Abschlussarbeit schrieben. Aber die lateinische Arbeit des einen fiel ebenso mäßig aus wie die französische des anderen. Darauf radierte der Freund mit einem Federmesser[2] einige Fehler in der Lateinarbeit aus und meinte, der Professor habe sich wohl verzählt. Der aber hielt das Heft gegen das Licht, entdeckte die radierten Stellen und eine Ohrfeige tat das Übrige.
Brecht, der nun wusste, so geht das nicht, nahm rote Tinte und strich sich noch einige Fehler mehr an. Dann ging er zum Professor und fragte ihn, was hier falsch sei. Der Lehrer musste bestürzt zugeben, dass diese Worte richtig seien und er zu viele Fehler angestrichen habe. „Dann", sagte Brecht, „muss ich doch eine bessere Zensur haben."
Der Professor änderte die Zensur und Brecht wurde versetzt.

1 Bertolt Brecht (1898–1956): berühmter deutscher Schriftsteller
2 das Federmesser: kleine, scharfe Klinge

1 a Hört euch die Geschichte an, lest sie laut vor oder spielt sie als Sketch.
   b Erklärt, worin die Pointe (überraschende Wendung) der Geschichte liegt.

2 a Notiert, welche Fähigkeiten des Schülers Brecht in dieser Anekdote deutlich werden.
   b Diskutiert, wie ihr Brechts Verhalten bewertet. Hört dabei genau zu, welche Argumente verwendet werden, und versucht diese aufzugreifen oder zu entkräften.

3 „Wenn es nicht wahr ist, so ist es doch gut erfunden", sagt ein italienisches Sprichwort.
   a Tauscht euch darüber aus, ob es wichtig ist, dass sich die Begebenheit tatsächlich so zugetragen hat.
   b Überlegt gemeinsam, warum über Personen auch erfundene Geschichten erzählt werden.

Hermann Schreiber (1920–2014)

Der alte Mantel

In New York besuchte Einstein einmal einen Kollegen, der sehr auf sich hielt und dem Professor aus Europa beim Abschied zu bedenken gab, dass er sich doch hier in den Staaten einen neuen Regenmantel kaufen solle, in dem zerschlissenen alten Stück könne man in New York doch einfach nicht herumlaufen. „Warum nicht?", protestierte Einstein. „Hier kennt mich doch niemand!" Ein Jahr später stattete der amerikanische Gelehrte Einstein einen Gegenbesuch ab und suchte ihn in dem kleinen Universitätsstädtchen Princeton auf. Einstein wartete höflich bereits am Bahnhof – und trug noch immer den alten Regenmantel. „Aber lieber Kollege", sagte der Amerikaner entrüstet, „jetzt haben Sie dieses alte Stück noch immer am Leib! Was sollen denn die Leute von Ihnen denken?" „Das spielt hier in Princeton doch keine Rolle", wehrte Einstein ab, „hier kennt mich längst jedes Kind!"

Der Physiker Albert Einstein (1879–1955)

1 Lest die Geschichte mehrmals laut vor. Die anderen hören zu.
Gebt dann ihren Inhalt mit eigenen Worten wieder.

2 a Wie begründet Einstein jeweils, warum er keinen neuen Mantel benötigt?
Gibt es einen Unterschied zwischen beiden Begründungen?
b Bringt es auf den Punkt: Um welche Eigenschaft Einsteins geht es in dieser Geschichte?

3 Diese kleine Geschichte und die auf Seite 61 nennt man Anekdoten.
a Bestimmt mit Hilfe des folgenden „Wissen und können", welche Merkmale einer Anekdote die Texte aufweisen. Arbeitet zu zweit.
b Vergleicht eure Ergebnisse in der Klasse.

Wissen und können **Die Anekdote**

- Eine **Anekdote** ist eine **kurze Geschichte** über eine **bekannte Persönlichkeit.** Auf humorvolle Weise verdeutlicht sie ein bestimmtes Verhalten oder eine Eigenart dieses Menschen. Wie der Witz enthält die Anekdote am Ende eine **Pointe** (überraschende Wendung).
- Ursprünglich wurden Anekdoten nur mündlich wiedergegeben (griech. *an-ekdoton = nicht veröffentlicht*). Das, was über die Person erzählt wird, muss nicht unbedingt so passiert sein. Wichtig ist vielmehr, dass in der Anekdote **das Typische einer Person** erkennbar wird.

Kalendergeschichten oder Kluges im Kleinformat

Bertolt Brecht (1898–1956)

Der hilflose Knabe

Herr K. sprach über die Unart, erlittenes Unrecht stillschweigend in sich hineinzufressen, und erzählte folgende Geschichte: „Einen vor sich hin weinenden Jungen fragte ein Vorübergehender nach dem Grund seines Kummers. ‚Ich hatte zwei Groschen für das Kino beisammen‘, sagte der Knabe, ‚da kam ein Junge und riß mir einen aus der Hand‘, und er zeigte auf einen Jungen, der
5 in einiger Entfernung zu sehen war. ‚Hast du denn nicht um Hilfe geschrien?‘ fragte der Mann. ‚Doch‘, sagte der Junge und schluchzte ein wenig stärker. ‚Hat dich niemand gehört?‘ fragte ihn der Mann weiter, ihn liebevoll streichelnd. ‚Nein‘, schluchzte der Junge. ‚Kannst du denn nicht lauter schreien?‘ fragte der Mann. ‚Nein‘, sagte der Junge und blickte ihn mit neuer Hoffnung an. Denn der Mann lächelte. …"

1 a Wie endet die Geschichte? Entscheidet euch spontan für einen der drei Schlüsse.

| A ‚Dann gib auch den her‘, sagte er, nahm ihm den letzten Groschen aus der Hand und ging unbekümmert weiter." | B ‚Mach dir nichts draus‘, sagte er, gab dem Jungen einen Groschen und ging fröhlich weiter." | C ‚Dann werden wir deinen Groschen zurückholen‘, sagte er und nahm den Jungen an die Hand." |

b Lest die Geschichte erneut. Achtet auf Signale, die auf ihr Ende hinweisen.
c Bleibt ihr bei eurer ersten Wahl? Begründet eure Entscheidung.

2 a Lest den Schluss der Geschichte in der Originalfassung Brechts (▶ Lösung, S. 359).
b Beurteilt das Verhalten des Mannes und diskutiert, mit welcher Absicht die Geschichte erzählt wird.

3 Stellt euch vor, dass jemand den Vorfall beobachtet hat und den Mann zur Rede stellt.
a Verfasst in Partnerarbeit einen Dialog zwischen den beiden. Wie könnte er verlaufen?
b Spielt das Gespräch vor der Klasse und prüft, ob ihr eure Ergebnisse zu Aufgabe 2 beachtet habt.

4 a Untersucht, welche Merkmale einer Kalendergeschichte ihr in Brechts Geschichte findet. Nutzt das folgende „Wissen und können".
b Erstellt ein Lernplakat zu den Textsorten „Kurzgeschichte", „Anekdote" und „Kalendergeschichte". Nennt darauf ihre wichtigsten Merkmale.

Wissen und können — Die Kalendergeschichte

Eine **Kalendergeschichte** ist ein **kurzer, unterhaltender und belehrender Text,** der **meist** mit einer **Pointe** (überraschenden Wendung) endet. Bis ins 19. Jahrhundert wurden diese Geschichten in Volkskalendern abgedruckt. Neben der Bibel waren sie für viele Familien oft die einzige Lektüre. Bekanntester Autor von Kalendergeschichten ist Johann Peter Hebel (1760–1826; ▶ S. 64). Seit dem 20. Jahrhundert erscheinen solche Geschichten v. a. in Buchform.

Johann Peter Hebel (1760–1826)

Der kluge Richter

Dass nicht alles so uneben sei, was im Morgenlande geschieht, das haben wir schon einmal gehört. Auch folgende Begebenheit soll sich daselbst zugetragen haben. Ein reicher Mann hatte eine beträchtliche Geldsumme, welche in ein Tuch eingenäht war, aus Unvorsichtigkeit verloren. Er machte daher seinen Verlust bekannt und bot, wie man zu tun pflegt, dem ehrlichen Finder eine Belohnung, und zwar von hundert Talern an. Da kam bald ein guter und ehrlicher Mann dahergegangen. „Dein Geld habe ich gefunden. Dies wird's wohl sein! So nimm dein Eigentum zurück!" So sprach er mit dem heiteren Blick eines ehrlichen Mannes und eines guten Gewissens, und das war schön. Der andere machte auch ein fröhliches Gesicht, aber nur, weil er sein verloren geschätztes Geld wiederhatte. Denn wie es um seine Ehrlichkeit aussah, das wird sich bald zeigen. Er zählte das Geld und dachte unterdessen geschwinde nach, wie er den treuen Finder um seine versprochene Belohnung bringen könnte. „Guter Freund", sprach er hierauf, „es waren eigentlich 800 Taler in dem Tuch eingenäht. Ich finde aber nur noch 700 Taler. Ihr werdet also wohl eine Naht aufgetrennt und Eure 100 Taler Belohnung schon herausgenommen haben. Da habt Ihr wohl daran getan. Ich danke Euch." Das war nicht schön. Aber wir sind auch noch nicht am Ende. Ehrlich währt am längsten, und Unrecht schlägt seinen eigenen Herrn. Der ehrliche Finder, dem es weniger um die 100 Taler als um seine unbescholtene Rechtschaffenheit zu tun war, versicherte, dass er das Päcklein so gefunden habe, wie er es bringe, und es so bringe, wie er's gefunden habe. Am Ende kamen

sie vor den Richter. Beide bestanden auch hier noch auf ihrer Behauptung, der eine, dass 800 Taler seien eingenäht gewesen, der andere, dass er von dem Gefundenen nichts genommen und das Päcklein nicht versehrt habe. Da war guter Rat teuer. Aber der kluge Richter, der die Ehrlichkeit des einen und die schlechte Gesinnung des andern zum Voraus zu kennen schien, griff die Sache so an: Er ließ sich von beiden über das, was sie aussagten, eine feste und feierliche Versicherung geben und tat hierauf folgenden Ausspruch: „Demnach, und wenn der eine von euch 800 Taler verloren, der andere aber nur ein Päcklein mit 700 Talern gefunden hat, so kann auch das Geld des Letztern nicht das nämliche sein, auf welches der Erstere ein Recht hat. Du, ehrlicher Freund, nimmst also das Geld, welches du gefunden hast, wieder zurück und behältst es in guter Verwahrung, bis der kommt, welcher nur 700 Taler verloren hat. Und dir da weiß ich keinen Rat, als du geduldest dich, bis derjenige sich meldet, der deine 800 Taler findet." So sprach der Richter, und dabei blieb es.

1 a Hört euch die Geschichte an oder lest sie laut vor.
   b Tauscht euch über eure ersten Leseeindrücke aus.

2 Findet ihr, dass die Überschrift gut gewählt ist? Begründet eure Ansicht.

Fordern und fördern – Eine kurze Geschichte untersuchen

1 Die Geschichte auf Seite 64 enthält viele Wörter und Wendungen, die heute nicht mehr gebräuchlich sind. Sie lassen sich jedoch aus dem Textzusammenhang oder anhand ihrer Wortbestandteile erschließen.
Klärt, was folgende Wörter oder Textpassagen bedeuten (▶ Wissen und können, S. 180):

> uneben (Z. 1) • daselbst (Z. 4) •
> dem es [...] um seine unbescholtene Rechtschaffenheit zu tun war (Z. 33–35) •
> des Letztern (Z. 52–53) • das nämliche (Z. 53) • in guter Verwahrung (Z. 56–57)

▶ Eine Hilfe zu Aufgabe 1 findet ihr auf Seite 66.

2 Was erfahrt ihr in der Geschichte über die beiden streitenden Figuren? Stellt ihr Verhalten und ihren Charakter in einer Tabelle gegenüber.
▶ Hilfe zu 2, Seite 66

3 a Erläutert, vor welchem Problem der Richter in der Geschichte steht. Formuliert dazu die Positionen der Streitenden, z. B.:
Der Kläger behauptet, ...
Der Finder jedoch gibt an, ...
b Erklärt mit eigenen Worten, wie der Richter das Problem löst.
c Beschreibt, worin die Pointe der Geschichte liegt.
▶ Hilfe zu 3, Seite 66

4 Untersucht, wie und mit welcher Absicht die Geschichte erzählt wird.
Geht so vor:
a Sucht Textstellen heraus, an denen der Erzähler die Geschichte kommentiert oder sich in diese einmischt.
Beachtet auch das Tempus dieser Textstellen und ihre Funktion.
b Beschreibt, wie diese Textstellen auf euch wirken und wozu sie dienen.
c Formuliert eine Lehre, die sich aus der Geschichte ziehen lässt.
▶ Hilfe zu 4, Seite 66

5 Vergleicht in Partnerarbeit eure Ergebnisse.
Tipp: Ihr könnt sie z. B. in den Computer eingeben und gegenseitig kommentieren (▶ S. 305).

6 Begründet, inwiefern diese Lehre auch heute noch von Bedeutung ist.

Fordern und fördern – Eine kurze Geschichte untersuchen

Aufgabe 1 mit Hilfe
Die Geschichte auf Seite 64 enthält viele Wörter und Wendungen, die heute nicht mehr gebräuchlich sind. Klärt, was die folgenden bedeuten: Wählt die richtige Lösung aus:

> uneben (Z.1): *verkehrt/hügelig* • daselbst (Z.4): *einfach/einmal/dort* •
> dem es [...] um seine unbescholtene Rechtschaffenheit zu tun war (Z. 33–35):
> *der Recht haben wollte / der um seinen guten Ruf besorgt war* •
> des Letztern (Z. 52–53): *des zuletzt Genannten / also* • das nämliche ... (Z. 53): *dasselbe / das eigentliche* • in guter Verwahrung (Z. 56–57): *sicher aufbewahrt / sinnvoll verwendet*

Aufgabe 2 mit Hilfe
Was erfahrt ihr in der Geschichte über die beiden streitenden Figuren (Kläger und Finder)? Stellt ihr Verhalten und ihren Charakter in einer Tabelle gegenüber. Nutzt diese Begriffe:

> ehrlich • reich • betrügerisch • lügt • unvorsichtig • handelt pflichtbewusst •
> will sich nichts unterstellen lassen • freundlich • heuchlerisch • hat ein reines Gewissen

Aufgabe 3 mit Hilfe
a Erläutert, vor welchem Problem der Richter in der Geschichte steht.
   Ordnet dazu die folgenden Aussagen den beiden Streitenden (Kläger und Finder) zu:
   In dem Tuch waren 700 Taler. / In dem Tuch waren 800 Taler. / Du hast dich unehrenhaft bereichert. / Du beschuldigst mich zu Unrecht der Lüge. / Du hast heimlich Geld entnommen.
b Erklärt, wie der Richter das Problem löst. Ergänzt im Heft den folgenden Text:
   Der Richter durchschaut den Versuch des ? *, den* ? *nicht zahlen zu wollen.*
   Deshalb überlässt der das gesamte ? *dem* ? *.*
   Sofern der reiche Mann die ? *sagt, können die* ? *gar nicht* ? *gehören,*
   denn der verlorene ? *entspricht nicht der Summe, die der* ? *...*
c Beschreibt, worin die Pointe (die überraschende Wendung) der Geschichte liegt. Wählt aus:
   A Die Pointe besteht darin, dass der Richter den Kläger bestraft, ohne ihn bloßzustellen.
   B Die Pointe besteht darin, dass der Richter den Kläger bestraft, ohne ihn ins Gefängnis zu schicken.
   C Die Pointe besteht darin, dass der Finder das Geld behalten, aber nicht ausgeben darf.

Aufgabe 4 mit Hilfe
a Untersucht, wie und mit welcher Absicht die Geschichte erzählt wird. Geht so vor:
   – Wer spricht zu Beginn der Geschichte (Z.1–4)? Welchen Zweck hat diese Einleitung?
   – Erläutert, weshalb das Tempus der Anfangssätze ein anderes ist als das der folgenden.
b Mit den Zeilen 29–32 wird die Handlung unterbrochen. Erklärt, wozu diese Sätze dienen.
c Formuliert eine Lehre, die sich aus der Geschichte ziehen lässt.
   Begründet, welche der folgenden Aussagen die Lehre am besten trifft:

> Guter Rat ist teuer. • Der Ehrliche ist immer der Dumme. •
> Wer andern eine Grube gräbt, fällt selbst hinein. •
> Wenn zwei sich streiten, freut sich der Dritte. • Der Klügere gibt nach.

3.3 Fit in ... – Über den Inhalt einer Geschichte informieren

Stellt euch vor, ihr müsst für ein Referat, das bewertet wird, die folgende Aufgabe bearbeiten:

Aufgabe

Für eine Referatsreihe zu verschiedenen kurzen Geschichten sollst du den Inhalt der Geschichte „Achmed, der Narr" von Herbert Birken vorstellen:
a Formuliere eine Einleitung, die Angaben zum Text macht, und benenne mit wenigen Worten das Thema.
b Fasse die wichtigsten Ereignisse der Handlung (Handlungsschritte) zusammen.
c Trage die wichtigsten Informationen zur Geschichte zusammenhängend vor.

Herbert Birken (1914–2007)

Achmed, der Narr

Wohlgefällig ließ der Sultan sein Auge auf dem neuen Leibdiener ruhen und befahl ihm: „Geh, Achmed, und bereite mir ein Frühstück!" Achmed gehorchte und tat, wie sein Herr ihm befohlen. Doch als der Sultan in sein Frühstückszimmer kam, begann er, gewaltig zu schreien und seinen neuen Diener zu schelten: „Achmed, du verflixter Schlingel, ich werde dich in den Kerker werfen lassen! Soll das etwa mein Frühstück sein?" Und was hatte Achmed auf dem kostbaren Frühstückstisch bereitgestellt: eine Tasse Kaffee, drei Reisbrotfladen und etwas Honig, genau das, was er selbst zu frühstücken gewohnt war. Und weiter nichts. „Wenn ich ein Frühstück bestelle", belehrte ihn der Sultan, „hat Folgendes da zu sein: Kaffee, Mokka, Tee und Schokolade, Reisbrot, Maisbrot, Weizenbrot und Haferschleim, Butter, Sahne, Milch und Käse, Schinken, Wurst, Eier und Gänseleber, Trüffeln, Oliven, Feigen und Datteln, Honig, Marmelade, Gelee und Apfelmus, Pfirsiche, Orangen, Zitronen und Nüsse, weißer Pfeffer, roter Pfeffer, gelber Pfeffer, Knoblauch und Zwiebeln, Rosinen, Man-

deln und Kuchen. Verstanden?" „Verzeiht, oh Herr, dem niedrigsten Eurer Knechte", rief Achmed und gelobte des Langen und Breiten Besserung.
Hussein der Siebente, der sich selber für einen gütigen und gerechten Herrscher hielt, ließ Gnade vor Recht ergehen und verzieh seinem Diener.
Am Nachmittag befahl er: „Achmed, geh und richte mir ein Bad!" Achmed gehorchte und tat, wie sein Herr ihm befohlen. Doch als der Sultan in sein Badezimmer kam, begann er, gewaltig zu schreien und seinen neuen Diener zu schelten: „Achmed, du verflixter Schlingel, ich werde dich in den

Kerker werfen lassen! Soll das etwa mein Bad sein!?" Und wie hatte Achmed dem Sultan das Bad bereitet? So, wie er selber zu baden gewohnt war: Lauwarmes Wasser war in dem kostbaren Marmorbecken, daneben lagen ein Stück Seife und ein Handtuch. Und weiter nichts.

„Wenn ich ein Bad bestelle", belehrte ihn der Sultan, „hat Folgendes da zu sein: heißes Wasser, laues Wasser und kaltes Wasser, Ambra[1], Moschus[2] und Lavendel, Seife, Creme und Eselsmilch, Tücher, Laken und Decken, Rasierzeug, Kämme und Scheren, der Bader, der Friseur, Kosmetiker, Masseure und Musikanten. Verstanden?!"

„Verzeiht, oh Herr, dem niedrigsten Eurer Knechte", rief Achmed und gelobte des Langen und Breiten Besserung.

Hussein der Siebente, der sich selber für einen gütigen und gerechten Herrscher hielt, ließ Gnade vor Recht ergehen und verzieh seinem neuen Diener.

Am anderen Morgen, gleich in der Frühe, rief der Sultan den Leibdiener an sein Lager. „Oh, Achmed", jammerte er, „ich bin krank, sehr krank und habe arge Schmerzen! Geh schnell und hole mir einen Arzt!"

Achmed sah voller Mitgefühl auf den großmächtigen Herrscher, der sich auf den kostbaren Kissen hin und her wälzte. Er überlegte, was er wohl tun würde, wenn er selbst krank wäre, aber da fiel ihm ein, was für Lehren er gestern erhalten hatte. Er gelobte, alles Nötige zu besorgen, und lief eilig von dannen.

Vergeblich wartete der Sultan auf seine Rückkehr. Er wartete eine ganze Stunde und noch eine Viertelstunde. Kein Achmed erschien und auch kein Doktor. Sicher hatte der neue Diener wieder Unsinn angestellt, anstatt seine Befehle zu befolgen. Nun, diesmal wollte er ihn ganz bestimmt in den Kerker werfen lassen.

In gewaltigem Zorn rannte er im Zimmer auf und ab. Da kam Achmed, völlig außer Atem und in Schweiß gebadet, hereingestürzt. „Achmed, du verflixter Schlingel!", schrie der Sultan. „Ich werfe dich ..."

Doch der Diener unterbrach seinen Herrn: „Mein Herr und Gebieter, es ist alles besorgt: Wundarzt[3], Feldscher[4], Bader, Zahnarzt, Nervenarzt und Wurzelhexe sind im Serail[5], der Imam[6] wartet mit dem heiligen Öl, die letzte Fußwaschung ist bestellt, Blumen und Kränze werden geflochten, Musikanten und Klageweiber sind angetreten, der Muezzin[7] ruft vom Minarett[8], das Grab ist geschaufelt und der Leichenwagen steht vor der Tür."

Als der Sultan das hörte, musste er so fürchterlich lachen, dass ihm sein dicker Bauch wackelte und die Tränen ihm aus den Augen schossen; er konnte sich gar nicht wieder beruhigen. Weil aber das Lachen eine gute Medizin ist, hatte er seine Krankheit ganz und gar vergessen und lachte sich über den Streich seines Dieners völlig gesund.

Hussein der Siebente, der sich selber für einen gütigen und gerechten Herrscher hielt, erkannte die weise Lehre, die ihm sein Sklave gegeben hatte, und ernannte Achmed zu seinem Hofnarren. Er sollte immer um seinen Herrn sein und ihn mit Späßen aller Art erfreuen, aber auch Rat und Auskunft erteilen, wenn der Sultan in schwierigen Angelegenheiten seinen Narren befragen wollte.

---

1 die Ambra: Substanz, die früher zur Parfumherstellung verwendet wurde
2 der Moschus: Duftstoff
3 der Wundarzt: alte Bezeichnung für Chirurg
4 der Feldscher: Militärarzt
5 das Serail: Palast eines Sultans
6 der Imam: Vorbeter in der Moschee
7 der Muezzin: Gebetsrufer; ruft die Muslime fünfmal täglich zu bestimmten Uhrzeiten zum Gebet zusammen
8 das Minarett: Turm der Moschee

Die Aufgabe richtig verstehen

1 Besprecht in Partnerarbeit, was die Aufgabe auf Seite 67 von euch verlangt.
Übertragt die Buchstaben der richtigen Aussagen in euer Heft.
Tipp: Rückwärts gelesen ergeben sie ein Lösungswort.

> Ich soll …
> E die Erzählung spannend nacherzählen.
> T den Inhalt der Erzählung knapp zusammenfassen.
> I meine eigene Meinung zu der Geschichte sagen.
> U über den Inhalt sachlich und mit eigenen Worten informieren.
> G den Inhalt der Geschichte zusammenhängend im Präsens vortragen.
> S Stichpunkte zum Inhalt der Geschichte vortragen.

Die Erzählung verstehen

2 a Lest die Geschichte noch einmal sorgfältig.
b Stellt euch gegenseitig W-Fragen zum Text und beantwortet sie, z. B.:
- *Wer sind die Hauptfiguren?*
- *Warum ist der Sultan unzufrieden mit seinem Diener?*
- *Warum muss der Sultan am Ende über seinen Diener lachen?*
- *Warum belohnt der Sultan seinen Diener?*
- *Worum geht es in erster Linie in dieser Erzählung (Thema)?*

3 a Gliedert den Text in Handlungsschritte.
Notiert im Heft die Zeilen *von … bis …*.
b Formuliert für jeden Handlungsschritt eine treffende Überschrift und haltet die wichtigsten Informationen in Stichworten oder kurzen Sätzen fest, z. B.:

> *Z. 1–…: Der Sultan befiehlt seinem Diener, das Frühstück zuzubereiten*
> – *Sultan hat einen neuen Diener (Achmed); der soll das Frühstück zubereiten*
> – *Diener ist gehorsam; Sultan sieht Frühstück, ist wütend und droht Achmed an, ihn in Kerker zu werfen*
> – *Grund für die Wut: …*
> *Z. …–…: Sultan befiehlt Achmed, Bad vorzubereiten*
> – *…*
> *Z. …–…: Sultan befiehlt seinem Diener, Arzt zu holen*
> – *…*
> *Z. …–…: …*
> – *…*

Die Zusammenfassung für ein Referat schreiben und prüfen

4 Formuliert einen Einleitungssatz, in dem ihr auch knapp den Inhalt der Erzählung (Thema) benennt, z. B.: *In Herbert Birkens Erzählung „Achmed, der Narr" erteilt ein Diener ...*

5 Formuliert mit Hilfe eurer Vorarbeiten (▶S. 69–70, Aufgabe 3 und 4) den Hauptteil der Textzusammenfassung für das Referat. Nutzt z. B. den nachstehenden Beginn, indem ihr die Hinweise in der Randspalte berücksichtigt und die Lücken im Heft ergänzt. Beachtet:
- Formuliert sachlich und mit eigenen Worten.
- Verwendet keine wörtliche Rede.
- Verdeutlicht euren Zuhörern die Zusammenhänge der Handlung durch passende Satzverknüpfungen und Satzanfänge (▶Wissen und können, S. 53).

Der Sultan ? *seinem neuen Diener, das Frühstück zuzubereiten. Achmed* ?	Verb in der richtigen Zeitform verwenden
gehorsam und führt den Auftrag seines Herrn aus. ? *der Sultan das Frühstück sieht, wird er jedoch* ? *und beschimpft seinen Diener. Er droht Achmed sogar mit dem Kerker,* ? *der Diener hat nur ein einfaches Frühstück vorbereitet, so wie er es selbst tagtäglich isst. Achmed schwört, sich zu bessern,* ? *sein Herr verzeiht ihm.*	Verb in der richtigen Zeitform verwenden

treffenden Satzanfang (Konjunktion) wählen
mit eigenen Worten die Stimmung des Sultans wiedergeben

treffende Satzverknüpfung (Konjunktion) wählen

treffende Satzverknüpfung (Konjunktion) wählen |

6 Überarbeitet in Partnerarbeit eure schriftliche Referatsvorbereitung. Geht so vor:
a Prüft eure Texte mit Hilfe der folgenden Checkliste.
b Gebt euch gegenseitig eine Rückmeldung, was besonders gut gelungen ist und was ihr noch überarbeiten solltet. Wie schätzt ihr eure Leistung insgesamt ein?
c Überarbeitet gegebenenfalls eure Texte.

Checkliste

Über den Inhalt einer Geschichte informieren
- Ist die Einleitung vollständig: Art des Textes, Titel, Name der Autorin / des Autors, knappe Benennung des Inhalts (Thema)?
- Habt ihr im Hauptteil die wichtigsten Handlungsschritte in der zeitlich richtigen Reihenfolge zusammengefasst? Wird nur das Wesentliche wiedergegeben?
- Werden die Zusammenhänge der Handlung durch passende Satzverknüpfungen und Satzanfänge deutlich?
- Habt ihr eure Textzusammenfassung sachlich und mit eigenen Worten formuliert?
- Habt ihr die wörtliche Rede in eurer Textzusammenfassung vermieden?
- Habt ihr als Zeitform das Präsens verwendet (bei Vorzeitigkeit das Perfekt)?
- Sind Rechtschreibung und Zeichensetzung korrekt?

4 Mit allen Sinnen –
Anschaulich erzählen

1 **a** Gebt wieder, welche Eindrücke und Empfindungen ihr beim Betrachten des Bildes habt.
   b Habt ihr schon einmal an einer ähnlichen Veranstaltung teilgenommen? Erzählt davon.

2 Versetzt euch in die dargestellte Situation.
Stellt zusammen, was ihr mit euren Sinnen wahrnehmen könnt.
– Was seht ihr?
– Was hört, fühlt und riecht ihr?
  Hitze ... Stimmen ... alles ist eng ...

In diesem Kapitel ...

– erfahrt ihr, wie man „mit Worten malen" und Stimmungen anschaulich erzählen (schildern) kann,
– übt ihr, ausdrucksstarke Wörter und sprachliche Bilder zu verwenden,
– untersucht ihr Schilderungen in literarischen Texten,
– erzählt ihr selbst anschaulich und gestaltet eigene Schilderungen zu literarischen Texten.

4.1 Draußen sein mit allen Sinnen – Stimmungen schildern

Erzählen und Berichten unterscheiden

Weißer Sommer

Eine drückende Hitze lastete gestern über Stadt und Land. In den aufgeheizten Großstädten stand die Luft still und die Menschen sehnten sich nach einer Abkühlung.
Am späten Nachmittag zogen langsam einige graue Wolken auf, kurze Zeit später war die Sonne von einer tiefschwarzen Wolkenmauer verdeckt. Orkanartige Windböen fegten durch die Straßen und rüttelten an den Bäumen, dann fielen die ersten dicken Tropfen auf den glühend heißen Asphalt – es roch nach Sommerregen. Bald zuckten grelle Blitze im Sekundentakt über den Himmel, gefolgt von gewaltigen Donnerschlägen und sintflutartigen Regenfällen. Es schüttete wie aus Eimern. Ungläubig standen die Menschen an den Fenstern und verfolgten das entfesselte Treiben der Naturgewalten: Hagelkörner, so groß wie Tischtennisbälle, mischten sich in den Regen, zerbeulten Autos, zerschlugen Dachpfannen und …

Schwere Unwetter nach Hitzewelle
Mittwoch, 3. Juli

Nach einer Hitzewelle verursachten starke Gewitter, heftige Regenfälle, Hagel und orkanartige Windböen von Hamburg bis in den Süden Deutschlands erhebliche Schäden. Zahlreiche Bäume knickten um, Straßen und Keller wurden überflutet.
In Bayern wurden zehn Menschen verletzt, in Hamburg wurde die Feuerwehr in sechs Stunden zu mehr als 1200 Einsätzen gerufen. In Essen und Mainfranken fielen laut Deutschem Wetterdienst (DWD) bis zu drei Zentimeter große Hagelkörner. In Duisburg knickte ein Baukran am Hafen ab. Menschen wurden nicht verletzt. Am Flughafen Düsseldorf kam es wetterbedingt zu Verspätungen. In Baden-Württemberg war die Rheintalstrecke der Deutschen Bahn zeitweise gesperrt, weil ein Zug wegen eines umgestürzten Baums zum Halten gezwungen war. Der Zug konnte seine Fahrt nach kurzer Zeit aber wieder fortsetzen.

1 a Schreibt jeden der Texte weiter, indem ihr noch zwei bis drei Sätze ergänzt.
   b Erläutert, worauf ihr beim Schreiben in Bezug auf den Ausgangstext geachtet habt.

2 **a** Untersucht in Partnerarbeit die beiden Texte genauer: Wie wird das Unwetter jeweils dargestellt? Stellt im Heft die Unterschiede der Texte in einer Tabelle gegenüber.

Weißer Sommer	Schwere Unwetter nach Hitzewelle
– Sprache/Wortarten: viele Adjektive ...	– Sprache/Wortarten: sachlich, ...
– Informationen zu: ...	– Informationen zu: ...

b Begründet: Mit welchem Text könnt ihr euch die Unwetterstimmung bildhafter vorstellen? Zu welchem Zweck würdet ihr welchen Text lesen?

3 Schildern bedeutet, eine Situation oder eine Atmosphäre anhand von Sinneseindrücken so zu beschreiben, dass die Leser das Gefühl haben, hautnah dabei zu sein. Stellt im Heft in Form einer Mind-Map zusammen, welche Sinneseindrücke (Sehen, Hören, Riechen, Fühlen) im Text „Weißer Sommer" geschildert werden, z. B.:

4 Wie wird geschildert? Tragt zusammen, mit welchen sprachlichen Mitteln das Geschehen in „Weißer Sommer" veranschaulicht wird. Übertragt die folgende Tabelle in euer Heft und ergänzt sie durch Beispiele aus dem Text. Nutzt das nachstehende „Wissen und können".

treffende Verben	anschauliche Adjektive und Partizipien	sprachliche Bilder: Vergleiche, Metaphern, Personifikationen
– „..."(Z. ...)	– „drückende Hitze" (Z.1)	– „..."(Z. ...)

5 Schildert selbst ein Unwetter, das ihr erlebt habt.
a Notiert in Stichworten Sinneseindrücke, die ihr mit einem Unwetter verbindet.
b Versucht, mit eurer Schilderung „ein Bild zu malen", und setzt die sprachlichen Mittel so ein, dass ihr euren Lesern das Unwetter anschaulich vorführt.

Wissen und können **Sprachliche Bilder – Vergleich, Metapher, Personifikation**

- **Der Vergleich: Zwei verschiedene Vorstellungen** werden durch *wie* oder *als ob* miteinander **verknüpft**, z. B.: *kalt wie Eis; so nass, als hätte jemand einen Eimer Wasser über mich gegossen.*
- **Die Metapher:** Ein **Wort** oder **Ausdruck** wird nicht wörtlich, sondern in einer übertragenen **Bedeutung** bildhaft verwendet, z. B.: **Nussschale** *für ein kleines Boot;* **Suppe** *für dichten Nebel.*
  – Man verwendet Metaphern, weil sich zwei Dinge auf Grund einer Eigenschaft ähnlich sind.
  – Im Unterschied zu einem Vergleich **fehlt das Vergleichswort** *wie* oder „*als (ob)*".
- **Die Personifikation (Vermenschlichung)** ist eine besondere Form der Metapher: Gegenstände, Begriffe oder die Natur werden vermenschlicht, d. h., ihnen werden menschliche Verhaltensweisen und Eigenschaften zugesprochen, z. B.: *die Natur* **schläft**; *der Sturm* **brüllt**.

Mit bildhafter Sprache anschaulich und lebendig schildern

1 Versetzt euch in die Situation „Wintermorgen an der Haltestelle".
Sammelt im Heft in Form eines Clusters Stichworte zu den Wahrnehmungen, Sinneseindrücken und möglichen Gedanken, die ihr mit dieser Situation verbindet, z. B.:

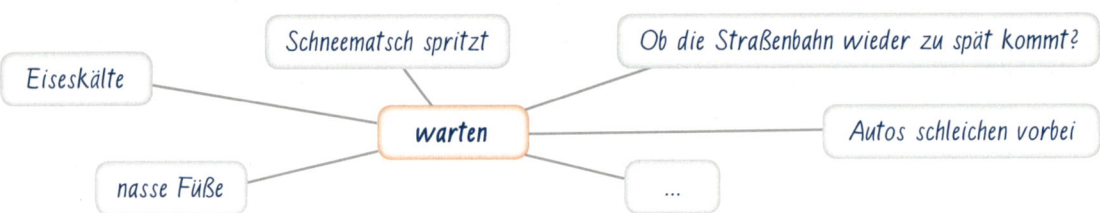

2 Wenn man eine Situation schildert, versucht man, ein anschauliches Bild mit Worten zu malen und seine persönlichen Eindrücke wiederzugeben.
 a Erläutert, mit welchen sprachlichen Mitteln der folgende Textauszug überarbeitet wurde.

> Ein ~~kalter~~ Wind bläst mir ins Gesicht. → eiskalter
> ~~Müde~~ ziehe ich meine Jacke enger. → Todmüde und fröstelnd
> ~~Die Zeit vergeht nicht~~. → Die Minuten kriechen nur so dahin.
> ~~Es ist neblig und ich denke an Paul.~~ → Nebelschwaden hängen in den Bäumen und ich frage mich, wann Paul endlich kommen wird.

 b Formuliert einige Sätze, in denen ihr eure Eindrücke und Gedanken zur Situation „Wintermorgen an der Haltestelle" schildert. Nutzt eure Stichworte aus Aufgabe 1.
 c Überarbeitet in Partnerarbeit eure Sätze.
   Tipp: Wendet die Ersatz- und die Erweiterungsprobe an (▶ S. 331 f.).

4.1 Draußen sein mit allen Sinnen – Stimmungen schildern

1 Stellt euch vor, ihr habt einen Abend an einem Lagerfeuer am See verbracht und wollt später einem Freund oder einer Freundin die Situation und die Stimmung in einem Brief oder in einer E-Mail schildern. Geht so vor:

a Plant eure Schilderung: Lasst vor eurem inneren Auge – wie in einem Film – ein Bild entstehen. Notiert im Heft, was ihr wahrnehmen und beobachten könnt, z. B.:
  – *Flammen züngelten*
  – *Wellen …*

b Ergänzt zu euren ersten Wahrnehmungen und Beobachtungen noch Empfindungen, Geräusche, Gerüche und Gedanken.
Nutzt ausdrucksstarke Adjektive, Partizipien und Verben sowie sprachliche Bilder, z. B.:
  – *es brannte wie Zunder*
  – *der Geruch von …*
  – *mein Gesicht war glutheiß*
  – *ein kupferroter Himmel, Wolkenfetzen*

Tipp: Nähert euch einzelnen Details wie eine Kamera im Film. Ihr könnt zunächst wie in einer Totalen (▶ S. 319) den Ort beschreiben, um dann nach und nach Einzelheiten lebendig zu schildern.

c Prüft eure Notizen: Könnt ihr auch die folgenden Wörter verwenden?

> zuckten • flackerten • knisterten • qualmten • züngelten • glühten • loderten • glimmten •
> zeichnete sich ab • spiegelten sich • glänzten • leuchteten • rochen •
> Funken • Glut • Himmel • Silhouette • Umrisse der Berge • Stille • Stockbrot • Bratwurst •
> Duft • Geruch • Wärme • Flammen • Rauch •
> dunkel • tiefschwarz • goldgelb • hellblau • kupferrot • würzig • heiß • langsam

75

4 Mit allen Sinnen – Anschaulich erzählen

2 Schildert mit Hilfe eurer Vorarbeiten die Situation und die Stimmung am Lagerfeuer. Schreibt in der Ich- oder Wir-Form. Geht so vor:

a Formuliert einen einleitenden Satz, der in die Situation einführt, z. B.:

> – Die Sonne war noch nicht untergegangen, als wir unser Lagerfeuer am See …
> – Schon von Weitem sah ich die hellen Flammen unseres Lagerfeuers.
>   Ein Geruch von … lag in der Luft, als ich …

> Nach und nach wurden die Flammen größer und langsam verbreitete sich eine wohlige Wärme. Durch den Abendhimmel trieben noch einige Wolkenfetzen, die von der untergehenden Sonne …

b Prüft, bevor ihr weiterschreibt, wie der Satz im Präsens wirkt. Entscheidet euch danach, in welcher Zeitform ihr die Situation schildern wollt.

c Schildert im Hauptteil die Atmosphäre am Lagerfeuer. Gebt eure persönlichen Sinneseindrücke wieder.

d Verfasst einen Schlusssatz, in dem ihr z. B. einen abschließenden Gedanken äußert.

> – Mit einem dumpfen Knall fielen die Holzscheite zusammen und ich glaubte, …
> – Das Lagerfeuer leuchtete in der Dunkelheit und ich dachte …

3 a Lest eure Schilderungen vor und gebt euch gegenseitig ein Feedback, was besonders gut gelungen ist und was ihr noch verbessern könnt. Beachtet das „Wissen und können".

b Überarbeitet eure Sätze. Nutzt die Ersatz- und die Erweiterungsprobe (▶ S. 331 f.).
– Die Holzscheite fielen mit einem ~~lauten~~ Knall zusammen.   dumpfen
– Die ⌐ Flammen …   ⌐ hellen

4 Stellt euch einen besonderen Ort oder eine alltägliche oder ausgefallene Situation vor und schildert eure Wahrnehmungen und Gedanken, z. B. in einer belebten Fußgängerzone, auf einem Popkonzert, am Flughafen, in einem Raumschiff, in der Wüste.

Wissen und können   **Anschauliches Erzählen – Schildern**

- Wenn man eine **Stimmung oder** eine **Situation schildert,** versucht man zum einen, mit Worten ein anschauliches und lebendiges Bild zu malen. **Man beschreibt im Präsens** (▶ S. 222) **oder im Präteritum** (▶ S. 224) z. B. eine Landschaft, eine belebte Straße, die Stimmung bei einem Konzert so, dass die Leser die Situation und die Atmosphäre genau vor Augen haben. Zum anderen erfahren die Leser etwas über die individuelle Wahrnehmung einer Figur. Schilderungen sind **handlungsarm** und geben **Wahrnehmungen, Sinneseindrücke** (Sehen, Hören, Fühlen, Riechen/Schmecken) sowie **persönliche Gedanken und Empfindungen** wieder. Sie beruhen auf genauen Beobachtungen.
- Die folgenden Fragen können euch helfen, eine Situation mit allen Sinnen wahrzunehmen: Was sehe ich? Was höre ich? Was rieche/schmecke ich? Was empfinde ich? Was denke ich?
- Man schildert mit Hilfe **anschaulicher Adjektive/Partizipien** (*stockdunkel, fröstelnd*), **treffender Verben** (*kriechen, rascheln, knistern*) und **sprachlicher Bilder** (▶ S. 73).

Schilderungen in Erzählungen untersuchen und fortsetzen

Susan Kreller (*1977)

Schneeriese

Adrian und Stella sind beste Freunde. Als sich Stella in einen anderen Jungen verliebt, muss Adrian feststellen, dass er selbst Stella liebt. Traurig und enttäuscht fällt er in eine tiefe Krise.

Jeden Nachmittag stapfte und stapfte er durch den Ort und dann die weißlichen Hügel hoch oder den Rand der Landstraße entlang, bloß nicht stehen bleiben, um keinen Preis, denn Stehenbleiben hieß ja, kein Versteck haben, Stehenbleiben hieß, sich den Blicken zum Fraß vorzuwerfen, nein, nicht stehen bleiben, immer weiter durch den Schnee, über die Schuhabdrücke, über das
5 Knacken und das Knirschen und die nie gegangenen Wege der anderen.
Die Stunden im Schnee waren die einzigen, die für Adrian erträglich waren und ihn sogar die trüben Sätze der Lehrer vergessen ließen.

Adrian, kommst du nach der Stunde mal?
Deine Leistungen, deine Mitarbeit, dein Gesicht.
10 *Sag Bescheid, wenn ich dir helfen kann.* [...]

Manchmal, wenn er weit genug gegangen war, blieb Adrian schlagartig stehen, weil ihm die Schritte von den Füßen fielen und weil er es überall fühlte.
Ganz kurz nur spürte er es, mehr als deutlich.
Wie.
15 Wie sehr.
Wie sehr sie nicht mehr da war.

1 Benennt, mit welchen sprachlichen Mitteln Adrians Gefühle verdeutlicht werden.
Tipp: Greift auch auf das „Wissen und können" auf den Seiten 73 und 76 zurück.

2 a Setzt den Auszug aus dem Jugendroman fort, indem ihr Adrians Heimweg beschreibt. Nutzt z. B.:
Dämmerung, grelle Scheinwerfer, spritzender Matsch, zunehmende Kälte, geschlossene Vorhänge und Jalousien, kaltes Licht der Straßenlaternen, fortwährende Gedanken an Stella, graue Hausmauern.
b Überarbeitet eure Texte am Computer (▶ S. 305).
Wendet das ESAU-Verfahren an (▶ Wissen und können).

| **Wissen und können** | **Texte überarbeiten – das ESAU-Verfahren** |

Das ESAU-Verfahren ist eine Methode der Textüberarbeitung. ESAU steht für
Ergänzen, **S**treichen, **A**ustauschen und **U**mstellen.
- **Ergänzen:** fehlende Wörter, Sätze, Gedanken, Abschnitte ergänzen
- **Streichen:** überflüssige Wörter, Sätze, Gedanken und Abschnitte streichen
- **Austauschen:** unpassende Wörter, Sätze, Gedanken und Abschnitte durch treffendere Formulierungen ersetzen
- **Umstellen:** Satzbau abwechslungsreicher gestalten, unstimmige Reihenfolge von Wörtern, Satzgliedern, Sätzen, Gedanken und Abschnitten umstellen (verschieben)

Testet euch!

Schildern

1 a Ordnet im Heft die folgenden sachlichen Formulierungen 1 bis 5 inhaltlich den schildernden Formulierungen A bis E zu.
Notiert so: *1 = …, 2 = …*

sachliche Formulierungen
1. Das Meer war schwarz.
2. Ich war müde.
3. Keiner sagte ein Wort.
4. Als die Sonne unterging, sah das Meer rot aus.
5. Es war sehr neblig.

schildernde Formulierungen
A. Eine Mauer des Schweigens empfing mich.
B. Meine Augenlider waren schwer wie Blei.
C. Das Meer war dunkel wie die Nacht.
D. Nebelschwaden hüllten die Häuser wie Watte ein.
E. Die untergehende Sonne färbte das Meer rot.

b Bestimmt bei den Sätzen A bis E, durch welche sprachlichen Gestaltungsmittel die Formulierungen jeweils anschaulich werden.
Tipp: In einigen Sätzen findet ihr mehrere sprachliche Mittel.

c Vergleicht in Partnerarbeit eure Ergebnisse.
Tipp: Nutzt das „Wissen und können" auf den Seiten 73 und 76.

2 a Überarbeitet den folgenden Text. Die Leser sollen sich die Situation bildhaft vorstellen können.
– Schildert Einzelheiten und beschreibt sie mit anschaulichen Adjektiven/Partizipien, treffenden Verben und sprachlichen Bildern.
– Achtet auch auf abwechslungsreiche Satzanfänge, indem ihr z. B. Satzglieder umstellt.

> *Ich ging durch den Wald. Es war Herbst und die Sonne schien. Es war windig, sodass die Blätter von den Bäumen raschelten. Ich sah in circa 20 Metern Entfernung einen Höhleneingang. Der Eingang der Höhle befand sich an einer Felswand, die ganz schön steil und grün vom Moos war. Vor der Öffnung der Höhle kam mir so eine typische Höhlenluft entgegen. Ich knipste meine Taschenlampe an. Vor mir war ein Gang, der immer dunkler wurde. Wasser tropfte von der Höhlendecke, sodass am Boden Pfützen zu sehen waren.*

b Prüft in Partnerarbeit eure Überarbeitungen: Was ist besonders gut gelungen? Was solltet ihr erneut überarbeiten? Nutzt das ESAU-Verfahren (▶ S. 77).

4.2 Unterwegs – Schilderungen in literarischen Texten

Inés Garland (*1960)

Wie ein unsichtbares Band (Auszug 1)

Der Jugendroman spielt in den 1970er Jahren in Argentinien. Darin erzählt die Ich-Erzählerin Alma rückblickend von ihrer Kindheit und Jugend, kurz bevor das Militär die Regierung stürzt und eine Schreckensherrschaft errichtet. Alma ist ein behütetes Kind wohlhabender Eltern, das die Wochenenden im Ferienhaus am Rio de la Plata verbringt, einem riesigen Mündungsgebiet der südamerikanischen Flüsse Paraná und Uruguay.

An dem Morgen, als ich Carmen und Marito kennen lernte, war unser Garten auf der Insel überschwemmt. Die Bäume ragten direkt aus dem Wasser, und die Häuser der Nachbarn am anderen Flussufer sahen aus wie Wassertiere, die reglos auf ihren langen Beinen dastanden. Um meine Eltern nicht zu wecken, ging ich auf Zehenspitzen auf die Terrasse hinaus. Ich wollte im Garten spielen, bevor sie das Hochwasser sahen, denn ich war die Einzige in unserer Familie, die diese Überflutungen mochte – meine Eltern fingen immer sofort an, die Möbel und den Kühlschrank hochzustellen, und dann ging es zurück nach Buenos Aires. Das Wasser bedeckte fünf der zehn Stufen zum Haus. Ich schätzte, dass es mir bis knapp über die Knie gehen würde, genau richtig, um hinten im Garten zu spielen, zwischen den Mandarinen- und Kumquatbäumen¹, wo die Erwachsenen nur im Winter hingingen, um einen Korb Obst zu pflücken, sonntagnachmittags, bevor wir in die Stadt zurückfuhren. Ich machte große Schritte, balancierte mit den Armen, tippte mit den Fingerspitzen ins Wasser – meinen Flügeln, ich war ein riesiger Vogel, der sich gleich in die Luft schwingen würde –, der Schlamm schob sich zwischen meine Zehen, und lose Grashalme blieben an meinen Beinen kleben. Da war Carmen, direkt vor dem großen Graben. Ich sah sie auf einem Ast, die Beine im Wasser, als hätte sie schon immer dort gesessen. Zu ihren Füßen lag noch ein Mädchen, das genauso aussah wie sie, nur aus Wasser, und beide grinsten wie die Katze in *Alice im Wunderland*.² Als ich näher kam, zerfloss das Mädchen aus Wasser, und das andere, das auf einem Ast saß, sprang herunter. Carmen war größer als ich. Ihre Shorts waren schlammverschmiert, dazu trug sie ein gestreiftes T-Shirt, das mir gehört hatte und ihr zu kurz war. „Sollen wir zu meiner Oma gehen, damit sie uns was zum Frühstück macht?", fragte sie, als wären wir schon lange befreundet, stolzierte durchs Wasser davon wie eine Prinzessin und ließ dabei die dünnen Arme kreisen wie Propeller. Ihr Vertrauen knüpfte ein unsichtbares Band zwischen uns, und ich folgte ihr, ohne Fragen zu stellen.

1 der Kumquatbaum: Zwergorangenbaum
2 „Alice im Wunderland": Kinderbuchklassiker von Lewis Carroll aus dem Jahr 1865

1 Haltet fest und erklärt, wie Alma den überschwemmten Garten sieht und wie sich diese Sichtweise von der ihrer Eltern unterscheidet.

Alma	Eltern
Das überschwemmte Land als verwunschener Ort …	*Überschwemmung als Gefahr …*

2 **a** Sammelt weitere Aussagen/Informationen zu der Ich-Erzählerin Alma und versucht, sie zu charakterisieren. Prüft, inwieweit folgende Beschreibungen zutreffen: *romantisch, schwärmerisch, geprägt von der Welt der Romane, vertrauensvoll, ohne Blick für die Gefahr, kindlich, naiv.*
b Beschreibt, wie Alma die erste Begegnung mit Carmen erlebt. Was empfindet sie?

3 Untersucht genauer, wie Alma die Landschaft und die Atmosphäre schildert.
a Notiert im Heft Textpassagen mit Zeilenangaben, in denen die Ich-Erzählerin ausführt, was sie sieht, fühlt und denkt, z. B.:

> *Sehen:* der Garten ist überschwemmt von ..., ... (vgl. Z. 2 f.)
> *Fühlen:* Alma mag die Überschwemmungen, ... (vgl. Z. 10 f.)
> *Denken:* richtige Wasserhöhe, um im Garten zu spielen, ... (vgl. Z. 15 ff.)

b Vergleicht zu zweit eure Ergebnisse und benennt, welche sprachlichen Mittel bei diesen Schilderungen verwendet werden sowie ihre Wirkung, z. B.:
... veranschaulichen das Geschehen und sprechen das Gefühl ...

treffende Verben	anschauliche Adjektive/ Partizipien	sprachliche Bilder: Vergleiche, Metaphern, Personifikationen
„Die Bäume ragten direkt aus dem Wasser" (Z. 3 f.), ...	– „reglos auf ihren langen Beinen" (Z. 6), ...	– „wie Wassertiere" (Z. 5), ...

4 Wie könnte der Textauszug aus „Wie ein unsichtbares Band" (▶ S. 79) weitergehen?
Carmens Großmutter, Dona Angela, lebt auf einer benachbarten Flussinsel, die über eine Hängebrücke zu erreichen ist. Sie ist arm und hat ein einfaches Holzhaus. Vorkehrungen gegen die Überschwemmung, wie z. B. das Haus auf Pfähle zu setzen, wurden nicht getroffen.
a Plant, wie ihr die Fortsetzung schildern könntet. Notiert zu den folgenden Stichworten, was Alma wahrnehmen, denken und fühlen könnte:

> Über eine Hängebrücke überqueren die Mädchen einen Flussarm. • Dona Angela sitzt auf einer Bank am Bootssteg. • Die Bodenplanken des Stegs stehen unter Wasser. • Die stattliche, weißhaarige Frau umarmt Alma herzlich. • Alma fühlt sich geborgen. • Das Haus ist ein schiefer Holzwüfel mit kleinen Fenstern. • Es scheint direkt im Wasser zu stehen. • Alma fällt ein, dass ihre Eltern vorhatten, ihren Nachbarn zu helfen, ein besseres Haus zu bauen. • ...

b Verfasst am Computer mit Hilfe eurer Notizen in der Ich-Form eine Fortsetzung, in der ihr Almas Eindrücke, Beobachtungen, Gedanken und Gefühle schildert, z. B.:
Dona Angelas Grundstück befand sich auf der anderen Seite des Flussarms, den wir über eine Hängebrücke überquerten. Nur wenige Zentimeter unter uns glitt das Wasser träge dahin. ...
c Überarbeitet in Partnerarbeit eure Texte, z. B. am Computer (▶ S. 305).
Tipp: Nutzt das „Wissen und können" auf den Seiten 76 und 77.

Wie ein unsichtbares Band (Auszug 2)

Ufer am Rio de la Plata

Alma verbringt möglichst viel Zeit mit Carmen und deren Bruder Marito, die mit ihrem Onkel Tordo bei ihrer Großmutter Dona Angela leben. Carmens Mutter hat die Familie verlassen. Auch ihr Vater wohnt nicht mehr hier. Er kann sich, wie er sagt, um seine Kinder nicht kümmern, da er in einer Werft in Tigre, einer Stadt, die auch am Rio de la Plata liegt, arbeitet. Hinzugekommen ist der 14 Monate alte Lucio. Er ist Carmens Halbbruder, den ihre Mutter zur Pflege zurückgelassen hat.

1 Im letzten Februar, in den Sommerferien, hatten Carmen und ich auf einer kleinen Mittelinsel angefangen, ein Baumhaus zu bauen. An einem Sonntag wollten wir damit fertig werden und dann ein paar Sachen und unsere Bücherkiste hinbringen. Tordo hatte uns verboten, mit Lucio Boot zu fahren, also ließen wir ihn am Steg zurück, in einer Kiste, die Marito aus alten Latten zusammengezimmert hatte und in die wir eine kleine Matratze gelegt hatten. Es dämmerte schon, und alle waren in ihren Häusern außer Marito, der ein Stück flussabwärts angelte, an der verlassenen Anlegestelle. Von unserem Baumhaus konnten wir Dona Angelas Steg gut sehen. Wenn Lucio weint, sind wir gleich bei ihm, dachten wir und ruderten zur Mittelinsel hinüber, um an unserem Haus weiterzubauen, fest davon überzeugt, dass er da drüben gut aufgehoben war.

2 Später, als wir uns gegenseitig erzählten, wie alles gekommen war, hatten wir beide das Gefühl, wir hätten Lucio nie länger als fünf Minuten aus den Augen gelassen. Jede von uns hatte einen Hammer und eine Schachtel mit Nägeln. Wir machten uns daran, die Bretter an die Äste des Weidenbaums zu nageln, so konzentriert wie nötig, um nicht den Finger zu treffen, aber zwischendurch blickten wir immer wieder zum Steg und sahen seine kleinen Füße, die aus der Kiste ragten, wenn er strampelte. Ab und zu hörten wir sein glückliches Krähen, denn Lucio war ein fröhliches Baby und weinte fast nie.

3 Wir bemerkten das Ansteigen des Wassers erst, als es schon zu spät war. Es war, als wäre der Fluss plötzlich lebendig geworden und ohne das leiseste Geräusch über die Ufer getreten, ohne Vorwarnung, in der festen Absicht, Lucio mitzunehmen. Carmen merkte es als Erste und stieß einen Schrei aus. Ich blickte von einem Brett auf, das nicht so wollte wie ich, und begriff sofort, was passiert war. Ich glaube, ich habe auch geschrien. Carmen war schon hinuntergesprungen und lief zum Boot. Die Kiste mit Lucio war verschwunden.

4 Papa sagte später, als er unsere Schreie gehört habe, sei er auf die Terrasse hinausgelaufen und habe gesehen, wie ich das Seil losmachte und wie Carmen schon ruderte, bevor ich im Boot war. Ich stand mit einem Fuß auf der Heckplanke, da schoss das Boot plötzlich davon. Ich schrie. Ich weiß nicht, ob zuerst das Boot plötzlich oder der Boden unter meinen Füßen wegrutschte, jedenfalls fiel ich breitbeinig ins Wasser, und mir fuhr ein heftiger Schmerz in die Leiste. Carmen hörte auf zu rudern, einen Moment lang wusste sie nicht, was sie tun sollte. Ich hängte mich an den Rand des Boots und kletterte klatschnass hinein. Papa fragte uns vom Steg aus, was los war. Carmen hatte angefangen zu weinen, und ich zitterte so, dass ich keine Antwort herausbrachte.

5 „Der Fluss hat Lucio mitgenommen", rief Carmen schließlich. Neben uns trieb ein Vogel vorbei, mit dem Bauch nach oben.

6 Maritos Schrei war kaum zu hören, und zuerst wussten wir nicht recht, wo er herkam. Wir blickten zum verlassenen Anleger, wo wir ihn zuletzt gesehen hatten, aber dort war im immer schummrigeren Abendlicht niemand auszumachen. Wir hielten am Ufer Ausschau und entdeckten Marito ein Stück näher bei uns, bis zur Hüfte im Wasser stehend und uns verzweifelnd winkend.

7 Carmen ruderte schon auf ihn zu, und ich stand trotz des Schmerzes breitbeinig am Heck und spähte flussabwärts in der Hoffnung, die Kiste im Wasser schwimmen zu sehen. Ich zitterte fast schon krampfartig, und die Kleider, die mir am Körper klebten, waren eiskalt. Zum ersten Mal in meinem Leben hasste ich die Farbe des Flusses. Er sah auf einmal ganz anders aus, mit seiner reißenden Strömung, die einen Menschen verschlingen konnte, ohne dass er eine Spur hinterließ.

8 Als wir näher bei Marito waren, merkten wir, dass er auf das gegenüberliegende Ufer deutete, wo sich die Kiste in den Binsen verfangen hatte, Kreise beschrieb und sich genau in diesem Moment wieder löste, um der Strömung zu folgen. Von dort, wo wir waren, konnten wir Lucio nicht sehen.

9 Carmen steuerte auf die Kiste zu und ruderte, so schnell sie konnte, aber die Kiste trieb schneller als wir. Nur die oberste Lattenreihe ragte noch aus dem Wasser; sie sank immer tiefer. Marito rannte am Ufer entlang, dann sprang er in den Fluss und schwamm los. Direkt über dem Holzrand tauchte ein Füßchen auf. Durch die Bewegung bekam die Kiste Schlagseite, ich dachte sofort, sie würde kippen, Lucio würde in den Fluss fallen und verschwinden. Ich sprang ins Wasser.

10 Erst später, als ich mit Papa sprach, wurde mir klar, dass ich es wohl kaum geschafft hätte, mich über Wasser zu halten und gleichzeitig die Kiste zu schieben, aber ich dachte nicht daran, was ich tun würde, wenn ich bei Lucio war. Ich schwamm einfach auf ihn zu.

11 Als ich nur noch ein paar Armlängen weg war, hörte ich Maritos Anweisungen.

12 „Schwimm in die Binsen", rief er. „Ich hole Lucio." Seine Stimme hatte die Macht, mich gehorchen zu lassen.

13 Kaum spürte ich den Schlamm unter meinen Füßen, verwandelte tödliche Erschöpfung meine Arme und Beine in Gewichte aus Blei. Ich klammerte mich an ein paar Binsen. Wenige Meter von mir entfernt konnte Marito im Wasser stehen, und es gelang ihm, Lucio, der zu weinen begonnen hatte, aus der Kiste zu zerren. Er drückte ihn fest an sich und ging auf eine Stelle zu, wo das Ufer weniger bewachsen war.

14 Mitten auf dem Wasser kam Papa in unserem Motorboot angefahren, während Carmen die Ruder ins Boot klappte und mit dem Seilende an Land sprang.

15 Flussabwärts war von der Kiste noch eine Ecke zu sehen, ein Punkt, der immer kleiner wurde, und auf einmal nichts mehr.

---

1 Tauscht euch über eure ersten Leseeindrücke aus.
Wie wirkt das beschriebene Geschehen auf euch?

2 Besprecht und erklärt, was die beiden Mädchen denken und fühlen könnten.

3 Zu einer Schilderung gehört die Atmosphäre eines Ortes.
Skizziert schriftlich im Heft die im Text beschriebenen Handlungsorte.
Verdeutlicht auch die Wege der Kinder.

4 Stellt das Geschehen in Form einer Spannungskurve dar.
Zeigt daran auf, wie sich im Handlungsverlauf Almas Sichtweise auf den Fluss verändert.

5 Alma erfährt die Rettungsaktion sehr intensiv. Untersucht, wie sie geschildert wird.

a Listet in Partnerarbeit auf, wie Alma den Fluss und die Natur wahrnimmt, was sie dabei denkt und fühlt. Berücksichtigt die Absätze 1, 2, 3, 5, 6, 7 und 13.

b Mit welchen erzählerischen Mitteln gelingt es, die Situation anschaulich darzustellen? Ordnet gemeinsam die folgenden Mittel eurer Liste aus Aufgabe 5a zu:

> treffende Verben • anschauliche Adjektive/Partizipien • Metapher • Vergleich • Personifikation • innere Handlung (▶ S. 308) wird durch die Schilderung von Gefühlen dargestellt • Erzählen mit allen Sinnen (Schilderung, was man sieht, hört, fühlt, riecht) • wörtliche Rede • Gedankenrede (Einblicke in die unmittelbaren Denkprozesse der Figur) • Vorausdeutung

6 Nicht nur der Ort, auch die dargestellte Zeit spielt beim Schildern eine wichtige Rolle.

a Begründet, wie der Absatz 7 (Z. 75–85: „Carmen ruderte …") auf euch wirkt. Vergleicht dazu die Zeit, die ihr zum Lesen braucht, mit dem Zeitraum, über den erzählt wird. Gebt im Heft jeweils ungefähre Zeitangaben an (Ihr könnt sie auch durch Zeitstrahle veranschaulichen.):
Dauer der Erzählzeit (Lesezeit): ca. …   *Dauer der erzählten Zeit (Handlung): ca. …*

b Notiert, was Alma einerseits tut und was sie andererseits wahrnimmt, denkt und fühlt, z. B.:

Almas Handlungen	Almas Gefühle, Wahrnehmungen, Gedanken
Alma steht am Heck …	*Gefühle von Schmerz und Hoffnung*
…	…
Alma erkennt, dass der Fluss …	…

c Lest mehrmals das folgende „Wissen und können", schlagt das Buch zu und erklärt möglichst mit eigenen Worten, was man unter Zeitdehnung, Zeitraffung und Zeitdeckung versteht.

d Sucht dafür Beispiele im Text und beschreibt, wie sie jeweils wirken.

Wissen und können   **Die Zeitgestaltung in erzählenden (epischen) Texten**

In erzählenden Texten kann die Zeit ganz unterschiedlich gestaltet werden. Das Erzähltempo ergibt sich aus dem **Verhältnis von Erzählzeit** (Zeitspanne bzw. **Lesezeit,** die Leser für die Lektüre eines Textes brauchen) und **erzählter Zeit** (Zeitraum, über den erzählt wird bzw. über den sich die **Handlung** erstreckt). Es gibt drei Möglichkeiten der Zeitgestaltung:

1. Zeitdehnung: Das **Geschehen** wird **gedehnt** und wirkt wie in **Zeitlupe,** als würde die Handlung fast zum Stillstand kommen. Bei der Zeitdehnung ist die Erzählzeit länger als die erzählte Zeit. Zeitdehnung erfolgt durch die **ausführliche Schilderung** von Wahrnehmungen, Gedanken und Gefühlen während eines Geschehens.

2. Zeitraffung: Das **Geschehen** wird **gerafft,** indem **längere Zeiträume zusammengefasst** werden, z. B.: *Vier Jahre lang ging er jeden Morgen zur Arbeit. Heute …* Bei der Zeitraffung ist die Erzählzeit kürzer als die erzählte Zeit.

3. Zeitdeckung: Erzählzeit und erzählte Zeit sind identisch (gleich lang), z. B. bei der Wiedergabe von Dialogen.

7 Verfasst einen eigenen Text, in dem ihr die Zeit dehnt. Geht so vor:
  a Versetzt euch in die Lage Almas, als sie vom Boot ins Wasser springt, um den kleinen Lucio zu retten (▶ S. 82, Z. 103–109).
  b Notiert zur besseren Übersicht in Form einer Mind-Map zuerst, was Alma wahrnimmt, denkt und fühlt.
  c Wählt geeignete erzählerische Mittel (▶ S. 83, Aufgabe 5b) und formuliert sie. Nutzt den folgenden Ideenspeicher:

Alma ...	erzählerische Mittel	Formulierung
– bemüht sich, die Kiste im Blick zu halten – will böse Gedanken abwehren – fragt sich: Was passiert, wenn ...? – ...	– Gedankenrede – Metapher/ Personifikation/ Vergleich – anschauliche Farbadjektive – innere Handlung – ...	– Die unruhige Wasseroberfläche wollte mich ... – Nein, so weit durfte es nicht kommen! – Hände, die nach mir ... und mich ... – wie die Zacken einer Säge – Bilder, die sich schwer auf meiner Brust niederließen und dort ... – ...

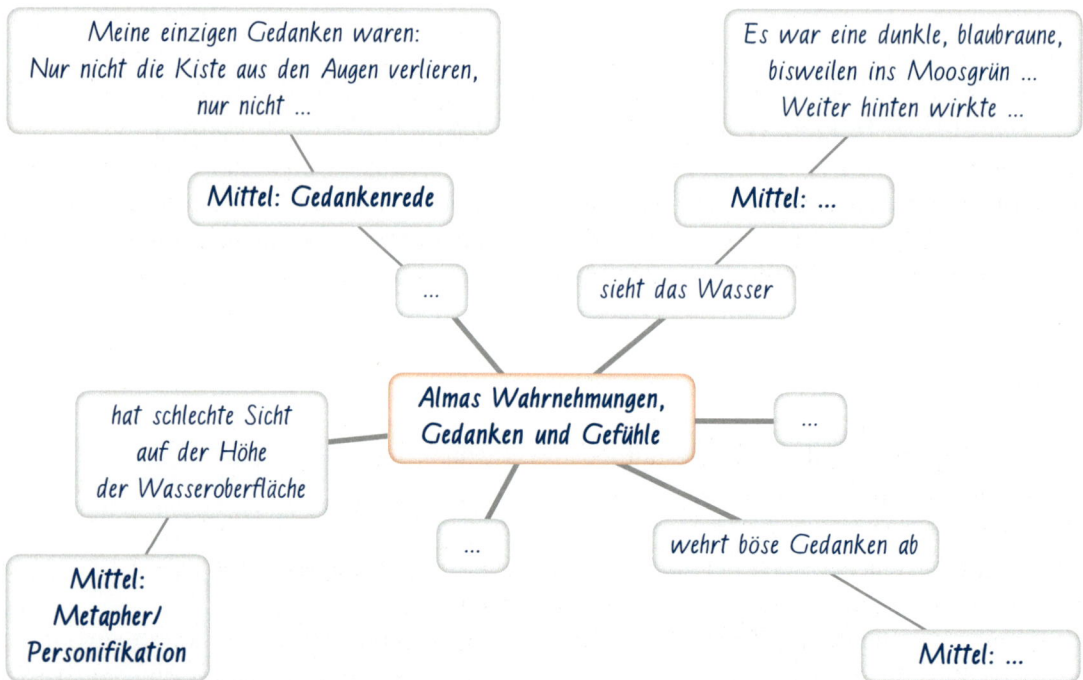

8 Formuliert eine erste Fassung.

9 a Besprecht eure erste Fassung in einer Schreibkonferenz (▶ S. 343) und überarbeitet sie gegebenenfalls am Computer (▶ S. 305).
  Tipp: Die Mind-Map kann euch als Textlupe dienen. Wurden für die Schilderung alle Sinne berücksichtigt? Welche erzählerischen Mittel wurden eingesetzt? Wie wirken sie?
  b Stellt der Klasse eure Schilderungen vor.

Cornelia Funke (*1958)

Tintenherz

In dem Roman „Tintenherz" (2003) macht sich die 12-jährige Meggie gemeinsam mit ihrer Tante Elinor auf die Suche nach ihrem Vater, der von einem Mann namens Capricorn entführt worden ist. Die Gründe dafür sind Meggie nicht klar, alles scheint jedoch mit dem Buch „Das Tintenherz" zusammenzuhängen. In ihrer Begleitung ist ein mysteriöser Fremder namens Staubfinger. Dieser verspricht, sie zum Dorf Capricorns zu bringen.

Es begann zu dämmern, als die Berge zurückwichen und hinter grünen Hügeln, weit wie ein zweiter Himmel, plötzlich das Meer auftauchte. Die tief stehende Sonne ließ es schimmern wie die Haut einer schönen Schlange. Es war lange her, dass Meggie das Meer gesehen hatte. Es war ein kaltes Meer gewesen, schiefergrau und blass vom Wind. Dieses Meer sah anders aus, ganz anders. Es wärmte Meggie das Herz, es nur anzusehen, aber es verschwand viel zu oft hinter hässlichen hohen Häusern. Überall wucherten sie auf dem schmalen Streifen Land, der zwischen dem Wasser und den herandrängenden Hügeln lag. Doch manchmal ließen die Hügel den Häusern keinen Platz, machten sich breit, drängten bis ans Meer und ließen es an ihren grünen Füßen lecken. Wie Wellen, die an Land gekrochen waren, lagen sie da im Licht der untergehenden Sonne.
Während sie der sich windenden Küstenstraße folgten, begann Elinor wieder zu erzählen, irgendetwas über die Römer, die angeblich ebendiese Straße gebaut hatten, die sie entlangfuhren, über ihre Angst vor den wilden Bewohnern dieses schmalen Streifen Landes …
Meggie hörte nur mit halbem Ohr zu. Am Straßenrad wuchsen Palmen, die Köpfe staubig und stachlig. Zwischen ihnen blühten riesige Agaven, wie Spinnen hockten sie da mit ihren fleischigen Blättern. Der Himmel hinter ihnen färbte sich rosa und zitronengelb, während die Sonne immer tiefer aufs Meer zusank und von oben ein dunkles Blau herabsickerte wie auslaufende Tinte. Der Anblick war so schön, dass es schmerzte.
Meggie hatte sich den Ort, an dem Capricorn hauste, ganz anders vorgestellt. Schönheit und Angst tun sich nur schwer zusammen.
Sie fuhren durch einen kleinen Ort, vorbei an Häusern, die so bunt waren, als hätte sie ein Kind gemalt. Orange und rosa waren sie, rot und immer wieder gelb: blassgelb, braungelb, sandig gelb, schmutzig gelb, mit grünen Fensterläden und rotbraunen Dächern. Selbst die aufziehende Dämmerung konnte ihnen nicht die Farbe nehmen.
„Gefährlich sieht es hier nicht gerade aus", stellte Meggie fest, als wieder so ein rosa Haus vorbeihuschte.
„Weil du immer nur nach links siehst!", sagte Staubfinger hinter ihr. „Aber es gibt immer eine helle und eine dunkle Seite. Sieh mal nach rechts."
Meggie gehorchte. Zuerst waren auch da nur die bunten Häuser. Ganz dicht am Straßenstrand standen sie, lehnten sich aneinander, als hielten sie einander im Arm. Doch dann waren die Häuser plötzlich fort, und steile Hänge, in deren Falten schon die Nacht nistete, säumten die Straße. Ja, Staubfinger hatte Recht, dort sah es unheimlich aus, und die wenigen Häuser schienen zu ertrinken in der aufziehenden Dunkelheit.

4 Mit allen Sinnen – Anschaulich erzählen

1 Meggie, Elinor und Staubfinger sind auf dem Weg zu Capricorn, der Meggies Vater Mo entführt hat.
  a Formuliert eine Überschrift für den Textauszug, die die Bedeutung der Fahrt hervorhebt.
  b Sammelt Textbelege, an denen deutlich wird, dass das Ziel dieser Fahrt gefährlich ist, und begründet die Wahl eurer Belege, z. B.:
  Z. 4–5: „Die tief stehende Sonne ließ es [das Meer] schimmern wie die Haut einer schönen Schlange." → Schlange kann für Gefahr, Gift und Sünde, aber auch für Heilung und Schönheit stehen.

2 Untersucht, wie der Text die Fahrt ins Dorf schildert.
  a Stellt im Heft tabellarisch dar, was Meggie wahrnimmt, denkt und fühlt:

wahrnehmen	denken	fühlen
– Blick aufs Meer – …	– Erinnerung an einen früheren Besuch am Meer – …	– angenehmes Gefühl beim Anblick des Meeres – …

  b Untersucht, mit welchen sprachlichen Bildern die Landschaft im Text gestaltet ist.
  Gebt jeweils die Textstellen an, z. B.:

Berge	Meer	Häuser	Natur
– „… zurückwichen …" (Z. 1 f.) = Personifikation – …	– „… weit wie ein zweiter Himmel" (Z. 2 f.) = … – …	– „… wucherten […] auf dem schmalen Streifen Land …" (Z. 12 f.) = Metapher – …	– „Palmen, die Köpfe staubig und stachlig" (Z. 28 f.) = … – …

3 Verfasst einen eigenen Text und schildert darin eine Fahrt.
  a Wählt eine der folgenden Ideen oder überlegt euch eine eigene:
  Die Fahrt zu einer ungeliebten Person
  Die Fahrt ins Krankenhaus
  Der Weg zur Prüfung
  b Erstellt einen Schreibplan, z. B. in Form einer Mind-Map (▶ S. 84).
  Notiert darin Wahrnehmungen, Gedanken und Gefühle.
  c Wählt in der Mind-Map für die Wahrnehmungen, Gedanken und Gefühle unterschiedliche erzählerische Mittel, z. B.:

> Fahrt durch den Wald
> 1. Gedankenrede: Muss ich hier wirklich durch? Hätte ich nicht …?
> 2. Personifikation: Die Äste der Bäume fingerten nach mir.
> 3. Vergleich: Die Bäume richteten ihre Äste wie Ertrinkende in ihrer Not auf mich.

  d Formuliert euren Text und stellt ihn anschließend der Klasse vor.

Fordern und fördern – Einen Text schildernd fortsetzen

1 Plant, die Geschichte aus „Tintenherz" (▶ S. 85) fortzusetzen. Führt euch die Situation erneut vor Augen und notiert in einer Mind-Map wie folgt, was Meggie auf den letzten Kilometern ihrer Fahrt durch die nächtliche Landschaft wahrnehmen, denken und empfinden könnte.
Tipp: Zu einer Schilderung gehören viele Details, aber wenig Handlung.

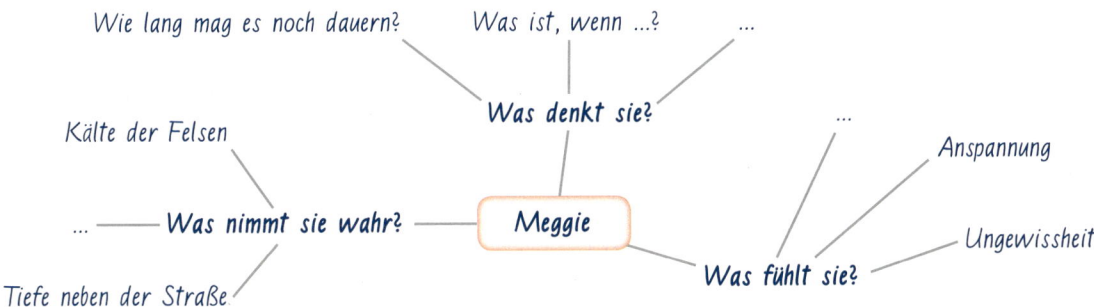

▶ Eine Hilfe zu Aufgabe 1 findet ihr auf Seite 88.

2 Findet für Meggies Wahrnehmungen, Gedanken und Gefühle geeignete erzählerische Mittel (▶ S. 84) und Beispiele, z. B.:
  – Kälte der Felsen → Personifikation, z. B.: Die Kälte der Felsen schien ins Auto zu kriechen.
  – Meggies Ungewissheit → anschauliche Adjektive/Partizipien, Metapher, treffendes Verb, z. B.: Was ist, wenn …? Ein kalter Hauch düsterer Vorahnung erfüllte ihre Brust.

▶ Hilfe zu 2, Seite 88

3 a Setzt den Text mit Hilfe eurer Vorarbeiten aus Aufgabe 1 und 2 schildernd fort. Beschreibt Meggies Eindrücke, Beobachtungen, Gedanken und Gefühle, z. B.:
Die Straße führte in eine wilde Berglandschaft hinein und wand sich, mal bergauf, mal bergab, an …
b Überarbeitet euren Text mit Hilfe der folgenden Checkliste und schätzt eure Leistung ein.

▶ Hilfe zu 3 a, Seite 88

Eine Situation aus der Perspektive einer literarischen Figur schildern
- Habe ich die **Wahrnehmungen, Gedanken** und **Gefühle** Meggies veranschaulicht, z. B. durch Gedankenrede, innere Handlung, Erzählen mit allen Sinnen?
- Habe ich die **Situation** so **detailliert und anschaulich** beschrieben, dass die Leser ein **genaues Bild** vor Augen haben?
- Ist meine **Sprache bildhaft und abwechslungsreich?** Habe ich z. B. Folgendes verwendet?
  – anschauliche Adjektive/Partizipien
  – treffende Verben
  – sprachliche Bilder (Vergleich, Metapher, Personifikation)
  – wörtliche Rede, Gedankenrede
- Habe ich die **Sie-Erzählform** beibehalten und als Erzählzeit das **Präteritum** verwendet?

Fordern und fördern – Einen Text schildernd fortsetzen

●○○ Aufgabe 1 mit Hilfe

Plant, die Geschichte aus „Tintenherz" (▶ S. 85) zu ergänzen. Führt euch die Situation erneut vor Augen und ordnet im Heft die nachstehenden Erzählideen den folgenden Fragen zu:
– Was sieht Meggie, wenn sie nach draußen sieht? Was empfindet sie dabei?
– Wie verhält sich Elinor?
– Was nimmt Meggie im Wageninneren wahr?
– Was fühlt sie, wenn sie an ihren Vater denkt? Welche Erinnerungen hat sie an ihn?

> **Erzählideen:** Straße, die an steil abfallenden Abhängen entlangführt • Dunkelheit, die bedrohlich emporsteigt • Elinors Frage, ob es sich um den richtigen Weg handelt • Staubfingers Bestätigung, dass man sich auf dem richtigen Weg befinde • Schweigen im Auto • Versuch Meggies, sich von der Beklemmung zu befreien • Elinors Anspannung angesichts der kurvigen Strecke • karge Vegetation, die nur kurz von den Scheinwerfern erhellt wird • Kälte, die von den Felsen abstrahlt • Erinnerung, wie Mo sie in den Arm nimmt • Ungewissheit über die Dauer der Fahrt • Mo lesend

●●○ Aufgabe 2 mit Hilfe

Findet für Meggies Wahrnehmungen, Gedanken und Gefühle geeignete erzählerische Mittel. Wählt aus den folgenden aus und notiert sie zu den Fragen und Erzählideen aus Aufgabe 1.

> **anschauliche Adjektive/Partizipien**
> wilde Berglandschaft • steil abfallende Abhänge • ungekannte Dunkelheit • tiefes Schwarz

> **bildhafte Ausdrücke (Vergleich, Metapher, Personifikation)**
> entgegenstarrende Dunkelheit • Kälte der Felsen, die in das Auto kriecht • ein kalter Hauch düsterer Vorahnung erfüllt ihre Brust • Dornengestrüpp, wilder Wein und Olivenbäume ziehen, vom Scheinwerferlicht knapp gestreift, wie bleiche Gespenster an ihnen vorbei

> **treffende Verben**
> führen • sich entlangwinden • entgegenstarren • abwenden • gebannt sein • sich erheben • kriechen • frösteln • sich weigern, (den Blick) nach vorn zu richten • entgleiten • vorbeiziehen • verschwinden • erscheinen

> **innere Handlung**
> kann den Blick nicht abwenden, zu gebannt ist sie von dem tiefen Schwarz des Abgrunds • konzentriert sich darauf, nach vorn zu sehen und sich so von ihrer Beklemmung zu befreien …

●●○ Aufgabe 3 a mit Hilfe

Setzt den Text mit Hilfe eurer Vorarbeiten aus Aufgabe 1 und 2 schildernd fort.
Ergänzt im Heft den folgenden Lückentext.

Die Straße führte in eine wilde Berglandschaft hinein und wand sich an immer … Meggie blickte durch das Seitenfenster in die Tiefe … Sie konnte den Blick nicht … abwenden. Aufgeschreckt durch die Worte Elinors, gelang es ihr endlich … Sie konzentrierte sich darauf, nach vorn zu sehen und sich so … . … Auch ihre Tante war nervös. Sie … Nur schemenhaft nahm Meggie Dornengestrüpp, wilden Wein … wahr. Sie versuchte, an Mo zu denken: … Sie weigerte sich, vom Schlimmsten … Lieber stellte sie sich vor, wie er …

4.3 Fit in ... – Schildern

Stellt euch vor, ihr erhaltet folgende Schulaufgabe:

Aufgabe
Der folgende Auszug aus dem Roman „Julie von den Wölfen" (1972) bricht plötzlich ab. Setze den Textauszug mit Hilfe der beiden folgenden Schreibideen schildernd fort. Berücksichtige die Erzählform und das Tempus der Vorlage.

Jean Craighead George (1919–2012)

Julie von den Wölfen

Miyax, ein dreizehnjähriges Eskimomädchen, das mit englischem Namen Julie heißt, ist aus einer Kinderehe geflüchtet. Sie will zum Hafen in Point Hope, um von dort mit einem Schiff nach San Francisco zu fahren, wo ihre Brieffreundin wohnt. Auf ihrem Weg in die Hafenstadt verirrt sie sich jedoch in der arktischen Tundra (Kältesteppe). Miyax erkennt, dass in dieser verlassenen Gegend außer ihr nur noch ein Wolfsrudel lebt.

Ein erschreckender Augenblick war das gewesen, als sie zwei Tage zuvor plötzlich gewahr wurde, dass die Tundra ein Ozean aus Gras war, in dem sie Kreise ging, immer im Kreis.
Miyax hatte nicht viel mitschleppen können, als sie von zu Hause weglief, sie nahm nur Dinge mit, die sie für die Reise brauchen würde – einen Rucksack, Proviant für eine Woche oder so, Nähnadeln, Zündhölzer, ihren Schlafsack, eine Decke als Unterlage, zwei Messer und einen Kochtopf.

Als Miyax die Wölfe entdeckt hatte, ließ sie sich in ihrer Nähe nieder mit der Hoffnung, es würde von dem Futter der Wölfe auch für sie etwas abfallen. Hier wollte sie bleiben, bis die Sonne unter den Horizont sank und die Sterne auf dem Himmel erschienen und ihr den Weg wiesen. Sie hatte ein Haus aus Grasziegeln errichtet, wie die alten Eskimos ihre Sommerwohnungen bauten. Jeder Ziegel war mit einem Ulo, dem halbmondförmigen scharfen Messer der Eskimofrauen, aus dem Boden geschnitten. Sehr kunstgerecht gebaut war ihr Haus nicht, denn Miyax hatte nie zuvor eines bauen müssen, aber inwendig war es behaglich. Sie hatte ...

Schreibideen

1 Miyax ist sehr hungrig und fühlt sich in der Weite der Tundra einsam und verloren
   – endlose Ebene, keine Bäume, keine Straße
   – Moose, Grase, Flechten, einige Blumen, Tümpel und Seen
   – Tundraboden war ständig gefroren; starker, kalter Wind
   – Miyax konnte nichts Essbares finden; sie hatte Angst zu verhungern

2 Miyax beobachtet von einem Hügel aus die Wölfe
- vier erwachsene Wölfe, fünf Wolfsjunge, die vor einem Höhleneingang lagen
- sie hoffte, etwas von dem erbeuteten Fleisch abzubekommen
- die Wölfe bemerkten Miyax zunächst nicht; erst als eine Vogelschar aufflog, entdeckte der Leitwolf sie; Miyax hatte große Angst

Die Aufgabe richtig verstehen

1
a Lest die Aufgabe, den Textauszug aus „Julie von den Wölfen" und die beiden Schreibideen auf den Seiten 89–90 mehrmals sorgfältig durch.
b Klärt in Partnerarbeit und haltet schriftlich fest, was genau die Aufgabenstellung von euch verlangt.

Ideen für die Fortsetzung der Geschichte sammeln

2 Notiert zu den einzelnen Erzählschritten der Schreibideen (▶ S. 89–90) Möglichkeiten, wie ihr sie schildernd erzählen könnt.
Verwendet insbesondere anschauliche Adjektive/Partizipien, treffende Verben und sprachliche Bilder, damit die Leser Miyax' Situation deutlich vor Augen haben.
Tipp: Lasst euch auch von den Fotos auf den Seiten 89 und 90 anregen.

Die Schilderung schreiben und überarbeiten

3 Setzt den Textauszug mit Hilfe eurer Vorarbeiten aus Aufgabe 2 ohne viel Handlung schildernd fort. Beschreibt detailliert Miyax' Hunger und Verlorenheit sowie ihre Begegnung mit den Wölfen. Was fühlt und denkt sie dabei?
Tipp: Denkt an die Sie-Form und das Präteritum als Erzähltempus.

4 Überarbeitet in Partnerarbeit eure Texte und schätzt eure Leistung ein.
Tipp: Wendet das ESAU-Verfahren an (▶ S. 77) und nutzt die folgende Checkliste:

Eine Situation aus der Perspektive einer literarischen Figur schildern
- Werden die Wahrnehmungen, Gedanken und Empfindungen der Figur deutlich?
- Wird die Situation vor Ort (z. B. die Landschaft, das Haus, die Wölfe) so detailliert beschrieben, dass die Leser ein deutliches Bild vor Augen haben?
- Ist die Sprache bildhaft und abwechslungsreich? Verwenden solltet ihr z. B.:
  - anschauliche Adjektive und Partizipien, z. B.: *goldgelb, baumlos, verzweifelt*
  - treffende Verben, z. B.: *erblicken, beobachten, bemerken, starren*
  - sprachliche Bilder, z. B.: *Sie schluckte ihre Angst hinunter.*
- Sind die Satzanfänge abwechslungsreich?
- Stimmen die Erzählform und das Tempus der Vorlage mit eurer Schilderung überein?

5 Ruhm, Ehre, Macht und Minne –
Das Mittelalter kennen lernen

Der Nibelunge liet (1. Âventiure)
Uns ist in alten mæren   wunders vil geseit
von helden lobebæren,   von grôzer arebeit,
von fröuden, hôchgezîten,   von weinen und von klagen,
von küener recken strîten   muget ír nu wunder hœren sagen.

1 a Beschreibt die dargestellten Szenen. Erklärt, ob ihr sie vielleicht aus Hörspielen kennt.
  b Erläutert, woran ihr erkennt, dass sie im Mittelalter und nicht in unserer Zeit spielen, obwohl die Bilder in der heutigen Zeit erstellt wurden.
  Tipp: Achtet auf Kleidung, Gegenstände und Bauten.

2 a Bei dem Text handelt es sich um die erste Strophe des „Nibelungenliedes" aus dem 13. Jahrhundert. Lest sie laut vor. Erklärt, woran man erkennen kann, dass es die erste Strophe ist.
  b Stellt Mutmaßungen über den genaueren Inhalt des Nibelungenliedes an. Erwartet ihr nach der ersten Strophe eher Positives oder Negatives?

In diesem Kapitel ...

– erschließt ihr Auszüge aus dem berühmten „Nibelungenlied", einem Epos,
– begegnet ihr der Minnelyrik,
– beschäftigt ihr euch mit dem Bedeutungswandel bestimmter Wörter vom Mittelalter bis in die Gegenwart,
– untersucht ihr das Bild des Ritters und der Frau früher und heute.

5.1 Das Nibelungenlied – Auszüge eines Epos erschließen

Heldenfiguren und ihre Beziehungen untersuchen

Jahrhundertelang war der Sagenstoff um Siegfried, den Drachentöter, und um den Stamm der Burgunder bzw. Nibelungen nur mündlich überliefert. Erst gegen Ende des Hochmittelalters (ca. 1050 bis 1250) wurde es von einem unbekannten Dichter verschriftlicht. Der Originaltext wurde auf Mittelhochdeutsch verfasst und von dem Autor Franz Fühmann 1971 in unserer heutigen Sprache neu erzählt. Aus seiner Fassung stammen die folgenden Auszüge.

Wie Siegfried nach Worms kam

Der junge Königssohn Siegfried aus Xanten reist nach Worms an den Königshof der Burgunder. Dort will er um Kriemhilds Hand anhalten, der Schwester König Gunthers.

Nach einer Woche kamen die zwölf [der junge König Siegfried aus Xanten und seine Gefolgschaft] nach Worms, und auch dort lief das Volk zusammen und staunte. Die Ritter und Knappen des Hofdienstes traten, wie es sich geziemte, zu den Fremden und nahmen ihnen die Schilde und die Pferde ab. Da sie aber die Pferde in den Stall führen wollten, sprach Siegfried: „Lasst die Tiere nur stehen, wir reisen bald weiter; sagt mir nur, wo ich euren hochmächtigen König Gunther finden kann!"
Man wies ihm den Weg zum Saal; doch schneller als der Gast kam die Kunde von ihm und seiner Pracht vor den König. Der wollte gerne wissen, wer die Gäste seien, aber niemand kannte sie. Schließlich riet Ortwin von Metz, seinen Onkel, den vielgereisten Hagen von Tronje, zu fragen, der kenne alle Helden der Christenheit. Man sandte nach ihm, und der treue Ritter eilte mit seinen Mannen zur Burg und erkundigte sich nach des Königs Wünschen. Da er sie erfuhr, blickte er lange aus dem Fenster auf Siegfried und dessen Schar, die sich im Burghof versammelte, und sagte schließlich: „Ich kenne die Fremden nicht, doch ich glaube, ihr Führer ist Siegfried. Ich habe ihn zwar noch nie gesehen, allein dem Aussehen nach kann es nur Siegfried sein."
„Siegfried der Drachentöter?", fragte König Giselher.
„Ich glaube, dass er es ist", sagte Hagen.
„Was wisst Ihr von ihm, Freund Hagen?", fragte König Gunther.
„Man kann ihn nicht töten", sagte Hagen, „seine Haut ist vollständig mit Horn überzogen. Er hat sich im Blut des erschlagenen Drachen gebadet, da ist ihm ein Panzer gewachsen, der ihn unverwundbar macht. Außerdem besitzt er die Tarnhaut, mit der er sich jedem Blick entziehen kann, die hat er dem Zwerg Alberich abgenommen, dem Hüter des Nibelungenhorts, und er besitzt auch das Schwert Balmung, das schärfste aller Schwerter, die je ein Held geschwungen hat!"
„Was ist das für ein Hort?", fragte König Gunther.
„Er liegt in einem Berg zu Nebelheim verschlossen", sagte Hagen, „und er ist der größte Schatz, der jemals zusammengetragen ward. Hundert Trosswagen könnten allein sein Edel-

gestein nicht fassen, und das rote Gold zählt keiner, dazu reichen die Zahlen nicht aus. Dieser Schatz gehörte zwei Brüdern, Schilbung und Nibelung, die lagen in Zwist miteinander und riefen Siegfried an, den Schatz zwischen ihnen zu teilen, und sie schenkten ihm vorab auch das scharfe Schwert Balmung dafür. Aber auch Siegfried konnte das Gold nicht zählen; darüber kamen sie in Streit, und Siegfried erschlug die beiden und siebenhundert ihrer Mannen, die mit ihm kämpften, und zwölf Riesen, die mit ihnen verbündet waren, und tausend Zwerge Alberichs. Dann mussten der Gnomenfürst und der Rest der Nibelungen ihrem Überwinder Treue schwören, und seitdem bewachen sie als Siegfrieds Vasallen den Hort."

„Und der Hort liegt in einem Berg vergraben?", fragte König Gunther.

„In einem Berg hinterm Eisland im nördlichsten Norden, wo die Sonne nicht scheint und die Erde nicht grünt", sagte Hagen, „und er ist der mächtigste Hort, den ein Mensch je besaß."

„Was ratet Ihr uns zu tun?", fragte König Gunther, der zu Hagen getreten war und in den Hof hinabsah.

„Ich rate, Siegfried wohl zu empfangen", erwiderte Hagen, „wir sollten alles dransetzen, uns einen Recken wie ihn nicht zum Feind zu machen."

„Soll ich ihm etwa entgegengehen?", fragte König Gunther.

„Ihr würdet Euch nichts damit vergeben, König Gunther", sagte Hagen, „denn Siegfried ist ein Königssohn!" So wurde denn Siegfried mit den höchsten Ehren empfangen; der König ging ihm entgegen und führte ihn am Arm in den Saal, und die Ritter verbeugten sich vor ihm. „Ich habe nicht die Ehre zu wissen", sprach König Gunther, noch während sie durch den Saal schritten, „ich habe nicht die Ehre zu wissen, was Euch nach Worms an den Rhein führt und an meinen Hof, edler Siegfried. Wirklich, ich wäre Euch sehr gewogen, wenn Ihr meine Neugierde stilltet und mir aufrichtig sagtet, warum Ihr hergekommen seid, damit ich all Eure Wünsche erfüllen kann!"

1 a Beschreibt die Illustrationen zum Text und bezieht sie auf die Geschichte.
b In Fühmanns Nacherzählung kommen die folgenden Wörter vor, die zur Welt des Mittelalters gehören und aus dem Mittelhochdeutschen stammen.
Ordnet diese im Heft ihrer jeweiligen Bedeutung zu.
Tipp: Nutzt den Textzusammenhang. Die Buchstaben rechts ergeben ein Lösungswort.

1 sich geziemen (Z. 6)	eine Nachricht	C
2 ein Gnom (Z. 64)	ein Gefolgsmann, ein Abhängiger	F
3 ein Hort (Z. 45)	sich gehören, sich angemessen verhalten	B
4 ein Knappe (Z. 5)	eine Menge, eine Gruppe	A
5 eine Kunde (Z. 13)	ein Schatz	T
6 ein Recke (Z. 80)	eine Uneinigkeit, ein Streit	T
7 eine Schar (Z. 23)	ein Edelmann im Dienst eines Ritters	S
8 ein Vasall (Z. 66)	ein starker Kämpfer, ein Krieger, ein Held	H
9 ein Zwist (Z. 54)	ein Zwerg	O

2 **a** „... schneller als der Gast kam die Kunde von ihm und seiner Pracht vor den König" (▶ S. 92, Z. 12–14).
Formuliert diesen Satz mit euren eigenen Worten so um, dass er weniger ungewohnt klingt und kaum noch Wörter aus dem Original enthält.
b An welcher Stelle im Text liegt eine Erzählung in einer Erzählung vor?
Nennt die Zeilen *(von ... bis ...)* dieser sogenannten Binnenerzählung und begründet eure Auffassung.
c Ergänzt, was ihr über die in der Binnenerzählung genannten Abenteuer noch wisst.
Tipp: Recherchiert im Internet zum Stichwort „Nibelungenschatz" weitere Details.

3 Arbeitet heraus, wer die drei wichtigsten Figuren im Text sind.
Notiert ihre Rolle und ihre Eigenschaften, z. B.: *...: das ist der König der Burgunder, ratlos, ...*

4 Stellt in Gruppen die Situation am Ende des Gesprächs (▶ S. 93, Z. 75–98) als Standbild dar (▶ Wissen und können).
a Einigt euch darauf, welche Figuren neben Siegfried, Gunther und Hagen noch eine Rolle spielen und dargestellt werden sollten.
b Legt fest, wer von euch welche Figur verkörpert. Platziert dann eure Figuren so im Raum, wie es eurer Vorstellung nach zur Situation und ihrer Beziehung zueinander passt.
Beachtet auch deren mögliche Körperhaltung und einen passenden Gesichtsausdruck.
c Präsentiert eure Standbilder, erklärt und vergleicht sie.
Verändert eure Standbilder je nach Feedback durch die Klasse.

5 „Soll ich ihm etwa entgegengehen?", fragte König Gunther. „Ihr würdet euch nichts damit vergeben, König Gunther", sagte Hagen, „denn Siegfried ist ein Königssohn!" (Z. 82–86).
Erläutert auf der Grundlage eurer Standbilder (▶ Aufgabe 4) die Bedeutung der beiden Sätze.
Beachtet insbesondere den Sinn der Wörter „etwa" und „vergeben".

6 Wie ist nach dem ersten Kennenlernen euer Eindruck von der Hauptfigur Siegfried?
a Charakterisiert Siegfried, indem ihr die nebenstehenden Bezeichnungen verwendet, z. B.:

> Träumer • Draufgänger • Angsthase • Held • Märchenprinz • Idol

Ich halte Siegfried (nicht) für ein(en) ..., denn ...
Tipp: Denkt an die Abenteuer Siegfrieds, die ihr bereits kennt.
b Nennt Heldenfiguren, die euch aus Büchern, Filmen, Hörbüchern usw. bekannt sind.
Erläutert an ihnen, was sie als Helden auszeichnet.

Wissen und können **Standbilder bauen**

- Bei einem Standbild schlüpfen Personen in die **Rolle von literarischen Figuren** und stellen diese als **unbewegliche Statuen** dar. Durch die Einnahme bestimmter Positionen und Haltungen sowie durch die Darstellung von Gestik und Mimik sollen die **Gefühle und Beziehungen der Figuren untereinander veranschaulicht** werden.
- Man kann ein Standbild gemeinsam bauen oder ein Schüler übernimmt die **Regie** und gestaltet es auf Grundlage des Textes nach seinem **Leseverständnis**.
- Nach dem Bau eines Standbildes sollte man es **beschreiben und erläutern**.

Das Bild des Ritters untersuchen

Wie Siegfried mit den Sachsen stritt

Siegfried bleibt in Worms und wartet auf den richtigen Zeitpunkt für seine Brautwerbung um Kriemhild.

Eines Tages nun sandten die Könige der damals verbündeten Sachsen und Dänen, die Brüder Liudeger und Liudegast, König Gunther die schlimme Botschaft, er habe zwölf Wochen Zeit, sich zu wappnen, dann bräche das Bruderpaar voll Zorn und Hass ins burgundische Land, es zu verheeren und zu unterwerfen, und wenn König Gunther dem wehren wolle, möge er sich eilends zu Verhandlungen ins Sachsenland auf den Weg machen, wozu man übrigens dringend rate, denn die Macht der vereinigten Heere sei unermesslich. Die Boten überbrachten diese Nachricht voll Sorge, dass sie darob geschlagen oder gar gefangen gesetzt würden; sie hatten sich anfangs sogar nicht in die Burg getraut und ihre Kunde unters Volk gestreut, damit sie von da aus an den Hof dringe. Allein König Gunther wusste, was sich ziemte, und tat den Herolden[1] kein Leid und bewirtete sie nach allen Maßen der Höfischheit. Er brachte sie auch in den besten Quartieren der Stadt unter, denn was die Antwort anbetraf, hatte er sich Bedenkzeit ausgebeten.

König Gunther machte sich nichts darüber vor, dass es schlimm um ihn stand, und er bat Hagen und Gernot zur Beratung. [...] Hagen aber sprach: „[...] Wir sollten darum Siegfried zu Rate ziehen."

Das tat König Gunther. Siegfried war sehr erstaunt, als er hörte, worum es sich handelte. „Weshalb habt Ihr nicht sofort nach mir gesandt, König Gunther?", fragte er aufgebracht. „Vertraut Ihr mir nicht mehr?"

„Ich habe mein Leid von deinem Frohgemut fernhalten wollen", erwiderte König Gunther.

Da wurde Siegfried bleich und dann gleich wieder rot vor Erregung, und er sagte zu König Gunther: „Was wäre das für ein Ritter, der sich scheute, nach der Freude nun auch das Leid mit dem Bruder zu teilen! Wahrhaftig, Ihr denkt nicht gut von mir, König Gunther!"
Dennoch war Siegfried sofort zur Hilfe bereit. „Mögen auch ihrer dreißigtausend anrücken", so sprach er, „ich nehme es mit ihnen auf, wenn Ihr mir nur tausend Mann mitgeben könntet, König Gunther, und auch um die würde ich nicht bitten, hätte ich mehr als nur elf meiner Kameraden bei mir! Tausend Mann könnt Ihr auch in kurzer Frist versammeln, und wenn sich noch Hagen von Tronje und Ortwin von Metz zur Verfügung stellten, nach Möglichkeit auch noch die Herren Dankwart und Sindold und Volker von Alzey als Fahnenträger, so könnt Ihr um Burgund ohne Sorge sein! Des Feindes Fuß soll seine Fluren[2] nie betreten!"

Es geschah so, wie Siegfried geraten, und das Burgunderheer setzte sich in Marsch. [...] Indes musste man jede Stunde gewärtig sein[3], auf den Gegner zu stoßen, und so ritt Siegfried zur Kundschaft aus. Er ritt allein ins feindliche Land, und wer ihm in den Weg trat, sank schnell aus dem Leben. Er war noch nicht lange unterwegs, da sah er auf einer weit gewellten Heide das Heer der Dänen und der Sachsen. Es waren ihrer vierzigtausend, vielleicht auch noch mehr. Da jauchzte des jungen Helden Herz. Zum ersten Mal stand er vor dem Feind! Nun war auch vom Heer der Gegner ein Kundschafter unterwegs, und das war kein anderer als König Liudegast von Dänemark. Sein Schild

---

1 der Herold: der Verkündiger, der Ausrufer
2 die Flur: die Landfläche, die Länderei
3 gewärtig sein: damit rechnen

war aus purem Gold. Bald stießen die Späher aufeinander. Beim Anblick des andern hieb jeder seinem Ross die Sporen in die Weichen [...]; der Flug der Renner war aber so ungestüm, dass die beiden dennoch aneinander vorübersausten, als rauschte Wind gegen Wind. Sie rissen ihre Pferde herum, und nun schmetterten die Schwerter aufeinander, und unter ihren Streichen sprühten Flammen. König Liudegast wehrte sich tapfer und brachte Siegfried in harte Bedrängnis, schließlich aber sank er, von drei schweren Wunden zerklüftet, aus dem Sattel und musste sich und sein Land dem Überwinder ergeben. Siegfried wollte den König eben als Gefangenen zum Oberbefehlshaber bringen, da stoben dreißig dänische Ritter heran und fielen über den Helden her.

Es waren ihrer dreißig, und Siegfried war allein, und gerade das war nach seinem Sinn. Neunundzwanzig erschlug er, und den dreißigsten ließ er nur am Leben, dass er die Nachricht von Liudegasts Gefangennahme seinem Heerführer überbringe, und der war König Liudeger. Der blutverkrustete Helm des dänischen Ritters war Beweis genug für dessen Tapferkeit, dennoch tobte König Liudeger vor Zorn, als er hörte, dass ein einziger Kämpfer Burgunds dreißig Dänen besiegt und ihren König in Gefangenschaft abgeführt hatte. Er wusste nicht, dass Siegfried im Feld stand, und glaubte, dieser Held sei König Gernot gewesen. „Gewiss, Gernot ist tapfer und kühn", rief Liudeger, „aber er wiegt niemals dreißig Mann auf! Das geht nicht mit rechten Dingen zu!" Er schwor, Gernot zum Kampf zu stellen und ihn zu überwinden, dann befahl er aufzusitzen und zum Zeichen des Angriffs die Fahnentücher an die Stöcke zu binden. Zu gleicher Zeit erhob auch bei den Burgundern Herr Volker von Alzey die Fahne. Da rannten die Heere widereinander, und ein Schlachten hob an, dass der Himmel erdröhnte und kein Halm auf der Heide mehr grün und heil blieb. Rotes Blut floss aus den Helmen und Brünnen[1] und strömte in Bächen über die Sättel, und die Erde wurde morastig davon.

König Liudeger suchte Gernot. Er sah, dass ein burgundischer Ritter mit seinem Schwert eine Gasse durch die Reihen seiner Gegner hieb, und er versuchte, sich zu ihm durchzuschlagen. Er brauchte viele Stunden, bis ihm das gelang, und in dieser Zeit sanken Hunderte tapferer Krieger ins Gras, denn die Burgunder wie die Sachsen und Dänen fochten mit größter Erbitterung. Schließlich hatte König Liudeger den Ritter, den er für König Gernot hielt, erreicht, und da erkannte er Siegfrieds Wappen: eine goldene Krone auf blauem Grund. Nun befahl er sofort, den Kampf abzubrechen. „Wer sich solch einem Gegner ergibt, ergibt sich in Ehren!", sprach er.

---

1 die Brünne: Panzerhemd

---

1 a Die „schlimme Botschaft" (vgl. Z. 4), die König Gunther erhält, wird nur indirekt wiedergegeben. Wie könnte der Wortlaut gewesen sein? Spielt die Szene mit eigenen Worten nach.

b Benennt, wer in welcher Situation die folgenden Sätze sagt, und erläutert, was sie bedeuten, z. B.:
Z. 28–29: *„Wir sollten Siegfried zu Rate ziehen." Das sagt Hagen zu Gunther, als dieser ihn fragt, wie man auf die Kriegserklärung der Sachsen reagieren solle. Damit drückt Hagen den Ernst der Lage aus und er glaubt, dass Siegfried helfen kann.*
Z. 41–42: „Wahrhaftig, Ihr denkt nicht gut von mir, König Gunther!"
Z. 56–57: „Des Feindes Fuß soll seine Fluren nie betreten!"
Z. 106: „Das geht nicht mit rechten Dingen zu!"
Z. 132–133: „Wer sich solch einem Gegner ergibt, ergibt sich in Ehren!"

2 a Besprecht, ob Siegfried in diesem Kapitel eurem bisherigen Bild von ihm entspricht.
b Verfasst aus Sicht eines Mitstreiters eine Lobrede auf Siegfried als Helden.

Schwert und Rüstung allein machen noch keinen Ritter aus

Mit „Ritter" bezeichnete man im Mittelalter schwer bewaffnete Krieger, die auf einem Pferd in die Schlacht zogen. Ritter entstammten meist dem Adel, denn es war kostspielig, sich auszurüsten und ein Pferd zu unterhalten. Bauern oder Handwerker konnten sich das nicht leisten. In der Regel wurde der Ritterstand durch Geburt vererbt, d. h., wenn der Vater bereits ein Ritter war, konnte auch der Sohn einer werden. Dann begann der Sohn mit sieben Jahren als sogenannter Page seine Ritter-Ausbildung und erwarb am elterlichen Hof die ersten Grundlagen. Mit 14 wurde er zum Knappen ernannt und ging an den Hof eines anderen Ritters, dem er dienen musste. Gleichzeitig wurde er weiter ausgebildet, denn er musste nicht nur kräftig und ausdauernd genug werden, um im Kriegseinsatz die schwere Rüstung zu tragen, sondern er musste auch mit Waffen und Pferden perfekt umgehen können. Wenn alles gut ging, wurde er schließlich mit 21 Jahren durch die Schwertleite oder den Ritterschlag zum Ritter geschlagen. Damit erhielt er die Ritterwürde.

Jeder Ritter stand im Dienste eines Herrn, dem er neben Gehorsam und Tapferkeit auch Treue versprechen musste. Diese Verpflichtungen bzw. Tugenden waren mit dem mittelalterlichen Lehnswesen verbunden. Das Lehnswesen bildete damals die Grundlage der Staats- und Gesellschaftsordnung. Die in der Gesellschaft am höchsten Stehenden (der König, Fürsten und hohe Geistliche) verliehen als Lehnsherren Teile ihres Landbesitzes an die übrige Bevölkerung, sie vergaben Ämter und gewährten auch Unterkunft.

Im Gegenzug dazu schuldeten diese Lehnsmänner (Vasallen) den Lehnsherren verschiedene Dienste. Sie hatten für sie in den Krieg zu ziehen und ihnen lebenslange Treue *(triuwe)* zu erweisen. Dabei meint dieses mittelhochdeutsche Wort nicht nur die Treue im Sinne von Verlässlichkeit, sondern auch, dass der Untertan oder Lehnsmann stets ehrlich ist. Diese *triuwe* wurde von einem Ritter sowohl seinem Herrn gegenüber erwartet als auch in Bezug auf alle anderen Menschen. Im Idealfall sollten alle seine Beziehungen zu Menschen von Beständigkeit und Aufrichtigkeit geprägt sein.

Hinzu kamen die durch die Kirche eingeforderten christlichen Tugenden. Ein Ritter musste auch demütig sein und nach dem Glauben die Herrschaft Gottes über die Menschen und die

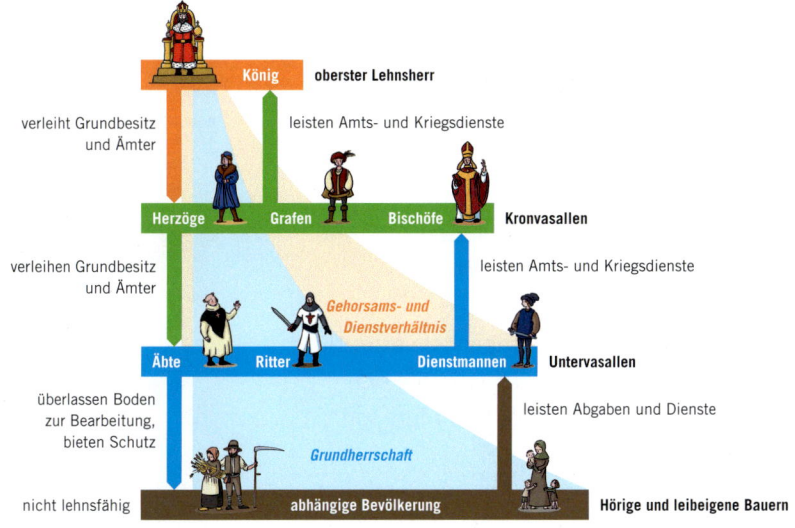

Abhängigkeit von Gottes Segen anerkennen. Er sollte ausnahmslos den Regeln des christlichen Lebens folgen und den christlichen Glauben verteidigen. Zum Ehrbegriff des Ritters gehörten außerdem der Schutz der Schwachen und Wehrlosen, die Barmherzigkeit gegenüber Armen und die Gnade für besiegte bzw. unterlegene Feinde.

Wer also ein Ritter war, hatte einem bestimmten Ehrenkodex zu folgen. Mit diesem Kodex sind all die Regeln für gutes und richtiges Verhalten gemeint, die zwar nirgendwo schriftlich festgehalten waren, aber dennoch allgemein erwartet wurden. Diese Regeln sahen auch vor, dass sich ein Ritter gegenüber Frauen respektvoll verhielt und er sich in adliger Gesellschaft zu benehmen wusste. Er sollte zum Beispiel wissen, wie man bei Tisch Speisen höflich anbietet, er sollte tanzen und Schach spielen können und tapfer Turniere bestreiten.

Im Hinblick darauf, wie ein Ritter sich zu verhalten habe, findet man in der Literatur des Mittelalters häufig die folgenden Begriffe: *mâze* (die Mäßigung), *milte* (die Freigiebigkeit, die Mildtätigkeit), *güete* (die Güte), *manheit* (die Tapferkeit), *êre* (das ritterliche Ansehen, die Würde) und *zuht* (der Anstand). Bis heute wird das Adjektiv „ritterlich" für höfliches, anständiges und faires Verhalten verwendet.

1
a Lest den Sachtext und erläutert seine Überschrift.
b Was wusstet ihr bereits über Ritter, was ist neu für euch? Tauscht euch aus.
c Erläutert die Grafik auf Seite 97 und findet eine passende Überschrift für sie: Welchen Sachverhalt aus dem Text veranschaulicht sie? An welcher Stelle steht der Ritter?

2 Wie sieht ein idealer Ritter aus? Übertragt die folgende Mind-Map ins Heft und ergänzt mit Hilfe des Sachtextes die Eigenschaften, die ein Ritter haben sollte.

- sein Verhältnis zu Mitmenschen: …
- sein Verhältnis zu Gott: …
- sein Verhältnis zu seinem Herrn: …
- seine Charaktereigenschaften: …
- **Das Bild eines idealen Ritters im Mittelalter**
- seine Kenntnisse und Fähigkeiten: …

3
a Siegfried bezeichnet sich selbst als „Ritter" (▶ S. 95, Z. 39). Prüft anhand eurer Mind-Map zu Aufgabe 2, inwiefern er dem Bild eines Ritters gerecht wird.
b Untersucht in Partnerarbeit, inwieweit andere Figuren des Kapitels dem Bild des Ritters entsprechen.

4
a Die Sage um Siegfried und die Nibelungen ist vermutlich im 5. Jahrhundert entstanden. Recherchiert, wie sich die Ausrüstung und Bewaffnung eines Kämpfers seit dieser Zeit entwickelt haben.
b Vergleicht eure Rechercheergebnisse mit der Darstellung Siegfrieds, die ihn als Ritter mit voller Rüstung zeigt. Was stellt ihr fest? Präsentiert eure Ergebnisse.

Siegfried besiegt Liudeger

Das Verhalten der Figuren Kriemhild und Brünhild ergründen

Wie die Königinnen einander beschimpften

König Gunther willigt ein, seine Schwester Kriemhild Siegfried zur Frau zu geben. Er stellt aber die Bedingung, dass Siegfried ihm hilft, Brünhild zur Gattin zu gewinnen. Brünhild ist Königin von Island und hat übermenschliche Kräfte. Sie will nur denjenigen zum Mann nehmen, der sie in drei Wettkämpfen besiegt. Gunther und Siegfried reisen zusammen nach Island und Gunther stellt sich den Wettkämpfen mit Brünhild. Dabei steht ihm Siegfried mit Hilfe seiner unsichtbar machenden Tarnkappe bei, ohne dass Brünhild diesen Schwindel bemerkt. Sie wird von Gunther besiegt und zieht mit ihm nach Worms, wo Gunther und Brünhild sowie Siegfried und Kriemhild eine Doppelhochzeit feiern. Als Brünhild die Hochzeitsnacht verweigert, hilft Siegfried Gunther ein weiteres Mal. Einige Zeit später unterhalten sich Brünhild und Kriemhild über ihre Männer.

Am elften Tag ergab es sich in der Abendstunde beim letzten Turnier, dass die Königinnen zusammensaßen und dem Lanzenstechen zuschauten und da-
5 bei jede an einen Helden dachte. Die Wappen aller Herren Länder prangten¹ von den Waffenröcken der Kämpfer. Plötzlich sagte die schöne Kriemhild: „Ich habe einen Mann, der verdiente wohl, Herr über all diese Länder zu sein."
10 Da fragte Brünhild erstaunt: „Wie willst du dir das denn vorstellen, Liebes? Da müsstet ihr ja beide allein auf der Welt sein, denn solange Gunther lebt, ist das bloß ein Traum!"
„So sieh ihn doch an!", erwiderte Kriemhild.
15 „Sieh doch nur, wie er dort vor den Recken steht! Der herrscherliche Mond vor dem Gefolge der Sterne! Gott, wie bin ich stolz auf ihn!"
„Nun ja, er ist tüchtig und sieht gut aus, und man mag ihn wohl leiden", entgegnete Brün-
20 hild, „doch mit deinem Bruder Gunther kann er sich nicht messen. Der steht über allen Kronen, das weißt du doch genau!"

In der Kampfbahn splitterten die Speere.
Da sagte Kriemhild: „Höre, ich habe nicht ohne Grund so stolz von meinem Mann gesprochen. Er hat sich oftmals als ehrenvoller Held erwiesen. Du kannst mir schon glauben, Brünhild, dass er Gunther ebenbürtig² ist."
Da wurde Brünhild verstimmt, und sie sagte: „Nimm es mir bitte nicht krumm, Kriemhild, aber ich hab's ja schließlich aus beider Mund gehört. Auf Island, wo ich sie das erste Mal im Leben erblickte und wo Gunther mich im ritterlichen Kampf besiegt und mich mit seiner Umarmung beglückt hat, da nannte dein Siegfried sich selbst meines Gunthers Dienstmann, und er hat ihm das Pferd zum Aufsitzen gehalten, das habe ich gesehen, und er hat sich von ihm auf eine Dienstfahrt schicken lassen, das habe ich schließlich auch gesehen! Wenn er

---

1 prangen: an einer deutlich sichtbaren Stelle angebracht sein, auffällig sein
2 ebenbürtig: von gleichem Stand, gleicher Herkunft, gleichwertig

sich selbst als unfrei bekannt hat, so darf ich ihn wohl auch so nennen!"

„Meinst du denn wirklich", sagte darauf die schöne Kriemhild verärgert, „meine Brüder hätten mir solch einen Schimpf angetan und mich einem Leibeigenen³ vergeben? So Übles hätte geschehen können? Ich bitte dich bei unsrer Freundschaft, Brünhild, solche Reden zu lassen!"

Da rief des Königs Weib: „Ich kann aber darüber nicht schweigen! Ich sehe nicht ein, warum ich auf alle die Ritter und Dienste verzichten soll, die Siegfrieds Lehnspflicht uns bringen müsste!"

Da sprang Kriemhild auf, sie war rot vor Zorn. „Du wirst dich endlich damit abfinden müssen, keinen Anspruch auf Siegfried und mich zu haben", sprach sie. „Mein Mann ist von edlerem Geschlecht als mein Bruder. Es ist doch komisch, dass er dir Zins und Dienste so lange vorenthalten konnte, wenn du unsere mächtige Herrin bist und er dein Leibeigener! Und jetzt hör auf, davon zu reden! Ich habe deinen Hochmut satt!"

Da wurde Brünhild rot vor Zorn. „Du wirst überheblich!", schrie sie. „Jetzt wollen wir endlich einmal klarstellen, wem hier die Ehre der Herrin zukommt!"

„Das soll sofort geschehen!", rief da Kriemhild. „Heute Abend beim Kirchgang soll alle Welt sehen, dass ich die Frau eines Freien bin! Ich werde vor Gunthers Weib in den Dom gehen, und ich warne dich, mich aufzuhalten, Brünhild, ich warne dich! Siegfrieds Frau steht über allen Kronen!"

---

3 die Leibeigenen (▶ S. 97): von einem Herrn Abhängige; mussten z. B. bei Heirat dessen Zustimmung einholen und durften den Hof nicht ohne seine Erlaubnis verlassen

1 Versetzt euch in die Rolle einer der beim Streit anwesenden Hofdamen.
Berichtet an ihrer Stelle knapp von dem Vorfall, z. B. in Form eines Tagebucheintrags.
Erklärt auch, warum alle am Hof auf den abendlichen Kirchgang gespannt sind.

2 Die folgenden Sätze A bis K fassen einzelne Abschnitte des Textes zusammen.
Bringt sie im Heft in die richtige Reihenfolge und ergänzt die Zeilenangaben, z. B.:
D = …,

> A Auch Brünhild lobt Siegfried und verweist erneut auf Gunther, der unerreichbar sei. (Z. …)
> B Die Tatsache, dass Siegfried keinen Verpflichtungen nachkommt, führt Kriemhild als Grund dafür an, dass Brünhild sich mit ihrer Einschätzung über seinen Rang irrt. (Z. …)
> C Kriemhild betont jedoch, wie sehr Siegfried sich von anderen Männern abhebe. (Z. …)
> D Während eines Turniers preist Kriemhild Siegfried als den besten aller Männer. (Z. …)
> E Brünhild widerspricht ihr und verweist auf ihre Erlebnisse in Island, wo Siegfried in Gunthers Diensten stand. (Z. …)
> F Dagegen bezeichnet Kriemhild beide Männer als ebenbürtig. (Z. …)
> G Brünhild wird ungehalten und auch Kriemhild reagiert wütend. Der Streit spitzt sich zu. (Z. …)
> H Nun empört sich Brünhild und verlangt, dass Siegfried Dienste und Abgaben leisten müsse. (Z. …)
> I Brünhild meint, dass dies nur der Fall sein könne, wenn es Gunther nicht gäbe. (Z. …)
> J Kriemhild wiederum ist sich sicher, dass ihre Brüder ihrer Heirat mit einem Mann niederen Ranges nie zugestimmt hätten. (Z. …)

3 Geht der Streitursache auf den Grund.

a Tauscht euch über mögliche Auslöser für das jeweilige Verhalten der beiden Königinnen aus. Bezieht die folgenden Begriffe in eure Überlegungen ein.

> Eifersucht • Ehre • Erniedrigung • Hochmut • Kränkung • Neid • Ruf • Ruhm • Stolz

b Diskutiert darüber, welche Schuld die beiden Ehemänner Siegfried und Gunther an dem Streit der zwei Frauen haben. Achtet beim Zuhören darauf, ob die Meinungen durch Textstellen gestützt werden.
Tipp: Bedenkt, wie Brünhild Gunthers Ehefrau wurde (▶ S. 99, Einleitungstext).

c Diskutiert, wie der Konflikt der Königinnen ohne Gewalt gelöst werden könnte.

4 Stellt euch vor, es gäbe die Fernsehserie „Die Nibelungen" und eine Folge hätte den Streit der Königinnen zum Inhalt.
Verfasst in Partnerarbeit einen Vorspann für die daran anschließende Folge. Geht so vor:

a Im Vorspann einer Serie wird zunächst das allgemeine Thema der Serie kurz umrissen. Notiert, was in einem solchen Vorspann gesagt und gezeigt werden sollte, z. B.:
Worms – Brautwerbung – Wettkampf – Betrug – Hochzeit – Nibelungen …
Tipp: Ihr könnt auch Bilder dazu skizzieren (▶ S. 203).

b Fasst dann mit eurem Vorspann den Inhalt der vorhergehenden Folge knapp zusammen, z. B.:
Kriemhild und Brünhild, zwei …

c Erzeugt zum Schluss eures Vorspanns Spannung für die nun kommende Folge, z. B.:
Die Entscheidung wird am … Was wird Kriemhild …? Wie geht …?

d Stellt eure Ergebnisse in der Klasse vor und vergleicht sie.

e Diskutiert die Rolle der Frau und ihr Selbstverständnis in der heutigen Zeit im Vergleich zum Frauenbild im Mittelalter (▶ Wissen und können).

5 Tragt zusammen, welche Romane, Erzählungen, Filme, Serien usw. ihr kennt, bei denen es zu solch einer Art von Streiterei kommt. Formuliert Ähnlichkeiten und Unterschiede.

Wissen und können — **Ritter- und Frauenbilder im Mittelalter**

- Das ideale **Bild** von einem Ritter oder von einer (Ehe-)Frau im Mittelalter entspricht einer **Idealvorstellung.** Man darf es **nicht mit der Wirklichkeit jener Zeit gleichsetzen.**
- **Frauen** im **Mittelalter,** auch adelige, waren **vom Mann** grundsätzlich **rechtlich abhängig und ihm untergeordnet.** Über ihn bezogen sie in der Regel Ansehen und Stellung.
Während viele adlige Jungen zu Rittern ausgebildet wurden, wurden die adligen Mädchen auf ihre zukünftige Aufgabe als Burgherrin vorbereitet. Der Ehegatte war dabei der Mittelpunkt im Leben jeder verheirateten Frau. Deshalb kämpfen Kriemhild und Brünhild in ihrem Streit so sehr um den Rang Siegfrieds und Gunthers.

Das Ende des Nibelungenepos kennen lernen

Der Streit der beiden Königinnen endet damit, dass Kriemhild gegenüber Brünhild behauptet, dass diese damals im Kampf nicht durch ihren späteren Ehemann Gunther, sondern durch Siegfried besiegt worden ist. Brünhild ist zutiefst verletzt und Hagen beschließt mit dem Wissen Gunthers, seine gedemütigte Herrin zu rächen, indem er Siegfried tötet.

Doch wie soll er Siegfried umbringen? Dieser gilt nach seinem Bad im Drachenblut als unverwundbar. Indem Hagen Kriemhild vortäuscht, er würde Siegfried im Krieg gegen die Sachsen und Dänen, die angeblich angreifen würden, beschützen wollen, verrät sie ihm das Geheimnis: Bei dem Bad im Blut hatte sich ein Lindenblatt auf Siegfrieds Schulter gelegt. Nur dort ist Siegfried verwundbar. Hagen bittet Kriemhild, diese Stelle auf Siegfrieds Kleidung zu kennzeichnen. Auf einem Jagdausflug findet Hagen die Gelegenheit, Siegfried umzubringen. Er stößt einen Speer zwischen Siegfrieds Schulterblätter, während dieser aus einer Quelle trinkt.

Kriemhild erfährt von Siegfrieds Ermordung und schwört Rache. Mit Hilfe des Nibelungenschatzes, der nun ihr gehört, wirbt sie für diesen Zweck fremde Helden an. Hagen jedoch erkennt die Gefahr. Er raubt den Schatz und versenkt ihn im Rhein.

Erst 13 Jahre später bekommt Kriemhild erneut die Gelegenheit, sich zu rächen. Sie heiratet den mächtigen Hunnenkönig Etzel und überredet ihn, ihre Brüder Gunther, Gernot und Giselher zu sich nach Ungarn auf die Etzelburg einzuladen. Zwar warnt Hagen vor Kriemhilds Rachsucht, doch die Nibelungen glauben, dass sie ihnen mittlerweile verziehen hätte.

Mit großem Gefolge reiten sie zu ihr ins Land der Hunnen. Es gelingt Kriemhild, einen Kampf zwischen Nibelungen und Hunnen zu entfesseln. Einer nach dem anderen fällt – zuletzt sind nur noch Gunther und Hagen am Leben. Kriemhild verlangt von Hagen den Schatz zurück. Doch dieser erklärt, dass er sein Versteck nicht preisgibt, solange noch einer seiner Herren leben würde. Daraufhin lässt sie Gunther den Kopf abschlagen. Trotzdem triumphiert Hagen: Nur er kenne jetzt noch den Ort des Schatzes, den er aber niemals verraten werde. Vor Wut enthauptet sie mit Siegfrieds Schwert den gefesselten Hagen. Kurz darauf stürmt ein Waffenmeister namens Hildebrand hervor und erschlägt Kriemhild, da sie es als Frau gewagt habe, einen Helden zu töten. Das Lied endet damit, dass König Etzel und andere diesen furchtbaren Ausgang der Geschichte und den Tod so vieler beweinen.

1 a Erklärt mit Hilfe der Inhaltsangabe, wie und warum es zu Siegfrieds Tod kommt.
   Tipp: Schaut euch noch einmal das dritte Bild auf Seite 91 an.
   b Formuliert für das Foto im Text eine Bildunterschrift, die es beschreibt und das dazugehörende Geschehen knapp erläutert.

2 Nehmt die Perspektive Kriemhilds ein, nachdem diese von Siegfrieds Tod durch Hagen erfahren hat. Verfasst aus ihrer Sicht einen inneren Monolog (▶ S. 163), z. B.:

Das ist die furchtbarste Nachricht, ...
Wie soll ich ...?
Hagen, dieser ...

Die letzte Strophe des Nibelungenliedes
Ich kann euch nicht sagen, was danach geschah,
nur so viel kann ich sagen, dass man sah, wie Ritter, Frauen
und edle Knappen den Tod ihrer teuren Freunde beweinten.
Hier findet die Geschichte ihr Ende. Das ist „Der Nibelungen Not".

3 Die letzte Strophe des Nibelungenliedes endet mit den Worten „Der Nibelungen Not". Erklärt, worin diese Not bzw. dieses Leid besteht.

4
a Diskutiert: Wer hat eurer Meinung nach Schuld am tragischen Ende der Nibelungen – Siegfried, Gunther, Hagen, Brünhild, Kriemhild?
b Schreibt für eine dieser Figuren eine Verteidigungsrede.

5 Bei dem Nibelungenlied handelt es sich um eine Sage in Form einer groß angelegten Erzählung über viele Gedichtstrophen (▶ Epos, Wissen und können).
Erläutert, woran deutlich wird, dass es sich beim Nibelungenlied um eine Sage handelt.
Tipp: Nutzt das Grundwissen zum Stichwort „Sage", S. 314 f..

6 Aus Erzählungen, Romanen oder anderen Medien kennt ihr vielleicht die Darstellung von Krieg und Vernichtung eines Gegners.
a Berichtet von euren Erfahrungen mit diesen Darstellungen.
b Arbeitet Ähnlichkeiten und Unterschiede zum Nibelungenlied heraus.
c Überlegt euch Alternativen für den Verlauf des Nibelungenliedes. Wie könnte es nach der Ermordung Siegfrieds auch weitergehen?

Wissen und können — Das Nibelungenlied – ein Epos

- Bei dem Nibelungenlied handelt es sich um eines der bekanntesten Epen in deutscher Sprache. Der Begriff **„das Epos"** (Pl.: „die Epen") stammt aus dem Griechischen und bedeutet ursprünglich **Erzählung, Gedicht.** Das Epos ist eine **Großform der erzählenden Literatur,** im Gegensatz dazu stehen als Kurzformen zum Beispiel das Märchen oder die Fabel.
- Das deutschsprachige Epos erlebte im Mittelalter seine Blütezeit, als die bis zu diesem Zeitpunkt nur mündlich überlieferten Sagenstoffe z. B. zu Heldenerzählungen gestaltet wurden.
- Die Sagenstoffe wurden in einer gehobenen Sprache und in zum Teil gereimter Versform aufgeschrieben, um dann dem Publikum bei Hofe mündlich vorgetragen bzw. gesungen zu werden. Während die Melodien der Epen verloren gingen, blieben verschiedene Abschriften der Texte („Handschriften" genannt) erhalten. Manche von ihnen – wie auch das Nibelungenlied – wurden in das UNESCO-Register *Memory of the World* aufgenommen.

Testet euch!

Inhalte des Nibelungenliedes kennen

1 Veranschaulicht den groben Inhalt des Nibelungenliedes mit Hilfe der folgenden Elemente. Bringt sie im Heft in eine sinnvolle Anordnung.

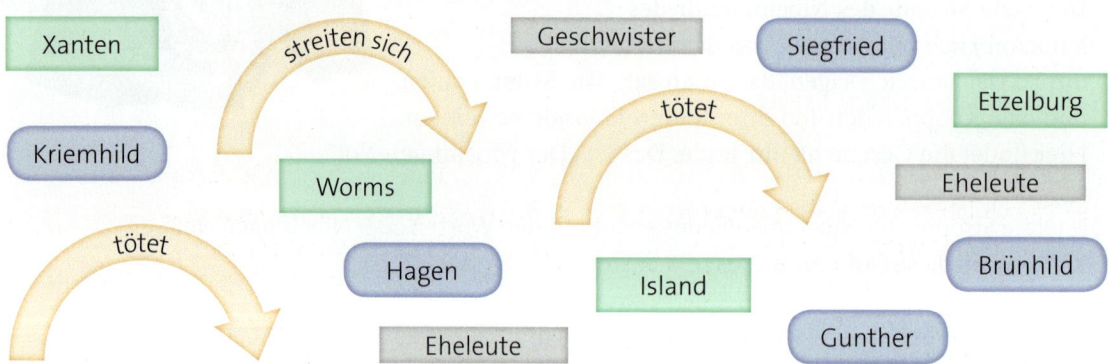

2 Findet die richtigen Fortsetzungen für die nachstehenden Satzanfänge A bis E.
Tipp: Die Buchstaben rechts ergeben ein Lösungswort.

A Der Dichter des Nibelungenliedes ist ...	... Wolfram von Eschenbach.	P
	... Franz Fühmann.	U
	... unbekannt.	R
B Das Nibelungenlied ...	... ist ein Epos und beruht auf damals verbreiteten Sagen.	A
	... wurde ursprünglich auf Griechisch verfasst.	E
	... wurde zuerst auf Neuhochdeutsch verfasst.	T
C Das Nibelungenlied ...	... erzählt die Geschichte vom Leben Siegfrieds und endet mit dessen Tod.	I
	... handelt vom Untergang der Nibelungen.	C
	... erzählt von idealen Rittern, Helden und Frauen.	Q
D In einem zentralen Kapitel des Nibelungenliedes ...	... geht es um die Freundschaft zweier Königinnen.	K
	... geht es um den Streit Kriemhilds und Brünhilds.	H
	... geht es um den Streit Gunthers und Hagens.	B
E Der Schatz der Nibelungen ...	... liegt der Sage nach im Rhein.	E
	... wurde 2015 unter den Bewohnern von Worms aufgeteilt.	H
	... wurde von Gunther versteckt.	W

3 Prüft und überarbeitet in Partnerarbeit eure Lösungen.

5.2 Mittelhochdeutsche Gedichte – Den Bedeutungswandel von Wörtern untersuchen

Minnelyrik kennen lernen

Walther von der Vogelweide (um 1170 – ca. 1230)

Nemt, fróuwe, disen kranz (1. Strophe)

'Nemt, fróuwe, disen kranz',
álsô sprach ich zeiner wol getânen maget,
'so zieret ir den tanz
mit den schœnen bluomen als irs ûfe traget.
5 het ich vil edele gesteine,
daz müest ûf iuwer houbet,
ob ir mirs geloubet.
seht mîne triuwe, dáz ichz meine.'

„Nehmt, Herrin, diesen Kranz",
so ? einem schönen Mädchen,
„dann schmückt Ihr den ?
mit den schönen ? , ? Ihr aufhabt.
5 Hätte ich viele ? ,
müssten sie auf Euer ? ,
wenn Ihr mir das glauben wollt.
Seht ? , dass ich es ehrlich meine."

Friedrich von Hausen (ca. 1150–1190)

In mînem troume ich sach

1 In mînem troume ich sach
2 ein harte schœne wîp
3 die naht unz an den tac.
4 dô erwachete mîn lîp.
5 dô wart sie leider benomen,
6 daz ich enweiz, wâ si sî,
7 von der mir fröide solte komen.
8 daz tâten mir diu ougen mîn.
9 der wolte ich âne sîn.

A Das taten mir meine Augen an.
B sodass ich nicht weiß, wo sie ist,
C In meinem Traume sah ich
D Könnte ich doch ohne sie sein.
E die ganze Nacht, bis der Tag kam:
F die mir Freude schenken kann.
G eine wunderschöne Frau
H Da erwachte ich.
I Da wurde sie mir leider genommen,

1 Die beiden Gedichte von Walther von der Vogelweide und Friedrich von Hausen sind auf Mittelhochdeutsch verfasst.
  a Hört sie euch in der Originalfassung an oder lasst sie euch vorlesen.
  b Tauscht euch über eure ersten Eindrücke aus. Was versteht ihr bereits?

2 Übersetzt die Gedichte in Partnerarbeit mit Hilfe der nebenstehenden Übertragungen.
  a Vervollständigt im Heft die Übertragung von „Nemt, fróuwe, disen kranz".
  b Ordnet die Versübertragung A bis I von „In mînem troume ich sach"
     den Originalversen 1 bis 9 zu, z. B.: *1 = ..., 2 = ...*
  c Vergleicht in der Klasse eure Ergebnisse.

3 In den folgenden Sätzen werden Auffälligkeiten des Mittelhochdeutschen beschrieben.

a Findet auf der Grundlage der beiden Gedichte (▶ S. 105) heraus, wie die Sätze jeweils richtig fortgeführt werden müssen. Arbeitet zu zweit.

Tipp: Aus den Buchstaben der passenden Fortsetzungen ergibt sich, richtig geordnet, ein Lösungswort, zu dem ihr auf den Seiten 108 bis 110 Genaueres erfahrt: *Bedeutungs_ _ _ _ _ l*.

Viele mittelhochdeutsche Wörter ...	
A	... haben heute eine andere Form und Verwendung, sind aber verständlich.
P	... sind heute im Neuhochdeutschen völlig unbekannt und unverständlich.
Die Groß- und Kleinschreibung erfolgt im Mittelhochdeutschen ...	
W	... nach etwas anderen Regeln als heute.
K	... nach genau denselben Regeln wie heute.
Das *î* im Mittelhochdeutschen entspricht in unserem heutigen Deutsch oft ...	
S	... dem *ie*.
N	... dem *ei*.
Aus dem Diphthong *ou* im Mittelhochdeutschen wurde ...	
T	... der Vokal *u*.
E	... der Diphthong *au*.
Im Mittelhochdeutschen bildet man die Höflichkeitsform ...	
B	... wie heute, nämlich mit der 3. Person Plural.
D	... anders als heute, nämlich in der 2. Person Plural.

b Übertragt die richtigen Sätze ins Heft und ergänzt sie jeweils mit passenden Beispielen aus den Gedichten.

4 a Lest Walthers Verse erneut (▶ S. 105). Erklärt mit eigenen Worten, was passiert.

b Diskutiert, ob man heute noch in dieser Art und Weise seine Sympathien jemandem gegenüber bekunden könnte.

5 a Lest noch einmal das Gedicht „In mînem troume ich sach" (▶ S. 105). Klärt den Inhalt, indem ihr möglichst mit eigenen Worten die folgenden Fragen A bis C beantwortet.
  A Wer träumt?
  B Was wird im Traum gesehen?
  C Warum ist das Aufwachen schrecklich?

b Der letzte Vers („der wollte ich âne sin") lautet in der Übertragung „Könnte ich doch ohne sie sein".
  – Diskutiert, ob sich das Pronomen *sie* auf die Augen oder auf die Frau bezieht.
  – Überlegt auch, ob der Träumende den Wunsch des letzten Verses ernst meint.

6 Im Hochmittelalter (ca. 1050 bis 1250) war am Hof eine bestimmte Form von Liebesgedichten verbreitet, die sogenannte Minnelyrik. Sie wird auch als Minnesang bezeichnet, da die Verse in der Regel vorgesungen wurden. Viele der Gedichte finden sich in der „Manessischen Liederhandschrift", die zahlreiche Abbildungen enthält.

a Beschreibt und erläutert die nebenstehende Abbildung aus der Handschrift. Wer befindet sich wo? Berücksichtigt folgende Formulierungen:
Der Mann auf dem Pferd ist vermutlich ein ... Er blickt ...
Die Frau befindet sich im Unterschied zum Mann ... unerreichbar.
Das Tor ist ...

b Setzt in Partnerarbeit die folgende Umschreibung des Begriffs „Minnelyrik" in Bezug zur Abbildung:

> Der männliche lyrische Sprecher spricht über seine tiefe Liebe zu einer Frau aus dem Adel. Für ihn ist sie die reinste, schönste und höchststehende Frau überhaupt. Doch seine Liebe wird nicht erwidert. Der lyrische Sprecher begnügt sich damit, von seiner Angebeteten zu träumen und von seiner Liebe zu ihr zu singen.

7 Bezieht eure Ergebnisse auf beide Gedichte auf Seite 105. Handelt es sich um Minnelyrik? Zitiert entsprechende Verse.

Georg Britting (1891–1964)

Kurze Antwort

Warum ich von Liebe nicht singe?
So hat mich mancher gefragt.
Ich finde, die tiefsten Dinge
Bleiben besser ungesagt.

5 Ich red' von den Vogelschwingen,
Vom Blut am Himmel, wenn's tagt,
Und von dem Wild in den Schlingen,
Das jämmerlich klagt –
Und hab' ich da von den Dingen
10 Der Liebe nicht alles gesagt?

1 a Dieses Gedicht stammt aus dem 20. Jahrhundert. Wovon redet der lyrische Sprecher, wovon nicht? Welche Gründe führt er jeweils an?

b Begründet in Partnerarbeit: Handelt es sich bei diesem Gedicht um ein Liebesgedicht oder um eines über die Liebe?

2 Fasst in Partnerarbeit inhaltliche Gemeinsamkeiten und Unterschiede zwischen Brittings Gedicht und dem Minnesang zusammen.

3 a Tragt weitere euch bekannte Texte zum Thema „Liebe" zusammen und vergleicht sie.

b Diskutiert, warum es so viele Arten und Weisen gibt, über Liebe zu schreiben.

Wörter und ihren Bedeutungswandel bestimmen

1 Auch Wörter haben eine Geschichte. Im Laufe der Zeit kann sich nicht nur ihre Aussprache und Schreibweise, sondern auch ihre Bedeutung verändern.
  a Sucht in den beiden Minneliedern (▶ S. 105) die mittelhochdeutschen Bezeichnungen für weibliche Personen heraus.
  b Vergleicht sie mit den Bezeichnungen in den neuhochdeutschen Übertragungen daneben (▶ S. 105). Stellt Vermutungen darüber an, warum jeweils andere Wörter gewählt wurden.

Nach einem etymologischen Wörterbuch

Frau: mhd. *vrouwe*, manchmal auch *fróuwe*, später „Frau", war lange Zeit vor allem die Bezeichnung für eine Herrin oder Dame von hohem Stand. Die heutige Bezeichnung „gnädige Frau" geht darauf zurück. Auch Hausfrau (mhd. *hûsvrouwe*) bedeutet eigentlich „Hausherrin", „Gattin". Als Standesbezeichnung ist „Frau" ab dem 17. Jahrhundert von „Dame" verdrängt worden. Das Wort „Frau" hat seither die allgemeinere Bedeutung „erwachsene weibliche Person".

Mädchen: mhd. *maget*, hat sich zu dem heutigen Ausdruck „Magd" (Arbeiterin bei einem Bauern) und über die Verkleinerungsform *magedîn* (→ *mägdchen*) zu dem Begriff „Mädchen" weiterentwickelt. Lange Zeit war *maget* sowohl die Bezeichnung für ein Kind weiblichen Geschlechts als auch die Bezeichnung für weibliches Hauspersonal. Das spiegelt sich heute noch in Wörtern wie „Dienstmädchen" oder „Zimmermädchen" wider.

Weib: mhd. *wîp*, später „Weib", war lange Zeit die Bezeichnung für eine erwachsene weibliche Person oder die Ehefrau. Seit dem 19. Jahrhundert wird der Ausdruck jedoch als abwertend und verächtlich empfunden. Der Begriff ist nur noch in einem sehr veralteten Sprachgebrauch zur Bezeichnung der Ehefrau zu finden. Seine neutrale Bedeutung hat das Wort als Adjektiv erhalten, wo „weiblich" das Antonym (Gegenbegriff) zu „männlich" ist.

2 In einem sogenannten etymologischen Wörterbuch finden sich Informationen zu Herkunft, zu Form und zur Bedeutung von Wörtern.
  a Lest die Einträge oben zu *Frau*, *Mädchen* und *Weib*.
    Tauscht euch aus: Was wusstet ihr bereits? Was ist neu für euch?
  b Stellt euch vor, ihr solltet die drei Einträge bebildern. Erläutert, welche Bilder ihr jeweils wählen würdet, um den Bedeutungswandel darzustellen.
  c Erklärt anhand der Informationen, warum die mittelhochdeutschen Wörter nicht einfach ins heutige Neuhochdeutsch übertragbar sind.

Formen des Bedeutungswandels kennen lernen

Bei der Entwicklung vom Mittelhochdeutschen zum Neuhochdeutschen, dessen Beginn man mit ca. 1650 angibt, lassen sich verschiedene Formen des Bedeutungswandels feststellen. Man spricht von:

Bedeutungs**erweiterung** <   Bedeutungs**verbesserung** +
Bedeutungs**verengung** >   Bedeutungs**verschlechterung** –

Mittelhochdeutsch	damalige Bedeutung	Form des Bedeutungswandels	Neuhochdeutsch (Schreibweise)	heutige Bedeutung
horn	Horn eines Tiers	...	Horn	Horn eines Tiers, Horn als Trinkgefäß, Blasinstrument
muos	jede Art von Speise	...	Mus	breiartige Speise
marschalc	Pferdeknecht	...	Marschall	hoher militärischer Rang
merhe	Pferd	...	Mähre	altes, abgemagertes Pferd

1 a Erklärt die tabellarische Übersicht und die darin genannten Beispiele für den Bedeutungswandel, z. B.: *In den beiden linken Spalten wird ein ... und ..., z.B. ... In den beiden Spalten rechts ...*
b Übertragt die Tabelle in euer Heft und bestimmt die jeweilige Form des Bedeutungswandels, indem ihr in die Mittelspalte den richtigen Fachbegriff einfügt.

2 Ergänzt die Tabelle durch die Wörter *vrouwe, wîp* und *maget*.
Stützt euch auf die etymologischen Erklärungen auf Seite 108.

3 In der Anfangsstrophe des Nibelungenliedes (▶ S. 91) sind euch die Wörter *arebeit, hôchgezît* und *mære* begegnet. Im Mittelhochdeutschen bedeuten sie Folgendes:

arebeit	Mühe, Mühsal, Not, unwürdige, mühselige Tätigkeit
hôchgezît (hôchzît)	hohes kirchliches oder weltliches Fest, höchste Herrlichkeit, höchste Freude; Vermählungsfeier, Hochzeit
mære	Bericht, Erzählung, Gerücht, Kunde, Nachricht

a Übernehmt die Wörter in eure Tabelle zu Aufgabe 1. Ergänzt selbstständig die beiden rechten Spalten „Neuhochdeutsch" (Schreibweise) und „heutige Bedeutung".
b Bestimmt in Spalte 3, um welche „Form des Bedeutungswandels" es sich handelt.

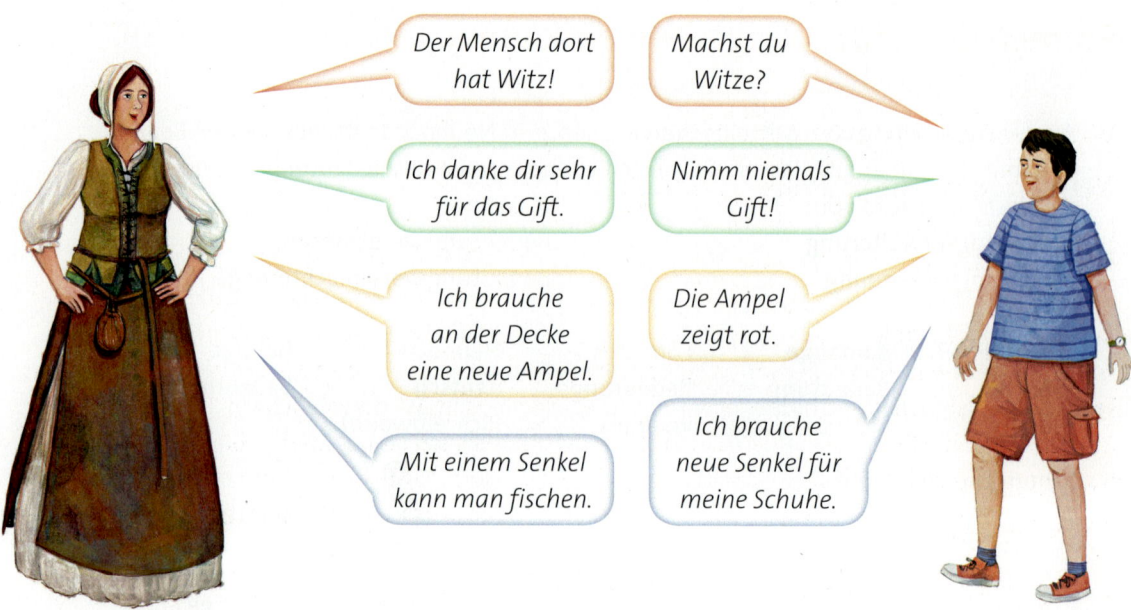

4 a Vergleicht die Sprechblasen links und rechts miteinander. Was fällt euch auf? Was verwundert euch vielleicht?

b Schlagt die vier Nomen, die jeweils in den linken und rechten Sprechblasen verwendet werden, in einem etymologischen Wörterbuch nach. Notiert:
  – Welche Bedeutung hatten sie früher?
  – In welcher Weise hat sich die Bedeutung von früher zu heute verändert?

4 Manche englische Wörter haben einen gemeinsamen Ursprung wie einige mittelhochdeutsche, z. B. engl. *life* / mhd. *lîp*, engl. *wife* / mhd. *wîp* und engl. *gift* / mhd. *gift*.

a Bestimmt je Begriff, wo beim heutigen Deutsch im Unterschied zum Englischen eine Bedeutungsverengung oder -verschlechterung vorliegt.

b Ein Bedeutungswandel ist auch bei heute verwendeten Wörtern zu beobachten. Klärt, inwieweit der Begriff *Freund* durch die sozialen Netzwerke eine Bedeutungsveränderung erfahren hat.

c Findet weitere Wörter, die eurer Meinung nach zurzeit einen Bedeutungswandel erfahren.

Wissen und können   **Der Bedeutungswandel von Wörtern**

- Unser heutiges **Neuhochdeutsch** ist eine Weiterentwicklung des ab dem 14. Jahrhundert verbreiteten Frühneuhochdeutschen. Dies wiederum geht auf das **Mittelhochdeutsche** zurück, das **im hohen und späten Mittelalter** (ca. 1050 bis 1350) gesprochen und in der Dichtung als Schriftsprache verwendet wurde.
- Neben der Aussprache hat sich in manchen Fällen auch die Bedeutung einzelner Wörter verändert. Bei diesem **Bedeutungswandel** wird unterschieden zwischen der **Bedeutungserweiterung, -verengung, -verbesserung** und **-verschlechterung**.
- **Etymologische Wörterbücher** (griech. *étymos* = wahr; *logos* = Wort) geben Auskunft über die **Herkunft der Wörter** und deren **Bedeutungswandel**.

Fordern und fördern – Mittelalterliche Gedichte erschließen

Walther von der Vogelweide (um 1170 – ca. 1230)

Nemt, fróuwe, disen kranz (5. Strophe)

Mich dûhte daz mir nie
lieber wurde, danne mir ze muote was.
die bluomen vielen ie
von dem boume bî uns nider an daz gras.
5 seht, dô muoste ich von fröiden lachen,
dô ich sô wunneclîche
was in troume rîche,
dô taget ez und muoz ich wachen.

Mir scheint, dass es mir nie
besser ging, als mir damals zumute war.
Die Blüten fielen unaufhörlich
von dem Baum zu uns nieder in das Gras.
5 Seht, da musste ich vor Freude lachen,
als ich so wunderbar beglückt
im Traume reich war,
da tagte es und ich musste erwachen.

1 a Lest erneut die erste Strophe dieses Gedichts (▶ S. 105). Informiert in ein bis zwei Sätzen über deren Inhalt und Thema, sodass die Ausgangslage für Strophe 5 geklärt ist.
b Beschreibt, in welcher Stimmung sich der lyrische Sprecher (▶ S. 316) in Strophe 5 befindet. Benennt Textstellen, die dies verdeutlichen.
c Vergleicht die Situation, die das lyrische Ich erlebt, mit der aus dem Gedicht „In mînem troume ich sach" (▶ S. 105).
▶ Eine Hilfe zu dieser Aufgabe findet ihr auf Seite 112.

2 Bestimmt das Reimschema der Originalstrophe. Welche Schwierigkeit ergibt sich, wenn man die Strophe ins heutige Deutsch überträgt?
▶ Hilfe zu 2, Seite 112

Walther von der Vogelweide (um 1170 – ca. 1230)

Unter der Linde (Strophe 1 und 2)

Unter der Linde
auf der Wiese,
wo das Bett von uns zweien war,
da könnt ihr sehen,
5 liebevoll gebrochen,
Blumen und Gras.
Vor dem Wald in einem Tal,
tandaradei,
sang schön die Nachtigall.

10 Ich kam gegangen
zu der Wiese,
mein Geliebter war schon vor mir da.
Und so begrüßte er mich,
„Edle Herrin" –
15 dass ich für immer glücklich bin.
Er küsste mich wohl tausendmal,
tandaradei,
seht, wie rot mein Mund ist.

3 Begründet, inwiefern das wohl berühmteste Gedicht Walthers von den euch bisher bekannten Merkmalen der Minnelyrik (▶ S. 107, Aufgabe 6 b) abweicht. Achtet darauf, wer genau spricht und ob die Liebe unerfüllt bleibt.
▶ Hilfe zu 3, Seite 112

Aufgabe 1 mit Hilfe

a Lest die erste Strophe zum Gedicht auf Seite S. 111 erneut (▶ S. 105).
Klärt die Ausgangslage für Strophe 5. Entscheidet, welche Formulierung am ehesten zutrifft:

> A Der lyrische Sprecher möchte mit seiner Freundin tanzen.
> B Der lyrische Sprecher erklärt einer hochgestellten Frau seine Liebe.
> C Der lyrische Sprecher freut sich über die Schönheit einer Frau, die er gern mag.

b Beschreibt, in welcher Stimmung sich der lyrische Sprecher (▶ S. 316) in Strophe 5 befindet. Nutzt den folgenden Wortspeicher.

> Hochgefühl • absolutes Glück • Freudentaumel (im Blütenmeer) • reich beschenkt

c Vergleicht die Situation, die das lyrische Ich erlebt, mit der aus dem Gedicht „In mînem troume ich sach" (▶ S. 105). Achtet auf das Schlüsselwort „Traum" und darauf, wo es jeweils im Text zu finden ist.

Aufgabe 2 mit Hilfe

Bestimmt das Reimschema (▶ S. 315) der Originalstrophe. Versucht das Reimschema der neuhochdeutschen Version zu beschreiben. Was fällt auf?
In der Originalstrophe ... liegen ... vor.
In der neuhochdeutschen Version ...

Aufgabe 3 mit Hilfe

Begründet, inwiefern das wohl berühmteste Gedicht Walthers von den euch bisher bekannten Merkmalen der Minnelyrik (▶ S. 107, Aufgabe 6 b) abweicht. Geht so vor:

a Klärt in Partnerarbeit, wer im Gedicht spricht (lyrischer Sprecher) und an wen es sich richtet (Adressat). Legt dazu die folgende Tabelle im Heft an und ergänzt zunächst die Spalte zu „Unter der Linde":

	Unter der Linde	Minnelyrik allgemein
lyrischer Sprecher	...	...
Adressat/-en	...	...

b Bestimmt, welche der beiden Aussagen auf den Gedichtinhalt zutrifft:

> A Im Gedicht trifft sich ein Paar, das über sein Verliebtsein sehr glücklich ist.
> B Im Gedicht treffen sich eine Frau und ein Mann, um sich zu trennen.

c Vervollständigt in Partnerarbeit die Spalte „Minnelyrik allgemein".
Nutzt eure Ergebnisse zu Aufgabe 6 b, S. 107.

5.3 Projekt – Ritterbilder vergleichen und in einem Galeriegang mit Audioguide vorstellen

Im ersten Teilkapitel habt ihr euch mit dem Nibelungenlied und unter anderem mit dem mittelalterlichen Ritterbild beschäftigt (▶ S. 95–98). Sicher kennt ihr aus Büchern, Filmen oder Spielen noch viele weitere Ritterfiguren.
Gestaltet eine Ausstellung (Galeriegang) mit Audioguide zum Thema „Ritter". Stellt darin das ideale Ritterbild dar und vergleicht dieses mit verschiedenen Ritterfiguren aus Büchern, Filmen oder Fernsehserien und Spielen.

1. Schritt: Das Projekt gemeinsam planen und die Durchführung organisieren

1
a Legt in der Klasse fest, wann, wo und für wen eure Ausstellung stattfinden soll, z. B. auf dem Schulflur oder in der Aula für eure Eltern, für die Parallelklasse, …
b Sammelt gemeinsam, welche Ritterfiguren ihr kennt.
c Bildet zu den Ritterfiguren, die euch am meisten interessieren, Vierer- bis Fünfergruppen. Eine Gruppe stellt das ideale Ritterbild des Mittelalters dar.
d Verteilt in der Klasse an die Gruppen zusätzlich die folgenden Aufgaben. Tragt sie mit Terminen in einen Projektfahrplan ein, z. B.:

Projektfahrplan: Galeriegang der Klasse … – Zusätzliche Aufgaben			
Team „Siegfried"	Raumorganisation	Termin: …	erledigt: Ja/Nein
Team „Ideales Ritterbild"	technisches Material	Termin: …	erledigt: Ja/Nein
Team „Jedi-Ritter"	Pinnwände	Termin: …	erledigt: Ja/Nein
Team „…"	Werbung (Flyer)	Termin: …	erledigt: Ja/Nein
Team „…"	Einladungen	Termin: …	erledigt: Ja/Nein

2. Schritt: Die einzelnen Inhalte in der Gruppe erarbeiten

2
a Recherchiert je Gruppe zu eurer Figur.
Tragt die Materialien zusammen, vergleicht sie und wertet sie aus (▶ S. 293–294).
Tipp: Ordnet z. B. mit folgender Tabelle, wie euer Ritter dargestellt wird:

Aussehen (Waffen)	Charakter/Taten	Lebenszeit und -raum	Aussagen über …
…	…	…	…

b Stellt alle entscheidenden Informationen zu eurer Figur zusammen und wählt aus, welche ihr in welcher Form präsentieren möchtet: Welche Informationen kommen auf das Plakat, welche sollen über den Audioguide-Beitrag (▶ S. 114) vermittelt werden?

3. Schritt: Die Ergebnisse in der Gruppe aufbereiten

3 Gestaltet die Plakate zu eurer Ritterfigur.
Tipp: Beachtet, dass das Plakat übersichtlich und die Überschrift sowie Bilder aus bis zu fünf Metern Entfernung gut zu erkennen sein sollen.

4 Erarbeitet die Audioguidebeiträge zu eurer Ritterfigur. Beachtet das „Wissen und können".
a Verfasst einen geeigneten Text zu eurer Figur und entscheidet, mit welchen Geräuschen ihr bestimmte Informationen unterstützen könnt.
b Legt fest, wer den Audioguidebeitrag spricht und wer für die Geräusche zuständig ist. Erstellt die Aufnahme.

4. Schritt: Die Ergebnisse präsentieren

5 a Richtet die Räumlichkeiten für eure Ausstellung her:
Hängt rechtzeitig vor Veranstaltungsbeginn die Plakate auf und bereitet die Abspielgeräte für die Audioguides vor.
b Führt die Veranstaltung in den von euch gesetzten Rahmenbedingungen durch. Bedenkt, dass eine solche Veranstaltung nur gelingen kann, wenn alle Beteiligten sich entsprechend ihrer Aufgaben einbringen.

Wissen und können — Einen Audioguidebeitrag erstellen

- **Audioguides** sind **Tonaufnahmen,** die als **Führung durch eine Ausstellung** dienen. Sie können durch die Besucher **individuell angehört** werden.
Tipp: Für einen Galeriegang in der Schule empfiehlt es sich z. B., die Audioguides auf die Schulwebsite hochzuladen und die Besucher aufzufordern, sich die Datei von dort herunterzuladen. Dann kann sich jeder mit dem eigenen Smartphone und mit dem eigenen Kopfhörer die Audioguides anhören.

- Ein Audioguide ist gewöhnlich max. **90 Sekunden (ca. 180 Wörter)** lang. So kann sich die Hörerin oder der Hörer darauf konzentrieren und sich gut Informationen merken.
- Der verwendete **Wortschatz,** aber auch der **Satzbau** sollten **einfach** sein. Fachbegriffe und große Abwechslung in der Wortwahl sind also zu vermeiden. Die Sätze sollten abwechselnd kurz und lang sein, aber maximal 13 Wörter enthalten und logisch verknüpft sein, z. B. durch *deshalb, also, weil, daher.*
- **Sprecherwechsel, Geräusche** und verschiedene **Methoden,** z. B. ein fiktives Gespräch, ein sprechendes Objekt oder eine Zeitreise, können den Beitrag interessanter und eindringlicher machen.

6 „Nennt mich nicht Ismael!" –
Einen Jugendroman lesen und verstehen

1　a Das Bild stammt aus dem Jugendroman „Nennt mich nicht Ismael!".
　　　Tauscht eure Ideen aus: Worum könnte es in diesem Jugendbuch gehen?
　　b Notiert eure ersten Gedanken zu den Figuren aus dem Buch.

2　Besprecht: Wozu ist es sinnvoll, die Figuren einer Geschichte genauer zu untersuchen?

3　Erklärt, was ihr von einem guten Jugendbuch erwartet. Welches Jugendbuch könnt ihr empfehlen?

In diesem Kapitel ...
– lernt ihr einen modernen Jugendroman kennen,
– untersucht ihr die Figuren und die Handlungsabläufe in diesem Roman und legt dazu ein Lesetagebuch an,
– argumentiert ihr aus der Sicht einer Figur.

6.1 Ismael, Scobie, Barry – Figuren und Handlungsabläufe untersuchen

Die Hauptfigur und den Erzähler kennen lernen

Michael Gerard Bauer (*1955)

Nennt mich nicht Ismael! (dt. 2008) (Auszug 1)

Der aus Brisbane, Australien stammende Schriftsteller Michael Gerard Bauer erzählt in seinem Jugendroman „Nennt mich nicht Ismael!" von einem 14-jährigen Jungen, der wegen seines außergewöhnlichen Vornamens in der Schule gemobbt wird und durch verschiedene Erlebnisse zu neuem Selbstbewusstsein findet.

Ich weiß nicht, wie ich es sagen soll, deshalb sage ich es einfach geradeheraus – es wird Zeit, sich der Wahrheit zu stellen: Ich bin vierzehn Jahre alt und leide am Ismael-Leseur-
5 Syndrom.
Heilung ausgeschlossen.
Soweit ich weiß, bin ich weltweit der einzige schriftlich belegte Fall von Ismael-Leseur-Syndrom. Wahrscheinlich hat der Berufsstand
10 der Ärzte bislang nicht einmal vom Ismael-Leseur-Syndrom gehört. Aber es existiert, glaubt mir. Doch genau da liegt das Problem: Wer glaubt mir schon?
Eine Weile habe ich es einfach ignoriert, aber
15 in diesem Schuljahr waren die Symptome so schrecklich schmerzhaft, dass ich sie zur Kenntnis nehmen musste. Und ich übertreibe nicht, nicht im Geringsten: Das Ismael-Leseur-Syndrom macht aus einer völlig normalen
20 Person eine wandelnde Katastrophe, die auf der nach oben offenen Idioten-Skala mindestens den Wert neun Komma neun erreicht.
Deshalb habe ich beschlossen, alles aufzuschreiben, jetzt werden endlich alle die Wahr-
25 heit begreifen. Statt mich zum Bürgermeister von Versagerhausen zu wählen, werden sie einfach nachsichtig lächeln und nicken: „Okay, alles klar. Der arme Junge leidet am Ismael-Leseur-Syndrom. Er kann nichts dafür."
Aber ich greife vor, statt am Anfang zu beginnen 30
und die Dinge gründlich zu durchleuchten. Vermutlich muss ich die Sache wissenschaftlich angehen, wenn ich euch davon überzeugen will, dass dies alles wahr ist. Also der Reihe nach: Ich heiße Ismael Leseur. Stopp, ich weiß, 35
was ihr sagen wollt: Ich habe denselben Namen wie meine Krankheit. Wahrscheinlich meint ihr, ich hätte die Krankheit nur erfunden, damit ich eine Entschuldigung habe, wenn ich mich mal wieder komplett zum Narren mache. 40

Aber da seid ihr schief gewickelt. So einfach ist das nicht. Ihr müsst euch klarmachen, dass mein Name die Krankheit ist, zum Teil jedenfalls. Wie das im Einzelnen funktioniert, weiß ich nicht genau. Schließlich bin ich kein Wissenschaftler, sondern das Opfer der Krankheit, aber ich habe so meine Theorien.
THEORIE EINS: Das Ismael-Leseur-Syndrom wird von einem tödlichen Virus ausgelöst, das aus der Verbindung von „Ismael" und „Leseur" entsteht.
Über diese Theorie habe ich sehr viel nachgedacht, deshalb möchte ich euch gern meine Schlussfolgerungen darlegen. Die einzelnen Buchstaben sind meiner Ansicht nach für sich selbst genommen völlig harmlos. Auch die Bildung der Worte „Ismael" und „Leseur" aus diesen Buchstaben scheint noch einigermaßen unverfänglich zu sein. Zum Beweis verweise ich auf meine engsten Verwandten: und zwar meinen Vater Ron Leseur, Versicherungsvertreter und Mitbegründer der 80er-Jahre-Rockband „Dugongs", meine Mutter Carol Leseur, Stadträtin und Hauptorganisatorin der Familie, und meine 13-jährige Schwester Prue Leseur.

Wie ihr seht, tragen alle den Namen Leseur, aber ich versichere euch, dass keiner auch nur an einem einzigen der schrecklichen Symptome leidet, die ich euch gleich näher beschreiben werde. Ich muss sogar sagen, dass meine Mutter und mein Vater fast immer einen außerordentlich glücklichen und zufriedenen Eindruck machen. Meine Schwester ist, was die Sache noch schlimmer macht, nach Ansicht jedes Freundes, Verwandten und Fremden, der sie jemals zu Gesicht bekommen hat, einfach „hinreißend". Außerdem hat sie einen IQ, der sich im Bereich „Genie" bewegt. Wenn Gehirne Autos wären, dann wäre Prue ein Rolls-Royce, ich dagegen ein aufgebocktes Goggomobil[1], dem der halbe Motor fehlt. Und wie fühle ich mich wohl dabei? Ich will es euch sagen: Wie der einzige Mensch, der den Job des Dorftrottels nicht bekommen hat, weil er hoffnungslos überqualifiziert ist.

---

1 das Goggomobil: Automarke; ein sehr kleines Auto

1
a Lest den Romananfang und beschreibt euren ersten Leseeindruck.
b Begründet: Findet ihr den Anfang lustig, spannend …? Reizt er euch zum Weiterlesen?

2
a Mit diesem Beginn stellt sich die Hauptfigur selbst vor. Tragt in Stichworten zusammen, was ihr über Ismael und seine Situation erfahrt.
b Stellt Vermutungen an, was das „Ismael-Leseur-Syndrom" sein könnte.

3
a Aus wessen Sicht erfährt man etwas über die Hauptfigur? Wie nennt man einen solchen Erzähler?
b Zeigt anhand von Textbeispielen, ob der Erzähler am Geschehen beteiligt ist oder nicht. Was kann ein solcher Erzähler wissen und was nicht?
c Lest die Zeilen 32–44 laut vor. An wen richtet sich der Erzähler? Wie wirkt dies? Nennt andere Textstellen, die ähnlich gestaltet sind.

Wissen und können **Ich-Erzähler oder Er-/Sie-Erzähler**

- Der **Ich-Erzähler** (oder die Ich-Erzählerin) ist **meist selbst** als **handelnde Figur** in das Geschehen verwickelt. Er/Sie schildert die Ereignisse aus seiner/ihrer **persönlichen Sicht**, z. B.: *In der Ferne sah ich ein kleines Boot.*
- Der **Er-/Sie-Erzähler** ist **nicht am Geschehen beteiligt** und erzählt von allen Figuren in der **Er-Form** bzw. in der **Sie-Form**, z. B.: *In der Ferne sah sie ein kleines Boot.*

Die Hauptfigur charakterisieren

Nennt mich nicht Ismael! (Auszug 2)

Ich möchte nicht, dass ihr einen falschen Eindruck bekommt. Ich habe nicht mein Leben lang am ILS[1] gelitten. Keineswegs. Die ersten zwölf Jahre meines Lebens zeigte ich gar keine Symptome. Aber dann kam ich auf die weiterführende Schule, und zwar auf das St Daniel's Boys College[2].
Davor hatte ich an der Moorfield Primary sieben ereignislose Jahre mit Klassenkameraden verbracht, die sich nicht darum geschert hätten, wenn mein Name Slobo Bugslag gewesen wäre (zufällig hieß der beliebteste Junge der Schule so). Doch in Klassenstufe acht wurde alles anders. Nach der Grundschule verteilte sich unsere Klasse auf die verschiedenen weiterführenden Schulen in unserer Stadt und nur eine Hand voll landete im St Daniel's.
Dort veränderte sich meine Welt dramatisch. In der Moorfield Primary waren wir zu zwölft in der Klasse. Am ersten Tag im St Daniel's wartete ich im Foyer mit über hundert anderen Achtklässlern darauf, dass wir auf vier Klassen verteilt wurden. Als ich dann in der Klassenliste nachschaute, stellte ich fest, dass ich von den einzigen beiden Jungen, die ich aus der Grundschule kannte, getrennt worden war. In der Klassenlehrerstunde ging unser Lehrer Mr Brownhill die Liste durch und überprüfte, ob wir alle da waren. Auf der Hälfte sagte er: „Ismael Leseur." Ich antwortete: „Ja, hier", wie alle anderen vor mir.
„Ismael?", wiederholte er und hielt zum ersten Mal während der Anwesenheitsüberprüfung inne. „Interessanter Name."
Fünfundzwanzig Augenpaare richteten sich auf mich. Keines von ihnen schien mich auch nur im Geringsten interessant zu finden. Eines der Augenpaare gehörte Barry Bagsley.
THEORIE ZWEI: Der am Ismael-Leseur-Syndrom erkrankte Patient kann beunruhigendes Verhalten in anderen auslösen.
Nun, Barry Bagsley war in dieser Hinsicht ein sehr extremer Fall. Den ersten zarten Hinweis darauf erhielt ich durch seine einleitenden Worte, die er an diesem ersten Tag im Pausenhof an mich richtete:
„Ismael? Was ist denn das für ein scheißblöder Name?"

---

1 ILS: gemeint ist das „Ismael-Leseur-Syndrom"
2 Der Roman spielt in Australien, wo nach der 7. Klasse auf eine weiterführende Schule gewechselt wird.

Was sollte ich darauf sagen? Bis zu diesem Moment hatte ich nicht einmal geahnt, dass es ein scheißblöder Name war. Niemand hatte mich warnend darauf hingewiesen, dass ich einen scheißblöden Namen trug. Warum sollten meine Eltern mir überhaupt einen scheißblöden Namen gegeben haben? War Herman Melville³ sich im Klaren darüber, dass dies ein scheißblöder Name war? Ich konnte nur dastehen und blöd lächeln, während Barry Bagsley und seine Freunde lachten und mich im Vorbeigehen anstießen, als wäre ich eine Drehtür. Ich stand da wie ein Vollidiot.

Und ich fühlte mich beschissen.

Am Abend betrachtete ich mich im Badezimmerspiegel. Irgendwie sah ich anders aus. Wie damals, als ein Freund mir gesagt hatte, mein linkes Ohr stehe weiter ab als mein rechtes. Zu Hause maß ich den Abstand nach und stellte fest, dass beide genau gleich weit von meinem Kopf abstanden. Trotzdem musste ich jedes Mal, wenn ich mein Spiegelbild sah, unwillkürlich daran denken, dass eines meiner Ohren wie ein Winker ein Zeichen zum Linksabbiegen gab. Ich fühlte mich wie damals. Mein Spiegelbild kam mir irgendwie anders vor. Ich sah anders aus. Aber warum? Und dann wurde es mir schlagartig klar.

Ich *sah* aus wie ein Junge mit einem scheißblöden Namen. Und nicht nur das, ich schwöre, dass mein linkes Ohr abstand wie eine offene Autotür.

Als ich am nächsten Tag in die Klasse kam, wartete Barry Bagsley schon auf mich.

„Was stinkt hier? Ach ja! Piss-mael!"

Wie ich bereits sagte, irgendetwas in meinem Namen brachte das Schlechteste in Barry Bagsley zum Vorschein. Wie ein bösartiger Hund einen Schuh zerfetzt, riss und zerrte er an meinem Namen, bis er so verstümmelt und verdreht war, dass es selbst mir schwerfiel, mich daran zu erinnern, wer ich in Wirklichkeit war. Ismael wurde zu Piss-mael verdreht. Piss-mael zu Küss-mal verballhornt und Küss-mal zu Fischmehl zermatscht. Nicht einmal mein Nachname war vor Verschandelung sicher. Aus Leseur (das eigentlich Le-sör ausgesprochen wird) wurde Schiss-eur, Piss-oir, Le Sau, Le Bauer, Le Tölpel und zuletzt Stinkstiefel, abgekürzt auch Stinki.

Am Ende meines ersten Schuljahres in der Highschool hatte Barry Bagsley meinen Namen auf wundersame Weise von Ismael Leseur in Fischmehl Stinkstiefel verwandelt.

Und das fasste in etwa zusammen, wie ich mich fühlte.

Bald war allen Achtklässlern klar, dass es nur zwei Verhaltensweisen gab, wenn man seinen Aufenthalt im St Daniel's Boys College halbwegs unbeschadet überstehen wollte: Entweder man ging Barry Bagsley unter allen Umständen aus dem Weg, wofür sich die Mehrheit entschied, oder man riskierte die seltener gewählte Variante und suchte die trügerische Sicherheit von Barry Bagsleys innerem Kreis von „Freunden".

Für mich war Aus-dem-Weg-Gehen die einzige Option. Ich begriff sehr schnell, dass alles in Ordnung war, solange ich größtmöglichen Abstand von Barry Bagsley hielt und nichts Dummes tat – etwa im Unterricht eine Frage stellen oder beantworten; ungewöhnliche Laute von mir geben, wie Rufen, Lachen oder Sprechen; mich freiwillig für etwas melden; meinen Namen auf eine Liste setzen; eine Sportart ausprobieren; einen Gegenstand an einem Ort lassen, wo er bewegt, beschrieben oder als Wurfgeschoss verwendet werden könnte; den Blick in die Nähe von Barry Bagsley oder seinen Freunden richten oder sonst etwas tun, das darauf hindeuten könnte, dass ich tatsächlich existierte.

Im Grunde war die wichtigste Lektion, die ich letztes Jahr lernte, ein möglichst kleines Ziel abzugeben. Ich entwickelte mich zum wahren Meister darin. Für Barry Bagsley und seine Kum-

---

3 Herman Melville (1819–1891): berühmter amerikanischer Schriftsteller, in dessen Roman „Moby Dick" der Erzähler Ismael heißt. Nach diesem Erzähler benannten Ismaels Eltern ihren Sohn.

135 pel wurde ich praktisch unsichtbar. Manchmal konnte ich mich selbst kaum mehr erkennen. Mein erstes Jahr an der weiterführenden Schule verbrachte ich also mehr oder weniger in Deckung.

1 Haben sich eure Vermutungen über das Ismael-Leseur-Syndrom bestätigt (▶ S. 117, Aufgabe 2 b)? Was hattet ihr erwartet, was hat euch überrascht?

2 a In einem Lesetagebuch könnt ihr eure persönlichen Leseerfahrungen und Untersuchungsergebnisse festhalten. Legt zum Roman ein Lesetagebuch an (▶ S. 127).
b Der Ich-Erzähler nennt sein Leiden das „Ismael-Leseur-Syndrom". Notiert in euer Lesetagebuch, z. B. als Lexikoneintrag, was ihr über diese „Krankheit" erfahrt. Lest noch einmal im Text nach.
c Erklärt in eurem Lesetagebuch, wie man die Sprache des Erzählers beschreiben kann. Beachtet die Zeilen 43–45 und die Zeilen 63–76.

> „Wie ein bösartiger Hund einen Schuh zerfetzt, riss und zerrte er an meinem Namen, bis er so verstümmelt und verdreht war, dass es selbst mir schwerfiel, mich daran zu erinnern, wer ich in Wirklichkeit war." (▶ S. 119, Z. 86–90)

3 Besprecht, wie der Lehrer mit Ismaels Namen hätte umgehen sollen.

4 Indem man Inhalte eines Textes zusammenfasst, hält man für sich und andere wichtige Informationen übersichtlich fest. Fasst Ismaels College-Erlebnisse (S. 118, ab Z. 14) zusammen. Geht so vor:
a Teilt den Romanauszug in Handlungsschritte ein.
b Notiert stichwortartig mit eigenen Worten, was in jedem Handlungsschritt geschieht.
c Ein Schüler meint: „Der Ich-Erzähler leidet, dennoch ist das *Ismael-Leseur-Syndrom* nach meinem Leseeindruck keine richtige Krankheit." Begründet: Sollte dies in einer sachlichen Zusammenfassung des Textes mit angegeben werden? An welcher Stelle?
d Formuliert für eure Zusammenfassung einen Einleitungssatz mit Informationen zu Autor, Titel, Erzähler und Inhalt des Textausschnitts, z. B.:
In dem Auszug aus ... Jugendroman ... aus dem Jahr 2006 wird der ... an seiner neuen Schule ...
e Verfasst den Hauptteil eurer Zusammenfassung des Buchausschnitts (▶ S. 54).

5 Wie seht ihr nach eurer ersten Beschäftigung den Ich-Erzähler Ismael? Übertragt in eure Lesetagebücher die folgende Mind-Map und haltet alle Informationen über ihn aus den beiden Textauszügen (▶ S. 116–117 und 118–120) in Stichpunkten fest.
Tipp: Die Merkmale und Eigenschaften einer Figur müssen nicht wörtlich im Text stehen. Man kann sie auch aus den Gedanken oder dem Verhalten ableiten.

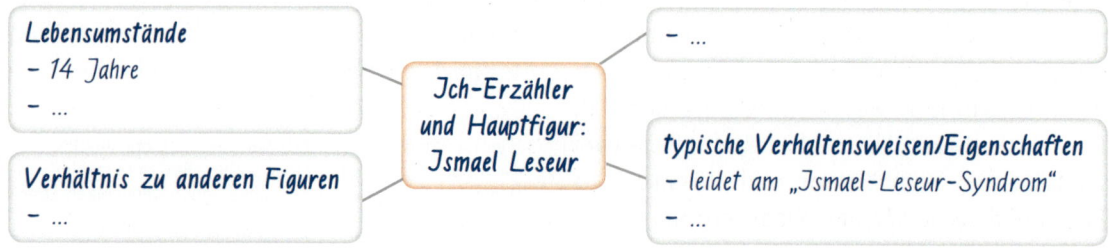

6 Charakterisiert Ismael genau, sachlich und anschaulich (▶ Wissen und können).
Tipp: Nehmt eure Notizen aus Aufgabe 5 und die beiden nachfolgenden Wortschatzkästen zu Hilfe. Ihr könnt so beginnen:

> Ismael Leseur ist 14 Jahre alt und besucht das St Daniel's Boys College.
> Er fühlt sich nach eigenen Aussagen ausgegrenzt.
> Wenn er über sich selbst spricht, dann ... (vgl. Z. 43–45 u. 63–76)
> Das liegt zum einen daran, dass seine 13-jährige Schwester Prue ...
> Zum anderen leidet er nach seinen eigenen Worten am ...
> In der neuen Schule wird er ...
> Um ..., verändert er seine Verhaltensweise. Beispielsweise ...
> Nach dem ersten Jahr an der neuen Schule ...
> Ismael wirkt ... / Ismael ist ... und macht sich viele Gedanken über ...
> Zusammenfassend kann man sagen, dass ...

Formulierungshilfen
wirken • auffällig (ist) • besitzen •
verfügen (über) • macht einen ... Eindruck •
wird als ... dargestellt •
auftreten • aussehen • (sich) bezeichnen •
bewerten • sich fühlen •
sich Gedanken machen über

Eigenschaften
nachdenklich ↔ gedankenlos
ernst/traurig ↔ fröhlich/heiter
selbstbewusst ↔ unsicher/schüchtern
sensibel ↔ gefühllos
unverschämt/frech ↔ fair/gerecht
beliebt ↔ unbeliebt

7 Stellt euch vor, ihr seid in Ismaels Klasse und beobachtet Barry und sein Verhalten gegenüber Ismael. Schreibt aus eurer Perspektive in euer Lesetagebuch, wie ihr das Verhalten von Barry und Ismael beurteilt.

Wissen und können   **Eine Figur charakterisieren**

In literarischen Texten werden die **Figuren** durch eine Reihe von **Merkmalen und Eigenschaften** beschrieben. Wenn ihr eine Figur **charakterisieren** wollt, geht ihr so vor:

1. Schritt: Die Charakterisierung vorbereiten
Sammelt Informationen über die Figur, z. B. über ihre Sprache, ihr Aussehen, ihre Lebensumstände, ihre Verhaltensweisen, Eigenschaften, Gefühle und ihr Verhältnis zu den anderen Figuren.
Tipp: Man kann die Merkmale und Eigenschaften einer Figur auch aus den Gedanken oder dem Verhalten indirekt ableiten, z. B.: „Wer glaubt mir schon?" (▶ S. 116, Z. 13) → *Ismael denkt, dass ihn keiner ernst nimmt.*

2. Schritt: Die Charakterisierung schreiben
- **Einleitung:** Nennt allgemeine Informationen zur Figur, z. B.: Name, Alter, Beruf.
- **Hauptteil:** Beschreibt die Figur anschaulich, sachlich und genau, z. B.: ihre Sprache, ihr Aussehen, ihre Verhaltensweisen, ihre Eigenschaften und ihr Verhältnis zu den anderen Figuren.
- **Schluss:** Hier könnt ihr angeben, wie die Figur auf euch wirkt (persönliche Einschätzung). Verwendet als Tempus das Präsens (▶ S. 222).

Die Raum- und Zeitgestaltung untersuchen

8 Figuren handeln an bestimmten Schauplätzen. Dementsprechend können diese auf sie wirken und eine bestimmte Bedeutung annehmen.

a Lest erneut den zweiten Textauszug (▶ S. 118–120) und stellt die beiden Schulen, von denen Ismael erzählt, in einer Tabelle wie folgt gegenüber.
Beschreibt knapp die jeweiligen Schauplätze und ihre Atmosphäre. Arbeitet im Heft.

b Tragt ein, was die Orte für Ismael bedeuten und wie sie sein Verhalten beeinflussen.

Moorfield Primary (Grundschule)	St Daniel's Boys College (ab Kl. 8)
– vertraute Umgebung – nur 12 Kinder in der Klasse – … ↓ Ismael fühlt sich …	– unbekannte Umgebung – … – … ↓ Ismael fühlt sich …

> In der Klassenlehrerstunde ging unser Lehrer Mr Brownhill die Liste durch und überprüfte, ob wir alle da waren. Auf der Hälfte sagte er: „Ismael Leseur." Ich antwortete: „Ja, hier", wie alle anderen vor mir.
> „Ismael?", wiederholte er und hielt zum ersten Mal während der Anwesenheitsüberprüfung inne. „Interessanter Name."
> Fünfundzwanzig Augenpaare richteten sich auf mich. Keines von ihnen schien mich auch nur im Geringsten interessant zu finden. (▶ S. 118, Z. 26–37)

9 Neben den Schauplätzen kann in erzählenden Texten die Zeit ganz unterschiedlich gestaltet sein, um Geschehnisse z. B. intensiver oder weniger intensiv darzustellen.

a Findet in Partnerarbeit heraus, wie lange das Lesen des obigen Textauszugs dauert. Einer liest laut vor, ein anderer ermittelt die Lesezeit.

b Spielt in einer Spielgruppe die im obigen Auszug beschriebene Klassenlehrerstunde möglichst genau so, wie sie sich zugetragen haben könnte. Ein Zeitnehmer ermittelt die Dauer des Spiels.
Tipp: Bedenkt, wie viele Schülerinnen und Schüler in der Klasse sitzen.

c Vergleicht eure Lesezeit mit eurer Spielzeit. Erklärt, warum im Roman dieses Geschehen gerafft wird.

d Lest das „Wissen und können" zur Zeitgestaltung auf Seite 83 und sucht im zweiten Textauszug (▶ S. 118–120) je ein Beispiel für Zeitdehnung und für Zeitraffung. Beschreibt jeweils, wie sie wirken.

Wissen und können — **Die Zeit- und Raumgestaltung in Erzähltexten**

- Das **Erzähltempo** eines Textes ergibt sich aus dem Verhältnis von **Erzählzeit** (Lesezeit, die Leser für die Lektüre benötigen) und **erzählter Zeit** (Zeitraum, über den sich die Handlung erstreckt). Damit lässt sich steuern, wie viele Informationen die Leser erhalten (▶ S. 83).
- Die **Schauplätze,** in denen sich die Figuren einer Geschichte bewegen, bilden ihren **Handlungsraum.** Diese Orte stehen oft in einem direkten Bezug zu den handelnden Figuren. Sie beeinflussen durch ihre Atmosphäre oder Umgebung deren Einstellungen und Verhalten.

Den zentralen Konflikt erschließen

Nennt mich nicht Ismael! (Auszug 3)

Während des zweiten Schuljahrs am St Daniel's Boys College kommt ein neuer Schüler namens James Scobie in die Klasse. Der Junge scheint die ideale Zielscheibe für Barry und seine Gruppe zu sein. Er ist klein, altmodisch gekleidet und schneidet seltsame Grimassen. Zu Ismaels Entsetzen soll Scobie neben ihm sitzen. Barry will Scobie sofort schlechtmachen und demütigen. Doch Scobie wehrt sich.

„Du bist verrückt, Spatzenhirn. Warum verschwindest du nicht einfach, bevor du dir auch noch in die Hosen pisst?" Zum Glück gab es, zumindest für Barry Bagsley, keine Situation, auf die eine Beleidigung nicht eine akzeptable Reaktion gewesen wäre. James Scobie dachte gebührend lang über Barrys Bemerkung nach, bevor er antwortete: „Natürlich weiß man selbst am wenigsten, wie es um die eigene geistige Gesundheit bestellt ist, nur ein Psychiater[1] kann das richtig beurteilen. Ich glaube jedoch nicht, dass ich verrückt bin. Und eines weiß ich sicher: Egal, ob ich verrückt bin oder nicht, ich weiß, dass ich keine Angst vor dir habe."

Barry Bagsley lächelte höhnisch, schüttelte den Kopf und beugte sich nach vorn über den Tisch. Obwohl er immer noch saß, kamen seine Augen auf eine Höhe mit Scobies Augen und sein grobknochiges Gesicht hing bedrohlich wie ein Todesstern vor Scobies Gesicht.

„Und du bist ganz sicher, dass du keine Angst vor mir hast?"

„Ich bin ganz sicher."

„Und warum *genau* hast du keine Angst?"

James Scobie kniff die Augen zusammen, spitzte seinen Mund zu einer Schnute und beschrieb damit einen vollen Kreis, dann nahm er die Brille von der Nase und blinzelte dreimal mit weit aufgerissenen Augen, bevor er sie wieder aufsetzte. Er wartete, bis sein Gesicht zur Ruhe kam wie das Meer, wenn die Welle vorbei ist.

---

[1] der Psychiater: Facharzt für seelische Erkrankungen

Dann sagte er einfach: „Weil ich vor gar nichts Angst habe."

Vor gar nichts Angst! Diese Aussage wurde von Barry Bagsleys Anhängern mit Gejohle quittiert, während der Rest der Klasse eine ungläubige Miene aufsetzte. Ich fand, dass James Scobie den Bogen jetzt wirklich überspannt hatte.

„Woooooooo", sagte Barry Bagsley mit hervorquellenden Augen und erhobenen Händen, als müsse er ein Monster abwehren. „Ich glaube, du willst uns da einen dicken, fetten Bären aufbinden, du kleine Scobie-Ratte."

Scobie blinzelte zweimal und runzelte die Stirn. „Sehe ich so aus, als hätte ich Angst?"

Und genau das war der Punkt: Er sah wirklich nicht so aus.

Barry Bagsley schaute Scobie unterdessen an wie etwas, das er einfach von seiner Schuhsohle wegwischte. „Und was ist dein Geheimnis, Superman? Du bist aus Stahl, was? Oder hast du irgendwelche Superkräfte? Warte, ich hab's, du bist ein Junge aus der Zauberwelt, ja, mit Zaubersprüchen. Du schwingst deinen Zauberstab und verwandelst mich in eine Kröte."

„Dazu braucht es nicht viel Zauberei", bemerkte James Scobie lächelnd.

Gedämpftes Lachen breitete sich in der Klasse aus. Danny Wallace lachte am lautesten, verstummte jedoch rasch unter Barry Bagsleys durchdringendem Blick und schaute James Scobie finster an, als wäre er selbst das Ziel der Beleidigung gewesen.

Vor unseren Augen fand ein Kampf statt, aber es war nicht der Showdown² aus dem Western, wie ich zunächst vermutet hatte, sondern viel eher ein Boxkampf. In der schwarzen Ecke stand Barry „Rambo" Bagsley und präsentierte seine Schwinger, mit denen er alle vorangegangenen Kontrahenten so blau und blutig geschlagen hatte, dass sie nur noch Deckung suchten. In der weißen Ecke stand James „Ohne Angst" Scobie, der die Haken an seinem Gesicht vorbeizischen ließ und erst dann zum Gegenschlag ausholte. Natürlich glaubte ich nicht eine Sekunde lang, dass James Scobie Barry Bagsley tatsächlich k. o. schlagen könnte, aber er landete ein paar Treffer, die ihm Punkte einbrachten, und ein Klassenzimmer voller erfahrener Kampfrichter notierte sie alle.

An diesem Punkt war Barry Bagsleys Geduldsfaden (falls er so etwas wie Geduld überhaupt besaß) so dünn geworden wie die Haare auf dem Kopf meines Großonkels Darryl. Barry Bagsley lehnte sich wieder nach vorn, bohrte den Zeigefinger in James Scobies mickrige Brust und unterstrich dann seine Worte, indem er seinen Finger in einem unheilvollen Rhythmus immer wieder in Scobies Brust stieß.

„Mann, wenn ich wollte, könnte ich dich *in der Mitte durchbrechen* wie eine *Brezel. Wenn* du also, wie du sagst, tatsächlich *keine Angst* hast, würde ich dir dringend empfehlen, langsam Angst zu *bekommen*."

Zack! Wieder segelte ein Bagsley-Schwinger an James Scobies Nase vorbei.

„Pass auf", sagte James Scobie mit dem ihm eigenen, leicht ungeduldigen Unterton. „Ich bin sicher, dass du sehr stark und tapfer bist, immerhin musst du dich jeden Tag im Spiegel anschauen …"

Kurze Gerade!

„… und vielleicht *sollte* ich ja Angst vor dir haben, denn wenn es stimmt, wie man sagt, dass der Halbgebildete schlimmer ist als der Unwissende, dann bist du wahrscheinlich absolut tödlich …"

Kurze Gerade!

Im ganzen Klassenzimmer hoben sich Augenbrauen, Kiefer klappten nach unten und auf Wertungstabellen wurden Punkte addiert. Barry Bagsley starrte James Scobie an wie jemand, der weiß, dass er beleidigt worden ist, aber nicht genau einschätzen kann, wie und in welchem Ausmaß.

---

2 der Showdown: dramatischer Machtkampf bzw. Entscheidungskampf; als klassische Showdowns gelten die mit Revolvern ausgetragenen Duelle in Westernfilmen.

„… aber es tut mir leid." Scobie sprach ungerührt weiter. „Ich habe keine Angst. Das hat nichts mit dir zu tun. Sondern damit."

Mit diesen Worten schob er die Haare über seiner linken Schläfe weg. Über seinem Ohr wurde eine lange, ovale Narbe sichtbar. Scobie drehte sich, damit alle sie sehen konnten.

„Und was ist das? Haben sie dir da das Gehirn entfernt?"

Zack!

„Nein, wenn man jemandem das Gehirn entfernt, sogar jemandem wie dir, der so viel graue Zellen hat wie das Lichtspektrum …"

Kurze Gerade!

„… würde das eine viel größere Narbe geben. Allerdings, wenn ich genauer darüber nachdenke, würde in deinem Fall wahrscheinlich ein minimalinvasiver Eingriff ausreichen."

Kurze Gerade!

„Nein", fuhr James Scobie lässig fort, „da wurde mir ein Hirntumor entfernt."

Stille kroch durch den Raum wie ein geschlagener Hund.

„Ach, jetzt verstehe ich", sagte Barry Bagsley und seine Stimme troff vor Verachtung. „Wir sollen alle Mitleid mit dir haben, nicht wahr, dir das Händchen halten und dir den Hintern wischen, weil du krank bist. Darauf willst du doch raus?"

„Keineswegs", sagte James Scobie, als ob ihn dieser Gedanke überraschte. „Mir geht's wieder gut. Der Tumor ist weg. Aber die Operation hatte eine kleine Nebenwirkung."

„Ach ja? Sie hat aus dir einen Deppen gemacht?"

Zack!

„Nein, denn dann wären wir die besten Freunde."

Kurze Gerade!

„Ich freunde mich nicht mit Irren an."

Zack!

„Na ja, versuch's ruhig mal. Vielleicht bekommen sie Mitleid mit dir und senken ihre Ansprüche."

Kurze Gerade!

Barry Bagsleys Miene verfinsterte sich. Langsam wurde es richtig gemein. Oder, was Barry Bagsley anging, noch gemeiner.

„Ja, aber was ist denn passiert? Du weißt schon, bei der Operation und den Nebenwirkungen und so?" Barry warf Danny Wallace einen finsteren Blick zu, sodass dieser, allerdings wenig überzeugend, versuchte, seine Neugier zu verbergen, und rasch hinzufügte: „… falls mich das überhaupt interessieren würde."

„Wie ich bereits sagte, verlief die Operation zur Entfernung des Tumors erfolgreich. Aber dann merkte ich eines Tages, dass etwas anders war als vorher. Ich war anders. Schließlich fand ich heraus, was es war. Ich konnte keine Angst mehr empfinden. Ich versuchte es, aber ich konnte es einfach nicht."

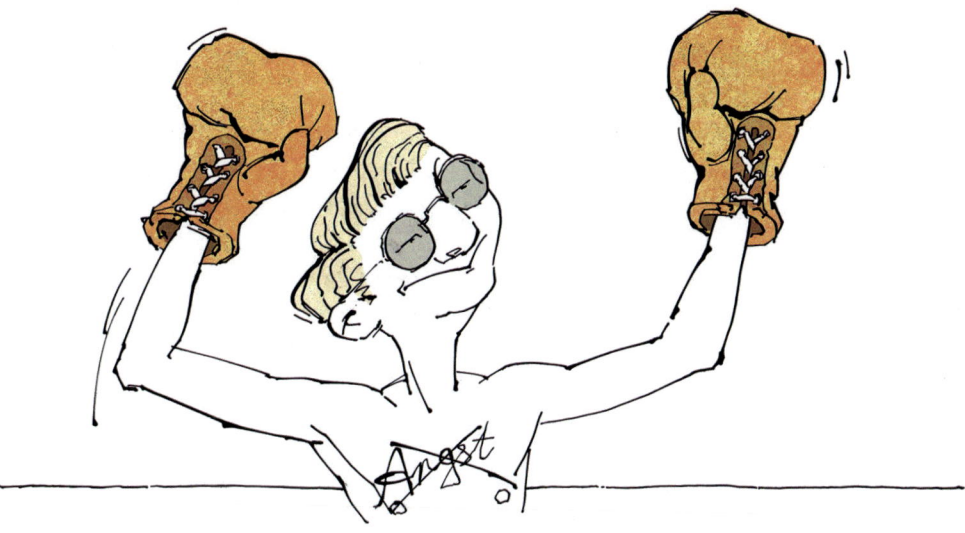

6 „Nennt mich nicht Ismael!" – Einen Jugendroman lesen und verstehen

1 Wie treten Scobie und Barry am Anfang und am Ende dieses Gesprächs auf? Verdeutlicht dies in zwei Standbildern (▶ S. 94, 345). Arbeitet in Gruppen und geht so vor:
a Entscheidet, wer Scobie und wer Barry spielen soll.
b Diskutiert, welche Gestik und Mimik am besten zu den beiden Figuren in den beiden Situationen passen. Probiert unterschiedliche Möglichkeiten aus.
c Stellt eure Standbilder vor. Gibt es ein Standbild, das die Gefühlslage und die Beziehung der beiden Figuren besonders gut darstellt? Belegt eure Meinung mit Textstellen.
Tipp: Ihr könnt eure Standbilder auch fotografieren, um Sprechblasen ergänzen und ausgedruckt in euer Lesetagebuch einfügen.

2 Was haltet ihr von dem Dialog zwischen Scobie und Barry? Schreibt eure Gedanken in euer Lesetagebuch. Belegt eure Meinung anhand des Textes.

3 „Vor unseren Augen fand ein Kampf statt, aber es war nicht der Showdown aus dem Western, wie ich zunächst vermutet hatte, sondern viel eher ein Boxkampf" (S. 124, Z. 66–69).
a Erklärt diese Metapher (▶ S. 73, 208), mit der der Ich-Erzähler den Dialog zwischen Scobie und Barry beschreibt.
b Auf welche Weise wird dieser „Boxkampf" auch sprachlich dargestellt? Nennt Textstellen.
c Benennt mindestens zwei Textstellen, an denen Scobie besonders deutlich Widerstand gegen Barry leistet. Begründet eure Wahl.
d Erläutert, wie sich Scobie in diesem „Boxkampf" verhält und ob er ihn gewinnt.

4 Sucht in Partnerarbeit weitere sprachliche Bilder (Vergleiche, Metaphern, ▶ S. 73, 208) aus dem Text heraus. Erklärt, wozu sie dienen bzw. welche Bedeutung sie haben, z. B.:
Z. 1: „Spatzenhirn" → sehr kleines Hirn, deshalb beleidigende Metapher für Dummheit/Beschränktheit
Z. 20–31: „sein grobknochiges Gesicht hing bedrohlich wie ein Todesstern vor Scobies Gesicht" → der Vergleich macht anschaulich, ...

5 Wie hat der „Boxkampf" auf Ismael gewirkt? Veranschaulicht mit Hilfe zweier Figurenskizzen (▶ Wissen und können), in welcher Beziehung Scobie, Ismael und Barry am Anfang und am Ende dieses „Boxwettkampfs" zueinander stehen, z. B.:

| **Wissen und können** | **Eine Figurenskizze erstellen** |

In einer **Figurenskizze** könnt ihr die **Beziehungen der Figuren veranschaulichen.**
- Ordnet die Namen der Figuren in einer passenden Reihenfolge an, z. B. nach dem Kräfteverhältnis, der Nähe zueinander, ...
- Zeichnet zwischen den Figuren **Pfeile,** die die **Beziehung verdeutlichen.**
- Beschriftet jeden Pfeil mit einem aussagekräftigen Wort, z. B.: *liebt, bewundert, hasst,* ...

Ein Lesetagebuch führen

1
a Vergleicht eure bisherigen Lesetagebucheinträge, indem ihr sie euch vorstellt. Welche orientieren sich eng am Text? In welchen setzt ihr euch ganz persönlich mit dem Roman auseinander?
b Tauscht euch aus: Welche Einträge fallen euch leichter?
c Tragt in euer Lesetagebuch weitere Beobachtungen und Überlegungen zu den Textauszügen aus „Nennt mich nicht Ismael!" ein.
d Hört euch eine Hörbuchszene aus dem Roman an. Notiert z. B., ob ihr die Charaktere vom Sprecher jeweils gut gesprochen findet. Hört euch ggf. das ganze Hörbuch an. Wurden Szenen ausgelassen?

Wissen und können	Lesetagebuch

- Eure **Leseerwartungen und -erfahrungen** zu einem Text (z. B. Roman) könnt ihr in einem Lesetagebuch festhalten. Gestaltet dazu ein besonderes Heft und notiert eure persönlichen Gedanken zum Gelesenen.
- Verfasst nach jedem Leseabschnitt (evtl. nach jedem Kapitel) einen Eintrag. Notiert z. B.:
  – persönliche Leseeindrücke und Fragen
  – Hinweise zu den Figuren, ihrem Charakter, ihrem Verhalten und ihrem Verhältnis zueinander
  – Beobachtungen zur Erzählweise und Auffälligkeiten der sprachlichen Gestaltung
  – Überlegungen zu Illustrationen, z. B. zum Buchcover; eigene gestalterische Entwürfe
  – ergänzende Informationen zum Autor, zum Thema, zu den Schauplätzen, …

2 Verfasst mit Hilfe eures Lesetagebuchs eine Textkritik zu „Nennt mich nicht Ismael!", in der ihr eure Arbeitsergebnisse zusammenfasst und eure Sicht auf den Roman darstellt.
a Beschreibt zunächst wesentliche Inhalte und Merkmale des Romans.
b Nehmt zum Schluss Stellung zum Roman, indem ihr eure Meinung zum Text begründet.
Die folgenden Textbausteine könnt ihr für eure Textkritik verwenden:

> In Michael Gerard Bauers Jugendroman „Nennt mich nicht Ismael!" erzählt der 14-jährige Ismael Leseur von seinen Erfahrungen und Problemen. Weil er von … gemobbt wird, … • Erst als Scobie, ein neuer Mitschüler, in die Klasse kommt, … • Ismael, die Hauptfigur des Romans, ist zugleich der Ich-Erzähler. Er beschreibt sehr genau, was … • Dabei spricht er die Leser immer wieder an, als seien sie … Auf diese Weise … • Ismael hat ein besonderes Talent: Er schreibt sehr anschaulich und humorvoll. So vergleicht er … • Mir haben die Textauszüge …, denn … Deshalb bewerte ich …

Wissen und können	Eine Textkritik schreiben

In einer **Textkritik** könnt ihr **zusammenfassend** eure **Ergebnisse**, euer **Verständnis** und eure **Sicht** auf einen Text darstellen. Beantwortet darin bei einem Erzähltext die folgenden Fragen:
- **Inhalt:** Was wird erzählt? Wie stehen die Figuren zueinander? Welche Konflikte gibt es? Ist der Inhalt interessant/spannend/glaubwürdig, …?
- **Erzählweise:** Wer erzählt? Wie sind Zeit und Raum gestaltet? Was gefällt euch, was nicht?
- **Sprache:** Welche Sprachbilder werden wofür verwendet? Ist das Buch lustig/langweilig, …?

Testet euch!

Den Charakter einer Figur erschließen

Nennt mich nicht Ismael! (Auszug 4)

Der neue Junge war kein Elefantenmensch oder so was. Eigentlich unterschied er sich gar nicht so sehr von allen anderen und doch war er gerade um so viel anders, dass er direkt in der Gefahrenzone stand. Nicht so viel anders, dass er Mitleid erwarten konnte, aber anders genug, um Barry Bagsleys Augen zum Leuchten zu bringen.

James Scobie war klein und ein bisschen zu adrett. Sein perfekt gescheiteltes Haar war aus der Stirn gekämmt wie eine Welle, kurz bevor sie sich bricht. Die Linien, die die Zähne des Kamms hinterlassen hatten, zeichneten sich so deutlich ab wie Fußabdrücke auf dem Mond. Seine Kleider sahen aus, als hätte sein Großvater ihn in Sachen Mode beraten: Die Strümpfe waren bis zu den Knien hochgezogen und an beiden Beinen genau gleich weit umgeschlagen. Sein Hemd steckte ordentlich in der kurzen Hose, die weit oben über der kleinen Rundung seines Bauches saß. Zu allem Überfluss war seine Haut so bleich, dass man befürchten musste, eine starke Brise könne blaue Flecken hinterlassen. All das wurde von der Klasse rasch registriert und dann ad acta gelegt. Was unsere Aufmerksamkeit wirklich erregte, war James Scobies Gesicht oder vielmehr noch, was er mit seinem Gesicht machte.

Das Gesicht an sich war nicht bemerkenswert, vielleicht ein bisschen pausbäckig, mit einer recht kleinen Nase und ein bisschen zu rosig an den Wangen, aber sonst war alles dort, wo es sein sollte. Allerdings verzog und verzerrte James Scobie seinen Mund immer wieder so sehr zu einer Seite, dass ein Auge von einem faltigen Blinzeln und einer wie eine Kapuze überhängenden Augenbraue verschluckt wurde. Dann entspannte sich sein Mund wieder und sein Gesicht zog sich in die Länge, während seine Augen hervorquollen wie bei dem Jungen in „Kevin allein zu Haus". Dann wiederholte sich das Ganze auf der anderen Seite des Gesichts. Und während all das geschah, wackelte James Scobies Nase hin und her, als ob er für die Hauptrolle im Remake von „Verliebt in eine Hexe" üben wollte.

1 Richtig, falsch oder anhand des Textes nicht überprüfbar?
Schreibt die folgenden Aussagen ab und notiert daneben
f = falsch, *r* = richtig oder *nü* = nicht überprüfbar.
- A Der neue Schüler fällt in der Klasse optisch gar nicht auf.
- B Das Gesicht des neuen Jungen zeigt eine komische Mimik.
- C Barry sieht in Scobie ein neues Opfer.
- D Scobie legt Wert auf moderne Kleidung.
- E Scobie lebt bei seinem Onkel.
- F Der neue Mitschüler ist schlank.

2 a Sucht zwei Vergleiche, mit denen der Erzähler Scobies Aussehen und Verhalten beschreibt.
b Schreibt zwei Textstellen heraus, in denen der Erzähler Scobie bewertet.

3 Vergleicht in Partnerarbeit eure Ergebnisse.

6.2 Im Debattierclub – Aus Sicht der Figuren argumentieren

Nennt mich nicht Ismael! (Auszug 5)

James Scobie findet durch seine Sprachbegabung bald große Anerkennung in der Schule. Als er einen Debattierclub gründet, überredet er den zunächst zögerlichen Ismael mitzumachen. Gemeinsam mit drei weiteren Jungen, Orazio, genannt Razza, Prindabel und Bill Kingsley, treten sie bei einem Debattierwettbewerb an und gewinnen Runde um Runde. Vor dem wichtigen Halbfinale eröffnet ihnen jedoch Miss Tarango, die Klassenlehrerin, dass James Scobie wegen seiner schweren Erkrankung ausfallen wird.

„Ohne Scobie sind wir verloren."
„Das ist genau die richtige Haltung, Prindabel. Soll ich dir helfen, die weiße Flagge zu hissen?"
„Ich nehme an, du übernimmst Scobies Rolle, Orazio?"
„Nein, aber wenigstens werfe ich nicht gleich das Handtuch, noch bevor ich auch nur das Thema kenne."
„Ähhhh ..." Das war eine heikle Sache. „Das hat Miss Tarango mir auch gesagt. Im Halbfinale ... ist das Thema geheim."
„Was? Das Thema ist geheim? Und woher wissen wir, worüber wir sprechen müssen?"
„Ich hab da eine Ahnung, Billy Boy", sagte Razza. Er legte Bill Kingsley den Arm um die Schulter und redete wie eine Kindergärtnerin. „Vielleicht, aber nur ganz vielleicht, wenn wir besonders brav sind und unser Gemüse aufessen, weihen sie uns in das Geheimnis ein, *bevor* wir mit der Debatte anfangen. Habe ich recht, Ismael?"
„Ja, wir bekommen das Thema am Abend. Dann werden wir mit ein paar Enzyklopädien[1] und Lexika in einen Raum gesperrt. Wir können mit niemandem von außerhalb sprechen. Für die Vorbereitung haben wir genau eine Stunde."
„Eine *Stunde*?", fragte Razza ungläubig. „Bei der letzten Debatte haben wir eine *Woche* gebraucht, um Kingsley auch nur das *Thema* zu erklären."
„Wollt ihr jetzt die wirklich schlechte Nachricht hören? Unser Gegner ist Preston College."
Ihr Mienenspiel sagte alles. Wenn du auf dem Preston College warst und nicht wenigstens Premierminister geworden bist, giltst du als Enttäuschung. Die Schüler vom Preston College fangen schon im Mutterleib an zu

---
1 die Enzyklopädie: umfangreiches Nachschlagewerk

debattieren. Wir waren definitiv in einer sehr schwierigen Lage. Der Trick bestand darin, optimistisch zu bleiben.

„Die machen uns nieder. Die machen Mus aus uns und treten uns in den Staub. Die massakrieren uns. Es wird ein Blutbad geben. Wir werden in Fetzen gerissen und geviertelt. Wir ersticken an unseren Eingeweiden."

„Sag mal, Prindabel, hast du jemals an eine Karriere als Motivationstrainer gedacht?"

„Ach ja, Orazio, ich vermute, *du* denkst, wir könnten *tatsächlich* gewinnen?"

„*Tatsächlich* denke ich das nicht. Das wäre ungefähr so wahrscheinlich, wie dass Kingsley einem dreifingrigen Faultier davonrennt. Aber *ich* bin wenigstens bereit, so zu *tun*, als könnten wir gewinnen."

„Ich nicht. Warum sollen wir uns was vormachen? Ich finde, wir sollten aufgeben. Wir sind ohnehin nur noch zu viert. Wenn zwei von uns sagen, dass sie krank sind, können sie nichts machen. Hört mal, wir haben es bis in die Endrunde geschafft, richtig? Wir haben uns besser geschlagen, als alle erwartet haben. Wenn wir sowieso verlieren, ist es doch egal, oder? Orazio macht sich vielleicht gern zum Narren, aber was ist mit euch anderen? Kingsley, was meinst du?"

„Mir egal."

„Das ist die richtige Einstellung, Billy Boy!", sagte Razza und schlug ihm auf die Schulter. „Was zählt schon eine Demütigung mehr im Leben, wie? Und was meinst du, Ismael?"

1 a Beschreibt, wie die einzelnen Teammitglieder in dieser Szene auf euch wirken.
   b Stellt zusammen, welche Schwierigkeiten sie für das Halbfinale sehen.

2 „Der Trick bestand darin, optimistisch zu bleiben" (Z. 41–42).
   a Erklärt, was der Erzähler mit diesem Satz meint.
   b Wie sollte Ismael eurer Meinung nach auf die Frage am Ende des Textauszugs reagieren? Begründet eure Vorschläge und diskutiert, welche Reaktion euch am sinnvollsten erscheint.

3 Ismael hat durch den Debattierclub an Selbstvertrauen gewonnen und fühlt sich Scobie verpflichtet.
   a Sammelt Begründungen, die Ismael anführen könnte, um sein Team vom Weitermachen zu überzeugen.
   b Ergänzt konkrete Beispiele und Vergleiche, um seine Begründungen zu stützen.
   c Verfasst eine Motivationsrede, mit der Ismael sein Team dafür gewinnen will, die Herausforderung anzunehmen.
   d Bewertet gegenseitig eure Reden.
   Tipp: Strukturiert eure jeweilige Rede durch einen klaren Aufbau:
   – Klärt im Einleitungssatz die Situation und führt im Hauptteil drei Argumente an.
   – Beendet die Rede mit einem Satz, der einen motivierenden Appell (▶ S. 312) formuliert.

Wissen und können   **Aus Sicht einer Figur argumentieren**

Um aus Sicht einer literarischen Figur zu argumentieren, müsst ihr **in deren Rolle schlüpfen:**
- Klärt dazu die **Situation,** in der sich die Figur befindet.
- Beachtet den **Charakter** und die **Lebensumstände,** die die Figur prägen.
- Berücksichtigt, **mit wem sie spricht** und was sie **erreichen** möchte.

Entscheidend ist also nicht, wie ihr euch selbst in einer solchen Situation verhalten würdet, sondern welche Argumentation und welches Auftreten am besten zu der Figur passen.

Fordern und fördern – Aus Sicht einer Figur argumentieren

Nennt mich nicht Ismael! (Auszug 6)

Ismael und seine Debattierfreunde verlieren das Halbfinale zwar knapp, dennoch gewinnen sie für ihre Teilnahme viel Anerkennung an ihrer Schule. Gleichzeitig spürt Ismael, dass dies Barry Bagsley zu neuen Demütigungen anstachelt.

Barry Bagsley schlug am Nachmittag zu. Rückblickend muss ich sagen, dass es schon während der Mittagspause genügend Warnzeichen gegeben hatte. Danny Wallace und Doug Savage lungerten bei den Schließfächern herum, und später drängten sie sich beide zusammen mit Barry Bagsley um einen Computer in der Bibliothek. Das allein hätte ausreichen müssen, um alle Alarmglocken läuten zu lassen. Barry Bagsley an einem Computer ... in der Bibliothek! Meine einzige Entschuldigung war, dass meine Sensoren durch die vergangenen Bagsley-freien Monate abgestumpft waren.

Nach der Schule begegnete ich Bill Kingsley zufällig bei den Schließfächern. Seine Schulmappe lag offen zu seinen Füßen, und alle Bücher und Schnellhefter lagen verstreut auf dem Boden. „Was ist los, Bill? Was verloren?" „Ja, das Debattierding, die Urkunde." Ich muss zugeben, dass mich das nicht besonders erstaunte. Bill Kingsley verlor dauernd etwas. Letztes Jahr verbrachte er einen ganzen Tag mit der Suche nach seinem „guten" Füller, bis jemand Mitleid hatte und ihn darauf hinwies, dass er hinter seinem Ohr steckte. „Wo hast du sie hingelegt?" „Ich bin sicher, dass ich sie gleich in mein Schließfach gelegt habe. Ich bin mir ganz sicher." „Hast du abgeschlossen?" „Geht nicht, ich habe im letzten Schuljahr den Schlüssel verloren." „Du kannst doch einen Ersatzschlüssel bekommen. Für fünf Dollar, von Mr Grayson." „Ich weiß. Das war ja der Schlüssel, den ich verloren habe."

„Oh … meinst du, jemand hat sie geklaut?", sagte ich, und die Erinnerung an Danny Wallace und Doug Savage, die genau hier herumschlichen, blitzte in meinem Kopf auf. „Wer sollte eine Debattierurkunde klauen, auf der mein Name steht?" Ich musste zugeben, da hatte er nicht ganz Unrecht. „Hast du in deiner Mappe nachgeschaut?" „Klar, aber da ist sie nicht." „Und du hast sie ganz bestimmt nicht mit ins Klassenzimmer genommen?" „Nein. Ich habe sie direkt in mein Schließfach gelegt, damit ich sie nicht verliere", sagte er niedergeschlagen. „Ich wollte sie Mum und Dad zeigen." „Vielleicht ist sie in ein Buch oder in einen Schnellhefter gerutscht. Wir sollten auch in deinem Pult im Klassenzimmer nachschauen, für alle Fälle." „In Ordnung", willigte er widerstrebend ein, „aber ich wette, sie ist nicht da." Doch da irrte er sich, denn genau da war sie: Als Bill sein Pult aufklappte, sprang ihm die Urkunde entgegen. Jemand hatte sie mit zwei Reißwecken innen am Pultdeckel befestigt. Aber der Fund machte Bill Kingsley nicht glücklich. Ich sah, wie sich Enttäuschung auf seinem Gesicht abzeichnete und seine Augen sich verdunkelten wie schmelzendes Glas. Jemand hatte genau in die Mitte seiner Urkunde ein Bild von Jabba dem Hutten geklebt. Unten waren einige Wörter ausgestrichen und krakelig überschrieben worden. Statt *Verliehen an: William*[1] *Kingsley Für: Teilnahme an der Debattier-Endrunde in Klasse 9* stand nun mit dickem schwarzem Stift hingekritzelt *Verliehen an: William King*-SIZE *Für:* WEIL ER EIN GROßER, FETTER SCHEIßHAUFEN IST!

Ich schaute Bill an und musste an sein Gesicht nach der letzten Debatte denken. Jetzt wirkte er benommen und verzweifelt. Ich riss die Bescheinigung von der Platte ab. „Jetzt reicht's. Ich zeige das Barker." „Nein, Ismael, mach das nicht." „Mensch, das ist das Werk von Bagsley und seinen Kumpeln. Ich weiß es. Ich habe gesehen, wie sie heute bei den Schließfächern rumgelungert sind, und danach waren sie im Computerraum. Da haben sie das Bild runtergeladen. Ich lasse nicht zu, dass sie ungeschoren davonkommen." „Warte. Vergiss es, ja? Es ist nur ein Stück Papier. So wichtig ist das auch wieder nicht. Es ist egal. Vergiss es einfach." „Es ist wichtig. Es ist nicht egal. Diese Schweinehunde haben kein Recht …" „Hör zu, Ismael, es ist meine Urkunde, ja? Es ist nicht dein Problem. Gib sie mir … bitte." Ich konnte den Schmerz in Bill Kingsleys Stimme nicht ignorieren und reichte ihm seine Urkunde. Ohne einen Blick darauf zu werfen, knüllte er sie zusammen und stopfte sie in seine Mappe. „Sie sollten nicht ungeschoren davonkommen, Bill." „Mir egal. Es muss niemand davon erfahren." Danach gingen wir schweigend nebeneinanderher zur Bushaltestelle. „Bis morgen." „Ja, okay … und danke für deine Hilfe … du weißt schon … mit der Urkunde und so."

---

1 Bill ist die Kurzform für William

Fordern und fördern – Aus Sicht einer Figur argumentieren

1 Um die Sicht einer Figur einzunehmen, müsst ihr genau wissen, was geschieht. Gliedert den Textauszug (▶ S. 131–132) in vier Abschnitte und benennt im Heft die Handlungsschritte, z. B.:

> 1 Rückblick auf die Mittagspause (Z. 1–…)
> – …
> 2 Ismael hilft Bill beim Suchen seiner Urkunde (Z. …–…)
> – Bill hat seine Schulmappe …
> 3 Sie finden die verunstaltete Urkunde (Z. …–…)
> – Sie entdecken die Urkunde in Bills Pult.
> – …
> 4 … (Z. …–…)
> – …

▶ Eine Hilfe zu Aufgabe 1 findet ihr auf Seite 134.

2 Das Geschehen wird aus der Perspektive (Sicht) Ismaels erzählt. Wie erlebt er in dieser Situation seinen Freund Bill? Was empfindet Bill wohl, als sie die Urkunde finden?
Notiert im Heft zu den Abschnitten 2, 3 und 4 Begriffe, wie dieser sich fühlt, z. B.:
– Abschnitt 2: verzweifelt, verwirrt, …
– Abschnitt 3: enttäuscht, …
– Abschnitt 4: …

▶ Hilfe zu 2, Seite 134

3 Ismael überlegt, wie er Bill helfen könnte: Soll er einen Lehrer informieren?
Barry zur Rede stellen? Sich an seine Eltern wenden?
Sammelt im Heft Begründungen, die für die jeweiligen Verhaltensweisen sprechen, z. B.:

Einen Lehrer (Mr Barker) informieren?	Barry zur Rede stellen?	Sich an seine Eltern wenden?
– Barry bekäme eine Schulstrafe	– …	– …
– …	– …	– …
– …	– …	– …

▶ Hilfe zu 3, Seite 134

4 Entscheidet euch für das Vorgehen, das eurer Meinung nach am besten zu Ismael passt.
Schreibt auf, wie Ismael Bill am nächsten Tag von seinem Standpunkt überzeugen will.
Formuliert in der Ich-Form, z. B.:
„Bill, hör zu, ich habe noch einmal nachgedacht. Was Barry und seine Freunde gemacht haben, war wirklich eine Riesengemeinheit. Ich finde, wir sollten …"

▶ Hilfe zu 4, Seite 134

5 a Lest euch in Partnerarbeit eure Texte vor. Prüft, ob die Argumentation Bill überzeugen würde.
b Kennt ihr ähnliche Situationen? Diskutiert, welches Verhalten für euch angemessen wäre.

Fordern und fördern – Aus Sicht einer Figur argumentieren

Aufgabe 1 mit Hilfe
Um die Sicht einer Figur einzunehmen, müsst ihr genau wissen, was geschieht.
Ordnet im Heft die nachstehenden Handlungsschritte den Abschnitten 1 bis 4 des Textauszugs (▶ S. 131–132) richtig zu und ergänzt sie:
1 *Rückblick auf die Mittagspause (Z. 1–14)*
2 *Ismael hilft Bill beim Suchen seiner Urkunde (Z. 14–51)*
3 *Sie finden die verunstaltete Urkunde (Z. 51–…)*
4 *Bill und Ismael diskutieren, wie sie sich verhalten sollen (Z. …–…)*

> Sie entdecken die Urkunde in Bills Pult. • Ismael erfährt, dass Bill seine Urkunde vom Debattierwettbewerb sucht. • Ismael erinnert sich, dass … • … • Ismael möchte einen Lehrer, Mr Barker, informieren. • Bill hat seine Schulmappe ausgeleert. • Bill erklärt Ismael, warum er sein Schließfach nicht mehr absperren kann. • …

Aufgabe 2 mit Hilfe
Das Geschehen wird aus der Perspektive (Sicht) Ismaels erzählt. Wie erlebt er in dieser Situation seinen Freund Bill? Was empfindet Bill wohl, als sie die Urkunde finden?
Notiert im Heft zu den Abschnitten 2, 3 und 4 Begriffe, wie dieser sich fühlt, z. B.:
– *Abschnitt 2: verzweifelt, …*
– *Abschnitt 3: enttäuscht, …*
– *Abschnitt 4: …*

> verzweifelt • enttäuscht • frohgemut • ängstlich • dankbar • mutlos • unternehmungslustig • traurig • wütend • verwirrt • gelangweilt • hasserfüllt • beschämt • unverdrossen • peinlich berührt • unsicher • stark • panisch

Aufgabe 3 mit Hilfe
Ismael überlegt, wie er Bill helfen könnte.
Ordnet im Heft die folgenden Begründungen den Möglichkeiten 1 bis 3 sinnvoll zu und vervollständigt sie. Soll er:
1 einen Lehrer informieren?   2 Barry zur Rede stellen?   3 sich an seine Eltern wenden?

> Barry käme nicht ungeschoren davon. • Die Mobbing-Attacken … • Barry müsste sich der Schulleitung gegenüber … • Barry bekäme eine Schulstrafe. • Wenn sie Barry selbst ansprechen, würden sie ihm beweisen, dass … • Er und Bill würden sich … fühlen, wenn sie die Situation nicht … • Erwachsene können anders … • Sie müssten nicht selbst vorgehen, sondern nur …

Aufgabe 4 mit Hilfe
Entscheidet euch für das Vorgehen, das eurer Meinung nach am besten zu Ismael passt.
Schreibt auf, wie Ismael Bill am nächsten Tag von seinem Standpunkt überzeugen will, z. B.:
„Bill, nach dieser Sache mit der Urkunde möchte ich dir einfach helfen. Ich weiß, du willst, dass … Doch ich habe noch einmal nachgedacht. Was Barry und seine Freunde gemacht haben, war wirklich gemein. Ich finde, wir sollten … Dafür sprechen mehrere Gründe: Zum einen … / Außerdem … / Und wenn du wirklich willst, dass Barry mit seinen Attacken aufhört, dann … / Also überlege noch mal, ob … / Ich stehe dir …

6.3 Fit in … – Die Sicht einer Figur einnehmen

Stellt euch vor, ihr erhaltet folgende Schulaufgabe:

Aufgabe
Lies den folgenden Textauszug. Schreibe anschließend aus der Sicht Ismaels einen Brief an deinen Freund Scobie, in dem du dein Verhalten bei der Abschlussfeier begründest. Erzähle ihm von deinem Vorhaben und erkläre, wieso du dich anders entschieden hast.

Nennt mich nicht Ismael! (Auszug 7)

Bei der Feier am Schuljahresende bekommt Ismael die Gelegenheit, sich an Barry zu rächen. So will Ismael vor allen Schülern und Eltern die folgende Fürbitte vortragen: „Lasst uns darum beten, dass Barry Bagsley lernt, andere Leute einfach so zu lassen, wie sie sind, statt sie zu drangsalieren und zu erniedrigen." Bevor Ismael auf die Bühne geht, zeigt er Barry die Fürbitte.

Wir stiegen die Stufen zur Bühne hinauf […]. Ich beobachtete Barry Bagsley ganz genau. Es passierte etwas mit ihm. Er versuchte zwar weiterhin, seinen wütenden Blick aufrechtzuerhalten, aber es gelang ihm nicht. Seine Augen schossen unruhig hin und her. Einmal drehte er sich sogar um und warf einen flüchtigen Blick auf den hinteren Teil der Turnhalle. Als er wieder Blickkontakt zu mir aufnahm, spiegelten sich die unterschiedlichsten Emotionen auf seinem Gesicht wider. Und irgendwo zwischen der ganzen Arroganz, dem Zorn, dem Trotz und der Drohung blitzte kurz, aber unverkennbar Panik auf. […] Ich zog das Mikrofon zu mir herunter und beugte mich ein bisschen nach vorn. „Lasst uns beten." Meine Stimme füllte die Halle. Ich hatte das Gefühl, als komme sie von einem anderen, von irgendwoher außerhalb meines Körpers. Zum ersten Mal in meinem Leben stand ich vor einem Publikum, ohne im Mindesten nervös zu sein. Ich schaute zu Barry Bagsley hinunter. Er drückte sich in seinen Sitz hinein, als spürte er den Schub einer startenden Rakete. Sein Kopf bewegte sich immer noch hin und her, aber so minimal, dass nur ich es bemerkte. Seine Lippen formten immer noch Worte, aber jetzt erkannte ich nur „nein", „nicht" und „bitte". Ich sah ihm in die Augen. Die Arroganz war verschwunden. Ich sah nur noch Angst und Verzweiflung. Es waren die Augen eines Menschen, der wusste, dass es keinen Ausweg gab. „Lasst uns beten, dass Barry …" Ich sprach langsam und deutlich, und als ich seinen Namen sagte, versank Barry Bagsley tief in seinem Sitz, wie ein Boxer, der weiß, dass er die nächste Runde nicht übersteht. Seine Augen hatten sich noch einmal verändert. Sie wirkten jetzt matt, leer und geschlagen. Dieser Ausdruck kam mir bekannt vor. Ich hatte ihn schon viele Male gesehen. Ich hatte ihn auf dem Gesicht von Kelly Faulkners kleinem Bruder gesehen und bei Bill Kingsley. Auch ich hatte oft so geschaut. […] Jetzt war er [der Augenblick] gekommen. Ich würde Rache nehmen. Noch einmal fing ich mit meiner Fürbitte an. Ich wollte das gut machen. „Lasst uns beten …" Ich hielt die Harpune in der Hand. „… dass Barry …" Ich hob sie an und fasste Tritt. „… dass Barry …" Jetzt muss ich sie nur noch werfen. „… dass … Barrieren, die uns trennen und uns einander fernhalten, überwunden werden und dass wir lernen, gut miteinander auszukommen."

Die Aufgabe richtig verstehen

1 Lest die Aufgabenstellung sorgfältig. Erklärt euch in Partnerarbeit, was genau ihr machen sollt und worauf ihr bei der Bearbeitung achten müsst.

Ideen sammeln und einen Schreibplan erstellen

2 Haltet fest, was in diesem Textauszug passiert. Gliedert ihn in Handlungsschritte und notiert jeweils, wie Ismael Barrys Verhalten wahrnimmt, z. B.:

> 1 Ismael betritt Bühne und beobachtet Barry (Z. 1–…)
> – Barry bricht Blickkontakt ab, wird unruhig
> – …
> 2 Ismael tritt vor, um seine Fürbitte zu verlesen (Z. …–…)
> – …
> 3 Ismael liest Fürbitte in veränderter Form vor (Z. …–…)
> – …

3 Notiert Ideen, warum Ismael seine Drohung nicht wahr macht:
– Wie bewertet Ismael Barrys Verhalten? Was denkt er über ihn?
– Wie fühlt er sich, als er vor der großen Menge auftritt?
– Was könnte ihn dazu gebracht haben, dass er darauf verzichtet, sich an Barry zu rächen?

4 Plant den Aufbau des Briefs und ordnet eure Ideen:
Wie beginnt euer Brief? Was steht im Hauptteil? Was wollt ihr Scobie zum Schluss sagen?
Tipp: Bedenkt, dass nicht klar ist, ob Scobie an die Schule zurückkehren wird.

Den Brief formulieren und überarbeiten

5 Schreibt den Brief an James Scobie in der Ich-Form. Nutzt folgende Satzbausteine:

> Du weißt ja, dass Barry uns … • Doch dann kam die Gelegenheit, ihn ein für alle Mal … • Er wusste, dass ich … • Du hättest sein Gesicht sehen sollen, als ich … • Ich glaube, dass Barry … • Zum allerersten Mal hatte ich das Gefühl … • In diesem Moment … • Rache zu nehmen schien mir mit einem Mal … • Als ich die Fürbitte gesprochen hatte, fühlte ich mich … • Ich befürchte zwar …, aber … • Ich wünschte, du …

6 Gebt euch in Partnerarbeit mit Hilfe der Checkliste Tipps, was ihr noch verbessern könnt.

Aus der Sicht einer Figur einen Brief schreiben
- **Einleitung:** Seid ihr auf den Adressaten eingegangen? Habt den Anlass eures Briefs genannt?
- **Hauptteil:** Habt ihr erzählt, was passiert ist und welche Gedanken und Gefühle ihr dabei hattet? *(Hier: geplante Rache, Bewertung von Barrys Verhalten, Gründe für den Sinneswandel)*
- **Schluss:** Habt ihr mit Blick auf den Adressaten einen Ausblick auf die Zukunft gegeben bzw. einen Wunsch oder eine Frage geäußert?
- **Sprache und Inhalt** eures Briefs: Passen sie zur Figur und zur Handlung der Romanvorlage?

7 „Die Mitternacht zog näher schon" –
Balladen verstehen und gestalten

Und sieh! Und sieh! an weißer Wand
Da kam's hervor wie Menschenhand;

Und schrieb, und schrieb an weißer Wand
Buchstaben von Feuer, und schrieb und schwand.

Rembrandt Harmenszoon van Rijn:
Das Gastmahl des Belsazar
(Öl auf Leinwand, 1635)

1 Entscheidet euch für eine Figur in Rembrandts Gemälde. Ahmt sie in Körperhaltung, Gestik und gegebenenfalls Mimik nach. Wie wirkt die Figur auf euch?

2 Stellt Vermutungen darüber an, was vor und nach der Szene im Gemälde passiert sein könnte. Zieht dazu die beiden Strophen heran.

3 Balladen sind Gedichte, die ein spannendes Ereignis darstellen. Diskutiert, wie man ein Gedicht gestalten könnte, damit es spannend ist. Bezieht eure Erzählerfahrungen mit ein.

In diesem Kapitel ...

– lernt ihr Balladen kennen und tragt sie wirkungsvoll vor,
– findet ihr heraus, welche Merkmale Balladen haben,
– schreibt ihr eine Ballade in einen Zeitungstext um,
– gestaltet ihr eine Ballade als szenisches Spiel und als Hörspiel.

7.1 Von Mut und Übermut – Balladen lesen und untersuchen

Eine Ballade verstehen und vortragen

Heinrich Heine (1797–1856)

Belsatzar

Die Mitternacht zog näher schon;
In stummer Ruh lag Babylon[1].

Nur oben in des Königs Schloss,
Da flackert's, da lärmt des Königs Tross[2].

5 Dort oben in dem Königssaal,
Belsatzar hielt sein Königsmahl.

Die Knechte saßen in schimmernden Reih'n,
Und leerten die Becher mit funkelndem Wein.

Es klirrten die Becher, es jauchzten die Knecht';
10 So klang es dem störrigen Könige recht.

Des Königs Wangen leuchten Glut;
Im Wein erwuchs ihm kecker Mut.

Und blindlings reißt der Mut ihn fort;
Und er lästert die Gottheit mit sündigem Wort.

15 Und er brüstet sich frech, und lästert wild;
Die Knechtenschar ihm Beifall brüllt.

Der König rief mit stolzem Blick;
Der Diener eilt und kehrt zurück.

Er trug viel gülden[3] Gerät auf dem Haupt;
20 Das war aus dem Tempel Jehovas[4] geraubt.

---

1 Babylon: antike Stadt am Fluss Euphrat; ca. 90 km südlich von Bagdad im heutigen Irak
2 der Tross: das Gefolge, die Anhänger
3 gülden: golden
4 Jehova (Jahwe): Name Gottes im Hebräischen

Und der König ergriff mit frevler Hand
Einen heiligen Becher, gefüllt bis am Rand.

Und er leert ihn hastig bis auf den Grund,
Und rufet laut mit schäumendem Mund:

25 „Jehova! dir künd ich auf ewig Hohn, –
Ich bin der König von Babylon!"

Doch kaum das grause Wort verklang,
Dem König ward's heimlich im Busen bang.

Das gellende Lachen verstummte zumal;
30 Es wurde leichenstill im Saal.

Und sieh! und sieh! an weißer Wand
Da kam's hervor wie Menschenhand;

Und schrieb, und schrieb an weißer Wand
Buchstaben von Feuer, und schrieb und schwand.

35 Der König stieren Blicks da saß,
Mit schlotternden Knien und totenblass.

Die Knechtenschar saß kalt durchgraut,
Und saß gar still, gab keinen Laut.

Die Magier kamen, doch keiner verstand
40 Zu deuten die Flammenschrift an der Wand.

Belsatzar ward aber in selbiger Nacht
Von seinen Knechten umgebracht.

1 a Hört euch die Ballade „Belsatzar" an oder lest sie leise für euch durch.
b Wie wirkt die Ballade auf euch? Wählt eine der folgenden Möglichkeiten und begründet eure Wahl mit Beispielen aus dem Text.

| fröhlich | gruselig | beängstigend | lustig | verwirrend |

2 Fasst mit eigenen Worten zusammen, was König Belsatzar in dieser Nacht macht. Konzentriert euch auf die Strophen, in denen der König genannt wird.

3 Findet in Partnerarbeit Gegensätze im Text und erklärt ihre Funktion, z. B.:
„Wangen leuchten" (V. 11) ↔ „totenblass" (V. 36):
Der Gegensatz zeigt, wie sich im Verlauf der Handlung Belsatzars ...

4
a Stellt Vermutungen darüber an, was der Inhalt der Flammenschrift an der Wand sein könnte.
b Vergleicht eure Vermutungen anhand der folgenden biblischen Geschichte (Buch Daniel).
c Recherchiert den Begriff „Menetekel" und setzt ihn in Beziehung zur Ballade.
d Diskutiert, warum Belsatzar am Ende umgebracht wird.

Da wurden die heiligen goldenen und silbernen Gefäße herbeigebracht, die aus dem jüdischen Tempel, aus dem Hause Gottes zu Jerusalem, gestohlen worden waren; und der König und seine Leute tranken daraus. Und als sie so tranken, lobten sie ihre Götter.
Im gleichen Augenblick tauchten Finger wie von einer Menschenhand auf, die schrieben auf die
5 Wand in dem königlichen Saal. Und der König erblickte die Hand, die da schrieb. Da erbleichte der König und seine Gedanken erschreckten ihn, sodass er wie gelähmt war und ihm die Beine zitterten. Und der König rief laut, dass man die Weisen, Gelehrten und Wahrsager herbeiholen solle. Da wurde der jüdische Prophet Daniel vor den König geführt. Daniel sprach: „So aber lautet die Schrift, die dort geschrieben steht: *Mene mene tekel u-parsin*. Und sie bedeutet dies: *Mene*, das
10 ist, Gott hat dein Königtum gezählt und beendet. *Tekel*, das ist, man hat dich auf der Waage gewogen und findet dich zu leicht. *Peres*, das ist, dein Reich wird zerteilt und den Medern und Persern gegeben." Da befahl Belsatzar, dass man Daniel mit Purpur kleiden und ihm eine goldene Kette um den Hals geben sollte, und er ließ von ihm verkünden, dass er der Dritte im Königreich sei. Aber in derselben Nacht wurde Belsatzar, der König der Chaldäer, getötet.

5 Rembrandt und Heine beziehen sich beide auf diese biblische Geschichte.
a Gebt an, welche Zeilen der biblischen Geschichte durch das Gemälde (▶ S. 137) und welche durch die Ballade wiedergegeben werden.
b Stellt Vermutungen darüber an, warum das Gemälde sich auf diese und die Ballade sich auf jene Zeilen bezieht. Bedenkt die unterschiedliche Darstellungsform.
c Stellt im Heft gegenüber, wie Rembrandt im Bild und Heine in der Ballade Spannung erzeugen, z. B. so:

	Rembrandts „Gastmahl"	Heines „Belsatzar"
Gefühle	…	…
Gesten	…	…
…	…	…

6 Übt den Vortrag von Heines „Belsatzar".
Bereitet euch mit einer Kopie des Textes vor.
a Markiert am Textrand den Spannungsverlauf und besonders wichtige Strophen.
b Erklärt inhaltlich, warum sich in den Versen 14 und 15 das Metrum vom Jambus zum Anapäst (▶ S. 145) ändert.
c Verseht euren Text mit passenden Betonungszeichen, z. B.:

Das <u>gellen</u>de <u>Lachen</u> | verstummte zumal ◀

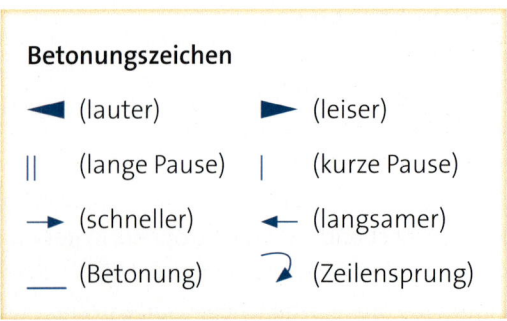

Betonungszeichen

◀ (lauter)   ▶ (leiser)
‖ (lange Pause) | (kurze Pause)
→ (schneller)   ← (langsamer)
__ (Betonung)   ↵ (Zeilensprung)

d Vergleicht in Partnerarbeit eure Ergebnisse. Probiert jeweils euren Vortrag aus.

Merkmale von Balladen kennen lernen

Friedrich Schiller (1759–1805)
Der Handschuh (Strophen 1–6)

Vor seinem Löwengarten,
Das Kampfspiel zu erwarten,
Saß König Franz,
Und um ihn die Großen der Krone,
5 Und rings auf hohem Balkone
Die Damen in schönem Kranz[1].

Und wie er winkt mit dem Finger,
Auf tut sich der weite Zwinger[2],
Und hinein mit bedächtigem Schritt
10 Ein Löwe tritt,
Und sieht sich stumm
Rings um,
Mit langem Gähnen,
Und schüttelt die Mähnen,
15 Und streckt die Glieder,
Und legt sich nieder.

Und der König winkt wieder,
Da öffnet sich behänd
Ein zweites Tor,
20 Daraus rennt
Mit wildem Sprunge
Ein Tiger hervor.
Wie der den Löwen erschaut,
Brüllt er laut,
25 Schlägt mit dem Schweif
Einen furchtbaren Reif
Und recket die Zunge,
Und im Kreise scheu
Umgeht er den Leu[3]
30 Grimmig schnurrend,
Darauf streckt er sich murrend
Zur Seite nieder.

Und der König winkt wieder,
Da speit das doppelt geöffnete Haus
35 Zwei Leoparden auf einmal aus,
Die stürzen mit mutiger Kampfbegier
Auf das Tigertier,
Das packt sie mit seinen grimmigen Tatzen,
Und der Leu mit Gebrüll
40 Richtet sich auf, da wird's still,
Und herum im Kreis,
Von Mordsucht heiß,
Lagern sich die gräulichen Katzen.

Da fällt von des Altans[4] Rand
45 Ein Handschuh von schöner Hand
Zwischen den Tiger und den Leu'n
Mitten hinein.

Und zu Ritter Delorges, spottender Weis',
Wendet sich Fräulein Kunigund:
50 „Herr Ritter, ist Eure Lieb' so heiß,
Wie Ihr mir's schwört zu jeder Stund,
Ei, so hebt mir den Handschuh auf."

---

1 der Kranz, hier: Kreis, Runde
2 der Zwinger: Käfig für wilde Tiere
3 der Leu: altes Wort für „Löwe"
4 der Altan: auf Säulen gestützter Balkon

1 a Lest die ersten sechs Strophen der Ballade „Der Handschuh".
Überlegt in Partnerarbeit, wie die Ballade ausgehen könnte. Was wird der Ritter tun?
b Stellt eure Ideen für den Schluss vor.
Erklärt, warum ihr euch für diesen Ausgang der Geschichte entschieden habt.

2 Lest das Ende der Ballade (Strophen 7–8).
Begründet, ob euch der Schluss überrascht.

Und der Ritter in schnellem Lauf
Steigt hinab in den furchtbarn Zwinger
55 Mit festem Schritte,
Und aus der Ungeheuer Mitte
Nimmt er den Handschuh mit keckem Finger.

Und mit Erstaunen und mit Grauen
Sehen's die Ritter und Edelfrauen,
60 Und gelassen bringt er den Handschuh zurück.
Da schallt ihm sein Lob aus jedem Munde,
Aber mit zärtlichem Liebesblick –
Er verheißt ihm sein nahes Glück –
Empfängt ihn Fräulein Kunigunde.
65 Und er wirft ihr den Handschuh ins Gesicht:
„Den Dank, Dame, begehr ich nicht",
Und verlässt sie zur selben Stunde.

3 Untersucht, wie in der Ballade das Geschehen dargestellt wird.
   a Fasst jede Strophe mit einer aussagekräftigen Überschrift zusammen.
   b Löwe, Tiger, Leoparden – erklärt, warum so viele Verse auf die Aufzählung und Darstellung der Raubtiere verwendet werden.
   c Gestaltet im Heft mit Hilfe eurer Überschriften eine Spannungskurve nach dem folgenden Muster. Tragt ein, wo ihr die Einleitung, den Höhepunkt und den Schluss der Ballade seht.
   d Lasst euch die Hörfassung vorspielen oder lest sie laut vor.
Prüft, ob die Sprecherin oder der Sprecher eurer Spannungskurve folgt.

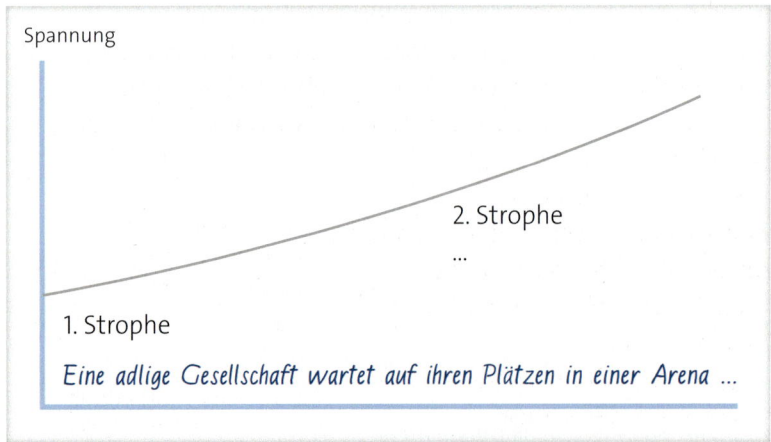

4 **a** Balladen sind auch Gedichte. Beschreibt dazu die äußere Form der Ballade.
Verwendet die Begriffe „Vers", „Strophe" und „Reim" (▶ S. 315).
   b Erklärt den Aufbau der Ballade mit Bezug auf den Inhalt (▶ Aufgabe 3).

5 In „Der Handschuh" finden sich an zwei Stellen wörtliche Reden (V. 50–52 und V. 66):

> *Herr Ritter, ist Eure Lieb' so heiß,*
> *Wie Ihr mir's schwört zu jeder Stund,*
> *Ei, so hebt mir den Handschuh auf.*

> *Den Dank, Dame, begehr ich nicht!*

a Übertragt die Sprechblasen in euer Heft und ergänzt sie durch Denkblasen, die die Gedanken der beiden Figuren in der jeweiligen Situation darstellen.
b Tragt eure Ergebnisse mit verteilten Rollen vor. Sprecht die Gedanken laut aus. Achtet darauf, dass die innere Haltung der Figuren deutlich wird.
c Diskutiert in eurer Klasse das Verhalten von Dame und Ritter.

6 a Vergleicht in Partnerarbeit das folgende „Wissen und können" zur Textsorte Ballade mit euren Ergebnissen zu den Aufgaben 2 bis 5 (▶ S. 142–143).
b Erläutert gemeinsam schriftlich, warum Schillers „Der Handschuh" eine Ballade ist, z. B.:
Bei Friedrich Schillers Text „Der Handschuh" handelt es sich um eine Ballade, da …

7 Tauscht euch darüber aus, was ihr unter einer Ballade versteht, wenn ihr z. B. Musik hört.

Wissen und können · Die Ballade

- Die Ballade ist meist ein **längeres Gedicht über** ein **ungewöhnliches oder spannendes Ereignis.** Dieses Ereignis kann erfunden oder wirklich passiert sein. Im Mittelpunkt der Ballade steht oft eine Figur, die eine gefahrvolle Situation meistern muss.
- Balladen haben mit vielen anderen Gedichten gemeinsam, dass sie meist in **Strophen** (▶ S. 315) gegliedert und **gereimt** sind (▶ S. 315) sowie ein **Metrum** (▶ S. 145) besitzen.
- Viele Balladen haben einen Aufbau, der sich in Form einer **Spannungskurve** darstellen lässt. Nach der Einleitung spitzt sich die **Handlung** bis zum **Höhepunkt** zu. Am **Schluss** folgt die Auflösung.
- Balladen enthalten oft **wörtliche Reden** der Figuren (Monologe, Dialoge), die an die Szenen eines Theaterstücks erinnern.
- In ihrer Wirkung setzen Balladen auf Spannung, sie können aber auch belehrend oder lustig sein.
- Johann Wolfgang Goethe (1749–1832) bezeichnete die **Ballade** als Ur-Ei der Dichtkunst, weil sie **alle Gattungen** (Lyrik, Epik, Dramatik) in sich vereint.
- Viele Balladen sind vertont worden. Die Tradition der gesungenen Ballade hat in der Rock- und Popmusik ihre Fortsetzung gefunden.

EPIK abgeschlossene Geschichte wird erzählt

LYRIK Metrum, Strophe, Reim

Ballade

DRAMATIK dramatischer Handlungsverlauf, Dialoge und Monologe der Figuren

Eine Ballade inhaltlich verstehen und formal untersuchen

Johann Wolfgang Goethe (1749–1832)

Der Fischer

Das Wasser rauscht', das Wasser schwoll,
Ein Fischer saß daran,
Sah nach der Angel ruhevoll,
Kühl bis ans Herz hinan.
5 Und wie er sitzt und wie er lauscht,
Teilt sich die Flut empor;
Aus dem bewegten Wasser rauscht
Ein feuchtes Weib hervor.

Sie sang zu ihm, sie sprach zu ihm:
10 Was lockst du meine Brut
Mit Menschenwitz und Menschenlist
Hinauf in Todesglut?
Ach wüsstest du, wie's Fischlein ist
So wohlig auf dem Grund,
15 Du stiegst herunter, wie du bist,
Und würdest erst gesund.

Labt[1] sich die liebe Sonne nicht,
Der Mond sich nicht im Meer?
Kehrt wellenatmend ihr Gesicht
20 Nicht doppelt schöner her?
Lockt dich der tiefe Himmel nicht,
Das feuchtverklärte Blau?
Lockt dich dein eigen Angesicht
Nicht her in ew'gen Tau?

25 Das Wasser rauscht', das Wasser schwoll,
Netzt' ihm den nackten Fuß;
Sein Herz wuchs ihm so sehnsuchtsvoll,
Wie bei der Liebsten Gruß.
Sie sprach zu ihm, sie sang zu ihm;
30 Da war's um ihn geschehn:
Halb zog sie ihn, halb sank er hin,
Und ward nicht mehr gesehn.

[1] (sich) laben: sich erfreuen, sich erfrischen

1 Lest die Ballade „Der Fischer" leise für euch durch.
Formuliert, wem der Fischer begegnet und was am Ende mit ihm geschieht.

2 Verschafft euch einen genaueren Überblick über die Ballade, um sie besser zu verstehen.
Übertragt das folgende Schema in euer Heft und ergänzt es.
  a Tragt oder zeichnet ein, was über und was unter der Wasseroberfläche ist.
  b Zeichnet oder tragt zusätzlich ein, was die Wasseroberfläche durchdringt.
  c Was wechselt im Gedicht seine Position? Ergänzt Bewegungspfeile.
  d Wertet euer Schema aus:
  Kann man bereits vor der letzten Strophe erschließen, wie die Ballade enden wird?

3 a Formuliert zur nebenstehenden Schlagzeile noch zwei weitere sensationelle Überschriften, die zur Ballade passen würden.
  b Gestaltet für die Zeitung ein Interview mit der Meerjungfrau zu den folgenden Fragen:
  – *Wie kamen Sie mit dem Fischer ins Gespräch?*
  – *Was ärgerte Sie am Verhalten des Fischers?*
  – *Mit welchen Argumenten wollten Sie den Fischer überzeugen?*
  – *Hat sich der Fischer während Ihres Gesprächs verändert?*
  – *Ist der Fischer freiwillig mit Ihnen ins Wasser gegangen?*
  c Stellt eure Ergebnisse in der Klasse vor.

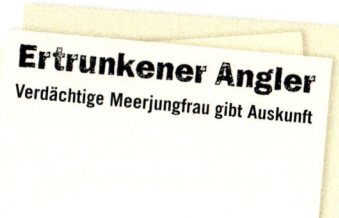

4 Beschreibt die Reimform (▶ S. 315) der Ballade.
  a Benennt im Heft sich reimende Wörter mit dem gleichen Kleinbuchstaben, z. B.: *a, b, a, …*
  b Bezeichnet anhand eurer Kleinbuchstabenfolge die wesentliche Reimform.
  c In der Ballade gibt es Verse, die sich wiederholen.
    Erklärt mit Hilfe des Inhalts, weshalb diese Verse so gestaltet sind.

5 Untersucht das Metrum (Versmaß) der Ballade. Geht so vor:
  a Übertragt eine Strophe in euer Heft. Lasst über jedem Vers eine Zeile frei.
  b Lest jedes Wort Silbe für Silbe und setzt ein X über jede Silbe.
  c Markiert über den Silben, die ihr betonen müsst, das X mit einem Akzent: X́.
    Tipp: Beachtet zunächst die mehrsilbigen Wörter. Ihre Betonung ist festgelegt.
  d Bestimmt mit Hilfe des folgenden „Wissen und können" das Metrum.
  e Sprecht die Ballade zu Rap-Rhythmen. Wem gelingt es am besten?
    Tragt auch andere Balladen zum Rhythmus vor. Erklärt, warum das hier besonders leicht geht.

6 Ein Mitschüler hat sich über den Zusammenhang von Metrum und Inhalt geäußert.
  Diskutiert seine Aussage.
  Ich finde, dass das Metrum nicht zum Inhalt passt, da es viel zu gleichmäßig ist, um die Bewegung des Wassers und die Dramatik des Geschehens darzustellen.

Wissen und können   Das Metrum (das Versmaß)

In den Versen (Zeilen) eines Gedichts wechseln sich häufig **betonte (X́)** und **unbetonte (X)** **Silben** ab. Wenn die **Abfolge von betonten und unbetonten Silben** (Hebungen und Senkungen) einem bestimmten Muster folgt, nennt man dies das **Metrum** (Versmaß). Das Metrum kann insbesondere aus den folgenden **Versfüßen** bestehen:

- **der Jambus** (X X́)   X X́ X X́ X X́ X X́
     Die Mitternacht zog näher schon   (Heinrich Heine)

- **der Trochäus** (X́ X)   X́ X X́ X X́ X X́ X
     O du Ausgeburt der Hölle!   (Johann Wolfgang Goethe)

- **der Daktylus** (X́ X X)   X́ X X X́ X X X́ X X X́ X
     Pfingsten, das liebliche Fest, war gekommen   (Johann Wolfgang Goethe)

- **der Anapäst** (X X X́)   X X X́ X X X́
     Wie mein Glück, ist mein Lied   (Friedrich Hölderlin)

Eine Ballade gestaltend erschließen

Annette von Droste-Hülshoff (1797–1848)

Der Knabe im Moor

O schaurig ist's, übers Moor zu gehn,
Wenn es wimmelt vom Heiderauche,
Sich wie Phantome die Dünste drehn
Und die Ranke häkelt am Strauche,
5 Unter jedem Tritte ein Quellchen springt,
Wenn aus der Spalte es zischt und singt,
O schaurig ist's, übers Moor zu gehn,
Wenn das Röhricht knistert im Hauche!

Fest hält die Fibel das zitternde Kind
10 Und rennt, als ob man es jage;
Hohl über die Fläche sauset der Wind –
Was raschelt drüben am Hage?
Das ist der gespenstische Gräberknecht,
Der dem Meister die besten Torfe verzecht;
15 Hu, hu, es bricht wie ein irres Rind!
Hin ducket das Knäblein zage.

Vom Ufer starret Gestumpf hervor,
Unheimlich nicket die Föhre,
Der Knabe rennt, gespannt das Ohr,
20 Durch Riesenhalme wie Speere;
Und wie es rieselt und knittert darin!
Das ist die unselige Spinnerin,
Das ist die gebannte Spinnlenor',
Die den Haspel dreht im Geröhre!

25 Voran, voran! nur immer im Lauf,
Voran, als woll' es ihn holen;
Vor seinem Fuße brodelt es auf,
Es pfeift ihm unter den Sohlen
Wie eine gespenstige Melodei;
30 Das ist der Geigemann ungetreu,
Das ist der diebische Fiedler Knauf,
Der den Hochzeitheller gestohlen!

Da birst das Moor, ein Seufzer geht
Hervor aus der klaffenden Höhle;
35 Weh, weh, da ruft die verdammte Margret:
„Ho, ho, meine arme Seele!"
Der Knabe springt wie ein wundes Reh,
Wär nicht Schutzengel in seiner Näh',
Seine bleichenden Knöchelchen fände spät
40 Ein Gräber im Moorgeschwele.

Da, mählich gründet der Boden sich,
Und drüben, neben der Weide,
Die Lampe flimmert so heimatlich,
Der Knabe steht an der Scheide.
45 Tief atmet er auf, zum Moor zurück
Noch immer wirft er den scheuen Blick:
Ja, im Geröhre war's fürchterlich,
O schaurig war's in der Heide!

1 Lest die Ballade und erzählt: Habt ihr schon einmal eine ähnliche Situation erlebt?

2 Erschließt in Partnerarbeit euch unbekannte Wörter mit Hilfe der Wortfamilie oder aus dem Textzusammenhang und ordnet den markierten Wörtern die folgenden Erläuterungen passend zu: *Gerät zum Aufwickeln von Garn, schilfartige Pflanzen, Grenze, Schulbuch, von einer Hecke umgebenes Gebiet, für Alkohol hergeben, Nadelbaum.*

3 a Vergegenwärtigt euch die in der Ballade dargestellte Situation in Partnerarbeit genauer:
– Ein Partner liest Strophe 2, der andere Strophe 6.
– Stellt für eure jeweilige Strophe den Knaben in Gestik, Mimik und Körperhaltung so dar, wie ihr ihn euch vorstellt (▶ Standbild, S. 94, 345).
– Der jeweils andere beschreibt, welche Stimmung er durch die Nachahmung erkennt.
b Vergleicht in der Klasse eure Ergebnisse.

4 a Begründet, welche beiden Strophen aus der Ballade „Der Knabe im Moor" (▶ S. 146) durch die beiden Comicbilder (Panels) veranschaulicht werden.

b Zeichnet in Partnerarbeit Panels zu den Strophen 2 bis 5.
Verdeutlicht in euren Bildern auch Bewegungen und Geräusche, z. B. so:

5 a Hört euch die Ballade „Der Knabe im Moor" an oder lest sie ausdrucksstark vor.

b Bestimmt, wie der Sprecher die Handlung der Ballade stimmlich gestaltet, z. B.: *gleich bleibend, schaurig, überraschend, steigernd, …*

c Diskutiert, was beim Vortrag stärker zu betonen ist: die Ängste des Knaben oder die schaurige Umgebung? Wie wurde das im Vortrag gestaltet?

d Begründet, welche Wörter oder Verse ihr anders betonen würdet als im Vortrag.

6 Untersucht, wie die schaurige Stimmung der Ballade erzeugt wird.
Übertragt die folgende Tabelle in euer Heft und ergänzt sie:

Was sieht der Knabe?	Was hört der Knabe?	Was stellt sich der Knabe vor?
Moor (V. 1)	zischt und singt (V. 6)	Phantome (V. …)
Heiderauch (V. 2)	…	…
…	…	…

7 Ergänzt zwischen der 5. und 6. Strophe eine zusätzliche Strophe, die den Weg durch das Moor schildert. Geht so vor:

a Tragt in die rechte Tabellenspalte eine weitere gruselige Gestalt ein, die sich der Knabe vorstellen könnte.

b Ergänzt in der linken und mittleren Tabellenspalte, was genau die Vorstellung beim Knaben hervorruft.

c Verfasst eure Zusatzstrophen und tragt sie mit der gesamten Ballade vor.

Ballade oder nicht? – Textformen vergleichen

Theodor Storm (1817–1888)

Abseits

Es ist so still; die Heide liegt
Im warmen Mittagssonnenstrahle,
Ein rosenroter Schimmer fliegt
Um ihre alten Gräbermale;
5 Die Kräuter blühn; der Heideduft
Steigt in die blaue Sommerluft.

Laufkäfer hasten durchs Gesträuch
In ihren goldnen Panzerröckchen,
Die Bienen hängen Zweig um Zweig
10 Sich an der Edelheide Glöckchen,
Die Vögel schwirren aus dem Kraut –
Die Luft ist voller Lerchenlaut.

Ein halb verfallen, niedrig Haus
Steht einsam hier und sonnbeschienen,
15 Der Kätner[1] lehnt zur Tür hinaus,
Behaglich blinzelnd nach den Bienen;
Sein Junge auf dem Stein davor
Schnitzt Pfeifen sich aus Kälberrohr.

Kaum zittert durch die Mittagsruh
20 Ein Schlag der Dorfuhr, der entfernten;
Dem Alten fällt die Wimper zu,
Er träumt von seinen Honigernten.
– Kein Klang der aufgeregten Zeit
Drang noch in diese Einsamkeit.

[1] Kätner: Bewohner eines einfachen Hauses auf dem Dorf

1 Theodor Storms Text „Abseits" thematisiert eine ähnliche Landschaft wie die, die in der Ballade „Der Knabe im Moor" (▶ S. 146) beschrieben wird.
  a Tragt euch in Partnerarbeit Storms Verse abwechselnd vor.
  b Notiert, wodurch sich Storms „Abseits" und die Ballade „Der Knabe im Moor" unterscheiden.
    Beachtet Sprecher und Figuren, Handlung, Stimmung und wörtliche Rede.
    Tipp: Ihr könnt auch versuchen, Storms Gedicht in einem Bild festzuhalten.
    Erläutert anschließend, ob es sich besser oder schlechter als „Der Knabe im Moor"
    in einem Bild darstellen lässt.
  c Vergleicht eure Ergebnisse in der Klasse.

2 Begründet mit Hilfe eures Wissens, warum es sich bei „Abseits" nicht um eine Ballade handelt.
Tipp: Nutzt dazu das „Wissen und können" auf Seite 143.

3 Versucht, Storms „Abseits" in eine Ballade zu verwandeln.
Notiert, welche Figuren, Handlungen und direkten Reden ihr verwenden könntet.

Komische Balladen lesen und selbst verfassen

Joachim Ringelnatz (1883–1934)

Ein männlicher Briefmark

Ein männlicher Briefmark erlebte
Was Schönes, bevor er klebte.
Er war von einer Prinzessin beleckt.
Da war die Liebe in ihm geweckt.

5 Er wollte sie wiederküssen,
Da hat er verreisen müssen.
So liebte er sie vergebens.
Das ist die Tragik des Lebens!

Heinz Erhardt (1909–1979)

Ritter Fips und sein anderes Ende

Es stand an seines Schlosses Brüstung
der Ritter Fips in voller Rüstung.

Da hörte er von unten Krach
und sprach zu sich: „Ich schau mal nach!"
5 Und lehnte sich in voller Rüstung
weit über die erwähnte Brüstung.

Hierbei verlor er alsobald
zuerst den Helm und dann den Halt,
wonach – verfolgend stur sein Ziel –
10 er pausenlos bis unten fiel.
Und hier verlor er durch sein Streben
als Drittes nun auch noch sein Leben,
an dem er ganz besonders hing – – –!

Der Blechschaden war nur gering ...

15 Schlussfolgerung:
Falls fallend Du vom Dach verschwandest,
so brems, bevor Du unten landest.

1 Erzählt die Handlung der Balladen von Ringelnatz und Erhardt mit eigenen Worten nach; z. B.:
Eine Briefmarke verliebt sich in ...

2 Sind die Balladen ernst gemeint? Begründet eure Meinung mit Hilfe entsprechender Verse.

3 Tragt die Balladen passend zu ihrem Inhalt vor.

4 Verfasst zu einer der folgenden Meldungen eine eigene Ballade. Geht so vor:
a Wählt eine Meldung aus.
b Notiert im Heft die Handlungsschritte, mit denen ihr das Geschehene darstellen wollt.
c Formuliert eure Verse und stellt sie der Klasse vor.

> **A** Ein vermeintliches Tierdrama hat im pfälzischen Maxdorf Spaziergänger in helle Aufregung versetzt: Sie hatten auf einem See drei Schwäne entdeckt – festgefroren. Sie riefen die Polizei. Die Beamten nahmen die reglosen Tiere in Augenschein und stellten fest: Es waren Plastikschwäne. Ein Anglerverein hatte sie auf den Weiher gesetzt, um Kormorane zu vertreiben.

> **B** Ein Mann aus Mönchengladbach hat versehentlich seinen Schlüsselbund mit dem Altpapier weggeworfen. Beim Versuch, die Schlüssel wieder aus dem Altpapier zu fischen, ist er kopfüber in dem Papiercontainer stecken geblieben. Zeugen berichten, er habe sich so in der Öffnung verkeilt, dass sogar die Feuerwehr Probleme hatte, ihn daraus zu befreien.

Testet euch!

Balladen untersuchen

1 Nach der ersten Strophe (A) sind die Strophen der folgenden Ballade in ihrer Abfolge durcheinandergeraten.
Bringt die Strophen in die richtige Reihenfolge, indem ihr im Heft notiert:
1. Strophe = A, 2. Strophe = …

Ludwig Uhland (1787–1862)

Die Rache

A Der Knecht hat erstochen den edlen Herrn,
   Der Knecht wär selber ein Ritter gern.

B Und als er sprengen will über die Brück',
   Da stutzet das Ross und bäumt sich zurück.

C Er hat ihn erstochen im dunklen Hain
   Und den Leib versenket im tiefen Rhein.

D Mit Arm, mit Fuß er rudert und ringt,
   Der schwere Panzer ihn niederzwingt.

E Und als er die güldnen Sporen ihm gab,
   Da schleudert's ihn wild in den Strom hinab.

F Hat angeleget die Rüstung blank,
   Auf des Herren Ross sich geschwungen frank.

2 Notiert knapp, worum es in dieser Ballade geht.

3 Untersucht das Metrum (Versmaß) in der ersten Strophe (A).
Übertragt hierzu die beiden Verse ins Heft, setzt über jede Silbe ein X und markiert die betonten Silben mit einem Akzent X́.
Tipp: Es werden zwei Versmaße miteinander kombiniert.

> X   X́   …
> Der Knecht hat erstochen den edlen Herrn,
> X   …
> Der Knecht wär selber ein Ritter gern.

4 Vergleicht in Partnerarbeit eure Ergebnisse oder fragt eure Lehrkraft.

7.2 Stoff für einen Zeitungsartikel – Eine Ballade umgestalten

Wolf Biermann (*1936)
Die Ballade vom Briefträger William L. Moore aus Baltimore

*Ballade vom Briefträger William L. Moore,
der im Jahre '63 allein in die Südstaaten wanderte.
Er protestierte gegen die Verfolgung der Neger¹.
Er wurde erschossen nach einer Woche.*
5 *Drei Kugeln trafen ihn in die Stirn.*

SONNTAG
Sonntag, da ruhte William L. Moore
von seiner Arbeit aus
Er war ein armer Briefträger nur
10 in Baltimore stand sein Haus

MONTAG
Montag, ein Tag in Baltimore
Sprach er zu seiner Frau:
„Ich will nicht länger Briefträger sein
15 Ich geh nach Süden auf Tour (that's sure)"
    BLACK AND WHITE, UNITE! UNITE!,
    schrieb er auf ein Schild.
    White and Black – die Schranken weg!
    und er ging ganz allein.

20 DIENSTAG
Dienstag, ein Tag im Eisenbahnzug,
fragte William L. Moore
Manch einer nach dem Schild, das er trug,
Und wünscht' ihm Glück auf die Tour.
25   BLACK AND WHITE, UNITE! UNITE!,
    stand auf seinem Schild ...

MITTWOCH
Mittwoch, in Alabama ein Tag,
ging er auf der Chaussee,
30 Weit war der Weg nach Birmingham,
Taten die Füße ihm weh.
    BLACK AND WHITE, UNITE! UNITE!,
    stand auf seinem Schild ...

---

1 Seit dem Ende des amerikanischen Bürgerkriegs 1865 war die Sklaverei in den USA zwar abgeschafft, dennoch blieben die Afroamerikaner (hier als „Neger" bezeichnet, was eine rassistische Beleidigung ist) vor allem in den Südstaaten weiterhin unterdrückt.

Donnerstag

35 Donnerstag hielt der Sheriff ihn an,
Sagte: „Du bist doch weiß!"
Sagte: „Was gehn die Nigger² dich an,
Junge, bedenke den Preis!"
    BLACK AND WHITE, UNITE! UNITE!,
40 stand auf seinem Schild ...

Freitag

Freitag lief ihm ein Hund hinterher,
wurde sein guter Freund.
Abends schon trafen Steine sie schwer –
45 sie gingen weiter zu zweit.
    BLACK AND WHITE, UNITE! UNITE!,
    stand auf seinem Schild ...

Sonna'mt

Sonna'mt, ein Tag, war furchtbar heiß,
50 kam eine weiße Frau,
gab ihm ein' Drink, und heimlich sprach sie:
„Ich denk' wie Sie ganz genau."
    BLACK AND WHITE, UNITE! UNITE!,
    stand auf seinem Schild ...

Last day

55 Sonntag, ein blauer Sommertag,
lag er im grünen Gras –
blühten drei rote Nelken blutrot
auf seiner Stirne so blass.
60 BLACK AND WHITE, UNITE! UNITE!,
    stand auf seinem Schild.
    White and Black – die Schranken weg!
    Und er starb ganz allein.
    Und er bleibt nicht allein.

---

2 Nigger: abwertende Bezeichnung für Menschen dunkler Hautfarbe

1 a Lest die Ballade und notiert eure Leseeindrücke an der Tafel. Das können auch Fragen sein.
b Besprecht die gestellten Fragen. Belegt, wo es möglich ist, eure Antworten am Balladentext.
c Tauscht euch über die Fragen aus, die ihr nicht mit Hilfe des Textes beantworten könnt.

2 a Zeigt anhand geeigneter Textstellen, wie sich die Handlung der Ballade zum Höhepunkt hin steigert. Legt im Heft eine Tabelle nach dem folgenden Muster an:

Tag und Ort	Erlebnisse William L. Moores (Handlung)
Sonntag, Heimat des Briefträgers	...
Montag, Heimat des Briefträgers	„ging ganz allein" (V. 19)
...	„wünscht' ihm Glück" (V. 24)

b Sucht alle weiteren Zeitangaben in der Ballade und erklärt, welche Wirkung sie haben, z. B.:
V. 2, „im Jahre '63": Das ist eine Vorwegnahme, mit der signalisiert wird, dass die Geschichte tatsächlich ...

3 Erklärt die Bedeutung der beiden folgenden Textstellen am Ende der Ballade:
– „blühten drei rote Nelken blutrot" (V. 58)
– „Und er starb ganz allein. / Und er bleibt nicht allein" (V. 63–64).

4 Die Einleitung (V. 1–5), die englischen Wörter in einer anderen Schrift und die Nennung der Tage sind ungewöhnlich für eine Ballade. Erklärt, warum sie zur Gestaltung genutzt werden.

Fordern und fördern – Einen Zeitungsartikel verfassen

Der Briefträger William L. Moore

Die „Ballade vom Briefträger William L. Moore aus Baltimore" beruht auf einem Ereignis, das wirklich passiert ist.
William Lewis Moore, geboren 1927, war ein Briefträger aus Baltimore und Bürgerrechtler. Die Bürgerrechtsbewegung in den Vereinigten Staaten setzte sich seit Anfang des 20. Jahrhunderts für die Gleichberechtigung der Afroamerikaner ein. William L. Moore protestierte mit mehreren Märschen, die er alleine unternahm, gegen die gesetzlich festgeschriebene Diskriminierung (Benachteiligung) der schwarzen Bevölkerung in den Südstaaten der USA. Er klagte zum Beispiel an, dass es in öffentlichen Verkehrsmitteln und Schulen, in Parks und Freizeitstätten, Toiletten und Restaurants noch immer getrennte Bereiche für schwarze und weiße Bürger gab. William Moore wurde am 23. April 1963 bei einem seiner Protestmärsche nahe einer Kleinstadt im Bundesstaat Alabama auf offener Straße von einem Rassisten erschossen.

Protestmarsch von Bürgerrechtlern

1 Lest die Informationen über den Briefträger William L. Moore.
Sprecht über Wörter und Textstellen, die euch unklar sind, bzw. recherchiert sie, z. B. „Rassist".

2 Stellt euch vor, ihr seid eine Reporterin oder ein Reporter und eure Zeitung hat euch in die Kleinstadt in Alabama geschickt, in deren Nähe William L. Moore gerade erschossen wurde.
Verfasst einen Zeitungsartikel über den Protestmarsch und den Tod William L. Moores, um euer Verständnis des Geschehens darzustellen. Geht so vor:

a Notiert zuerst Informationen, die Antworten auf die W-Fragen geben.
Nehmt die Informationen aus der Ballade (▶ S. 151–152) und dem obigen Text zu Hilfe.
▶ Eine Hilfe zu Aufgabe 2a findet ihr auf Seite 154.

b Was könnten die Polizei, die Bewohner der Kleinstadt oder die Menschen, die William L. Moore auf seinem Protestmarsch getroffen hat, sagen?
Tipp: Ihr könnt auch die wörtliche Rede aus der Ballade in eurem Zeitungsartikel zitieren.
▶ Hilfe zu 2b, Seite 154

c Verfasst euren Zeitungsartikel. Lasst die Leser möglichst „live" am Geschehen teilhaben.
– Einleitung: Beantwortet erste wichtige W-Fragen: Was? Wo? Wann? Wer?
– Hauptteil: Schildert (▶ S. 76) die Situation vor Ort anschaulich (weitere Sachinformationen, Beschreibungen, Zitate).
– Schluss: Formuliert eure Meinung zum Geschehen oder appelliert an die Leser.
▶ Hilfe zu 2c, Seite 154

Fordern und fördern – Einen Zeitungsartikel verfassen

Aufgabe 2 mit Hilfen

Stellt euch vor, ihr seid eine Reporterin oder ein Reporter und eure Zeitung hat euch in die Kleinstadt in Alabama geschickt, in deren Nähe William L. Moore gerade erschossen wurde. Verfasst einen Zeitungsartikel über den Protestmarsch und den Tod William L. Moores, um euer Verständnis des Geschehens darzustellen. Geht so vor:

a Ordnet im Heft die folgenden Informationen diesen W-Fragen zu:
Wer? Wann? Wo? Was? Wie und warum?
– Auf einem Protestmarsch gegen die Diskriminierung der schwarzen Bevölkerung in den Südstaaten der USA wird William L. Moore am 23. April 1963 auf offener Straße erschossen
– mit drei Pistolenschüssen in den Kopf, von einem Rassisten
– William L. Moore, ein Briefträger und Bürgerrechtler

Notiert zu den Informationen die entsprechende Textstelle aus der Ballade (▶ S. 151–152) bzw. aus dem Informationstext (▶ S. 153).

b Was könnten die Polizei, die Bewohner der Kleinstadt oder die Menschen, die William L. Moore auf seinem Protestmarsch getroffen hat, sagen?
Tipp: Ihr könnt auch die wörtliche Rede aus der Ballade in eurem Zeitungsartikel zitieren.

> – Bürgerin aus der Kleinstadt: „Ich war geschockt, als ich die Nachricht von dem Mord erhielt. Erst gestern habe ich ihn noch getroffen und gesagt: ‚...'. So etwas hätte ich nicht für möglich gehalten. Nur einen Tag später."
> – Polizist: „Als wir am Tatort ..."
> – Mitreisender aus dem Zug: „Am letzten Dienstag habe ich ihn im Zug getroffen. Er trug ein Schild, darauf stand: ‚...' Ich fragte ihn: ‚...' "

c Verfasst euren Zeitungsartikel. Lasst die Leser möglichst „live" am Geschehen teilhaben. Welcher der folgenden Sätze gehört zur Einleitung, zum Hauptteil oder zum Schluss? Ordnet sie im Heft zu und setzt sie mit Hilfe eurer Vorarbeiten fort:
– Einleitung: Beantwortet erste wichtige W-Fragen: Was? Wo? Wann? Wer?
  – *Am 23. April wurde der Briefträger ... in ...*
– Hauptteil: Schildert (▶ S. 76) die Situation vor Ort anschaulich (weitere Sachinformationen, Beschreibungen, Zitate).
  – *William Moore war ein mutiger Mann, der für die Rechte der Schwarzen eintrat. Er sollte ein Vorbild sein für ...*
– Schluss: Formuliert eure Meinung zum Geschehen oder appelliert an die Leser.
  – *So viel steht bisher fest: Der ermordete Briefträger William L. Moore war ein engagierter Bürgerrechtler. Vor gut einer Woche war er zu einem Protestmarsch aufgebrochen, um ...*

7.3 Projekt – Eine Ballade szenisch gestalten

Emanuel Geibel (1815–1884)

Die Goldgräber

Sie waren gezogen über das Meer,
Nach Glück und Gold stand ihr Begehr,
Drei wilde Gesellen, vom Wetter gebräunt,
Und kannten sich wohl und waren sich freund.

5 Sie hatten gegraben Tag und Nacht,
Am Flusse die Grube, im Berge den Schacht,
In Sonnengluten und Regengebraus,
Bei Durst und Hunger hielten sie aus.

Und endlich, endlich, nach Monden voll Schweiß,
10 Da sahn aus der Tiefe sie winken den Preis,
Da glüht' es sie an durch das Dunkel so hold,
Mit Blicken der Schlange, das feurige Gold.

Sie brachen es los aus dem finsteren Raum,
Und als sie's fassten, sie hoben es kaum,
15 Und als sie's wogen, sie jauchzten zugleich:
„Nun sind wir geborgen, nun sind wir reich!"

Sie lachten und kreischten mit jubelndem Schall,
Sie tanzten im Kreis um das blanke Metall,
Und hätte der Stolz nicht bezähmt ihr Gelüst,
20 Sie hätten's mit brünstiger Lippe geküsst.

Sprach Tom, der Jäger: „Nun lasst uns ruhn!
Zeit ist's, auf das Mühsal uns gütlich zu tun.
Geh, Sam, und hol uns Speisen und Wein,
Ein lustiges Fest muss gefeiert sein."

25 Wie trunken schlenderte Sam dahin
Zum Flecken hinab mit verzaubertem Sinn;
Sein Haupt umnebelnd beschlichen ihn sacht
Gedanken, wie er sie nimmer gedacht.

Die andern saßen am Bergeshang,
30 Sie prüften das Erz, und es blitzt' und es klang.
Sprach Will, der Rote: „Das Gold ist fein;
Nur schade, dass wir es teilen zu drein!"

„Du meinst?" – „Je nun, ich meine nur so,
Zwei würden des Schatzes besser froh –"
35 „Doch wenn –" – „Wenn was?" – „Nun, nehmen wir an,
Sam wäre nicht da" – „Ja, freilich, dann, – –"

155

Sie schwiegen lang; die Sonne glomm
Und gleißt' um das Gold; da murmelte Tom:
„Siehst du die Schlucht dort unten?" – „Warum?"
40 „Ihr Schatten ist tief, und die Felsen sind stumm." –

„Versteh ich dich recht?" – „Was fragst du noch viel!
Wir dachten es beide und führen's ans Ziel.
Ein tüchtiger Stoß und ein Grab im Gestein,
So ist es getan und wir teilen allein."

45 Sie schwiegen aufs Neu. Es verglühte der Tag,
Wie Blut auf dem Golde das Spätrot lag;
Da kam er zurück, ihr junger Genoss,
Von bleicher Stirne der Schweiß ihm floss.

„Nun her mit dem Korb und dem bauchigen Krug!"
50 Und sie aßen und tranken mit tiefem Zug.
„Hei lustig, Bruder! Dein Wein ist stark;
Er rollt wie Feuer durch Bein und Mark.

Komm, tu uns Bescheid!" – „Ich trank schon vorher;
Nun sind vom Schlafe die Augen mir schwer.
55 Ich streck ins Geklüft mich." – „Nun, gute Ruh'!
Und nimm den Stoß und den dazu!"

Sie trafen ihn mit den Messern gut;
Er schwankt' und glitt im rauchenden Blut.
Noch einmal hub er sein blass Gesicht:
60 „Herrgott im Himmel, du hältst Gericht!

Wohl um das Gold erschluget ihr mich;
Weh' euch! Ihr seid verloren, wie ich.
Auch ich, ich wollte den Schatz allein,
Und mischt' euch tödliches Gift an den Wein."

1 Lest in Vierergruppen Emanuel Geibels Ballade „Die Goldgräber".
Teilt ein, wer den Erzähler, wer Tom, Sam und Will liest.
Tipp: Übt das gemeinsame Lesen so, dass niemand seinen Einsatz verpasst.

2 a Worum geht es in der Ballade? Notiert in eigenen Worten eine Zusammenfassung.
b Diskutiert, an welchen Stellen der Ballade sich Wendepunkte befinden.

3 Tom, Sam oder Will? Begründet mit Hilfe des Texts, welchen der drei ihr
für den größten Verbrecher haltet.

4 Begründet, welches Sprichwort am besten die Lehre der Ballade zusammenfasst:
– Gelegenheit macht Diebe.
– Wer anderen eine Grube gräbt, fällt selbst hinein.
– Der Neid hat noch keinen reich gemacht.

„Die Goldgräber" als Theaterstück gestalten

1. Schritt: Einen Szenenplan erstellen

1 Die Ballade von den Goldgräbern könnt ihr wie ein Theaterstück spielen.
  a Bildet Gruppen mit mindestens drei Personen und geht schrittweise vor:
  b Gliedert die Ballade in einzelne Szenen und haltet in einem Szenenplan Folgendes fest: Welche Figuren treten auf? Was passiert (Handlung)? Welche Requisiten (Gegenstände) benötigt ihr?

Szene	Figuren (Wer?)	Handlung (Was?)	Requisiten
1	Tom, Sam, Will	Drei Goldgräber träumen …	…
2	…	…	…

2. Schritt: Den Regieplan erstellen

2 Entwerft Dialoge und Monologe für euer Theaterstück. Notiert auch Regieanweisungen, die angeben, wie die Figuren reden und sich verhalten sollen. Überlegt,
  – wie ihr die Vorgeschichte (Strophe 1–3) in einen szenischen Dialog umsetzen könnt,
  – wie ihr die Gedanken und Gefühle der Figuren „hörbar" machen könnt, z. B. durch einen Monolog (Selbstgespräch einer Figur), z. B.:

> *Szene 2 (Strophe 3–6):*
> *(Die drei Goldgräber stehen zusammen, lassen den Goldklumpen von Hand zu Hand gehen. Zwei stützen sich auf ihre Schaufel und Spitzhacke, der dritte nimmt seinen Hut ab und wischt sich den Schweiß von der Stirn.)*
> *Goldgräber 1 (Tom): Freunde, nun haben wir es geschafft! Wir sind reich, reich, reich!*
> *Goldgräber 2 (Sam): Gib mir mal den Goldklumpen! Wie fühlt er sich an?*
> *Goldgräber 3 (Will): Ich kann es noch immer nicht glauben. Wie lange haben wir hier ohne …*
> *Goldgräber 1 (Tom): Das muss gefeiert werden. Genug der Arbeit und Mühe. Los, Sam …*

3. Schritt: Die Rollen verteilen, das Spiel üben und aufführen

3 Bestimmt, wer welche Rolle spielt und wer die Requisiten und Kostüme besorgt.

4 Nehmt eure Proben für ein Feedback auf Video auf.
  – Beobachtet euer Spiel und gebt euch gegenseitig eine Rückmeldung, wie das Spiel wirkt.
  – Prüft, ob die Darsteller/-innen gut zu verstehen sind und ob ihr Spiel überzeugend ist und zur Figur passt. Wie könnten sich die Darsteller/-innen anders verhalten oder sprechen?

Tipp: Ein großes Unrecht bzw. einen Mord nachzuspielen, ist nicht unproblematisch. Spielt die Szene übertrieben, ohne sie ins Lächerliche zu ziehen, damit ihr Distanz zu eurem Spiel gewinnt. Zudem sollte der Schüler in der Rolle des Mörders verkleidet sein, um zu zeigen, dass er die Szene nur spielt.

5 Spielt die Ballade in der Klasse vor und gebt euch gegenseitig ein Feedback: Was ist besonders gut gelungen, was könnte noch verbessert werden?

„Die Goldgräber" als Hörspiel gestalten

1. Schritt: Die Textform reflektieren

1 Euer Theaterstück (▶ S. 157) lässt sich schnell in ein Hörspiel umgestalten.
Benennt in eurer Gruppe, welche Unterschiede es zwischen einem Theaterstück und einem Hörspiel gibt. Worauf müsst ihr achten? Welche Gestaltungsmöglichkeiten habt ihr für ein Hörspiel? Welche könnt ihr aus eurem Theaterstück nicht nutzen?

2. Schritt: Einen Regieplan erstellen

2 a Tragt in einen Regieplan wie folgt ein, wie ihr die Handlung der „Goldgräber" hörbar machen könnt. Haltet fest:
– Welche Figuren könnten sprechen? Z. B.: *Bewohner aus der Siedlung, in die Sam geht; ...*
– Welche Geräusche und Musik sind zu hören? Z. B.: *Wellenrauschen, Wind, ...*

b Bestimmt, in welcher Reihenfolge ihr die Szenen präsentieren wollt.
Tipp: Ihr könnt z. B. direkt mit der Goldsuche beginnen und die Vorgeschichte der Goldgräber als Rückblende erzählen.

Sprechtexte	*Geräusche/Musik*
Szene 1:	
Erzähler: *Die folgende Geschichte dreier Abenteurer, die ausgewandert waren, um ihr Glück zu finden, spielte sich im Wilden Westen während der Zeit des Goldrauschs ab.*	*Rauschen eines Flusses, Spitzhacken und Schaufeln, die auf Stein treffen*
Sam *(genervt):* *Tagaus, tagein schuften wir hier wie die Tiere, bislang umsonst. Ich gebe bald auf.*	*Zunächst noch dieselben Geräusche, dann nur das Rauschen des Flusses.*
Will *(freudig):* *Hey, Freunde, da blinkt doch etwas wie Metall. Das ist kein Stein. Schaut her ... Das ist ...!*	
Tom *(jubelnd):* *Gold! Gold! Wir sind reich, reich, reich!*	*Jubelschreie, Händeklatschen, einer fängt an zu singen, ...*
Szene 2 (Rückblende):	
Will: *Die Überfahrt nimmt kein Ende. Es wird Zeit, dass wir bald an Land gehen.*	*Plätschern der Wellen, starker Wind, Kommandos, ...*
Tom: *Hab Geduld, das Glück wartet auf uns ...*	

3. Schritt: Die Rollen verteilen, das Spiel üben und aufführen

3 a Legt fest, wer welche Aufgabe übernimmt, z. B.: Sprecherinnen und Sprecher, Geräuschspezialisten, Musikverantwortliche, technische Leitung und Aufnahme.
b Sucht passende Geräusche und eventuell auch Musik für euer Hörspiel. Die Geräusche lassen sich leicht selbst erzeugen oder kostenlos aus dem Internet beziehen.

4 Nehmt euer Hörspiel auf. Macht immer wieder Proben mit und ohne Aufnahmegerät und prüft, ob die Texte gut gesprochen sind, genügend Pausen gemacht werden und die Geräusche sowie die Musik zu den Szenen passen.

8 „Träum weiter!" – Ein Jugendtheaterstück lesen, fortsetzen und spielen

1. **a** „Träum weiter!" – Verfasst kurze Dialogtexte, in denen jemand diesen Satz äußert.
   b Schaut euch das Bild an. Überlegt, worum es in diesem Theaterstück gehen könnte.
   Tipp: Beachtet den Hintergrund, die Mimik (Gesichtsausdruck) und die Requisiten des Jungen.

2. Berichtet von euren Erfahrungen: Was ist das Besondere am Theater?

3. Um ein Theaterstück auf die Bühne zu bringen, braucht man nicht nur Schauspielerinnen und Schauspieler.
   a Sammelt, was für eine Theateraufführung noch wichtig ist.
   b Begründet, welche Aufgabe ihr bei einer Theaterproduktion gern übernehmen würdet.

In diesem Kapitel ...
- lernt ihr das Theaterstück „Rosinen im Kopf" kennen,
- lest und spielt ihr Theaterszenen und lernt die Figuren und ihre Konflikte kennen,
- schreibt ihr selbst Szenen und erhaltet Tipps für eine Theateraufführung.

8.1 „Rosinen im Kopf" – Figuren und ihre Konflikte untersuchen

Thomas Ahrens/Volker Ludwig

Rosinen im Kopf – 1. Szene

In dem Theaterstück „Rosinen im Kopf", das im Jahr 2009 in Berlin zum ersten Mal aufgeführt wurde, spielen Jugendliche die Hauptrollen. Da gibt es zum Beispiel Nico, der mit seinem Vater alleine lebt, und Sonja, eine Schulfreundin von Nico. Sie alle haben ganz verschiedene Vorstellungen von ihrem Leben und Träume für die Zukunft.

SONJA *(kommt mit Schultasche angerannt):* Halt, warten! Mist! *(Ruft zurück.)* Mensch, Nico, jetzt ist der Bus schon wieder weg!
NICO *(verbundene rechte Hand, kommt mit Schultasche angeschlendert und liest in einem Reiseprospekt):* Bus – is ja ekelhaft! Irgendwann bin ich sowieso nur noch mit meinem Privatjet unterwegs! Rom! New York! Paris! Rio! Da sitze ich hinten mit meinem Piloten an der Bar und trinke Schampus und mampfe Gummibärchen.
SONJA: Und wer fliegt das Flugzeug?
NICO: Das macht doch der Bordcomputer. Hey, Joey, wie wär's, wenn wir mal wieder ne Sause in die Sonne machen? – Okay, Chef, Kurs Richtung Südsee! – Achtung, Achtung, bitte anschnallen.
SONJA: Alles klar.
NICO: Na warte! *(Nimmt Sonja auf den Rücken.)*
SONJA: Lass mich runter!
NICO: Nein – wir befinden uns im Landeanflug auf den Airport. *(Sonja hält ihm die Augen zu.)* Oh, es ist neblig. Wo sind die Landefeuer?!
SONJA: Dort!
NICO *(ahmt Albatros nach – Sonja springt ab – Nico stolpert):* Klasse Landung, Joey. Und dann

geht's an den Strand. So weit das Auge blickt, flacher weißer Sandstrand und Kokospalmen ...

SONJA: Mensch, Nico, hör doch mal auf mit dem Quatsch!

NICO: Das is kein Quatsch! So was gibt's wirklich! *(Kramt in seiner Schultasche und zieht Reiseprospekt hervor.)* Hier! Guck doch!

SONJA: Kenn ich doch schon.

NICO: Was is, willste mitkommen?

SONJA: Mann, hör auf, ich muss nach Hause.

NICO: Sonja will nach Hause in die Ottostraße 17. Wie spannend!

SONJA: Sag mal, du kannst doch Englisch, wenn de willst. Warum hast'n die Arbeit nicht mitgeschrieben?

NICO: Hallo?! Is meine Hand vielleicht übelst verstaucht?!

SONJA: Kann ich vielleicht mal? *(Fühlt seine Stirn, schreit.)* Aua, ist das heiß! Zeigste mir mal deine kaputte Hand? *(Schnappt nach seiner Hand, er schreit fürchterlich auf, Sonja erschrickt.)* Entschuldigung!

NICO *(Streift und schüttelt den Verband ab, zappelt mit ihren Fingern herum)*: Dabididu dabididu, das Wunder der Medizin!

SONJA: Ich hab's genau gewusst, du Schauspieler. Die war so leicht, die Englischarbeit, hättste ruhig mitschreiben können!

NICO: Ich brauch keine Schule. Bei der nächsten Staffel von DSDS bin ich sowieso dabei und dann ...? *(Zieht eine Fernbedienung aus der Tasche, drückt einen Knopf, kündigt sich als Moderator selbst an.)* Und jetzt, meine sehr verehrten Damen und Herren, sehen und hören Sie Nic, Nico Hannemann ... als Elvis Presley! *(Mimt Elvis Presley und singt.)*

SONJA *(zappt zu)*: Michael Jackson.

NICO: *tanzt und singt M. J.*

SONJA: Und Germany's Next Topmodel.

NICO: Drama, Baby, Drama. Die Handtasche muss leben! Nico, ich habe heute ein Bild für dich!

SONJA: Und Dschungelcamp!

NICO: Hmm, lecker Ohrwürmer ... *(Sonja macht mit und beide essen.)*

SONJA: Okay, cool! Aber die Sendung is trotzdem bescheuert! Was willst'n da?

NICO: Das is doch nur der Anfang! Danach geht's erst richtig los! Dann kommt die Weltkarriere!

SONJA: Mensch, Nico, so'n bisschen Singen und Tanzen reicht doch nicht für ne Weltkarriere!

NICO: Na toll, Sonja, die Spaßbremse, Ottostraße 17, erster Stock, Hinterhof.

SONJA: Na toll, Nico, der Spinner. *(Winkt ins Off¹.)* Huhu, Herr Hannemann!

NICO: Oh, Scheiße, mein Oller. *(Will sich verdrücken.)*

HANNEMANN *(kommt mit einem klapprigen Fahrrad angefahren, lange Haare, Stirnband, Messenger-Tasche² auf dem Rücken, etwas außer Atem)*: Hey, Nico. Tach, Kleene. Na, wie war's in der Schule?

SONJA: Gut.

NICO: Wie immer.

HANNEMANN: Klingt ja toll. Und ihr habt heute nen Erste-Hilfe-Kurs gehabt?

NICO: Hä ... Wieso?

---

1 das Off: unsichtbar bleibender Bereich, Hintergrund einer Bühne
2 die Messenger-Tasche: Botentasche

HANNEMANN *(lacht):* Weil dir'n Meter Verbandszeug aus der Hose hängt. Wir hatten früher mal einen in der Klasse, der hat versucht, sich den Arm einzugipsen, weil er ne Klassenarbeit nicht mitschreiben wollte. Aber der Lehrer hat das gemerkt, weil er sich den Hemdsärmel mit eingegipst hatte.
SONJA *(amüsiert):* Echt dumm gelaufen.
NICO: Warum erzählst du denn das?
HANNEMANN: Och, is mir grad so eingefallen. Warum biste noch nicht zu Hause?
NICO: Bus war weg.
SONJA *(nickt):* Stimmt.
HANNEMANN: Ich will ja nicht drängeln, aber der Müll muss runter und der Abwasch muss auch noch gemacht werden.
NICO: Immer ich! Wieso ich?
HANNEMANN: Nico – jetzt pass mal auf. Jetzt hab ich seit einer Woche endlich wieder einen Job, wo ich Geld verdienen kann, um uns beide durchzubringen. Da muss ich ordentlich ranklotzen. Und da musst du auch ein bisschen im Haushalt mithelfen. Und dann reicht's vielleicht auch mal für einen gemeinsamen Urlaub – nen bisschen weiter weg als nur bei Oma Herder auf'n Bauernhof.
NICO: Echt?
HANNEMANN: Ja, mal ins Ausland.
NICO: Au ja … Oasis of the Seas. *(Zitiert aus seinen Reiseprospekten.)* Das größte Kreuzfahrtschiff der Welt. Das hat nen richtigen eigenen Rummelplatz, ne übelst lange Seilbahn, ein Riesentheater und …
HANNEMANN: Was is los?! Du hast ja Rosinen im Kopf!
NICO: Hä?
SONJA *(lacht):* Rosinen im Kopf? Hab ich ja noch nie gehört.
HANNEMANN: Is doch wahr. Flausen im Kopf, dummes Zeug. Außerdem hab ich gesagt: Vielleicht. *(Sein Handy klingelt, ins Telefon)* … City-Flitzer Hannemann, wo soll ich hin? … Ku'damm 217… Bin schon da, ich fliege. *(Zu den Kindern)* Muss los.
NICO: Aber denk dran: Du hast es versprochen – Oasis of the Seas.

1 a Welche unterschiedlichen Träume bzw. Vorstellungen vom Leben haben Nico und Sonja? Nennt Textbeispiele.
   b Nico und Sonja erwähnen Fernsehsendungen wie „DSDS" (Deutschland sucht den Superstar, Z. 57), „Germany's Next Topmodel" (Z. 66) und „Dschungelcamp" (Z. 70). Kennt ihr diese Sendungen? Erläutert kurz, was diese Sendungen gemeinsam haben. Warum nennen sie gerade diese?

2 a Lest die Szene mit verteilten Rollen. Beachtet auch die Regieanweisungen (▶ Wissen und können). Probiert mehrere Besetzungen aus.
   Tipp: Drückt mit eurer Stimme aus, wie die jeweilige Figur sich fühlt oder wie eine Äußerung gemeint ist.
   b Begründet, wer welche Figur durch seinen Vortrag besonders gut gestaltet hat.

3 Nico schlüpft gern in unterschiedliche Rollen (▶ S. 161, Z. 62 ff.). Mal ist er der Rock-'n'-Roll-Star Elvis Presley (1935–1977), mal singt und tanzt er wie Michael Jackson (1958–2009).
   a Spielt Nico in diesen Rollen (Spiel-im-Spiel-Situationen, ▶ Wissen und können) nach.
   b Stellt andere berühmte Sänger und Filmstars dar, die Nico nachspielen könnte.

4 a „Du hast ja Rosinen im Kopf!" (▶ Z. 129–130), sagt Herr Hannemann zu seinem Sohn Nico. Erklärt aus dem Textzusammenhang, was er damit meint.
   b Könnt ihr verstehen, welche Wünsche, Träume oder Sehnsüchte Nico hat? Begründet.

5 Charakterisiert Nico, Sonja und Herrn Hannemann. Beschreibt ihre Verhaltensweisen, ihre Eigenschaften und ihr Verhältnis zueinander. Erklärt, wie sie auf euch wirken, und bewertet ihr Verhalten.

6 Die Figuren sprechen manchmal in der Umgangssprache.
   Nennt Beispiele aus dem Text, erläutert ihren Zweck und ihre Wirkung im Stück.

Wissen und können **Das Theater – Fachbegriffe**

In einem Theaterstück gibt es **Rollen**, die von Schauspielerinnen und Schauspielern gespielt werden. Die **Handlung wird durch Dialoge** (Gespräche zwischen den Figuren) oder durch **Monologe** (Selbstgespräche von Figuren) **ausgedrückt.** Die Schauspielerinnen und Schauspieler nutzen beim Theaterspielen ihre **Stimme** (Sprechweise), ihre **Gestik** (Körpersprache) und ihre **Mimik** (Gesichtsausdruck), um die Gefühle und Stimmungen der Figuren auszudrücken.
Weitere Theaterbegriffe:
- **Rolle** nennt man die **Figur**, die eine **Schauspielerin** oder ein **Schauspieler** in einem Theaterstück verkörpert, z. B. die Rolle des Vaters.
- **Szenen** sind **kurze, abgeschlossene Teile** eines Theaterstücks. Eine Szene endet meist, wenn neue Figuren auftreten und/oder Figuren abtreten. Meistens erlischt am Ende einer Szene auch die Bühnenbeleuchtung.
- **Regieanweisungen** sind im Text zusätzlich zu den Rollentexten mitgelieferte Anregungen, wie die Handlung auf einer Bühne eingerichtet werden sollte, z. B.: *hockt in einer Mülltonne für Altpapier,* oder wie die Figuren handeln und sprechen sollen, z. B.: *fühlt seine Stirn, schreit.*
- **Spiel im Spiel** nennt man eine Situation, in der eine Figur auf der Bühne eine andere Rolle spielt, z. B. wenn Nico so tut, als wäre er an Bord eines Flugzeugs.

Rosinen im Kopf – 2. Szene

NICO *(mit verstellter Stimme, Sprechweise des Direktors):* Achtung, Achtung, eine Durchsage! Hier spricht Direktor Hülsendonk. Wir haben mehrere Fälle von Schweinegrippe in der Schule festgestellt. Alle Lehrerinnen und Lehrer bitte sofort ins Rektorzimmer zur Krisensitzung. Die Schülerinnen und Schüler haben ab sofort frei, die Schule bleibt für die nächsten drei Wochen geschlossen. Ende der Durchsage. *(Pausengong. Schülerlärm. Licht zieht auf.)*
NICO *(hockt in einer Mülltonne für Altpapier, lupft vorsichtig den Deckel, schaut sich um):* Captain Kirk[1] an Crew … Captain Kirk an Crew, auf welchem Planeten sind wir hier? Wo sind wir hier? *(Mit Roboterstimme)* Raumschiff Enterprise hat ein Problem. Unsere Navigation hat versagt. Wir mussten notlanden. [...]
(Formt mit den Händen ein Fernrohr.) Ist das vielleicht der Planet der Affen? Nein, unmöglich. Viel zu viele Zwerge mit Pausenbroten in der Hand und ohne Fell. Oh nein! Was sehen meine entzündeten Augen? Da, ein Alien! Alle Mann in Deckung! *(Verschwindet in der Tonne. Oliver, ziemlich stylisch gekleidet, kommt mit einem Schulbrot, packt es aus und wirft das Papier in die Tonne, geht weiter, stutzt, dreht sich um und schleicht sich an. Nico kommt vorsichtig wieder hoch, ohne Oliver zu bemerken.)* Captain Kirk an Crew, jetzt weiß ich, wo wir sind – wir befinden uns auf einem der gefährlichsten Planeten des Universums! Schulhofia! Wir müssen fliehen! [...]
OLIVER *(kippt die Tonne um und lacht sich schlapp, klatscht Beifall.)* Wow, Alter, du bist ja ne richtig komische Nummer, ey! Was machst'n da?
NICO *(erschrickt zu Tode):* Wo?!?!
OLIVER: Na, da in der Tonne. Und das mit der Durchsage vorhin, das warst du. Alle sind aufgesprungen und rausgerannt. Und der Lehrer hat uns hinterhergerufen, aber keiner ist zurückgekommen.
NICO: Wehe, du verrätst was. Wer bist'n du überhaupt? Hab dich noch nie auf'm Schulhof gesehen.
OLIVER: Kannste ja auch nich. Bin erst seit gestern hier.
NICO: Neu?
OLIVER: Hm.
NICO: Aber du hältst die Klappe!
OLIVER: Von mir erfährt keiner was. *(Streckt die Hand aus.)* Ich bin Oliver.
NICO *(nimmt die Hand):* Nico. *(Oliver zückt Kaugummischachtel.)* Und wo kommst du her? [...]

---

[1] Captain Kirk: Figur in der Science-Fiction-Serie „Raumschiff Enterprise" (1. Staffel 1966–1969)

OLIVER: Früher warn wir in Hamburg. Jetzt hat mein Vater den Berliner Chefposten von TTP übernommen.
NICO: TTP?
OLIVER: Telly Top Productions.
NICO: Ach so.
OLIVER: Ist ne Filmfirma.
NICO *(brennend interessiert):* Dein Vater dreht Filme?!
OLIVER: Hm.
NICO: Ich steh total auf Abenteuerfilme, Afrika und so ...
OLIVER: War ich schon.
NICO: Ja?
OLIVER: Klar. Marokko. Alles flach, irre Hitze, nichts wie Sand, blödes Hotel ...
NICO: Und warste schon mal auf den Bahamas?
OLIVER: Ja –
NICO: Malediven auch?
OLIVER: Ja –
NICO: Und auch in Dubai?
OLIVER: Klar. Alles flach, irre Hitze, nichts wie Sand, blödes Hotel, fünf Sterne, blöde Junior-Suite, gähn ...
NICO: Cool. Kostet doch irre viel Geld, oder?
OLIVER: Klar. Hat mein Vater genug von.
NICO: Macht der auch Castingshows und Abenteuerfilme?
OLIVER: Nee, nur Werbung, bringt mehr Knete.
NICO: Is ja irre.
OLIVER: Ach, ist doch langweilig. Ich steh mehr auf totalen Horror, weißt du. Stephen King und so. Muss echt Blut fließen. Ist sonst langweilig. Kannst ja mal gucken, ob du dich traust.
NICO: Was trauen?
OLIVER: Na, das angucken. Meine Schwester rennt immer aus dem Zimmer. Wir haben 'n eigenes Kino. Und jede Menge Filme.
NICO: 'n Kino inner Wohnung? Wo gibt's 'n so was?
OLIVER: Is in jeder Wohnung.
NICO: Wie?
OLIVER: Maaann, in den Firmenwohnungen von TTP! Ist doch Grundausstattung.
NICO: Wirklich?
OLIVER: Kannst ja mal gucken kommen.
NICO *(steigt sofort ein):* Okay. Wir kaufen uns jetzt ein paar Pommes und ne Cola. Und dann schleichen wir hier ab und gehen zu dir Filme gucken.
OLIVER: Einfach schwänzen? Können wir doch nicht machen!
NICO: Klaro können wir. Los, weg hier! Oder traust du dich nicht?
(Beide wollen los.) [...] Wow!
OLIVER: Mist!
NICO: 'nen Porsche!
OLIVER: Das is unserer.
(Monika und Pia kommen auf den Schulhof, beide sehr modisch gekleidet, Nico stiert auf sie wie eine Erscheinung.)
MONIKA: Hallo, Oliver. *(Oliver will sich davonmachen.)* Oliver!
OLIVER: Monika.
MONIKA: Sag mal, was machst du denn hier draußen? Hast du nicht Unterricht?
OLIVER: Nee, die machen grad ne Konferenz wegen Schweinegrippe.
MONIKA: Was?
NICO: Quatsch, wir ham große Pause.
MONIKA: Na, das fängt ja gut an. Na ja, ist ja nicht für lange. Nach den Sommerferien kommt ihr beide ja ins Internat.
OLIVER: Ich geh nicht ins Internat!
PIA: Ich auch nicht.
NICO: Internat?
PIA: Schule, wo man auch wohnt. Aber ohne Eltern ...
MONIKA *(schaut Nico an, etwas irritiert):* Oliver, ist das ein neuer Freund von dir? *(Oliver reagiert nicht, zu Nico):* Seid ihr befreundet, du und Oliver? *(Nico nickt nach einer Weile.)* Hm. Soso ... Oliver, sag uns doch mal, wo das Rektorzimmer ist.
OLIVER: Da war ich gestern mit Hajo ...
MONIKA: Du sollst nicht immer Hajo sagen, sondern ...
OLIVER: Papa! Ich weiß, Monika.
MONIKA: Und? Wo ist es nun?
NICO *(eifrig):* Durch die Tür und dann links.
MONIKA: Komm, Pia. Wir müssen dich schnell anmelden. Komm, Pialein.

PIA: Ich bin nicht dein Pialein.
(Pia und Monika ab.)
OLIVER: Mission Horrorfilm, los.
NICO: War das deine Schwester?
150 OLIVER: Nee, meine Oma.
(Lacht sich schlapp über seinen eigenen Witz.)
NICO: Und die andere deine Mutter?
OLIVER: Ja, aber nich meine richtige.
NICO: Wie?
OLIVER: Das is die neue Frau von meinem 155
Vater.
NICO: Ach so ... Is die nett?
OLIVER: Geht so. Meine Schwester ist vielleicht bescheuert.
NICO: Glaub ich nicht. 160
OLIVER: Hast wohl keine Schwester, was?
NICO: Nee.

1 Theaterszenen sind vor allem zum Spielen da. Geht so vor:
a Bildet Gruppen und verteilt die drei Szenenabschnitte (▶Z.1–32; ▶Z.33–107; ▶Z.108–162).
b Lest euren Szenenabschnitt mehrfach durch. Überlegt gemeinsam, wie ihr die Figuren darstellen wollt: Wie sollen sie sprechen? Welche Gestik und Mimik passen zu ihnen?
c Verteilt die Rollen und probt euer Spiel.
d Spielt eure Szene vor der Klasse. Die anderen beobachten das Spiel, z. B. mit Hilfe einer Videokamera.
e Diskutiert anhand der Aufnahmen, ob die Sprechweise, die Mimik und die Gestik zu den jeweiligen Figuren und der Situation passen. Begründet, was ihr verändern würdet.
Tipp: Spielt auch eure Veränderungsvorschläge vor. Die Videoaufnahmen werden nicht veröffentlicht.

2 a In Szene 2 lernt ihr drei neue Figuren kennen: Oliver, Pia und Monika.
Fasst zusammen, was ihr über diese Figuren erfahrt.
b Erläutert, warum Nico an dem Beruf von Olivers Vater brennend interessiert ist.
c Nennt Textstellen, in denen die Lebenssituation Olivers besonders deutlich wird.
Vergleicht sie mit der Lebenssituation von Nico.

3 Wie könnte sich auf Grund der Bekanntschaft zwischen Nico und Oliver die Handlung entwickeln? Begründet, welcher der folgenden Handlungsverläufe euch am wahrscheinlichsten erscheint.

> A Nico streitet sich verstärkt mit seinem Vater und wird zu Hause rausgeworfen.
> B Oliver streitet sich mit Monika so sehr, dass sein Vater Monika verlässt.
> C Nico wird ein Superstar in der Filmproduktion von Olivers Vater.
> D Nico will seine Chance nutzen, um ein Fernsehstar zu werden.

4 Ergänzt auf einer Kopie der Szene 2 (▶S.164–166) Regieanweisungen, die angeben, wie Nico, Oliver, Pia und Monika sprechen und wie sie sich verhalten sollen, z. B.:
großspurig, spöttisch grinsend, erstaunt, unterbricht, dreht sich um und zeigt auf die Tür.

Wissen und können **Der Handlungsverlauf – Der Konflikt**

Theatertexte dienen als Vorlagen, um vor Publikum gespielt zu werden. Viele Theaterstücke haben einen spannenden **Handlungsverlauf,** der sich um einen **Konflikt** (von lat. *conflictus* für Zusammenstoß, Streit) in Form verschiedener Ziele und Lebenseinstellungen von Figuren dreht und sich in Streitigkeiten, Kriegen und anderen Auseinandersetzungen äußern kann.

8.1 „Rosinen im Kopf" – Figuren und ihre Konflikte untersuchen

Testet euch!

Rund ums Theater

1 Notiert, was die folgenden Begriffe aus der Theaterwelt bedeuten:

> Was ist ...
> – ein Dialog?
> – ein Monolog?
> – eine Szene?
> – eine Regieanweisung?
> – ein Spiel im Spiel?

2 Beschreibt die folgenden Figuren aus dem Stück „Rosinen im Kopf" möglichst genau.

> Wer ist ...
> – Nico?
> – Oliver?
> – Sonja?
> – Pia?
> – Monika?
> – Herr Hannemann?

3 Stellt folgende Gefühlsregungen durch eure Mimik dar:
Wut, Trauer, Freude, Begeisterung, Müdigkeit, Zufriedenheit.
Wechselt euch in Partnerarbeit jeweils ab.

4 **a** Stellt nun eine der Figuren des Stückes pantomimisch dar.
Das bedeutet, ihr spielt sie wie auf dem Foto auf dieser Seite ohne Worte nur mit Körperhaltung, Gestik und Mimik.
b Eure Partnerin bzw. euer Partner beschreibt und benennt, wen ihr verkörpert.

5 Notiert und begründet, welche der unten stehenden Konflikte A bis D sich schon am Anfang des Theaterstücks „Rosinen im Kopf" ankündigen.

> **A** Arme – Reiche
> **B** Schüler – Lehrer
> **C** Eltern – Kinder
> **D** Mädchen – Jungen

6 Vergleicht in Partnerarbeit eure Ergebnisse der Aufgaben 1, 2 und 5.

8.2 Nicos Traumwelt – Szenen schreiben und spielen

Rosinen im Kopf – 3. Szene

Durch die Begegnung mit Oliver, dessen Vater Filmproduzent ist, sieht Nico die Chance, seinen Traum vom großen Ruhm und Erfolg zu verwirklichen. Noch steckt Nico aber mitten in der tristen Welt seines Alltags. Sein Vater ist ein einfacher Fahrradkurier und verdient nicht sehr viel Geld; zu Hause gibt es keinen Luxus. In dieser Situation trifft Nico auf Pia, Olivers Schwester.

NICO: Sag mal, hast du schon mal im Film von deinem Vater mitgespielt?
PIA: Nee, find ich blöde.
NICO: Ja?
5 PIA: Mein Vater ist auch dagegen. Was macht denn dein Vater?
NICO: Och, der ... – der ist immer unterwegs. Ist schwer zu erklären, weißte. Also der hat mal hier zu tun, mal da.
10 PIA: Ausland?
NICO: Klar. Heute Moskau, morgen New York, übermorgen Honolulu und so ...
PIA: Ach so, der ist Manager?!
NICO: Nee, darf ich nicht sagen.
15 PIA: Was, warum denn nicht, sag doch!
NICO: Darf keiner wissen, verstehst du?
PIA: Ich sag's bestimmt nicht weiter. Ehrenwort!
NICO: Mein Vater, der ist unterwegs – also der
20 reist in geheimer Mission ...
PIA: In geheimer Mission? James Bond?
NICO: Psst. Ja. Darf wirklich keiner wissen.

PIA: Ja, klar, verstehe. Muss der sich auch verkleiden?
NICO: Ja. Meistens. 25
PIA: Mensch, ist das spannend.
NICO: Geht so. [...]

(Nicos Vater, Herr Hannemann, hat vom Inhalt des Gesprächs erfahren, weil Pia ihn auf seinen Beruf angesprochen hat. Nun stellt Herr Hannemann seinen Sohn zur Rede.) 30

HANNEMANN: Dämliches Gequatsche? Ich reise in geheimer Mission. Heute Moskau, morgen New York, übermorgen Honolulu.
NICO *(erschrocken)*: Was hat die Pia erzählt? 35
HANNEMANN: Die denkt immer noch, ich bin James Bond persönlich.
NICO *(erleichtert)*: Ja.
HANNEMANN: Sag mal, hast du ne Vollmeise?

 1   a Lest zunächst nur in Partnerarbeit die Zeilen 1–27 mit verteilten Rollen.
  b Besprecht, an welchen Stellen Nico offenbar nicht so recht weiß, was er sagen soll.
  c Diskutiert, warum Nico die Unwahrheit sagt.

 2   a Lest in Partnerarbeit mit verteilten Rollen den Rest der Szene, Zeile 32–39.
  b Erklärt, warum sich Nicos Vater, Herr Hannemann, so aufregt.

3 Die Szene auf Seite 168 geht noch weiter. Setzt in Partnerarbeit die Szene fort. Geht so vor:
a Sammelt Ideen, wie der Dialog zwischen Nico und seinem Vater fortgeführt werden könnte. Was könnte Nico seinem Vater erklären oder vorwerfen? Wie äußert sich Nicos Vater dazu? Ihr könnt z. B. so beginnen:

Sohn Nico	Vater Hannemann
– Was soll ich denn machen? Denkst du, es wäre einfach für mich ... – Nie hast du Zeit für mich. Du weißt ...	– Ich rackere mich ab, schufte auch am Wochenende, damit ... – ...

b Diskutiert, wie diese Szene ausgehen könnte. Ihr könnt aus den folgenden Möglichkeiten auswählen oder euch selbst einen Schluss überlegen.

> A Nico wirft seinem Vater vor, dass er sein Talent nicht erkennt, und geht ab.
> B Beide streiten immer weiter, teilweise unverständlich. Das Licht wird ausgeblendet.
> C Der Vater verlässt die Szene mit den Worten: „Ich rufe Oma an! Die soll das regeln!"
> D Vater und Sohn versöhnen sich am Ende und gehen zum Eisessen.

c Schreibt mit Hilfe eurer Vorarbeiten den Dialog zwischen Nico und seinem Vater weiter. Notiert auch Regieanweisungen, die angeben, wie die Figuren reden und sich verhalten sollen.
Tipp: Achtet darauf, dass sich die Aussagen aufeinander beziehen, und formuliert eure Ideen gegebenenfalls um, z. B.:

> **Nico** *(verärgert):* Was soll ich denn machen? Denkst du, es wäre einfach für mich zu sagen, dass du als Fahrradkurier ...
> **Herr Hannemann** *(unterbricht empört):* Jeden Morgen stehe ich um fünf Uhr auf und mache die Wäsche und den Haushalt. Und während du zur Schule gehst und auch dort nichts tust, schwinge ich mich auf mein Fahrrad ...

4 Spielt eure Szenen mit verteilten Rollen vor. Probiert die Stopp-Technik aus (▶ Wissen und können).

> **Wissen und können**   **Die Stopp-Technik – Der Ghostspeaker**
>
> ■ Bestimmt Spielleiter und Spieler. Lest eine Szene mit verteilten Rollen.
> ■ An einer beliebigen Stelle sagt die Spielleiterin oder der Spielleiter: „Stopp!"
> ■ Die Figuren unterbrechen ihr Spiel und sagen, was sie in ihrer Rolle gerade denken oder fühlen. Sie können auch erklären, warum sie etwas sagen oder warum sie so und nicht anders handeln.
> ■ Variante mit Ghostspeaker: Hinter der Bühnenfigur steht eine andere Person, die aber nicht mitspielt (wie ein Geist auf der Bühne). Wenn „Stopp!" gesagt wird, äußert sich dieser „Geist" zu den Gedanken und Gefühlen seiner Figur.

Fordern und fördern – Theaterszenen schreiben

1 a Im Folgenden könnt ihr je nach Interesse und Schwierigkeitsgrad auswählen, welchen Szenen-
ausschnitt ihr fortsetzen wollt. Lest die Szenenausschnitte A bis D (▶ S. 170–171).

b Bildet Gruppen, die sich jeweils mit einer Szene beschäftigen. Vervollständigt eure Szenen,
indem ihr die fehlenden Textteile (Anfang, Mitte oder Schluss) ergänzt.

A Ertappt? – Den Schluss einer Szene verfassen

HANNEMANN: Ich habe einen Anruf von deinem Lehrer bekommen.
NICO *(stark verunsichert)*: Ja? Warum denn? Hab ich was gemacht?
⁵HANNEMANN: Das frag ich dich! Du weißt ganz genau, was ich meine.

NICO *(scheinheilig)*: Keine Ahnung.
HANNEMANN: Ach nein? Und was ist mit der Englischarbeit?!?!
NICO *(total erleichtert)*: Ach so, die Englisch-¹⁰arbeit …
? ? ? ? ? ? ?

2 In dieser Szene fehlt der Schluss. Schreibt die Szene zu Ende. Geht so vor:
  a Lest den Text und tauscht euch aus, worum es in dieser Szene geht.
  b Notiert Ideen, wie die Szene weitergehen könnte:
  – Hat Nicos Vater weitere Dinge von dessen Lehrern erfahren?
    Bedenkt auch, was ihr über Nicos Verhalten in der Schule wisst.
  – Kommt es zu einer Aussprache oder bleibt das Ende offen, weil Herr Hannemann
    zu seiner Arbeit muss oder Nico vorgibt, noch etwas Dringendes erledigen zu müssen?
  c Verfasst einen Schlussteil zu dieser Szene. Nehmt auch Regieanweisungen auf.

B Wer hat den besseren Vater? – Den Mittelteil einer Szene ergänzen

OLIVER: Du hast den viel besseren Vater als ich!
NICO: Du hast doch keine Ahnung! Mein Oller hat 'n rostiges Fahrrad und ihr habt 'n Porsche!
OLIVER: Ja, aber …
⁵? ? ? ? ? ? ?
SONJA *(belustigt)*: Sagt mal, seid ihr bescheuert?
OLIVER: Hast wohl keinen Vater, was?
SONJA *(ernst)*: Nee, aber ich hätte gern einen.

3 In dieser Szene fehlt der Mittelteil.
Füllt diese Lücke. Geht so vor:
  a Lest die Szene und macht euch klar,
    um was es geht.
  b Sammelt und notiert, welche Argumente
    (▶ S. 35) Oliver und Nico vorbringen könnten.
  c Verfasst den Mittelteil der Szene.
    Notiert auch Regieanweisungen.

C Träume werden wahr! – Den Anfang einer Szene ergänzen

❓ ❓ ❓ ❓ ❓ ❓ ❓

Steinberg *(Vater von Oliver zu Monika):* Du, der Junge hat was.
Monika: Also, Hajo, bitte – lass ihn!
Steinberg: Lass mich doch! Solche Typen kann man immer mal gebrauchen. *(zu Nico)* Wie heißt'n du?
Nico: Nico Hannemann … immer noch.
Steinberg: Nico Hannemann-Immernoch. Bist'n Checker, was?
Oliver: Der Nico ist 'n irre guter Schauspieler.
Steinberg: Ja, halt dich da mal raus. *(zu Nico)* Hättest du vielleicht Lust, mal in einem Film mitzumachen?
Nico: Na klar. Sofort. Klar. In nem richtigen Film?
Pia: Werbefilm.
Steinberg: In einem richtigen Film. Für Kino und Fernsehen.
Nico: Mannnnn!
Steinberg: Also komm doch morgen mal vorbei. Dann fahren wir schnell ins Studio und machen eine kleine Probeaufnahme. Okay?

4 Bei dieser Szene fehlt der Anfang. Verfasst den Beginn der Szene. Geht so vor:
   a Lest die Szene und formuliert, worum es geht.
   b Notiert Ideen, wie die Szene beginnen könnte. Herr Steinberg, der Chef einer Filmfirma, könnte z. B. unerwartet dazukommen, Nico kennen lernen und dabei sein Talent entdecken.
   c Schreibt den Szenenanfang. Denkt auch an die Regieanweisungen.

D Das Casting – Den Anfang und das Ende einer Szene schreiben

❓ ❓ ❓ ❓ ❓ ❓ ❓

Steinberg: Also gut. *(Sieht auf die Uhr.)* Letzter Versuch! Also: hochspringen, Tor. Dann den Text und den Daumen hoch. Und strahlen! Los! Bitte!
Nico: Tooor! Tooor!
Steinberg: Ja! Ja!
Nico: Ja! Da ist er wieder, Podolski! Es ist nicht zu fassen!
Steinberg: Nein! Nein!
Nico *(umkurvt dribbelnd die Gartenmöbel):* Und da ist er! Podolski! An der Außenlinie. Spielt zwei Verteidiger schwindelig! Umkurvt die ganze Abwehr! Könnte schießen – schießt! *(Mimt einen gewaltigen Torschuss, bei dem er zu Boden geht, reißt im Sitzen die Arme hoch, jubelt, springt auf und rennt mit erhobener Faust und Purzelbaumeinlage eine Runde im Garten.)* Tor! Tor! Das Siegtor! Das Tor des Monats! Podolski! Podolski! *(Sinkt in die Knie, als ob er betet.)* Das Sieg-Tor! *(Sinkt wieder in die Knie wie zum Beten.)* Podolski! Goldjunge!
Pia: Jaaaaaa.
Steinberg *(endgültig genervt):* Hör auf. So was wie dich kann ich nicht gebrauchen.
Nico: Aber ich hab doch nur …
Steinberg: Beim Film braucht man Kinder, die absolut diszipliniert sind. Da kostet jede Minute Geld. Kinder, die zwanzig Mal exakt dasselbe machen, wenn's sein muss, die gehorchen.

5 In dieser Szene fehlen der Anfang und der Schluss.
   a Lest die Szene und macht euch klar, worum es geht.
   b Notiert Ideen, was dem Textauszug vorausgegangen sein könnte.
   c Sammelt Ideen, wie die Szene enden könnte. Gehen die Figuren im Streit auseinander? Zerplatzen Nicos Träume von einer Fernsehkarriere oder bekommt er noch eine Chance?
   d Verfasst den Anfang und den Schluss zu dieser Szene. Denkt an die Regieanweisungen.

8.3 Projekt – Das Stück inszenieren

Effekte erzielen – Chorisches Sprechen

1. Szene: Rosinen im Kopf

NICO: Wenn ich <u>alleine</u> bin,
Dann passiert was in mir drin.
Ich fahr ab <u>in meine Welt</u>
Und kann tun, was mir gefällt …
5 Dann bin ich <u>Robin Hood, der edle Rächer</u>,
Bei dem die reiche Welt vor Angst verreckt.
Als <u>Batman</u> flieg ich über alle Dächer
Bis zu den Inseln aus dem Alltours-Prospekt.
Weiß ist die <u>Villa überm Meeresstrand</u>
10 Von <u>Nico Hannemään, als Popstar weltbekannt</u>.

1 Tragt Nicos Monolog im chorischen Sprechen vor. Geht so vor:
– Ein Spieler spricht Nicos Text. Mehrere Schülerinnen und Schüler stehen im Chor hinter ihm oder am Rand und sprechen die unterstrichenen Textstellen gleichzeitig mit.
– Die anderen bilden eine Beobachtergruppe. Sie notieren, welche Wirkung das chorische Sprechen hat und was bei dem Vortrag noch verbessert werden könnte.

1. Szene: Rosinen im Kopf

SONJA: Kennt ihr Nico Hannemann
Mit der großen Meise,
Der vor Spinnlust überschäumt
Und sogar im Stehen träumt,
5 Heimlich, still und leise?
Du willst mit ihm reden,
Schon mimt er den Blöden.
Du gehst mit ihm schwimmen,
Schon beißt er wie 'n Hai.
10 Im Unterricht döst er,
In Wirklichkeit pest er
Als Superman cool
Von New York nach Hawaii.

2 Bildet Gruppen und übt das chorische Sprechen anhand von Sonjas Monolog:
a Legt fest, welche Textteile chorisch gesprochen werden sollen. Erprobt verschiedene Möglichkeiten, einzelne Wörter oder Wortgruppen durch den Chor hervorzuheben.
b Stellt eure Ergebnisse der Klasse vor und beurteilt gemeinsam den jeweiligen Vortrag.

Wissen und können | **Chorisches Sprechen**

Man kann durch die Art des Sprechens auf der Bühne bestimmte **Effekte** erzielen. Eine besonders eindrucksvolle Art und Weise ist das **chorische Sprechen,** bei dem mehrere Schauspieler/-innen – wie in einem Chor – **einen Text gleichzeitig vortragen.**

Das Theaterstück aufführen

1. Schritt: Die Spielvorlage erstellen

1 In den ersten beiden Teilkapiteln (▶ S. 160–171) habt ihr verschiedene Szenen aus dem Theaterstück „Rosinen im Kopf" gelesen und auch eigene Szenen geschrieben.
Erstellt aus diesen Szenen ein Theaterstück für eine Aufführung vor Publikum. Geht so vor:
Verschafft euch noch einmal einen Überblick über die Handlung des Stücks.
Nutzt für die einzelnen Szenen (die im Buch abgedruckten, aber auch eure eigenen) Karteikarten:
— Legt für jede Szene eine eigene Karteikarte an. Schreibt auf den Kopf der Karteikarte die Szenennummer, notiert darunter die Namen der Figuren, die in dieser Szene auftreten.
— Fasst den Inhalt der Szene knapp zusammen.
— Sortiert eure Karteikarten, sodass ein zusammenhängendes Theaterstück entsteht. Nummeriert eure Karteikarten erneut.

> *Szene 1*
> *– Figuren: Nico, Sonja*
> *– Handlung: ...*

2. Schritt: Einen Projektfahrplan erstellen und die Aufgaben verteilen

2 Bis zur Aufführung des Theaterstücks „Rosinen im Kopf" sind eine Reihe von Vorarbeiten nötig.
Verteilt die einzelnen Aufgaben auf Teams und legt einen Projektfahrplan an.

Aufgaben und Arbeiten	Team	Termine	Sonstiges
Werbung (Flyer, Plakat, Einladung)			
Schauspieler/-innen, Souffleusen/Souffleure			
Bühnenbild und Beleuchtung			

Team 1: Werbung für die Aufführung
— Besprecht, wie ihr für euer Theaterstück werben wollt, z. B.: mit einem Plakat, einem Flyer und einer Einladung per E-Mail.
— Notiert wichtige Informationen, z. B.: Titel des Stücks, Aufführungsort, Datum, Uhrzeit, eventuell kurzer Inhaltsüberblick.
— Entwerft Skizzen und Textentwürfe für eure Werbung.
Tipp: Wenn ihr mit dem Computer arbeiten wollt, helfen euch die Hinweise auf Seite 347–349.

Team 2: Schauspieler/-innen, Souffleusen und Souffleure
— Verteilt die Rollen, lernt eure Texte auswendig und führt gemeinsam die Proben durch.
— Beobachtet die Schauspieler/-innen und gebt Hinweise, wie das Spiel wirkt und was noch verbessert werden kann.
— Übt während der Proben auch das Soufflieren (einen Text leise mitlesen und vorsagen, falls ein Spieler ihn vergessen hat).

Team 3: Bühnenbild und Beleuchtung planen

Plant euer Bühnenbild. Geht so vor:

- Lest der Reihe nach alle Szenen und notiert, an welchen Schauplätzen (Handlungsorten) sie spielen. Wenn ihr in den Texten keine Angaben zum Schauplatz findet, überlegt selbst, wo diese Szene spielen könnte.
- Legt Skizzen dazu an, wie der Bühnenraum für den jeweiligen Schauplatz gestaltet werden könnte. Wählt einfache, umsetzbare Lösungen.
- Legt fest, ob ihr ein bestimmtes Mobiliar bzw. Requisiten (Gegenstände) benötigt, z. B.: eine Mülltonne, einen Tisch, Stühle etc.

- Bestimmt, ob ihr Kulissen (Hintergrundbilder) für die einzelnen Schauplätze gestalten wollt. Ihr könnt z. B. auf Stoff oder Papier malen oder ihr fertigt Folien an, die ihr mit Hilfe eines Overhead-Projektors oder Beamers auf eine Leinwand projiziert.
- Erstellt eine Liste mit Gegenständen und Materialien, die ihr besorgen müsst.

Tipp: Markiert schon während der Proben den Bühnenraum mit Kreppstreifen auf dem Boden, sodass alle möglichst früh wissen, in welchem Bereich sie sich bewegen dürfen/sollen.

Bei der Planung der Beleuchtung könnt ihr so vorgehen:

- Klärt, welche Beleuchtungselemente euch zur Verfügung stehen und wie ihr sie in den verschiedenen Szenen einsetzen wollt. Ihr könnt auch versuchen, durch das Licht Stimmungen zu erzeugen, z. B. durch Farbscheinwerfer.
- Erprobt unterschiedliche Möglichkeiten und haltet eure Ergebnisse in Skizzen fest.

3. Schritt: Das gemeinsame Proben

3
a Legt fest, was bzw. wann ihr gemeinsam proben müsst und welche Aufgaben jedes Team alleine ausarbeiten oder erproben kann.
b Stimmt die einzelnen Arbeitsabläufe aufeinander ab, sodass alles bis zum Tag der Aufführung Hand in Hand geht.

Wissen und können — Ein Bühnenbild erstellen

- Als **Bühnenbild** bezeichnet man die **sichtbare Gestaltung des Bühnenraums** für die Aufführung, z. B. durch Kulissen, Möbel und Requisiten (bewegliche Gegenstände).
- Es ist verführerisch, in einem Bühnenbild alles möglichst realistisch darzustellen. Doch es kann wirkungsvoller sein, wenn man **mit** sehr **einfachen Mitteln** arbeitet statt mit aufwendigen Ausstattungen. Auf das Wesentliche reduziert, ist es auch leichter umzubauen.
- Beim Bühnenbild ist auch einzuplanen, wie die **Auftritte und Abgänge der Schauspieler/ -innen** verlaufen sollen.

9 Ausgefallene Sportarten –
Sachtexte lesen und auswerten

„Auf die Sitze – fertig – los!"
Nur zum Sitzen? Wie langweilig! Wer meint, Bürostühle seien nur zu diesem Zweck erfunden worden, irrt gewaltig. Seit 2005 werden mit den Sitzmöbeln Wettrennen veranstaltet – und sogar Meisterschaften ausgetragen ...

1
a Seht euch das Bild an und lest den Anfang des Zeitungsartikels. Über welche Dinge könnte der Artikel im Weiteren informieren?
b Tauscht euch aus: Kennt ihr andere ausgefallene oder verrückte Sportarten?

2
a Erläutert: Wo bzw. wie könntet ihr euch über ausgefallene Sportarten und Wettbewerbe informieren?
b Erklärt, in welchen Schritten ihr einen Sachtext erschließt.

In diesem Kapitel ...
— lest ihr Sachtexte über ausgefallene Sportarten,
— übt ihr, Informationen aus Sachtexten und Grafiken zu entnehmen, festzuhalten und zusammenzufassen,
— recherchiert ihr über die Olympischen Spiele und bereitet eure Ergebnisse für eine Präsentation auf.

9.1 Höher, schneller, verrückter – Sachtexten Informationen entnehmen

Sachtexte mit Hilfe der Fünf-Schritt-Lesemethode erschließen

Handyweitwurf und Moorfußball – Finnlands besondere Wettkämpfe

Sie werfen Gummistiefel, tragen ihre Frauen Huckepack durch Matsch und Schlamm und rocken virtuos wie Bruce Springsteen[1] auf der Luftgitarre. Die Finnen sind Weltmeister, wenn es darum geht, sich kuriose Wettbewerbe auszudenken. Warum ausgerechnet sie so kreativ sind, kann niemand richtig beantworten.

Luftgitarre spielen

Das Luftgitarrespielen ist so alt wie die Rockmusik, doch dieses Musizieren auf einer imaginären Gitarre zu einem Wettbewerb zu machen, ist den Finnen zuerst eingefallen. Inzwischen haben zehn Länder nationale Meisterschaften, die jedes Jahr im August ihre Besten zur Weltmeisterschaft nach Oulu schicken.
Wer hier mit seiner einminütigen Rock- oder Metal-Nummer die Jury überzeugt, gewinnt eine speziell angefertigte Plexiglasgitarre. Bewertet werde nicht nur das imaginäre Gitarrenspiel, sondern auch die Ausdrucksfähigkeit hinsichtlich der musikalischen Botschaft, sagt die Jury. Das Festival selbst will eine Friedensbotschaft an die Welt senden: Wer Luftgitarre spielt, kann keine Waffe tragen.

Moorfußball

So richtig schmutzig geht es bei den Meisterschaften im Moorfußball zu. Die Spieler versinken bis zu den Knien im Matsch. Weil da jede Bewegung anstrengend ist, werden auch nur zweimal zehn Minuten gespielt. Der Urvater des Moor- oder auch Sumpffußballs ist der finnische Skifahrer Esa Romppainen, der im Schlamm sein Sommertraining intensivieren wollte. Die Idee wurde bekannter, und 1998 wurde der erste nationale Wettbewerb in Ukkohalla veranstaltet. Zwei Jahre später schon gab es die ersten Weltmeisterschaften mit bis zu 300 Teilnehmern und 30 000 Gästen.

Gummistiefelweitwurf

Auch der Gummistiefelweitwurf ist inzwischen eine internationale Disziplin. Sie hat in Deutschland so viele Anhänger, dass es mehrere Vereine gibt – vermutlich, weil es dabei etwas ernster zugeht als beim Frauentragen.

---

1 Bruce Springsteen (*1949): berühmter US-amerikanischer Rockmusiker und Bandleader der E Street Band

Die Gummistiefel werden wie ein Diskus geworfen und sind nicht etwa die ausgetretenen, quietschgelben von Oma. Die meisten Teilnehmer schwören auf ein italienisches Modell mit besonderen Flugeigenschaften. Die Frauen werfen Größe 38, die Männer Größe 43. Wobei es egal ist, ob es der linke oder der rechte Stiefel ist. Dieser Sport wird in Finnland angeblich schon seit 40 Jahren betrieben, die erste WM gab es 1992.

Handyweitwurf

Etwas leichter zu werfen als ein Gummistiefel ist ein Handy. Eine Disziplin, für die Finnen geradezu prädestiniert scheinen, auch wenn nicht nur die landeseigene Marke geworfen wird, sondern Handys aller Hersteller, Größen und Farben. Die Finnen sehen sich als Handy-Nation, wo jeder immer das neueste Mobiltelefon-Modell haben will. Da kann man die alten ebenso gut für sportliche Aktivitäten verwenden. Außerdem sei dies die Möglichkeit, sich an dem Telefon für all die nicht beantworteten Anrufe zu rächen, meinen die Veranstalter in Savonlinna. Es gibt zwei Techniken, wie die Handys geworfen werden: im traditionellen Stil über die Schulter, wobei die Länge des Wurfs entscheidend ist, oder als Freestyle, wobei Ästhetik und Kreativität der Choreografie bewertet werden.

1 Wendet die Fünf-Schritt-Lesemethode (▶ S. 178) mit Hilfe der folgenden Schritte (▶ Aufgaben 1 bis 5) an und lest auf diese Weise den Sachtext.
  a Verschafft euch zunächst einen Überblick über den Text: Lest nur die im Druckbild hervorgehobenen Teile: Überschrift, Vorspann und Zwischenüberschriften.
  b Betrachtet dann die Abbildungen. Was zeigen sie?

2 a Besprecht auf Grund eurer ersten Ergebnisse zum Text, welche Informationen zu erwarten sind.
  b Macht euch bewusst, was ihr vielleicht schon über das Thema wisst.

3 a Arbeitet mit einer Textkopie. Lest den gesamten Text zügig durch. Kreist unbekannte Wörter ein.
  b Besprecht anschließend in Partnerarbeit, worum es in dem Text geht.
  Formuliert auch, was euch noch unklar ist, und notiert zwei bis vier Fragen an den Text, z. B.:
  Spielt man Luftgitarre zu Musik oder ist die Aufführung ganz ohne Ton?
  c Klärt die Bedeutung der eingekreisten Wörter aus dem Textzusammenhang oder durch Nachschlagen im Wörterbuch (▶ S. 180).

4 Lest den Text ein zweites Mal gründlich und bearbeitet die Kopie des Textes so:
  a Markiert Schlüsselwörter (Wörter mit wichtigen Informationen) wie in Zeile 6 f. und 9 f.
  b Notiert ein Fragezeichen ? am Rand, wenn euch eine Textstelle unklar ist.
  c Klärt in Partnerarbeit die Bedeutung der Textstellen, die ihr mit einem Fragezeichen versehen habt.
  d Beantwortet die Fragen, die ihr an den Text gestellt habt (▶ Aufgabe 3 b).

5 a Fasst die wichtigsten Informationen aus jedem Sinnabschnitt in Stichworten zusammen.
Tipp: Orientiert euch an den Zwischenüberschriften und den markierten Schlüsselwörtern.

> *Luftgitarre spielen (Z. ...-...)*
> *– nur mit vorgestellten Gitarren*
> *– ...*

 b Vergleicht zu zweit eure Stichworte: Welche Stichworte könnten ergänzt oder gestrichen werden? Begründet einander eure Auswahl.
 c Stellt euch abwechselnd mit Hilfe eurer Stichworte Fragen zum Text und beantwortet sie.

6 a Sucht im Internet ein Erklärvideo zum Thema „Fünf-Schritt-Lesemethode".
b Schaut euch das Video an und vergleicht es mit eurem Vorgehen (Aufgabe 1 bis 5) und euren Erfahrungen: Gibt es Unterschiede in der Durchführung? Wo braucht ihr mehr Anleitung?

Wissen und können — **Einen Sachtext lesen und verstehen – Die Fünf-Schritt-Lesemethode**

1. Schritt: Einen Überblick gewinnen
Lest die Überschrift(en), hervorgehobene Wörter und die ersten Zeilen des Textes. Betrachtet auch Abbildungen, sofern welche vorhanden sind.

2. Schritt: Den Text zügig lesen
Arbeitet mit einer Kopie des Textes: Macht euch klar, was das Thema des Textes ist und was ihr evtl. darüber bereits wisst. Lest den gesamten Text zügig durch und kreist unbekannte Wörter ein.

3. Schritt: Unbekannte Wörter und Textstellen klären
Klärt unbekannte Wörter und Textstellen aus dem Textzusammenhang oder durch Nachschlagen im Wörterbuch (▶ Wissen und können, S. 180).

4. Schritt: Den Text sorgfältig lesen und bearbeiten
Markiert Schlüsselwörter farbig.
Gliedert den Text in Sinnabschnitte, sofern er nicht bereits Zwischenüberschriften hat.

5. Schritt: Informationen zusammenfassen
Fasst die Informationen des Textes je Sinnabschnitt in Stichworten oder wenigen Sätzen zusammen.

Informationen übersichtlich zusammenfassen

Maria Greiner

Fußball im Matsch (Neustädter Abendblatt, 15.01.2019)

Matschfußball ist, wie der Name schon sagt, nichts für Reinlichkeitsfanatiker. Insbesondere in Finnland ist das sogenannte „Swamp Soccer" bereits äußerst beliebt. Aber auch bei uns in Deutschland finden sich immer mehr Fans für diesen Schlammspaß mit Ball.

Je zwei Teams zu 11 Leuten, zwei Tore und ein Fußball, so kennt man diesen beliebten Sport. Ein überflutetes Feld, in dem man bereits beim ersten Schritt fast versinkt, gehört in der Vorstellung vieler nicht unbedingt dazu. In Finnland jedoch, in dem wohl diese besondere Spielform erfunden wurde, finden dazu seit 1998 jedes Jahr richtige Weltmeisterschaften statt, und zwar mit 340 Mannschaften aus zehn Ländern. Bis zu 5000 Zuschauer verfolgen solch ein Spiel, bei dem sie begeistert ihre verdreckten Helden anfeuern. Ausdauer ist gefragt, und darin liegt angeblich auch der Ursprung dieser Spielidee. Wer durch ein Moor laufen muss, trainiert seine Kondition. Das dachte sich wahrscheinlich auch ein finnischer Offizier und Ausbilder, der zu diesem Zweck seine Soldaten durch ein solch schwieriges Gelände laufen ließ. Um ihnen jedoch die Anstrengung ein wenig zu erleichtern, gab er ihnen einen Fußball mit – geboren war der Matschfußball.

Wer diese Sportart auch für die Deutschen entdeckte, ist nicht bekannt. Tatsache ist, dass seit 2017 die ersten deutschen Meisterschaften nahe bei Leipzig ausgetragen werden. Und natürlich gibt es zahlreiche Fans, die es sich nicht nehmen lassen, den Spielern dabei zuzuschauen, wie sie sich in den Morast werfen und um jeden matschigen Zentimeter kämpfen. Der Platzwart ist dabei nicht der Rasenmeister, sondern die Feuerwehr, die um die 400 000 Liter Wasser benötigt, um einen freien Acker in den herrlichsten Spielsumpf der Welt zu verwandeln.

„Fußball im Fernsehen mag ich mir kaum anschauen und auch in den normalen Stadien ist es doch zuweilen recht langweilig", meint ein älterer Herr mit reichlich Abstand zum Spielfeld. „Aber das hier ist ein wahres Vergnügen. Glauben Sie mir, wenn ich jünger wäre, würde ich selbst mitspielen."

Die Spielregeln sind zumindest kaum anders als beim regulären Fußball. Die Unterschiede lassen sich leicht merken: Sehr zur Freude vieler fehlt die für manche nicht leicht verständliche Abseitsregel und es gibt je Team nur sechs Spieler einschließlich des Torwarts. Gespielt wird zweimal zehn Minuten – und nicht zweimal 45 Minuten – auf einem 60 mal 35 Meter großen Terrain. Zum Vergleich: Ein herkömmliches Fußballfeld ist im Schnitt etwa 68 m breit und 105 Meter lang. Dennoch fühlen sich die zwei Halbzeiten auf Grund der enormen körperlichen Anstrengung fast genauso an wie bei einem richtigen Spiel. „Am Ende ist mein Vater immer völlig erschöpft", erklärt die Tochter eines Spielers.

Neben der puren Freude daran, dass die Matschfußballer vor lauter Dreck bald kaum mehr voneinander zu unterscheiden sind und oft genug einfach im Morast stecken bleiben und schier versinken, besteht der Reiz des Spiels darin, dass der Ball kaum zu kontrollieren ist. „Aufsehen erregende Dribblings oder exakte Pässe sollte man vermeiden", erzählt ein Spieler, „denn der Ball ist auf diesem Gelände einfach unberechenbar." Besser also, man watet und robbt im Schlamm und hofft, dass der Ball nicht nur ein bisschen herumkullert, wenn man gegen ihn tritt, sondern in etwa in die Richtung geht, in die man ihn schießen wollte. Ein Fan lacht: „Da gibt es viele interessante Überraschungen. Wussten Sie im Übrigen, dass die Spieler während des gesamten Spiels nicht ihre Schuhe wechseln dürfen?"

1
a Lest die Überschrift, betrachtet die Bilder und lest dann den Text einmal zügig durch.
b Besprecht, inwieweit ihr nach dem ersten Lesen der folgenden Aussage zustimmen könnt: „Die Spielregeln sind zumindest kaum anders als beim regulären Fußball" (Z. 48–49).

2
a Lest den Text noch einmal genau. Schreibt unbekannte Wörter aus dem Text heraus. Wenn ihr eine Kopie des Textes habt, kreist die unbekannten Wörter ein.
b Klärt die Bedeutung der unbekannten Wörter. Nutzt das folgende „Wissen und können".

3 Formuliert in Partnerarbeit W-Fragen zum Text. Beantwortet sie mit Hilfe des Textes.

| Wissen und können | Unbekannte Wörter klären |

1 Wörter aus dem Textzusammenhang klären
Lest noch einmal die Sätze oder die Wörter, die vor und nach dem unbekannten Wort stehen. Sie geben oft Hinweise und Informationen, die mit dem unbekannten Wort in Verbindung gebracht werden können (= Textzusammenhang eines Wortes).

2 Wörter in Bausteine zerlegen
Prüft, ob das unbekannte Wort einen Baustein enthält, den ihr kennt. Überlegt auch, ob euch ein verwandtes Wort oder ein Wort aus einer Fremdsprache einfällt, von dem ihr das unbekannte Wort ableiten könnt, z. B.: *Zeremonienmeister = Zeremonie + Meister (Zeremonie = Feierlichkeit, feierliche Handlung) → jemand, der die Feierlichkeit leitet.*

3 Im Wörterbuch oder Online-Wörterbuch nachschlagen
Wenn ihr das Wort nach diesen Überlegungen nicht versteht, schlagt es nach.

Tipp: Nicht immer ist es wirklich notwendig, jedes unbekannte Wort im Text zu klären. Prüft, ob ihr den Satz auch ohne das Wort versteht.

4 Der Text (▶ S. 179–180) informiert über verschiedene Gesichtspunkte des Matschfußballs.
a Haltet die wichtigsten Informationen entweder in einer Stichwortliste oder in einer Mind-Map fest. Vergleicht anschließend eure Ergebnisse.

b Stichwortliste oder Mind-Map? Erklärt die Unterschiede zwischen den beiden Arten, Textinformationen festzuhalten. Was sind die jeweiligen Vorteile und was die Nachteile?

5 Schreibt eine Textzusammenfassung für eine Materialsammlung, die zu eurer Erinnerung die wichtigsten Informationen über Matschfußball enthält. Nehmt eure Stichwortliste oder Mind-Map aus Aufgabe 4 zu Hilfe:
a Schreibt einen Einleitungssatz, in dem ihr den Titel des Textes, den Namen des Autors / der Autorin (evtl. auch die Quelle, z. B. Name der Zeitung, Internetadresse) und das Thema des Textes benennt, z. B.:
In dem Text „Fußball im Matsch" aus ... vom ... informiert Maria Greiner über ...
b Fasst danach die Informationen des Textes sachlich und mit eigenen Worten zusammen. Ihr könnt so beginnen:
In Finnland gibt es bereits seit 1998 Weltmeisterschaften im ...
Angeblich ist diese Sportart ...

Wissen und können   **Informationen eines Sachtextes übersichtlich festhalten**

1 Informationen übersichtlich festhalten
Es gibt verschiedene Möglichkeiten, die Informationen eines Sachtextes festzuhalten:
– **Stichwortliste:** Darin haltet ihr die Informationen des Textes in der Reihenfolge fest, in der sie im Text vorkommen.
– **Mind-Map:** Ein Schaubild (siehe Abbildung auf dieser Seite), in das ihr die Textinformationen – unabhängig von ihrer Reihenfolge im Text – nach Oberbegriffen (Teilthemen) einordnet. Zu diesen sammelt ihr dann weitere Informationen oder Unterbegriffe.

2 Sachtexte zusammenfassen (▶ materialgestütztes Informieren, S. 13–32)
Wenn ihr einen Sachtext zusammenfasst, haltet ihr für euch oder andere den wesentlichen Inhalt **knapp, sachlich und mit eigenen Worten** fest. Diese Fähigkeit benötigt ihr vor allem, um aus verschiedenen Sachtexten einen eigenen herzustellen (▶ S. 14–32), z. B. bei Referaten. Als **Zeitform** verwendet ihr dafür das **Präsens;** bei Vorzeitigkeit das Perfekt (▶ S. 223).

Sachtexte und Grafiken auswerten

Sina Löschke
Die Reifeprüfung – Mit dem Hundeschlitten durch Alaska

Als Melissa Owens ihr Husky-Team für das „Iditarod Race" anmeldet, ahnt die 18-Jährige noch nicht, dass Kälte, Eis und schwächelnde Vierbeiner ihre kleinsten Sorgen sein werden. Den entscheidenden Kampf, so muss der Neuling beim härtesten Hundeschlitten-Rennen der Welt lernen, führt sie mit sich selbst.

Melissa kann nicht mehr. Mit letzter Kraft klammert sich die 18-jährige US-Amerikanerin an ihren Hundeschlitten. Ihre Knie schlackern wie Wackelpudding, ihre Augenlider sinken herab, als hingen Gewichte an den Wimpern. Meist wacht sie nach zwei, drei Sekunden blitzartig wieder auf. War sie eingeschlafen? Wer auf dem Schlitten wegdöst, riskiert sein Leben – und erst recht das seiner Hunde. Dabei hat Melissa Owens sich geschworen, auf ihre Huskys aufzupassen. Sie liebt Kiwi, Piko, Yoda und die anderen 13, als wären sie ihre Kinder. Die meisten hat Melissa selbst aufgezogen. Und die Huskys laufen, obwohl auch sie nach acht Tagen längst am Ende ihrer Kräfte sind.
Melissa fallen die Augen aufs Neue zu. Diesmal aber versagt der innere Wecker. Die junge Frau sackt zusammen und lässt den Schlitten los. Der schlingert, kippt schließlich um. Zum Glück landet Melissa unverletzt im Schnee. Auch die Hunde kommen glimpflich davon. Doch der Unfall macht ihr schlagartig bewusst, warum „Iditarod" als das härteste Schlittenrennen der Welt gilt: Wer die 1688 Kilometer quer durch Alaska überstehen will, muss seine Grenzen überschreiten. Steile Berghänge, brüchiges Eis, kilometerweit keine Menschenseele. Dazu kommen eisige Schneestürme und Hunde, die nur richtig laufen, wenn sie Lust und keinen leeren Magen haben.
Aufgeben aber kommt für Melissa zu diesem Zeitpunkt nicht in Frage. Soll alle Arbeit umsonst gewesen sein? Sechs Monate lang hat sie ihr Husky-Team auf die Tour vorbereitet. Melissa kann im Schlaf aufsagen, welcher ihrer Hunde am liebsten Hühnerfleisch frisst, welcher Rind. Sie ist mit ihnen Tausende Trainingskilometer gefahren und hat von erfahrenen Kollegen gelernt, wie man erschöpfte Vierbeiner mit Massagen wieder fit macht.
Ja, Melissa strahlt Zuversicht aus, als sie am 2. März 2008 ins Rennen geht. In welchem Tempo und zu welcher Tageszeit die Gespanne fahren, entscheiden die Musher[1] selbst. Das Regelbuch schreibt nur drei Pflichtpausen vor:

Seit 1973 findet das „Iditarod Race" statt, das nach dem damaligen Goldgräberort Iditarod benannt ist. Es wird zu Ehren eines legendären Rettungsmanövers ausgetragen: Im Winter 1925 brach unter den Einwohnern von Nome die Diphtherie aus und es begann ein Wettlauf gegen die Zeit, um die benötigte Medizin von Anchorage nach Nome zu schaffen. In einem Staffellauf transportierten insgesamt zwanzig Musher mit mehr als einhundert Hunden den Impfstoff in nur fünfeinhalb Tagen nach Nome.

[1] der Musher: Schlittenhundeführer/-in

zwei achtstündige Stopps an einem der Kontrollpunkte am Yukon River und in White Mountain sowie einen 24-Stunden-Halt nach freier Wahl. Melissa verliert schon auf dem ersten Streckenabschnitt Zeit. Ihr Magen streikt vor Aufregung. Tagelang kann sie nichts essen. Auf den eng gewundenen Bergpfaden haben ihre Huskys zudem mehr Mühe, als Melissa angenommen hatte.

Das Pech schlägt aber erst richtig zu, als Melissas Schlitten auf einem Flussabschnitt in ein Eisloch rutscht. Sie knallt aufs Knie und bricht sich fast das Bein. Zähne zusammenbeißen. Weiter. Die Hälfte ist fast geschafft. Dann frisst Gail plötzlich nicht mehr. Ein schlechtes Omen²! Nach zehn Tagen, 20 Stunden und 21 Minuten überqueren Melissa und ihr Husky-Team die Ziellinie. Eltern, Bruder und Freunde schließen sie in die Arme: Platz 30, ein fantastisches

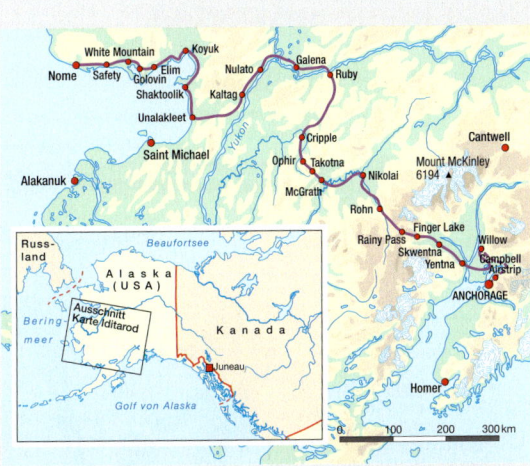

Ergebnis! Nach einer Zielparty ist Hunden und Musher allerdings nicht zu Mute. Sie wollen nur noch eines: ausschlafen – mindestens zwei Wochen lang.

2 das Omen: Vorzeichen

1 Wendet die Fünf-Schritt-Lesemethode an (▶ S. 178), indem ihr die folgenden Aufgaben bearbeitet:
  a Lest die Überschrift und betrachtet die Abbildungen. Erläutert, warum wohl in der Überschrift von einer „Reifeprüfung" die Rede ist.
  b Lest den Text zügig durch. Besprecht: Was findet ihr an diesem Rennen besonders beeindruckend oder interessant?
  c Klärt unbekannte Wörter oder Textstellen, die ihr noch nicht ganz versteht.

2 a Lest den Text noch einmal sorgfältig oder lasst ihn euch als Hörtext vorspielen.
  Beantwortet dann in Partnerarbeit mit Hilfe des Textes abwechselnd die folgenden W-Fragen:
  – Wo (in welchem Land) findet das „Iditarod Race" statt?
  – Mit wie vielen Hunden geht Melissa Owens ins Rennen?
  – Wie viele Kilometer umfasst die Rennstrecke?
  – Wie viele Pausen in jeweils welchem Umfang (Zeitdauer) schreibt das Regelbuch vor?
  – Wie viel Zeit braucht Melissa Owens für die Strecke?
  b Formuliert zwei weitere W-Fragen, die sich mit Hilfe des Textes beantworten lassen.

3 a Besprecht, welche Funktion das Foto, der Infokasten und die Grafik (Landkarte) im Text haben: Schmücken sie den Text aus? Veranschaulichen sie etwas? Enthalten sie zusätzliche Informationen?
  b Welche Angaben aus dem Text findet ihr auf der Landkarte wieder? Nennt die Zeilen.
  c Beschreibt, was auf der Landkarte noch zu sehen ist. Welche Informationen erhaltet ihr?

4 Fasst die wichtigsten Informationen aus Text und Abbildungen in wenigen Sätzen zusammen. Vergleicht anschließend eure Ergebnisse.

Diagramme auswerten

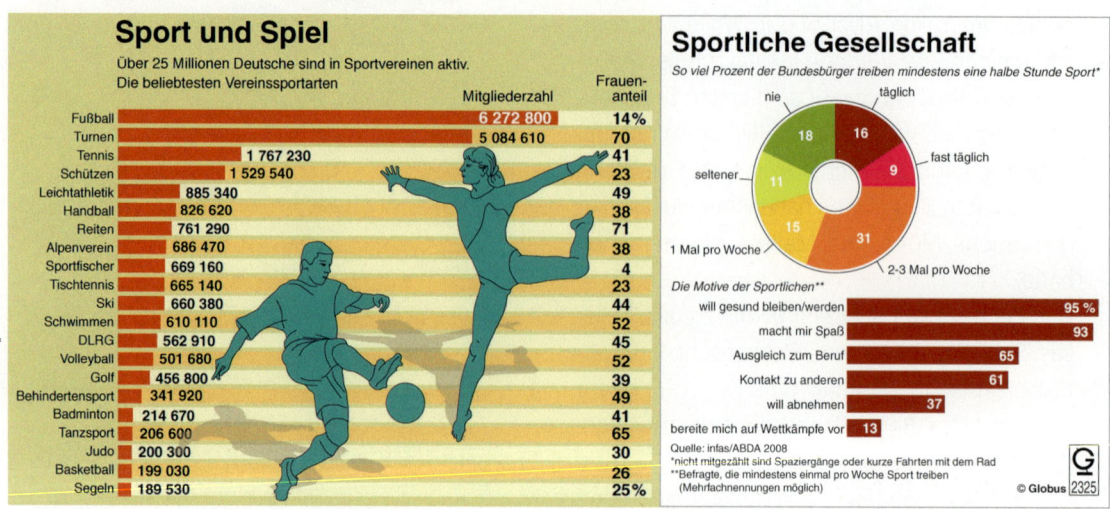

*DLRG: Deutsche Lebens-Rettungs-Gesellschaft (v. a. Rettungsschwimmen)

1 a Ein Diagramm ist eine anschauliche Darstellung von Daten und Informationen. Betrachtet die beiden Diagramme zum Thema „Sport". Bestimmt mit Hilfe der Informationen in „Wissen und können" die Art der Diagramme.

b Sucht euch ein Diagramm aus und wertet es in Partnerarbeit aus. Nutzt das „Wissen und können".

2 Die Angaben aus dem Diagramm „Sport und Spiel" gelten für alle Deutschen, also für alle Altersgruppen.

a Vergleicht die Angaben aus diesem Diagramm mit euren eigenen Sportinteressen. Erstellt Klassendiagramme. Ermittelt dafür eure Lieblingssportarten sowie euren zeitlichen Einsatz für sportliche Aktivitäten und fertigt jeweils ein passendes Diagramm an.

b Vergleicht eure Ergebnisse mit eurer Auswertung des Diagramms oben (▶ Aufgabe 1b).

Wissen und können — Diagramme verstehen und auswerten

Ein Diagramm ist eine **Darstellung,** die mit Hilfe von Bildelementen, Zahlen und Text **Daten, Informationen und Sachverhalte** veranschaulicht.

Um ein Diagramm auszuwerten, geht ihr so vor:
- Schaut euch das Diagramm genau an. Lest die Überschrift und die übrigen Angaben und Erklärungen.
- Stellt fest, worüber das Diagramm informiert. Welche Maßeinheiten werden verwendet, z. B. Prozent (%), Kilo (kg), Euro (€)?
- Vergleicht die Angaben miteinander (höchster und niedrigster Wert, gleiche Werte).
- Fasst zusammen, was im Diagramm gezeigt wird. Was lässt sich ablesen?

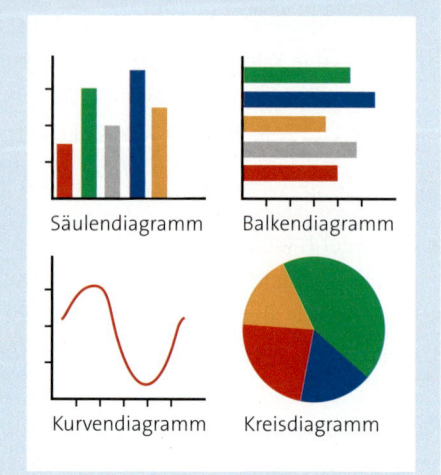

9.1 Höher, schneller, verrückter – Sachtexten Informationen entnehmen

Testet euch!

Sachtexte lesen und verstehen

1 a Gliedert den folgenden Text in Sinnabschnitte. Notiert für jeden Abschnitt eine treffende Überschrift.
  b Notiert die Buchstaben der richtigen Aussagen. Berücksichtigt auch das Foto.
  A Man liegt auf einer Mülltonne und rutscht auf den Deckelscharnieren den Abhang hinab.
  B Für das Mülltonnenrennen ist eine normale Mülltonne ausreichend.
  C Beim Mülltonnenrennen ragt der Oberkörper vorn etwas über den Deckelrand hinaus.
  D Gelenkt wird die Mülltonne mit den Füßen sowie durch Verlagerung des Körpergewichts.

Mülltonnenrennen

Man nehme eine handelsübliche Mülltonne und lege sie mit Rädern und Deckelscharnieren auf den Boden. Nun wirft man sich bäuchlings auf die Tonne, umfasst mit den Händen den Deckelrahmen und streckt die Beine aus. Dabei berühren die Füße den Boden nur leicht. Jetzt schiebt man langsam den Körper nach hinten, bis die Tonne vorne 10 bis 15 Zentimeter abhebt. Geübte Fahrer balancieren die Tonne aus, ohne mit den Füßen den Boden zu berühren. Die Tonne rollt nun von selbst die Straße hinunter. Lenken kann man durch Aufsetzen der Füße sowie durch Verlagern des Körpergewichts. Damit aber neben allem Sportsgeist auch der Spaß nicht zu kurz kommt, gibt es zwei komplett unterschiedliche Läufe, in denen beim Mülltonnenrennen gestartet werden kann. Zum einen gibt es das Hauptrennen, in dem einzig und allein die Geschicklichkeit des Fahrers und damit die Geschwindigkeit der Tonne zählt. Zum anderen gibt es aber auch ein Showrennen, bei dem die Geschwindigkeit überhaupt nicht gewertet wird. Hier zählt ausschließlich der Ideenreichtum, mit dem das Alltagsgerät aufgemotzt wurde.

2 a Schreibt in Stichworten auf, was auf dem Foto dargestellt wird.
  b Sucht die Textstelle, zu der man das Foto in Beziehung setzen kann. Notiert die entsprechenden Zeilenangaben und erläutert den Zusammenhang zwischen Text und Foto.

3 Der Text spricht von zwei Rennen. Worin unterscheiden sie sich?
Ordnet einander zu, indem ihr die Ziffern mit den jeweils richtigen Buchstaben notiert:

1 Hauptrennen
2 Showrennen

  A Hier geht es darum, besonders schnell und geschickt zu sein.
  B Hier geht es vor allem darum, Spaß zu haben.
  C Hier muss die Tonne besonders originell aussehen.
  D Hier spielt das Aussehen von Tonne und Fahrer keine Rolle.

4 Vergleicht in Partnerarbeit eure Lösungen.

9.2 Die Olympischen Spiele – Informationen recherchieren, auswerten und präsentieren

Holger Sonnabend

Der Anfang der Olympischen Spiele

Ursprünglich sind die Menschen nicht nach Olympia gekommen, um sich an einem sportlichen Wettkampf zu erfreuen. Vielmehr ist der kleine Ort Olympia im Nordwesten des Peloponnes[1] eine heilige Stätte. Denn hier befindet sich ein berühmter Tempel des Zeus, des obersten Gottes der Griechen. In Scharen pilgern die Menschen dorthin, um den Göttervater zu ehren und den Opferhandlungen beizuwohnen. Opfer sind Geschenke für die Götter und dienen dazu, sie wohlwollend zu stimmen.

Den Verwaltern des Heiligtums und den verantwortlichen Politikern von Elis verdanken wir auch die Idee des Sports in Olympia. Sie wissen, dass der Sport hoch im Kurs steht. So wird der Beschluss gefasst, in Olympia als Ergänzung zu den Opferhandlungen Spiele zu Ehren des Gottes Zeus zu veranstalten.

Zunächst findet nur eine einzige Disziplin statt, nämlich der Stadionlauf. Die Rechnung der Priester und Politiker von Elis geht auf. Die Olympischen Spiele kommen bei Athleten und Zuschauern groß in Mode. Das sportliche Programm wird im Laufe der Zeit ständig erweitert. Längst geht es nicht mehr allein um den Siegerkranz im Stadionlauf. Auch Boxen und Ringkampf gehören bald zu den ständigen Disziplinen und begeistert gehen die Zuschauer mit, wenn sich die Muskelpakete im Staub wälzen. Vielseitigkeit müssen die Athleten im olympischen Fünfkampf unter Beweis stellen, der aus Weitsprung, Diskuswurf, Speerwurf, Ringen und Laufen besteht. Zum größten Spektakel und zu einer absoluten Attraktion für das Publikum entwickelt sich das Wagenrennen, bei dem die wagemutigen Lenker ihre Vierergespanne in zwölf Runden über die Piste der Pferderennbahn jagen und dabei nicht selten Kopf und Kragen riskieren.

Anfangs sind die Griechen in Olympia unter sich, Fremde sind nicht zugelassen. Das ändert sich erst, als die Römer im 2. Jahrhundert v. Chr. die Herrschaft in Griechenland übernehmen. Nun werden die Spiele international, die

---
1 der Peloponnes: griechische Halbinsel

Athleten kommen aus allen Teilen des Römischen Reiches. 66 n. Chr. versucht sich sogar der römische Kaiser Nero als Wagenlenker, fällt aber gleich nach dem Start vom Wagen. Die Kampfrichter erklären ihn dennoch zum Sieger, weil sie den Kaiser nicht verlieren lassen wollen. 393 n. Chr. beendet der römische Kaiser Theodosius (347–395 n. Chr.) die lange Tradition der Olympischen Spiele. Der Grund: Kurz zuvor hat Kaiser Theodosius das Christentum zur Staatsreligion erklärt, und weil die Olympischen Spiele immer noch zu Ehren des Gottes Zeus veranstaltet werden, spricht der christliche Herrscher ein Verbot über das „heidnische" Spektakel aus. In den Wettkampfstätten und Tempeln in Elis kehrt nun Ruhe ein.

Die Olympischen Spiele der Antike

Mythische Ursprünge
Die Olympischen Spiele sollen von dem Halbgott Herakles zu Ehren seines Vaters Zeus ins Leben gerufen und in Olympia ausgetragen worden sein.

Olympischer Friede
Für das Jahr 776 v. Chr. sind die Olympischen Spiele zum ersten Mal schriftlich bezeugt. Während der Spiele herrschte eine heilige Waffenruhe, um allen Beteiligten eine sichere An- und Abreise zu gewährleisten.

Verbot der Spiele
393 n. Chr. verbot der Kaiser Theodosius I. die Olympischen Spiele.

→ 776 v. Chr. → 393 n. Chr.

Die Olympischen Spiele der Neuzeit

Wiederbelebung der Olympischen Spiele
1894 forderte der französische Baron Pierre de Coubertin eine Wiederbelebung der Olympischen Spiele.

Vom 6. bis zum 15. April 1896 fanden in Athen die ersten Olympischen Spiele der Neuzeit statt.

Teilnahme von Frauen
Bei den zweiten Olympischen Spielen in Paris 1900 durften zum ersten Mal auch Frauen teilnehmen.

Olympische Winterspiele
Seit 1924 gibt es auch Olympische Winterspiele.

→ 1894 → 1896 → 1900 → 1924

1 a Erläutert, an welche Zielgruppe sich Text und Zeitleiste mit welcher Absicht (Intention) richten. Lest beides und erklärt, worum es geht.
b Ordnet die Überschriften in der Reihenfolge an, die der Abfolge in dem Text entspricht:
Ende der Olympischen Spiele, Teilnehmer, Von gestern bis heute, Entstehung, Sportarten.

2 a Tauscht euch aus: Welche Jugendsachbücher kennt ihr? Wie sollten sie gestaltet sein?
b Bringt ein Jugendsachbuch eurer Wahl mit und beschreibt, wie es aufgebaut ist.

3 Auf den Seiten 190–191 bereitet ihr einen Kurzvortrag zum Thema „Olympische Spiele" vor.
a Sammelt interessante Teilbereiche, über die ihr in eurem Vortrag informieren könntet.
b Sammelt in Gruppen zu euren ausgewählten Teilbereichen Fragen und Stichworte.

Fordern und fördern – Informationen vergleichen

A Mehr als 1 500 Jahre nach dem Verbot der Olympischen Spiele im Jahre 393 wurde am 23. Juni 1894 in Paris die Wiedereinführung der Olympischen Spiele beschlossen. Die Idee dazu hatte der französische Baron Pierre de Coubertin. Auf seinen Reisen lernte er die englische Internatserziehung kennen. Im Sportunterricht wurden Ehrgeiz und Teamfähigkeit vermittelt, die körperliche Tüchtigkeit gefördert und die Schüler nahmen dies mit Begeisterung auf. Coubertin erkannte, dass Sport das ideale Mittel sein müsse, um junge Menschen aus aller Welt zusammenzubringen. Fast zeitgleich fand der deutsche Archäologe Ernst Curtius Reste der antiken Spielstätten von Olympia. Von diesen Funden fasziniert, kam Coubertin auf die Idee, die Olympischen Spiele wiederzubeleben. Sportinteressierte Vertreter aus aller Welt trafen zusammen und bildeten das erste Internationale Olympische Komitee (IOC). Sie wählten die Sportarten aus, die olympische Disziplinen werden sollten, und stellten die Regeln auf. Die ersten Olympischen Spiele der Neuzeit fanden im April 1896 in Athen vor 60 000 Zuschauern statt.

B Pierre de Coubertin gilt als Vater der Olympischen Spiele der Neuzeit. Er war der Meinung, dass Sport für die geistige und körperliche Entwicklung der Jugend eine große Bedeutung habe und dass die Wettkämpfe die Freundschaft zwischen den teilnehmenden Ländern fördere. Deshalb wollte er die Wettkämpfe der Antike wieder ins Leben rufen. Bei einer internationalen Sportkonferenz im Jahr 1894 trug er seine Idee vor und stieß damit auf große Begeisterung. Im selben Jahr wurde das Internationale Olympische Komitee (IOC) mit dem Ziel gegründet, die Olympischen Spiele der Neuzeit zu organisieren. Zwei Jahre später fanden die ersten Olympischen Spiele der Neuzeit statt. Die Spiele waren ein großer Erfolg. Zwar waren die meisten Sportler aus Griechenland, es nahmen aber auch Sportler aus anderen Ländern teil.

Bei euren Recherchen zu den Olympischen Spielen der Neuzeit werdet ihr in Jugendsachbüchern oder im Internet meist verschiedene Texte zum Thema finden. Hier müsst ihr die Informationen vergleichen, auswählen und ordnen. Übt dies anhand der vorliegenden Texte (A und B).
Geht so vor:

1 Lest die beiden Texte. Formuliert das Thema beider Texte in einer treffenden Überschrift.
▶ Eine Hilfe zu Aufgabe 1 findet ihr auf Seite 189.

2 Legt eine zweispaltige Tabelle an. Haltet darin die Informationen der Texte A und B getrennt fest.
▶ Hilfe zu 2, Seite 189

3
  a Vergleicht mit Hilfe eurer Tabelle die Informationen aus den beiden Texten. Markiert gleiche bzw. ähnliche Informationen, auch wenn sie unterschiedlich formuliert sind, in der gleichen Farbe.
  b Prüft, welcher Text die genaueren Informationen enthält und welche Information sich nur in einem der Texte findet.
  c Begründet, welcher Text sich mehr für eine Informationsrecherche zum Thema eignet.
▶ Hilfe zu 3, Seite 189

4 Ordnet die wichtigsten Informationen nach Oberbegriffen.
▶ Hilfe zu 4, Seite 189

Aufgabe 1 mit Hilfe

Lest die beiden Texte. Formuliert das Thema beider Texte in einer treffenden Überschrift. Ihr könnt eine der beiden Überschriften fortführen:
- Nach 1500 Jahren: Fortsetzung der ...
- Wie die Olympischen Spiele ...

Aufgabe 2 mit Hilfe

Legt eine zweispaltige Tabelle an. Haltet darin in Stichworten die Informationen der Texte A und B getrennt fest.
Übertragt die folgende Tabelle in euer Heft und führt sie fort.

Pierre de Coubertin (1863–1937)

Text A	Text B
– 393: Verbot der ...	– Vater der Olympischen Spiele der Neuzeit: ...
– 23. Juni 1894: Wiedereinführung der ...	– Coubertin glaubte, dass Sport für die Entwicklung der ...
– Grund: der französische Baron Pierre de Coubertin erkannte, dass ...	– 1894: Gründung des ...
– Zur gleichen Zeit: ...	– Zwei Jahre später: ...
– Das erste Internationale Olympische Komitee ...	– Die meisten ...
– Im April 1896 ...	

Aufgabe 3 mit Hilfe

Vergleicht mit Hilfe eurer Tabelle die Informationen aus den beiden Texten.
Markiert gleiche bzw. ähnliche Informationen in der gleichen Farbe.
Tipp: Die folgenden Aussagen finden sich jeweils nur in einem der beiden Texte:
- Verbot der antiken Olympischen Spiele
- Der deutsche Archäologe Ernst Curtius fand Reste der antiken Spielstätte von Olympia.
- Das IOC legte die olympischen Disziplinen und Regeln fest.
- Die ersten Spiele der Neuzeit: vorwiegend Sportler aus Griechenland

Aufgabe 4 mit Hilfe

Ordnet die wichtigsten Informationen nach Oberbegriffen.
Folgende Oberbegriffe könnt ihr verwenden:

> Wiedereinführung • Grundidee • Internationales Olympisches Komitee • Die ersten Spiele

Wissen und können — Informationen aus unterschiedlichen Texten vergleichen und ordnen

Bei euren Recherchen werdet ihr meist mehrere Texte zu einem Thema finden. Dann müsst ihr die Informationen **vergleichen, auswählen und ordnen** (▶ materialgestütztes Informieren, S. 13 ff.). Geht so vor:
1. **Unterstreicht** auf einer Kopie oder einem Textausdruck die **wichtigsten Informationen.**
2. Notiert am Textrand, zu welchen **Teilthemen oder Oberbegriffen** die markierten Informationen gehören, z. B.: *Wiedereinführung (der Olympischen Spiele), Grundidee, ...*
3. **Ordnet** die wichtigsten Informationen in einer Liste oder Tabelle **nach Oberbegriffen.**

Informationen recherchieren

1 Heute gehören die Olympischen Spiele zu den sportlichen Großereignissen.
Bereitet in Kleingruppen einen Kurzvortrag über die Olympischen Spiele vor. Geht so vor:
a Überlegt, über welche interessanten Teilbereiche ihr in eurem Vortrag informieren wollt.
Sammelt in Gruppen Fragen und Stichworte, z. B. in einem Cluster (▶ S. 341):

b Ordnet eure Fragen nach Unterthemen, z. B.:
Entstehung der Olympischen Spiele der Neuzeit, sportliche Disziplinen, Organisation ...
c In einem Kurzvortrag könnt ihr nicht alle Informationen zu einem Thema vorstellen.
Trefft eine Auswahl und markiert die Unterthemen, über die ihr euch genauer informieren wollt.

2 a Entscheidet, welche Materialien der Seiten 186–188 ihr für euren Kurzvortrag nutzen könnt.
b Notiert, wozu ihr laut eurer Themenauswahl weitere Informationen recherchieren müsst.
c Teilt die Unterthemen, zu denen ihr recherchiert, unter euch auf. Haltet fest:
– Wer übernimmt welches Unterthema? Bis wann sollen die Informationen vorliegen?
– Wie sollen die Informationen festgehalten werden: Stichworte, Texte mit Markierungen?
d Recherchiert zu euren Unterthemen und tragt die Informationen zusammen (▶ Wissen und können, S. 189). Notiert zu euren Materialien die Quellen (▶ Wissen und können, S. 190).
Tipp: Sucht zu eurem Vortrag auch Bilder, Grafiken oder anderes Anschauungsmaterial.

Wissen und können | **Informationen recherchieren**

1 Bibliothek aufsuchen: in Büchern, Zeitschriften und Zeitungen recherchieren
In der Bibliothek könnt ihr mit Hilfe des Computers nach Büchern (Lexika, Sach- oder Fachbüchern) und anderen Medien suchen (▶ S. 341 f.).

2 Im Internet recherchieren (▶ Suchergebnisse im Internet beurteilen, S. 294)
Für die Recherche im Internet verwendet man **Suchmaschinen**. Für **Jugendliche** gibt es mit *fragfinn* oder *helles-koepfchen* **spezielle Suchmaschinen**. Verwendet **passende Suchbegriffe**, um die Suche sinnvoll einzuschränken (▶ S. 342).

3 Quellenangaben machen
Damit man die Informationen noch einmal nachlesen oder prüfen kann, ist es wichtig, zu allen Materialien die **Quellen** zu **notieren**:
- **Buch:** Autor/-in, Buchtitel, Jahr, Seitenangabe, z. B.: *Klein, Paul: Olympia, Kleve 2017, S. 33.*
- **Zeitung/Zeitschrift:** Autor/-in, Titel des Textes, Name der Zeitschrift/Zeitung, Ausgabe/Jahr, Seitenangabe, z. B.: *Knapp, Hedi: Olympische Rekorde. In: Sport heute, Nr. 33/2017, S. 33–36.*
- **Internet:** Internetadresse und Datum, an dem ihr die Seite aufgerufen habt, z. B.: *www.sporttatsachen.de/artikel/2673.html [15. 11. 2017].*

Einen Kurzvortrag gliedern und halten

1 Plant die Einleitung eures Vortrags.
a Begründet, welche der folgenden Einleitungen A oder B am ehesten geeignet ist, um das Interesse der Zuhörerinnen und Zuhörer zu wecken:
   A *Alle vier Jahre werden Olympische Spiele veranstaltet. Die nächsten finden in …*
   B *Im 4. Jahrhundert hat ein römischer Kaiser die Olympischen Spiele verboten, aber wir feiern sie alle vier Jahre. Wie ist es dazu gekommen?*
b Formuliert weitere Einstiegsmöglichkeiten, probiert sie aus und wählt die beste aus.

2 a Gliedert den Hauptteil eures Kurzvortrags und findet einen Schluss.
   Legt in eurer Themengruppe eine sinnvolle Reihenfolge für eure Unterthemen fest, z. B.:
   1. Wiedereinführung der Olympischen Spiele
   2. Olympische Symbole und Zeremonien (Fackellauf)
   3. …
b Bestimmt, zu welchen Informationen eures Vortrags ihr Bilder, Grafiken etc. zeigen wollt
   (▶ Kapitel 15.2, S. 299–302 und Grundwissen, S. 345–346).
c Legt als Gedächtnisstütze für jedes Unterthema eine Karteikarte an.
   Notiert je Karteikarte die wichtigsten Informationen.
   Tipp: Vermerkt auch, an welcher Stelle genau ihr euer Anschauungsmaterial zeigen wollt.
d Formuliert einen möglichen Schluss für euren Vortrag.
   Ihr könnt z. B. die Information noch einmal hervorheben, die ihr am wichtigsten findet.

3 a Übt in der Gruppe eure Kurzvorträge. Gebt euch mit Hilfe eines Bogens wie folgt ein Feedback.
   Übertragt den Bogen ins Heft. Notiert, was euch gut gefallen hat und was ihr noch verbessern könnt.

Beobachtungsfragen Kurzvortrag	☺	😐	☹	Notizen
War der Vortrag gut gegliedert?				…
Wurde alles verständlich erklärt?				…
War das Anschauungsmaterial gut gewählt?				…
Wurde laut, deutlich und frei gesprochen?				…

b Haltet eure Kurzvorträge vor der Klasse. Lest nicht ab, sondern haltet ihn möglichst frei.
   Die anderen notieren mit Hilfe der Beobachtungsfragen auf dem Bogen, was ihnen auffällt.

Wissen und können — Einen Kurzvortrag gliedern

1 **Einleitung:** Sie soll das **Interesse** eures Publikums **wecken** und in das **Thema einführen.** Es gibt verschiedene Möglichkeiten, z. B.: *ein Bild zum Thema, ein Zitat, ein interessantes Ereignis.*
2 **Hauptteil:** Darin werden die **Informationen** in einer **sinnvollen Reihenfolge** wiedergegeben und wichtige **W-Fragen beantwortet:** Was? Wo? Wie? Warum? …
3 **Schluss:** Darin könnt ihr wichtige **Informationen zusammenfassen** oder eure **Meinung zum Thema** formulieren.

9.3 Fit in ... – Einen Jahrgangsstufentest meistern

Die Paralympics

Bei den Paralympics handelt es sich um olympische Wettkämpfe für Behindertensportler, die etwa zwei Wochen nach Abschluss der Olympischen Spiele in fast allen Sportarten und je nach Behinderung unterschiedlichen Klassen ausgetragen werden. Veranstalter ist das Internationale Paralympische Komitee (IPC).

Die Idee stammt aus England. Viele Menschen hatten im Zweiten Weltkrieg einen Arm oder ein Bein verloren oder sie waren querschnittsgelähmt und auf den Rollstuhl angewiesen. Die Kriegsveteranen – das Wort leitet sich vom lateinischen Wort „vetus" für „alt" ab – beschlossen, Sportwettkämpfe für Menschen mit körperlichen Behinderungen zu organisieren. 1948 fanden in der englischen Kleinstadt Aylesbury die ersten „Stoke Mandeville Games" statt, benannt nach dem Namen eines Krankenhauses, in dem die Verletzten gepflegt wurden. Schon damals entstand die Idee, die „Stoke Mandeville Games" zu internationalen Sportwettkämpfen auszubauen. Diese Idee wurde 1960 Wirklichkeit. Nach den Olympischen Spielen von Rom fanden die ersten Paralympics statt. 400 Rollstuhlsportler aus 21 Nationen nahmen daran teil. Im Laufe der nächsten Jahrzehnte wurde der Teilnehmerkreis auf Sportler mit einer Amputation oder einer Sinnesbehinderung, also Gehörlose und Sehbehinderte, ausgedehnt.

Seither fanden im Anschluss an die Olympischen Spiele auch die Paralympics statt. Ursprünglich sollten sie immer am selben Ort wie die Olympischen Spiele stattfinden. Viele Veranstalter aber konnten oder wollten die Spiele für behinderte Menschen nicht durchführen, so z. B. 1984 im damals jugoslawischen Sarajewo. Die österreichische Stadt Innsbruck musste einspringen. Von 1976 bis 1984 liefen die Weltspiele unter dem Namen „Olympische Spiele der Behinderten" ab. Erst seit den Spielen in Seoul 1988 existiert die Bezeichnung „Paralympics". Seither können sie in den Sportanlagen der Olympischen Spiele ausgetragen werden.

Es gibt vier Hauptklassen: Blinde und Sehbehinderte, spastisch Gelähmte, Rollstuhlfahrer/Querschnittsgelähmte, Amputierte und anders körperlich Behinderte. Je nach Schwere der Behinderung sind die Hauptklassen in weitere Schadensklassen unterteilt.

Manche Sportarten gibt es bei den Olympischen Spielen nicht, sondern nur bei den Paralympics, z. B. das Rollstuhlrennen. Es wurde zum ersten Mal 1952 in Stoke Mandeville durchgeführt. Seitdem ist die 60-Meter-Distanz zwischen dem Krankenhaus und dem Hubschrauberlandeplatz die Standardstrecke des Rollstuhlwettkampfes. Eine andere Sportart ist Rollstuhlrugby. Die körperlich sehr anspruchsvolle Sportart wird von querschnittsgelähmten Frauen und Männern gespielt. Sie enthält Elemente aus Basketball, Fußball und Eishockey. Gespielt wird auf einem Basketballfeld.

Jedes Team besteht aus vier Spielern und bis zu acht Auswechselspielern. Spielgerät ist ein Volleyball, der getragen, gedribbelt oder gepasst werden kann. Das Schießen des Balles ist nicht erlaubt. Außerdem muss der Ball mindestens einmal innerhalb von zehn Sekunden auf den Boden geprellt werden. Das Ziel des Spiels ist es, den Ball hinter die gegnerische Torlinie zu tragen.

45

1 Jeweils einer der folgenden Vorschläge erfasst den Kerngedanken der Textabschnitte 1 bis 3 und 5 am genauesten. Notiert den jeweils richtigen Buchstaben im Heft.
Tipp: Prüft, ob die Schlüsselbegriffe in den Vorschlägen in den Textanschnitten wortgleich oder mit ähnlichen Begriffen vorkommen. Achtet vor allem auf Nomen und Prädikate.

Textabschnitt 1	A	Teilnehmer der Paralympics
	B	Erläuterung des Begriffs „Paralympics"
	C	Das IPC als Veranstalter der Paralympics
	D	Veranstaltungszeitpunkt der Paralympics
Textabschnitt 2	E	Überblick über die Geschichte der Paralympics
	F	Ursprung der paralympischen Idee in England
	G	Der Zweite Weltkrieg als Grund für die Entstehung der Paralympics
	H	Teilnehmerkreis der Paralympics
Textabschnitt 3	I	Hindernisse bei der Entwicklung der Paralympics
	J	Die Veranstalter der Paralympics
	K	Herkunft des Namens „Paralympics"
	L	Seoul als Durchbruch zur Gleichstellung der Paralympics
Textabschnitt 5	M	Das Rollstuhlrennen als eine der ältesten Sportarten der Paralympics
	N	Die Bedeutung von Stoke Mandeville für die Paralympics
	O	Spielregeln beim Rollstuhlrugby
	P	Beispiele für wichtige Sportarten bei den Paralympics

2 Die folgenden Sätze beziehen sich auf den Text (▶ S. 192–193). Jeder enthält einen inhaltlichen Fehler. Findet diesen Fehler und verbessert ihn im Heft.
Tipp: Sucht die Textstelle, in der der zu prüfende Satz vorkommt, und lest ihn genau.
A Die Paralympics wurden 1948 im britischen Stoke Mandeville erfunden.
B Beim Rollstuhlrugby muss der Ball alle zehn Sekunden auf den Boden geprellt und mit den Füßen geschossen werden.
C Die Paralympics werden seit 1960 am selben Ort ausgetragen wie die Olympischen Spiele.
D Das Internationale Olympische Komitee veranstaltet alle vier Jahre die Paralympics.

3 Notiert den Abschnitt, der jeweils die gestellte Frage am genauesten beantwortet.
– Welche Behinderungen haben die Teilnehmer der Paralympics?
– Wo liegt der Ursprungsort der Paralympics?
– Wie entwickelten sich die Paralympics zu olympisch gleichberechtigten Wettkämpfen?
– Welche Sportarten werden bei den Paralympics beispielsweise angeboten?

9 Ausgefallene Sportarten – Sachtexte lesen und auswerten

4 Welche der folgenden Aussagen treffen zu? Notiert je Abschnitt zwei Buchstaben.

Textabschnitt 1	A	... führt mit einer Begriffserklärung in den Text ein.
	B	... ist ein interessanter Einstieg, der Lust auf das Lesen macht.
	C	... benennt einen Unterschied zwischen den Olympischen Spielen und den Paralympics.
	D	... erläutert die Bezeichnung IPC.
Textabschnitt 2	E	... informiert chronologisch über die Geschichte der Paralympics.
	F	... begründet, warum man nach dem Zweiten Weltkrieg Sportwettbewerbe für Menschen mit Behinderung brauchte.
	G	... zeigt an Beispielen, wer an den Paralympics teilnimmt.
	H	... lobt die Kriegsveteranen, die die Paralympics erfanden.
Textabschnitt 3	I	... fordert zur Gleichberechtigung der Olympischen Spiele und der Paralympics auf.
	J	... informiert über die Problematik der Spiele in Sarajevo.
	K	... betont die gelungene Organisation der Paralympics in Innsbruck.
	L	... beschreibt den Weg zu einem gleichberechtigten Wettkampf.
Textabschnitt 5	M	... beschreibt, warum Rollstuhlrugby besonders anstrengend ist.
	N	... fasst noch einmal die wichtigsten Informationen zusammen.
	O	... stellt mit Beispielen besondere paralympische Sportarten vor.
	P	... schließt den Text mit einem Appell ab.

5 a Notiert im Heft je Aussage A bis D, ob sie richtig (r) oder falsch (f) ist:
A = ..., B = ...
b Berichtigt die Falschaussagen.
   A Der Medaillenspiegel der Paralympics im südrussischen Sotschi (2014) zeigt, dass 72 Wettkämpfe bereits abgeschlossen sind. Weitere Entscheidungen stehen noch aus.
   B Deutschland hat insgesamt mehr Medaillen als Kanada errungen.
   C Bei den Paralympics von Sotschi haben Länder verschiedener Kontinente teilgenommen.
   D Die Länder auf den ersten 13 Plätzen haben sowohl Gold- als auch Silber- und Bronzemedaillen gewonnen.

6 Vergleicht in Partnerarbeit eure Lösungen zu den Aufgaben 1 bis 5.

Medaillenspiegel sochi.ru 2014 paralympic games

Paralympics Sotschi 2014
Nach 72 von 72 Entscheidungen

		G	S	B
1.	Russland	30	28	22
2.	Deutschland	9	5	1
3.	Kanada	7	2	7
4.	Ukraine	5	9	11
5.	Frankreich	5	3	4
6.	Slowakei	3	2	2
7.	Japan	3	1	2
8.	USA	2	7	9
9.	Österreich	2	5	4
10.	Großbritannien	1	3	2
11.	Norwegen	1	2	1
11.	Schweden	1	2	1
13.	Spanien	1	1	1
14.	Niederlande	1	0	0
14.	Schweiz	1	0	0
16.	Finnland	0	1	0
16.	Neuseeland	0	1	0
18.	Weißrussland	0	0	3
19.	Australien	0	0	2

dpa•20618

10 „Spin or God is a DJ" –
Einen Kurzfilm untersuchen

1 Die Szene stammt aus einem kurzen Film (Länge ca. 7 ½ Minuten).
  a Beschreibt, was ihr seht und was die Filmfiguren gerade tun.
  b Stellt Vermutungen darüber an, was passiert sein könnte.
  c Wie könnte der Film weitergehen? Sammelt Ideen.

2 a Tauscht euch aus: Welche kurzen Filme (bis 15 Minuten) kennt ihr? Wo habt ihr sie gesehen?
  b Formuliert eure Erwartungen: Was erwartet ihr von der Handlung und den Figuren eines Films, der nicht sehr lang ist?
  c Interessieren euch Kurzfilme oder eher nicht? Begründet eure Meinung.

In diesem Kapitel ...

– untersucht ihr die Handlung und die Figuren eines Kurzfilms,
– lernt ihr, wie die Sprache des Films funktioniert,
– dreht ihr selbst eine kurze Filmsequenz.

10.1 Wenn Gott ein Discjockey wäre – Story und Figuren des Films kennen lernen

Inhalt und Aufbau des Films erschließen

1
a Schaut euch gemeinsam den Kurzfilm „Spin or God is a DJ" an, den Jamin Winans 2005 gedreht hat.
b Haltet in Partnerarbeit eure ersten Eindrücke fest. Notiert auch Fragen, die der Film bei euch hinterlässt.
c Tauscht euch über eure Eindrücke und Fragen aus.
d Der Film verzichtet auf Dialoge.
Begründet, ob euch das stört oder nicht.

2
a Das englische Wort „spin" hat viele Bedeutungen. Begründet, welche der folgenden zum Film passen.
b Erläutert, wie ihr den gesamten Filmtitel versteht.

> schnell drehen • trudeln • sich im Kreis drehen • spielen (einer Schallplatte) • sich etwas ausdenken • (Fäden) spinnen • einen Drall geben • in bestmöglichem Licht darstellen • Impuls • Verdrehung der Tatsachen • schwindelig werden • schnell vergehen

3 Schaut euch den Film erneut an: Beschäftigt euch eingehender mit seinem Inhalt.
a Als Plot wird das bezeichnet, was im Film grundsätzlich passiert. Formuliert ihn in ein bis zwei Sätzen.
Tipp: Orientiert euch am Einleitungssatz einer Textzusammenfassung (▶ S. 54).
b Teilt die Filmhandlung in Kapitel ein und gebt diesen Überschriften.
c Als Story werden die Zusammenhänge bezeichnet, die sich das Publikum aus der gezeigten Filmhandlung erschließt.
Haltet in Gruppen in Stichworten fest, wie und warum etwas nacheinander passiert.

4 Erläutert, worin die Pointe (= überraschende Schlusswendung) des Films besteht, z. B.:
Der DJ glaubt, nach drei Versuchen den Unfall vermieden zu haben. Alle sind glücklich, doch ...

5 Stellt euch vor, auch ihr könntet die Zeit zurückdrehen und Geschehnisse anders verlaufen lassen. Tauscht euch aus: Gibt es Situationen, von denen ihr wünscht, sie seien anders verlaufen? Welche kleine Veränderung hätte dies bereits bewirken können?

> **Wissen und können** **Der Plot und die Story**
>
> - Der Begriff **Plot** (= Handlung) bezeichnet die im Film erzählte **bloße Abfolge von Ereignissen.**
> - Als **Story** (= Geschichte) werden die **Zusammenhänge** bezeichnet, die sich das Publikum aus der gezeigten Filmhandlung erschließt. Kurz gesagt: Der Plot ist, *was* passiert; die Story, *wie* es passiert und *warum*.

Haupt- und Nebenfiguren untersuchen

1. Wer ist der DJ? Notiert Anhaltspunkte, die der Film gibt.

2. a Formuliert für jedes dieser Szenenbilder einen Gedanken, der dem DJ in diesem Moment durch den Kopf gehen könnte. Schaut euch den Film bis Minute 7:07 noch einmal an.
   b Sucht im Film nach Hinweisen, warum der DJ den Menschen hilft.
   Tipp: Berücksichtigt insbesondere die Anfangssequenz und den Schluss des Films.

3. Manches an der Figur des DJ bleibt unklar. Formuliert Fragen, die der Film offenlässt.

4. Durch die Eingriffe des DJ verändert sich auch das Schicksal der beteiligten Passanten.
   a Wählt in Partnerarbeit eine der folgenden Nebenfiguren aus, um sie näher zu beobachten:
      A den Breakdancer,
      B den alten Mann und die Frau im Rollstuhl,
      C den Drogendealer,
      D die drei „harten Jungs",
      E den schüchternen jungen Mann und die lesende junge Frau.
   b Notiert,
      – was ihr auf Grund ihres Auftretens, ihres Alters und ihrer Kleidung über sie sagen könnt,
      – welche Auswirkung die Eingriffe des DJ auf eure Nebenfigur hat,
      – worin ihr persönlicher Glücksmoment nach dem letzten Versuch des DJ besteht.

5. Ein Schüler meint: „Das kleine Mädchen mit der Puppe unterscheidet sich in ihrem Verhalten dem DJ gegenüber von den anderen Nebenfiguren."
   Begründet, ob ihr dieser Aussage zustimmen könnt oder nicht.

10 „Spin or God is a DJ" – Einen Kurzfilm untersuchen

Testet euch!

Den Inhalt eines Kurzfilms kennen

1 Bringt die folgenden Filmbilder in die Reihenfolge, wie sie im Film vorkommen.

2 a Erläutert die Story des Films. Schreibt die folgenden Satzanfänge ab und ergänzt sie.
Weil der rollende Basketball den Radfahrer irritiert, …
Der DJ kann mit seinen Plattentellern den Gang der Dinge rückgängig machen, sodass …
Er verändert den Weg des Balles, indem …
Obwohl der DJ versucht, positiv in den Ablauf der Geschehnisse einzugreifen, …
Als der DJ seine Ausrüstung zum ersten Mal zusammenpackt, …
Wenngleich der zweite Versuch erfolgreicher zu sein scheint, erkennt …
Vor dem dritten Versuch analysiert der DJ alle Beteiligten einzeln, damit …

b Welche Handlungsbeschreibungen stimmen? Notiert die Buchstaben.
P   Der DJ wischt sich einen Kussabdruck von der Backe.
R   Die drei „harten Jungs" spielen miteinander Basketball.
A   Der DJ lacht laut.
L   Der Hund reißt sich los.
O   Den Drogendealer plagen Gewissensbisse.
X   Das kleine Mädchen bekommt eine neue Puppe.
T   Man hört nicht, was die Figuren miteinander sprechen.
I   Die Musik bleibt gleich.

3 a Prüft zu zweit eure Ergebnisse. Die richtigen Antworten zu 1 und 2 b ergeben zwei Fachbegriffe.
b Erklärt euch gegenseitig, worin sich diese Fachbegriffe unterscheiden.

10.2 Kamera, Schnitt, Ton – Die Filmsprache untersuchen

1. Die Filmbilder stammen aus dem dritten Versuch des DJ, den Ereignissen eine gute Wendung zu geben.
   a Benennt die Situation, die mit den Filmbildern dargestellt wird.
   b Als Sequenz bezeichnet man mehrere Szenen, die gemeinsam eine eigene kleine Geschichte bilden.
   Gebt die kleine Geschichte wieder, die in dieser Sequenz erzählt wird.

2. Die Kamera ist das wesentliche Instrument, um den Film zu erzählen. Schaut euch die Sequenz (5:14–5:27) mehrfach an, um zu untersuchen, wie sie dazu eingesetzt wird.
   a Bestimmt die Einstellungsgrößen der sechs Filmbilder (*Totale, Halbnah, Nah, Groß, Detail*, ▶ S. 319) und ihre Funktion.
   b Bestimmt die Kamerabewegung (*Kameraschwenk, Kamerafahrt*, ▶ S. 319) in den ersten beiden Einstellungen der Sequenz.
   Welche Wirkung wird durch sie erzeugt?
   c Bestimmt die Kameraperspektiven (*Normal-, Frosch-, Vogelperspektive*, ▶ S. 319), als das Mädchen durch die Männergruppe geht.
   Welche Wirkungen werden durch diese Perspektive erzielt?

3. Begründet, warum die Kameraeinstellungen, -perspektiven und -bewegungen für diese Sequenz ein wichtiges filmisches Gestaltungsmittel sind.

4 Die einzelnen Einstellungen (Bilder zwischen zwei Schnitten) der Sequenz werden in einem Film aneinandergefügt.
  a Notiert, aus wie vielen verschiedenen Einstellungen die Sequenz (5:14–5:39) besteht.
  b Sucht innerhalb dieser Sequenz jeweils ein Beispiel für (▶ Wissen und können, S. 200):
   – eine Parallelmontage, d. h., es werden zwei oder mehr getrennte Handlungen gezeigt, indem die Kamera „hin- und herspringt",
   – eine Schuss-Gegenschuss-Technik, d. h., die gegenüberstehenden Figuren werden in einer Situation abwechselnd gezeigt.
  c Achtet auf die Länge der Einstellungen: Welche sind länger, welche nur ganz kurz? Erklärt, welche Wirkung diese unterschiedliche Einstellungsdauer jeweils hat.
  d Entscheidet, ob die Schnitte die Geschichte dieser Sequenz spannender machen.

5 a Ordnet die beiden folgenden Filmbilder in die Handlung ein und beschreibt, was sie auf welche Weise zeigen.
  b Erläutert, was die Bilder über die Gefühlslage des DJ und seine Vorgehensweise aussagen.

6 Beschreibt die Musik zur Sequenz mit den oben gezeigten Filmbildern bis hin zum rollenden Basketball, den der alte Mann schließlich aufhebt (4:11–4:50). Schaut euch die Sequenz an und geht so vor:
  a Begründet, inwieweit die Musik und die Geräusche die Handlung unterstützen.
  b Als der alte Mann den Basketball auftippen lässt, kommt die gelingende Ereigniskette in Gang. Erläutert, wie diese positive Wendung durch Musik/Ton und Bildeffekte aufgegriffen wird.
  c Erläutert zu zweit weitere Beispiele, wie Bildgestaltung und Musik eingesetzt werden.

Wissen und können — Der Schnitt – die Montage – der Ton

- Ein **Schnitt** bezeichnet die **Verknüpfung von zwei Einstellungen;** wichtige sind:
  – die **Parallelmontage:** es werden unterschiedliche Handlungen verknüpft, die **zeitgleich an verschiedenen Orten** spielen, indem die Kamera zwischen den Szenen „hin- und herspringt",
  – die **Schuss-Gegenschuss-Technik:** die Figuren werden insbesondere bei einem Dialog immer wieder **abwechselnd gezeigt.**
- Die **Montage** meint das **Zusammenfügen von Bild- und Tonelementen.** Sie organisiert die Abfolge der Einstellungen und lenkt maßgeblich die Wahrnehmung der Zuschauer. Durch höhere oder geringere Schnittfrequenzen bestimmt sie den **Rhythmus des Films.**
- Die Begriffe „Schnitt" und „Montage" stammen aus einer Zeit, als ein Film noch auf Band aufgenommen wurde. Das Filmband wurde mit einer Schere zerschnitten, um Szenen herauszuschneiden, und dann wieder zusammengeklebt (montiert). Heute werden Schnitt und Montage meist am Computer vorgenommen.
- Der **Ton** spielt in Filmen eine große Rolle. Hierbei wird zwischen **Sprache, Geräuschen und Musik** unterschieden. Insbesondere die Musik soll Stimmungen erzeugen oder unterstützen.

Fordern und fördern – Eine Filmsequenz untersuchen

6:40

6:43

6:54

1 Untersucht, wie der Schluss des Films (6:36–7:15) gestaltet wird.
  a Beschreibt, was auf den drei Filmbildern zu sehen ist.
  b Erklärt die Zusammenhänge zwischen den Bildern.
  Verwendet dazu Adverbialsätze mit Konjunktionen wie *sodass, weil, damit, …* (▶ S. 251).
  c Bestimmt zu den drei Filmbildern die Einstellungsgrößen und die Kameraperspektiven.
  ▶ Eine Hilfe zu Aufgabe 1 findet ihr auf Seite 202.

2 Die Filmsequenz ist so geschnitten, dass immer wieder der DJ zu sehen ist.
  a Skizziert in Partnerarbeit die einzelnen Filmbilder (6:42–7:08) in eurem Heft.
  Verwendet für die Einstellungen mit dem Mädchen und die mit dem DJ unterschiedliche Farben.
  b Erläutert die Wirkung der so montierten Szenen.
  ▶ Hilfe zu 2 b, Seite 202

3 **a** Untersucht die Dauer der jeweiligen Einstellungen ab 6:42 bis zum Ende des Films:
  Welche Einstellungen sind vergleichsweise lang, welche auffallend kurz?
  b Erklärt, aus welchem Grund diese unterschiedliche Schnittfrequenz wohl gewählt wurde.
  ▶ Hilfe zu 3, Seite 202

4 **a** Notiert, wann in der Schlusssequenz (6:36–7:15) welche Musik gespielt wird und
  welche Geräusche zu hören sind.
  b Erläutert, inwiefern die Musik die Handlung der Sequenz widerspiegelt.
  ▶ Hilfe zu 4, Seite 202

Fordern und fördern – Eine Filmsequenz untersuchen

Aufgabe 1 mit Hilfe

Untersucht, wie der Schluss des Films (6:36–7:15) gestaltet wird.

a Beschreibt, was auf den drei Filmbildern zu sehen ist, z. B.:
Bild 1: Das Mädchen wirft seine Puppe in die Luft.
Bild 2: Die Puppe …
Bild 3: …

b Erklärt die Zusammenhänge zwischen den Bildern.
Verwendet dazu Adverbialsätze mit Konjunktionen wie *sodass, weil, damit, …* (▶ S. 251), z. B.:
Das Mädchen wirft die Puppe in die Luft, sodass …
Weil die Puppe zerbricht, …
Indem sie den DJ …

c Bestimmt zu den drei Filmbildern die Einstellungsgrößen und die Kameraperspektiven, z. B.:
Bild 1: Halbnahe Einstellung, Normalsicht
Bild 2: Detailaufnahme der Puppe, …
Bild 3: …, …

Aufgabe 2 b mit Hilfe

Die Filmsequenz ist so geschnitten, dass immer wieder der DJ zu sehen ist.
Erläutert die Wirkung der so montierten Szenen (6:42–7:08).
Setzt im Heft die folgenden Begriffe in den Lückentext ein:

> miteinander • zusammengehörig • eindringlich • getrennt • abwechselnd • direkt

> In dieser Filmsequenz werden ❓ das Mädchen, die Puppe und der DJ gezeigt. Die Wirkung ist, dass man den Eindruck hat, dass die beiden Figuren ❓ kommunizieren. Wenn das Mädchen beispielsweise ❓ in die Kamera blickt, sieht es so aus, als ob sie den DJ ❓ anschaut. Dieser Eindruck entsteht, indem man die einzelnen Filmbilder gezielt als eine ❓ Abfolge montierte. Sie wurden aber ❓ voneinander gedreht.

Aufgabe 3 mit Hilfe

a Messt die Dauer der jeweiligen Einstellungen ab 6:42 bis zum Ende des Films:
Welche Einstellungen sind vergleichsweise lang, welche auffallend kurz?
Als das Mädchen den DJ direkt anschaut und er zögert, … Dagegen …

b Erklärt, aus welchem Grund diese unterschiedliche Schnittfrequenz wohl gewählt wurde, z. B.:
In den Momenten, in denen der DJ nachdenkt, … Wenn er dagegen sein Pult auf- und abbaut, wird dies mit einer sehr kurzen Schnittfrequenz dargestellt, um …

Aufgabe 4 mit Hilfe

a Notiert, wann in der Schlusssequenz (6:36–7:15) welche Musik gespielt wird und welche Geräusche zu hören sind, z. B.:
Geräusche: 6:36: Tonabnehmer, 6:40 hupende Autos, 6:43: Aufprall der Puppe, …

b Erläutert, inwiefern die Musik die Handlung der Sequenz widerspiegelt, z. B.:
Die Musik untermalt … Sie stoppt, als … Da der DJ sich entschlossen hat zu helfen, …

10.3 Projekt – Eine Filmsequenz drehen

1. Schritt: Ideen sammeln und Drehplan erstellen

1 Bildet Filmteams und dreht eine kurze Filmsequenz zum Thema „Etwas rückgängig machen". Geht so vor:
  a Sammelt Ideen: Wann könnte jemand etwas rückgängig machen wollen?
  Denkt an Figuren, Orte, Stimmungen, Bilder.
  b Entscheidet, welche Idee ihr ausführen wollt. Beschränkt euch auf das Wesentliche, denn eure Sequenz sollte nicht länger als drei Minuten dauern.

2 a Erstellt einen Drehplan für eure Filmsequenz. Plant für jede Einstellung die Kameraeinstellungen, die Handlung, den Ton und die Musik / die Geräusche, z. B.:

Szene	Bildskizze	Kamera (Einstellungen, Perspektive)	Handlung	Text/Musik/ Geräusche
1		Totale, Vogelperspektive	Schüler rennen zum Pausenverkauf und drängeln in die Schlange.	Anfangsmusik, Stimmengewirr
2		Halbnah	Jonas sucht nach Geld in seiner Hosentasche ...	Gespräch zwischen Jonas und seinem Freund Luca
3	...	...	Unbemerkt fällt ihm sein 5-€-Schein auf den Boden.	...

  b Schreibt die geplanten Texte (Dialoge oder Monologe) für eure Szenen.
  c Ordnet die einzelnen Sätze den Einstellungen zu.

2. Schritt: Die Aufgaben verteilen

3 Zum Drehen einer Filmsequenz gehören verschiedene Aufgaben:
Regie, Kamera, Schauspielerinnen und Schauspieler, Ausstattung/Requisite, Ton/Musik/Geräusche, Schnitt/Montage.
  a Tauscht euch darüber aus, was ihr besonders gut könnt bzw. gern macht.
  b Verteilt die einzelnen Aufgaben.

3. Schritt: Die Filmszenen drehen

4 Dreht die einzelnen Szenen.
Probiert unterschiedliche Versionen aus; dreht jede Szene zwei- oder dreimal:
  – Achtet auf gute Lichtverhältnisse. Filmt nicht gegen das Licht.
  – Haltet die Kamera ruhig und stellt sie möglichst auf ein Stativ oder auf einen festen Untergrund.
  – Verzichtet auf den übermäßigen Einsatz von Zooms und Schwenks. Je näher ihr das Objekt oder die Person heranzoomt, desto mehr kann das Bild verwackeln.
  – Beachtet, dass alle Personen, die ihr filmt, damit einverstanden sein müssen.

5 Seht euch euer Filmmaterial an und prüft Bild- und Tonqualität.
Notiert Verbesserungsvorschläge und dreht einzelne Szenen gegebenenfalls erneut.

4. Schritt: Schnitt, Montage, Ton

6 Schneidet am Computer euer Filmmaterial mit Hilfe eines Schnittprogramms:
  a Löscht Szenen, die nicht gelungen bzw. überflüssig sind.
  b Probiert verschiedene Schnitte bzw. Übergänge zwischen den Szenen aus. Welche Schnittfolge passt am besten zur Handlung und der von euch beabsichtigten Wirkung?
  c Entscheidet, ob ihr einzelne Szenen mit Musik oder Geräuschen unterlegen wollt.

5. Schritt: Die Präsentation

7 a Präsentiert eure Ergebnisse in der Klasse.
  b Gebt euch gegenseitig Feedback, was besonders gelungen ist und was ihr noch verbessern könnt.

11 Von Wörtern umworben –
Über Wörter und ihre Bedeutung nachdenken

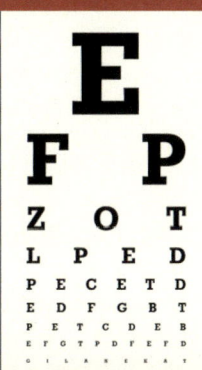
Lesestoff

Lesebrille

Lesesaal

Lesesessel

1 a Benennt, welche Bilder ihr zu den jeweiligen Wörtern erwartet hättet.
b Erklärt, wie die Wortspiele funktionieren, mit denen für das Lesen geworben wird.
c Beschreibt, wann und wo ihr gern lest.

2 a Sammelt Werbetexte und -sprüche, die ihr auswendig kennt.
b Erklärt, woran ihr merkt, dass es sich bei den gesammelten Sprüchen und Texten um Werbung handelt.

In diesem Kapitel ...
– spielt ihr mit der Sprache und Sprachbildern,
– entdeckt ihr Sprachtricks der Werbung,
– denkt ihr über den Einfluss der Werbung auf die deutsche Sprache nach,
– erfindet ihr neue Wörter für neue Produkte.

11.1 Gekonnt bewerben – Sprachbilder erzeugen und nutzen

Synonyme erkennen und bewusst einsetzen

| Bei uns essen Sie nicht nur – Sie **speisen**. | Hierher verdrückst du dich, um etwas zu **verdrücken**. | **Mampf** mal wieder! |

1 a Erstellt im Heft zu den drei vorliegenden Werbesprüchen Cluster, die zeigen, welche Vorstellungen ihr mit den jeweils hervorgehobenen Verben aus den Werbetexten verbindet, z. B.:

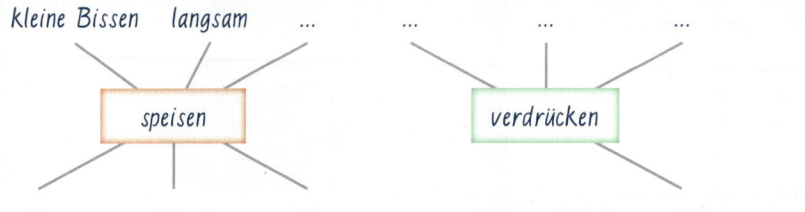

b Notiert, was die drei hervorgehobenen Verben verbindet und was sie unterscheidet, z. B.:
Gemeinsam ist den drei Verben, dass ... Unterschiedlich sind sie jedoch in ...
c Vergleicht miteinander euer Ergebnis zu Aufgabe b. Lest auch das „Wissen und können".

2 Übertragt das Koordinatensystem ins Heft und ordnet die folgenden Wörter aus dem Wortfeld „essen" ein.

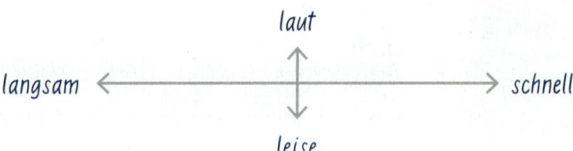

essen: ein Mahl einnehmen • speisen • schmausen • löffeln • sich ernähren • frühstücken • dinieren • kosten • den Hunger stillen • verzehren • sich stärken • sich laben • fressen • futtern • vertilgen • verschlingen • schlemmen • naschen • probieren

3 a Wer findet die meisten Wörter zu den Wortfeldern „sprechen" und „gehen"? Ordnet auch sie in ein Koordinatensystem von *langsam/schnell* und *laut/leise* ein.
b Formuliert mit Hilfe eurer Synonyme (▶Wissen und können) drei unterschiedliche Werbesprüche für einen Sprachkurs oder ein Reiseunternehmen.

Wissen und können — **Das Synonym** (Pl.: die Synonyme)

- Wörter mit **gleicher oder ähnlicher Bedeutung** bezeichnet man als **Synonyme**.
- Mit Hilfe von Synonymen können wir unsere **Ausdrucksweise abwechslungsreicher** und **treffender** gestalten, indem wir berücksichtigen, welche **zusätzlichen Vorstellungen** mit den Synonymen eines Wortfelds verbunden sind, z. B.: *essen → speisen, sich ernähren, ...*
- Wörter mit **gegensätzlicher Bedeutung** heißen **Antonyme**, z. B.: *schleichen ↔ stampfen*

Homonyme erkennen und mit ihnen spielen

*Erinnern Sie sich an Ihren Hochzeitsstrauß?
Das Leben ist mit Blumen schöner.*

**Werden Sie stolzer Schlossbesitzer!
Diese Sicherheit können Sie sich leisten.**

1 Erläutert, durch welchen Sprachtrick beide Werbungen auf sich aufmerksam machen.

2 Mit einem *Absatz* kann eine erhöhte hintere Schuhsohle oder ein Textabschnitt gemeint sein. Auch alle weiteren Wörter im Wortspeicher sind mehrdeutig (Homonyme).
   a Klärt in Partnerarbeit die unterschiedlichen Bedeutungen aller folgenden Wörter.
   b Erfindet mit Hilfe des Wortspeichers eigene Werbungen nach dem obigen Muster.

> Absatz • Ball • Bank • Bau • Bauer • Becken • Bienenstich • Blüte • Boxer •
> Decke • Dichtung • Eselsohr • Flasche • Flügel • Geist • Gericht • Golf • Hahn • Hering •
> Karte • Kiefer • Krebs • Leiter • Linse • Mark • Maus • Melone • Mutter • Nagel • Note •
> Pass • Pflaster • Rolle • Scheibe • Schild • Schimmel • Schöpfer • Schuppen • Stock •
> Tau • Ton • Wanze • Zelle

3 Wählt aus den beiden Möglichkeiten A und B aus, wie ihr mit Homonymen spielen wollt:
   A Erfindet Homonym-Witze, z. B.: *Warum haben Fische Schuppen? Damit sie ihre Fahrräder unterstellen können.*
   B Spielt das Teekesselchen-Spiel:
   – Wählt zu zweit ein Homonym (z. B. *Bank*) und bezeichnet es, um es nicht zu verraten, als „Teekesselchen".
   – Beschreibt die Eigenschaften, die jeweils zu eurem Teekesselchen gehören, wie folgt:
      1: „Auf meinem Teekesselchen kann man sitzen."
      2: „Auf meinem Teekesselchen kann man Geld wechseln."
   – Die anderen versuchen, das Homonym so schnell wie möglich zu erraten.

Wissen und können   **Das Homonym** (Pl.: die Homonyme)

- Wörter, die **gleich klingen und geschrieben werden, aber unterschiedliche Bedeutungen** haben, nennt man **Homonyme**.
- Ihre Bedeutung kann oft nur **im Sinnzusammenhang** geklärt werden, z. B.:
  Ball (1. Spielgerät, 2. Tanzveranstaltung): 1. Wir spielen Ball. 2. Wir gehen auf einen Ball.

Metaphern untersuchen und bewusst einsetzen

Ein **Juwel** Ihrer Sammlung

Ein **Tiger** in Ihrem Tank

1 Werbt in einer kurzen Rede für die dargestellten Dinge, ohne die farbig gedruckten Wörter zu verwenden.

2 Eine Vase ein Juwel? Das Benzin ein Tiger?
  a Erklärt das folgende Schaubild mit Hilfe dieser Begriffe:
  übertragene Bedeutung (Metapher) – wörtliche Bedeutung – Ähnlichkeit
  b Gestaltet im Heft ein ähnliches Schaubild für die Werbung „Ein Tiger in Ihrem Tank".

  Juwel: Edelstein | selten, wertvoll, besonders | **Vase:** Geschirr

3
  a Erklärt, was die nebenstehende Werbung durch die verwendete Metapher erreichen möchte.
  b Diskutiert, welche Vor- und Nachteile sich aus dem Einsatz dieser Metapher für die Werbung ergeben können.
  c Werbt mit Hilfe von Metaphern z. B. für ein Waschmittel, ein Fahrrad oder einen Fußballschuh.

Unsere Versicherung:
Ein **Fels in der Brandung** für Sie

Wissen und können   **Die Metapher**

- Bei einer Metapher werden **Wörter nicht wörtlich,** sondern in einer **übertragenen (bildlichen) Bedeutung** gebraucht, z. B. für eine Nachricht, die nicht mehr aktuell ist:
  *Die Nachricht ist doch **Schnee von gestern.***
- Metaphern beruhen darauf, dass **zwei Dinge** in mindestens **einer Eigenschaft ähnlich** sind. Oft sind sie zu einem Vergleich erweiterbar: *Die Nachricht ist doch **alt wie** Schnee von gestern.*

Fachsprache übersetzen

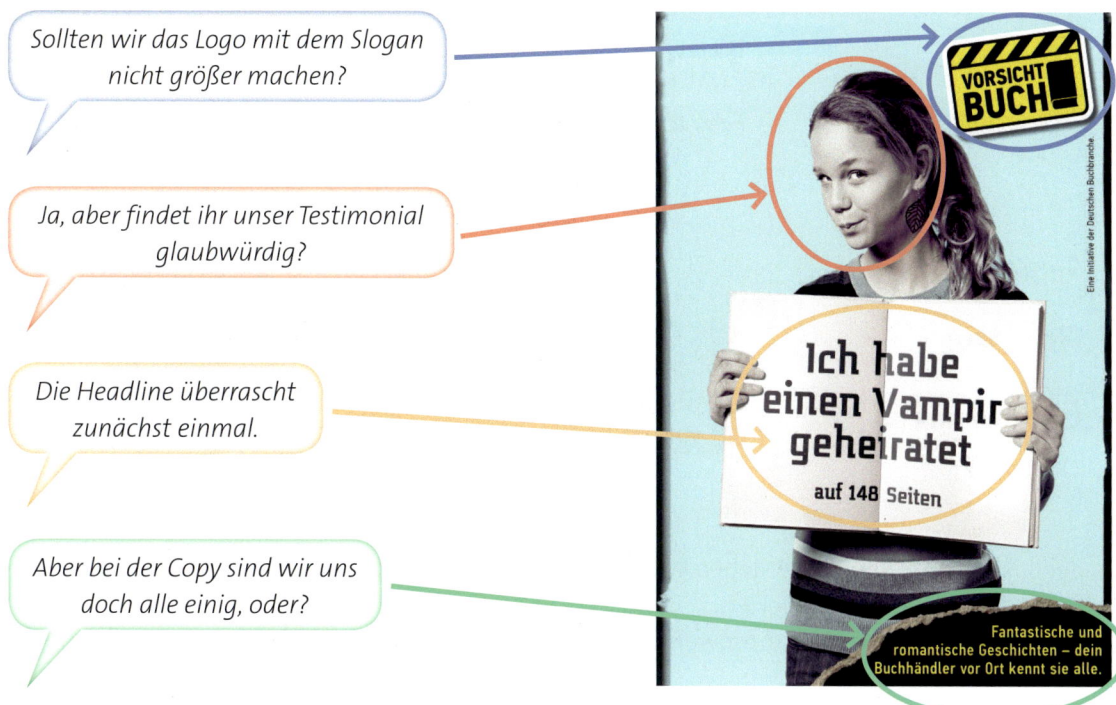

Sollten wir das Logo mit dem Slogan nicht größer machen?

Ja, aber findet ihr unser Testimonial glaubwürdig?

Die Headline überrascht zunächst einmal.

Aber bei der Copy sind wir uns doch alle einig, oder?

1 Formuliert, wofür diese Werbung wirbt. Was ist euch als Erstes aufgefallen?

2 Die Sprechblasen links stammen aus einer Besprechung in einer Werbeagentur.
  a Nennt die Wörter in den Sprechblasen, die euch unbekannt sind.
  b Recherchiert die unbekannten Wörter in einem Lexikon oder im Internet und erläutert sie mit eigenen Worten (▶ materialgestütztes Informieren, S. 21).

3 Die Angestellten der Werbeagentur nutzen ihre eigene Fachsprache.
Überlegt, wozu Fachsprachen dienen.

4 a Findet euch in Kleingruppen zusammen. Ihr solltet das gleiche Interessensgebiet oder Hobby haben oder zum Beispiel die gleiche Sportart betreiben.
  b Notiert Fachbegriffe, die zu diesem Interessensgebiet oder Hobby gehören, und verfasst zu ihnen eigene Lexikoneinträge, die diesen Begriff erläutern, z. B.:
  abgrätschen: Begriff aus dem Fußball. Beim Abgrätschen gelingt es dem Gegenspieler …
  c Stellt eure Lexikoneinträge der Klasse vor.
  Prüft: Sind die vorgestellten Wörter allgemein bekannt oder kennen sie nur Eingeweihte?

Wissen und können	**Die Fachsprache**

Menschen, die sich **auf einem bestimmten Fachgebiet,** zum Beispiel einer Sportart oder einem Berufsfeld, auskennen, verfügen häufig über **spezielle Wörter zur genaueren Bezeichnung und Verständigung** in einem Fachbereich. Dieses Fachvokabular wird als **Fachsprache** bezeichnet.

Abstrakta und Konkreta erkennen und unterscheiden

Freude	Blumen, ...
Sicherheit	Fahrradhelm, Sonnencreme, ...
Hoffnung	...
Gelassenheit	...
Freiheit	...
Gemütlichkeit	...

1 In der linken Spalte der Tabelle stehen Wörter, die gut in einer Werbung vorkommen könnten.
  a Übertragt die Tabelle in euer Heft.
  b Ergänzt in der rechten Spalte, für welche Produkte ihr die Wörter links einsetzen würdet, z. B. *Blumen* für *Freude*.
  c Bestimmt, in welcher Spalte sich Nomen finden, die für Gegenstände stehen, die man anfassen kann. In welcher Spalte stehen Nomen, die nicht Gegenständliches bezeichnen?
  d Vergleicht eure Ergebnisse mit dem folgenden „Wissen und können" und ordnet als Überschrift die beiden darin genannten Fachbegriffe der jeweiligen Spalte richtig zu.

> *Wir müssen das konkreter formulieren!*

> *Falsch! Wir müssen das abstrakter formulieren!*

2 a Sammelt Werbesprüche aus Zeitungen und Zeitschriften.
  b Sortiert und zählt aus, ob in diesen öfter abstrakte oder konkrete Begriffe vorkommen.
  c Untersucht, ob ihr Werbungen findet, die nur Abstrakta enthalten.
  d Begründet, ob Kunden mehr durch Abstrakta oder Konkreta in Werbung überzeugt werden.

3 Bringt Bilder zu Gegenständen mit und formuliert zu diesen passende Abstrakta.

Wissen und können — Konkreta und Abstrakta

- Als **Konkretum** (Plural: Konkreta) bezeichnet man ein Nomen, das **etwas Gegenständliches** benennt, das mit den Sinnen wahrnehmbar ist, z. B.: *die Blume, der Helm, das Handtuch*.
- Das **Abstraktum** (Plural: Abstrakta) ist der Gegenbegriff zum Konkretum. Abstrakta sind Nomen, die insbesondere **Ideen, Vorgänge, Eigenschaften** oder **Gefühle** bezeichnen, z. B.: *die Planung, der Geiz, die Liebe, die Freiheit*.

Testet euch!

Wörter und ihre Bedeutung

1 Übertragt die folgenden Lückensätze A bis F in euer Heft und vervollständigt sie mit Hilfe der folgenden Fachbegriffe:

> Metapher • Synonyme • Konkreta • Abstraktum • Fachsprache • Homonyme

- A ❓ bezeichnen Dinge, die man mit den Sinnen wahrnehmen kann.
- B Wörter mit gleicher oder ähnlicher Bedeutung nennt man ❓.
- C Klingen zwei Wörter gleich, haben aber unterschiedliche Bedeutungen, sind es ❓.
- D Der Gegenbegriff zu „Konkretum" ist ❓.
- E Die ❓ kann auch als verkürzter Vergleich bezeichnet werden.
- F Alle Wörter, die ich hier eingesetzt habe, sind Teil der ❓ der Sprachwissenschaft.

2 Immer ein Wort der linken, mittleren und rechten Spalte gehören zusammen.
- a Schreibt ins Heft, welche drei Wörter jeweils zusammengehören.
- b Die Buchstaben rechts ergeben ein Lösungswort. Schreibt es auf und notiert, was es bedeutet.

1 Apfelsine	Vergleich	Verbeugung	A
2 Lottogewinn	Fachsprache	Glück	L
3 Birne	Konkretum	Birne	O
4 Hauptwort	Abstraktum	Blitz	N
5 Höflichkeit	Homonym	Orange	S
6 schnell wie ein	Synonym	Nomen	G

3 a Findet in den beiden folgenden Gedichten von Heinz Erhardt die Homonyme und notiert sie im Heft.

> Das Leben kommt auf alle Fälle
> aus einer Zelle.
> Doch manchmal endet's auch – bei Strolchen –
> in einer solchen.

> Wir fuhren einst zusammen
> tagtäglich mit der „Zehn",
> jetzt fahren wir zusammen,
> wenn wir uns wiedersehn!

b Notiert die unterschiedlichen Bedeutungen der Homonyme aus den Gedichten, z. B.:
...: 1. kleinste Einheit eines pflanzlichen oder tierischen Lebewesens, 2. ...

4 Vergleicht und prüft in Partnerarbeit eure Ergebnisse aus den Aufgaben 1 bis 3.

11.2 Anglizismen in der Werbung – Sprachwandel untersuchen

1   a Formuliert, wie die abgebildeten Schriftzüge auf euch wirken.
   b Untersucht die Schriftzüge: Was haben sie gemeinsam?
   c Beschreibt, wie die englischen Wörter für die Werbung jeweils eingesetzt werden. Beachtet Schreibweisen und Wortverbindungen.
   d Beurteilt die Wirkung dieser Wörter: Was findet ihr gelungen? Was gefällt euch weniger?

Bayern 3	Klingt dreimal gut.
SWR 3	Mehr Hits. Mehr Kicks. Einfach SWR 3.
Radio Charivari	Der klasse Musikmix. Top Hits. Classic Hits. Scharfe Hits.
Jump Radio	Der neue Sound im Radio.
Pirate Radio	Fette Beats. Geile Grooves.
Planet Radio	Maximum Music.
Jam FM	The Finest in Black Music.
N-Joy Radio	Enjoy the Music.

2   Verschiedene Radiosender werben für sich mit unterschiedlichen Slogans.
   a Erklärt, was sich in der Liste verändert, wenn ihr sie von oben nach unten lest.
   b Wertet aus, wie viele der Radioslogans ihr leicht ins Deutsch übersetzen könnt.
   c Begründet, welcher Slogan euch persönlich am besten gefällt.

Wibke Bergemann

Interview mit der Sprachwissenschaftlerin Nina Janich (Auszüge)

A Wenn ein neues Wort in der Umgangssprache auftaucht, ist es sehr schwierig nachzuweisen, ob dieses Wort wirklich aus der Werbung kommt oder ob es nicht schon vorher da war und dann von der Werbung aufgegriffen wurde. Denn viele Neuerungen entstehen in anderen Kontexten und werden von der Werbung lediglich verbreitet. [...]

B Ich halte die Einflüsse aus der Wirtschaft und aus der Informationstechnologie für wichtiger. Denn da brauchen wir ständig neue Bezeichnungen für technische Errungenschaften. Die Werbung ist dann nur ein Medium, über das solche Phänomene verbreitet werden. Was das Handy oder der Computer kann, sagt einem die Werbung. Die Neuschöpfungen bestehen dann aber bereits und sind nicht ein Ergebnis der Werbung. [...]

C Das Deutsche ist da relativ resistent[1]. Das Lautsystem des Deutschen und die grammatischen Strukturen bleiben von den englischen Einflüssen weitgehend unangetastet. Die englischen Wörter werden den deutschen Regeln entsprechend in den Satz eingebaut. Es dauert dann vielleicht eine Weile, bis entschieden ist, ob es „gedownloadet" oder „downgeloadet" heißt. Aber es wird einfach ein deutsches Partizip gebildet.

---

1 resistent: widerstandsfähig

3 a Lest die Antworten von Nina Janich: Welche Informationen sind euch neu? Was wusstet ihr bereits?
b Klärt gemeinsam unbekannte Begriffe.
c Auf welche drei Fragen hat Nina Janich geantwortet? Notiert in Partnerarbeit zu den Absätzen A bis C die jeweilige Frage und vergleicht eure Ergebnisse.

4 Einzelne englische Wörter oder Wortgruppen (Anglizismen) werden im Deutschen nicht nur in der Werbung verwendet.
a Notiert Anglizismen, die zu eurem Wortschatz gehören, auf einzelne Zettel.
b Sortiert alle Zettel der Klasse nach den Bereichen, in denen sie verwendet werden, z. B.: *Alltag, Internet, Sport, ...* Findet sich ein Wort auf mehreren Zetteln, stapelt ihr diese Zettel.
c Wertet euer Ergebnis aus und stellt es als Tabelle oder Diagramm dar (▶ S. 184, 318).

Wissen und können   **Die Anglizismen** (Sg. der Anglizismus)

- **Fremdwörter** (▶ S. 329, 339), die **aus dem Englischen** ins Deutsche oder in eine andere Sprache übernommen werden, nennt man **Anglizismen.** Neuere Anglizismen stammen meist aus Bereichen, die international eine Rolle spielen, z. B.: Sport, Musik, Computer- und Informationstechnik.
- Gründe für die Übernahmen können sein, dass entsprechende deutsche Wörter fehlen, z. B. *Hip-Hop*, oder sich nicht durchsetzten, z. B.: *E-Book* für *digitales/elektronisches Buch.*
- Oft wird diskutiert, ob der Gebrauch von Anglizismen negativ oder positiv zu bewerten sei. Davon abhängig ist die Frage, ob man Anglizismen als Teil der Weiterentwicklung der deutschen Sprache ansieht oder nicht.

Fordern und fördern – Mit Anglizismen umgehen

STREETBALL-TOURNAMENT

Am 18. Juni 2019 heißt es von 10 bis 16 Uhr auf
dem Weilheimer Marienplatz wieder check in zum 3 on 3!
Treffsichere Schützen und Flugartisten geben bei
der Shootout-Challenge und dem Dunking-Contest alles!

Meldet euch mit eurem
Herren-, Damen- oder Mixed-Team jetzt an!
Auf die Sieger warten coole Preise.
Für gute Beats ist gesorgt.

1
a Notiert in euer Heft alle Anglizismen, die ihr auf dem Plakat findet.
b Unterstreicht die Anglizismen, die ihr für allgemein verständlich haltet.
Umkreist ungewöhnliche oder euch unbekannte Anglizismen.
▶ Eine Hilfe zu Aufgabe 1 a findet ihr auf Seite 215.

2
a Schreibt mindestens fünf weitere Anglizismen auf, die euch einfallen und
die zum Plakat passen könnten.
b Setzt den Plakattext mit Hilfe eurer Anglizismen noch um einige Zeilen fort.
▶ Hilfe zu 2, Seite 215

3
a Verändert den Text des Plakats so, dass alle Anglizismen durch deutsche Formulierungen
ersetzt werden. Schlagt euch unbekannte Anglizismen im Wörterbuch nach.
b Vergleicht das ursprüngliche und euer neu getextetes Plakat.
Begründet, welche Version euch besser gefällt.
▶ Hilfe zu 3 a, Seite 215

4 Notiert drei Argumente (▶ S. 35) zur Frage, ob man in Werbetexten
zu Anglizismen greifen sollte oder nicht.
▶ Hilfe zu 4, Seite 215

Fordern und fördern – Mit Anglizismen umgehen

Aufgabe 1a mit Hilfe

Notiert in euer Heft alle Anglizismen, die ihr auf dem Plakat findet. Prüft, ob ihr
– Buchstabenkombinationen entdeckt, die im Deutschen unüblich sind, z. B.: _Tournament_, ...,
– bemerkt, dass die Wörter ungewöhnlich klingen, wenn ihr sie so ausspricht,
wie sie geschrieben werden, z. B.: „Mixed", gesprochen: [mıkst] – nicht [mıksed].

Aufgabe 2 mit Hilfe

a Schreibt mindestens fünf weitere Anglizismen auf, die euch einfallen und die zum Plakat passen könnten.
– Ordnet im Heft die folgenden **Anglizismen** ihren _deutschen Übersetzungen_ zu.
– Wählt danach fünf für das Plakat aus, indem ihr sie unterstreicht.

game	drink		langweilig, schlecht	Spiel
nice	lame		(kleine) Speise	Auftritt, Vorführung
show	snack		Getränk	schön, gut, nett, toll
battle	benefit		Feuer, Energie, Eifer	Jungen und Mädchen
boys and girls	energy		Kampf, Schlacht	Gewinn, Nutzen

b Setzt den Plakattext mit Hilfe der Anglizismen noch um einige Zeilen fort. Ergänzt z. B. im Heft den folgenden Lückentext:
Feel the ? !
Streetball ist das ? der Stunde.
Kommt zur ? !
Als Erfrischungen gibt es ? und ? .

Aufgabe 3a mit Hilfe

Verändert den Text des Plakats so, dass alle Anglizismen durch deutsche Formulierungen ersetzt werden.
Nutzt den folgenden Wortspeicher, um deutsche Übersetzungen zu finden.

> Mannschaft • mitmachen • 3 gegen 3 • gemischt •
> Straßenkorbball • Turnier • Wurf-Wettbewerb •
> Korbstopf-Konkurrenz • toll • Rhythmus

Aufgabe 4 mit Hilfe

Begründet schriftlich, ob man in Werbetexten zu Anglizismen greifen sollte oder nicht.
Nutzt die folgenden Stichworte für (A) oder gegen (B) die Verwendung von Anglizismen:

> A Jugendliche ansprechen • internationaler • fehlende deutsche Wörter • klanglich besser
> B für manche Menschen unverständlich • zu künstlich • gewollt modern • anbiedern

11.3 Projekt – Neue Namen für Produkte erfinden

Auswählen

1 Bildet wie in einer Werbefirma Arbeitsgruppen und einigt euch auf eines der folgenden Produkte, für das ihr einen neuen Namen erfindet.

- **A** Ein Katzenfutter mit Geflügelstücken
- **B** Eine Marmelade mit vier Fruchtsorten
- **C** Ein Schuppenshampoo, das schon nach einer Woche wirkt
- **D** Eine besonders energiesparende Taschenlampe
- **E** Eine extrasaure Zitronenlimonade
- **F** Eine kalorienarme, vorgesalzene Butter
- **G** Ein äußerst sicheres Fahrradschloss
- **H** Ein Leuchtstift, dessen Spuren im Dunkeln sichtbar sind

Untersuchen

2 Euer Produkt ist nicht allein auf dem Markt. Sammelt und notiert Namen von Produkten, die eurem Produkt ähnlich sind, um vergleichen zu können.

3 Legt ein Cluster an (▶ S. 341): Welche Vorstellungen sollten Kunden mit eurem Produkt verbinden?

Suchen

4 Probiert die Verfahren A bis D aus, um möglichst viele neue Produktnamen zu erfinden.

A Komposition Setzt neue Wörter aus alten Wörtern zusammen, z. B.: *Dosen+pfand, Gen+mais*.	**B Abkürzungen (Kurzwörter)** Findet Abkürzungen, die als Wort wahrgenommen werden, z. B.: *Hausi, SMS*.
C Ableitung Bildet neue Wörter mit Hilfe von Vor- oder Nachsilben, z. B.: *un+kaputt+bar*.	**D Freie Kombination** Fügt Wortteile frei zusammen, z. B.: *D(eutsch) + Englisch = Denglisch*.

Präsentieren

5 a Entscheidet euch für einen Namen für euer Produkt. Legt ihn Personen vor, die ihr bisher noch nicht eingeweiht habt, und stellt ihnen die folgenden Fragen:
– An welche anderen Wörter erinnert euch der vorgelegte Name?
– Was stellt ihr euch vor, wenn ihr den genannten Namen hört?
– Wie würdet ihr den Klang des Namens beschreiben?
  b Beratet, ob ihr mit den Reaktionen zufrieden seid. Legt sonst einen anderen Namen vor.
  c Gestaltet euren Namen grafisch ansprechend und passend zum Produkt.
  d Notiert dazu eine Begründung für eure Namensentscheidung. Stellt eure Ergebnisse aus.

12 Grammatiktraining –
Wortarten bestimmen, den Konjunktiv anwenden

1 Tragt zusammen, was ihr über die Kleidung der Ritter wisst.

2 Betrachtet das Bild. Lest die beiden Textblasen mit den Gedanken des Ritters und seines Knappen:
   a Prüft, welche Wortarten ihr in diesen Sätzen erkennt. Wie könnt ihr sie unterscheiden?
   b Erklärt die Funktion der einzelnen euch bekannten Wortarten.

3 a Benennt, in welchem Satz die Aussage eines anderen wiedergegeben wird. Erläutert, wie dies deutlich gemacht wird.
   b In welchen Sätzen werden Wünsche oder Pläne formuliert? Wie werden sie ausgedrückt?

In diesem Kapitel ...
– wiederholt ihr wichtige Wortarten und die Tempusformen,
– formuliert ihr mit dem Konjunktiv II wahrscheinliche und unwahrscheinliche Aussagen,
– verwendet ihr den Konjunktiv I in der indirekten Rede,
– nutzt ihr verschiedene Formen der Redewiedergabe.

12.1 Modegeschichte(n) – Wortarten und Tempusformen wiederholen

Rund um das Nomen

Mode als Vorrecht des Adels – Damenkleider im Mittelalter

Nicht erst in der Gegenwart spielt die Mode eine große Rolle. Schon seit Menschengedenken ist das so. Im Mittelalter etwa durften nur Adelige kostbare Kleidung tragen. Die einfachen Leute hingegen mussten mit schlichten Kleidern aus groben Stoffen vorliebnehmen. Das prachtvolle
5 Gewand der noblen Damen bestand aus mehreren Teilen: Über einem engen Schnürhemd trugen sie häufig ein langes Gewand, das mit einem schönen Gürtel zusammengebunden wurde. Wegen einer besonderen Machart warf der Rock viele Falten. Die Ärmel des Kleides reichten manchmal sogar bis zur Erde. Über dem Kleid trugen die Damen einen Mantel
10 mit langer Schleppe. Zur Demonstration des Wohlstandes fertigte man die Kleider aus kostbarsten Stoffen wie Seide oder Brokat.

Frauentracht, Frankreich, 15. Jh.

1 Vergleicht die mittelalterliche Damenkleidung mit der heutigen Damenmode. Welche Ähnlichkeiten und Unterschiede könnt ihr feststellen?

2 a Übertragt die folgende Tabelle in euer Heft. Sucht dann aus dem Text je fünf Beispiele für die Wortarten heraus und ordnet sie in die richtige Tabellenspalte ein.

Nomen	Adjektive	Präpositionen
...	...	...

b Erklärt, woran ihr die Wortarten erkannt habt.

3 a Lest den Text erneut und lasst dabei alle Adjektive weg. Wie wirkt das auf euch?
b Im Text heißt es: „aus kostbarsten Stoffen wie Seide oder Brokat" (Z. 11). Erklärt, in welcher Form das Adjektiv hier verwendet wird. Welche anderen Formen kennt ihr?

4 Präpositionen können ein lokales, temporales, modales oder kausales Verhältnis ausdrücken. Erklärt dies am Beispiel ausgewählter Präpositionen im Text.
Tipp: Oft verschmelzen Präpositionen mit dem bestimmten Artikel, z. B.: *zu + der → zur*.

5 a Verfasst eine Beschreibung der Hofdame auf dem Bild oben. Verwendet treffende Adjektive, um ihre Erscheinung und ihre Kleidung zu veranschaulichen, z. B.: *aufrecht, stolz, prächtig, lang, ...*
b Unterstreicht eure Adjektive.
c Kreist in eurem Text alle Präpositionen ein und markiert das Wort oder die Wortgruppe, auf die sie sich beziehen.

Mit Adverbien genaue Angaben machen

Nicht nur in Rüstung – die Kleidung der Ritter

In den Geschichten aus dem Mittelalter werden die Ritter größtenteils in glänzenden Rüstungen dargestellt. Viele wissen das. Aber welche Kleidung trugen damals die Männer, wenn sie mittags bei Tisch saßen oder sich abends am Kamin versammelten? Wie die Hofdamen trugen sie lange Gewänder, die kurzerhand mit einem Gürtel zusammengebunden wurden. Die verwendeten Stoffe waren genauso bunt, kostbar und reich verziert. Das Gewand war aber oftmals vorne und hinten von der Hüfte abwärts geschlitzt. Folglich konnten die Damen manchmal einen Blick auf die strumpfartigen, engen Hosen werfen, die die Ritter darunter trugen – was sie anstandshalber nur heimlich tun durften.

Manessische Handschrift (Bl. 364), Pergament (1305–1340)

1 Besprecht, inwiefern euch die Männermode jener Zeit überrascht.

2 a Untersucht die markierten Adverbien im Text: Bestimmt ihre Funktion und erläutert, wozu sie genauere Angaben machen.
b Übertragt die folgende Tabelle in euer Heft und ordnet die Adverbien richtig ein.

Adverbien des Ortes (Lokaladverbien)	Adverbien der Zeit (Temporaladverbien)	Adverbien der Art und Weise (Modaladverbien)	Adverbien des Grundes (Kausaladverbien)
…	…	…	…

3 a Schreibt den nachstehenden Text in euer Heft und setzt diese Adverbien passend ein:
bestens, darum, ihretwegen, blindlings, zeitlebens, überall, besonders.
b Notiert über diese Adverbien die jeweilige Art, z. B.: *des Ortes (lokal), der Zeit (temporal), …*

> Aber natürlich spielte für den Ritter ❓ die Rüstung eine wichtige Rolle. Sie war nicht nur ein Symbol seiner Stellung, sondern musste ihn im Kampf ❓ ❓ schützen. ❓ gab er hohe Summen aus. Es war wichtig, dass er sich seiner Waffen ❓ bedienen konnte. ❓ übten die Ritter ❓ den Kampf mit Schwert und Lanze.

Wissen und können   **Das Adverb** (Umstandswort; Plural: die Adverbien)

- **Adverbien machen nähere Angaben zu einem Geschehen.** Sie benennen, wo, wann, wie und warum etwas geschieht z. B.: *dort, dorther, überall, bald, heute, vielleicht, nämlich.*
- **Adverbien** werden **kleingeschrieben** und sind im Gegensatz zum Adjektiv (▶ S. 322–323) **nicht veränderbar** (nicht flektierbar).

Mit Personal- und Possessivpronomen Bezüge herstellen

Spitzenhemd und Seidenstrümpfe – Männermode im Barock

Moden und Trends hat es schon immer gegeben. Die in unseren Augen ausgefallenste Mode dürfte von den Schneidern des Barock im 17. und 18. Jahrhundert entworfen worden sein. Ihr Vorbild war der französische König Ludwig XIV. (1638–1715).
5 Über seinen Einfluss auf die Kleidung der europäischen Adeligen können wir heute nur staunen: Seinem Beispiel folgend, trugen viele Männer an den Herrscherhöfen knielange, reich verzierte Mäntel. Darunter zogen sie Westen, schlossen sie aber nur halb, um ihre mit Spitzen besetzten Hemden zeigen zu
10 können. Die Hosen reichten ihnen nur bis über ihre Knie. Wie der König trugen sie eng anliegende Strümpfe aus kostbarer Seide. Am auffälligsten aber war die Haarpracht Ludwigs: Er trug, angeblich um sein haarloses Haupt zu verbergen, hohe, gepuderte Perücken. Die modebewussten Männer taten es ihm
15 nach. Da der Hut auf ihrem Kopf aber häufig weder Platz noch Halt fand, klemmten sie ihn einfach unter den Arm.

Ludwig XIV.,
Gemälde v. Hyacinthe Rigaud (1659–1743)

1 Stellt Vermutungen an, weshalb Ludwig XIV. eine derart wichtige Rolle für die Mode seiner Zeit spielen konnte.

2 „Darunter zogen sie Westen, schlossen sie aber nur halb, […]" (Z. 8–9).
  a Lest den Text erneut und erklärt, worauf sich die Personalpronomen *sie* jeweils beziehen. Ersetzt die Personalpronomen durch passende Nomen.
  b Sucht fünf weitere Personalpronomen und ersetzt sie durch ein Nomen (auch Namen).
  c Erklärt, welche Funktion Personalpronomen in einem Text haben.

3 „Da der Hut auf dem Kopf aber häufig weder Platz noch Halt fand, klemmten sie ihn einfach unter den Arm" (Z. 15–16).
  a Erläutert, worauf sich das Personalpronomen *ihn* bezieht.
  b Erklärt, worauf ihr beim Gebrauch von Personalpronomen achten müsst.

4 Im Text kommen acht Possessivpronomen vor. Sie geben an, zu wem etwas gehört.
  a Schreibt die Possessivpronomen mit den jeweils dazugehörigen Nomen heraus.
  b Notiert, welche Zugehörigkeit die Possessivpronomen jeweils ausdrücken, z. B.:
  in unseren Augen → in den Augen der Menschen heute

5 a Verfasst ein Interview mit Ludwig XIV. Befragt ihn zu seinen modischen Vorstellungen.
  b Markiert in eurem Text die Personal- und Possessivpronomen, z. B. farbig:
  Reporterfrage: Was gefällt Ihnen an Ihren Perücken?
  Ludwig XIV.: Sie sind kleidsam und heben meine königliche Erscheinung besonders hervor.

Mit Demonstrativpronomen Bezüge herstellen

Nicht zum Wohlfühlen gemacht – Damenmode im Barock

Nicht nur die Männermode war im Barock äußerst auffallend. Dasselbe gilt auch für die Damenmode! Als sich angeblich bei einer Begleiterin Ludwigs XIV. während eines Reitausflugs das Haar löste, soll sich diese ihre Haare schnell nach oben gebunden haben. Der aber fand solches Gefallen
5 an dieser neuen Art der Frisur, dass sich die Damen seines Hofes bald nur noch auf dieselbe Weise frisierten. Diejenigen, die dieser Mode besonders nacheiferten, benutzten sogar Gestelle aus Draht, um sich solche bis zu 50 cm hohen Frisuren stecken und binden zu lassen. Unpraktisch dürfte auch der Rock jener Zeit gewesen sein: Breite Reifröcke machten es bereits
10 schwierig, durch gewöhnliche Türen zu treten – sich aber mit solchen Kleidungsstücken bequem auf einen Stuhl zu setzen, war unmöglich.

1 Diskutiert, ob die folgende Behauptung zutrifft:
Heute würde man so unbequeme Kleidungsstücke wie im Barock bestimmt nicht mehr tragen.

2 a Schreibt Wörter, Wortgruppen oder auch ganze Sätze in euer Heft, auf welche die markierten Demonstrativpronomen hinweisen, z. B.:
„dasselbe" (Z. 1) = Männermode war im Barock äußerst auffallend
b Sucht fünf weitere Beispiele für Demonstrativpronomen aus dem Text heraus. Schreibt sie wie in Aufgabe a mit ihren Bezugswörtern ins Heft.

3 Am Hof Ludwigs XIV. galt eine besonders schmale Taille als hübsch. Deshalb legten die Damen Korsette (Hüftmieder) an, mit denen sie sich eng einschnürten.
Verfasst zu zweit ein Streitgespräch zwischen zwei Damen über diese neue Mode.
Verwendet möglichst häufig Demonstrativpronomen und unterstreicht sie, z. B.:
Dame 1: Diese neuen Korsette sind zwar eng, aber wer schön sein will, der muss eben leiden.
Dame 2: Einen solchen Unsinn habe ich selten gehört. Diejenigen, die ...

Wissen und können — Personal-, Possessiv- und Demonstrativpronomen

- Mit den **Personalpronomen** *(ich, du, er/sie/es, wir, ihr, sie)* kann man **Nomen und Namen** ersetzen, z. B.: *Sie trugen ihre Perücken oft mehrere Tage.*
- **Possessivpronomen** *(mein/meine, dein/deine, sein/seine, ihr/ihre, unser/unsere, euer/eure, ihr/ihre)* **geben an, zu wem etwas gehört,** z. B.: *Das ist sein Rock. Das ist ihr Hut.* Possessivpronomen **begleiten meist Nomen** und stehen dann **im gleichen Kasus** (Fall) wie ihr Bezugswort.
- **Demonstrativpronomen** *(der/die/das, dieser/diese/dieses, jener/jene/jenes, solcher/solche/solches, derselbe/dieselbe/dasselbe ...)* **weisen besonders deutlich auf eine Person oder Sache hin,** z. B.: *Diese (Perücken) waren besonders auffallend.* Sie können als **Begleiter** oder als **Stellvertreter des Nomens** verwendet werden.

Mit Verben Zeitformen bilden – Präsens und Futur I

Das Geschäft mit der Mode

Seit jeher bietet die Kleidung nicht nur Schutz gegen Kälte, Wind und Regen, sondern dient auch zum Ausdruck des Standes oder persönlicher Überzeugungen. Im Unterschied zum Mittelalter oder zum Barock können sich in der Gegenwart sehr viele Menschen modische Kleidung leisten. Und wo die Nachfrage groß ist, lässt sich stets viel Geld verdienen. Die Bekleidungshersteller bemühen sich deshalb immer stärker darum, Modetrends frühzeitig zu erkennen und zu beeinflussen. Dazu führen sie Kundenbefragungen durch und sammeln über das Internet Daten über unseren Modegeschmack.

1 a Tauscht euch dazu aus, wie man durch Kleidung Überzeugungen ausdrücken kann.
  b Überlegt, wie die Bekleidungshersteller Modetrends beeinflussen können.

2 a Schreibt den obigen Text in euer Heft und unterstreicht alle Präsensformen.
  b Erklärt die beiden unterschiedlichen Funktionen, die das Präsens in diesem Text erfüllt. Gebt je einen Beispielsatz an.

3 In den folgenden Aussagen A bis C eines Modeschöpfers geht es um zukünftige Trends.
  a Benennt die verwendete Zeitform und erläutert, wie man sie bildet.
  b Erklärt, warum in Aussage D das Präsens verwendet werden kann.
  A Trendsetter wie Musikstars werden auch weiterhin eine große Rolle für die Entwicklung der Mode spielen.
  B Die Vielfalt an Moderichtungen wird nicht abnehmen.
  C Hoffentlich wird sich der Aufschwung von fair gehandelten Kleidungsstücken fortsetzen.
  D Mit großer Sicherheit aber tragen die Jugendlichen auch noch in zwanzig Jahren Jeans und Turnschuhe.

Wissen und können   **Die Zeitformen Präsens und Futur I**

- Das **Präsens** wird verwendet,
  – wenn etwas in der **Gegenwart** geschieht, z. B.: *Jugendliche **tragen** heute gern Jeans.*
  – wenn eine Aussage **immer gilt**, z. B.: *Jede Zeit **bringt** ihre eigene Mode hervor.*
  – um etwas **Zukünftiges** auszudrücken. Meist verwendet man dann eine Zeitangabe, die auf die Zukunft verweist, z. B.: *Nächstes Jahr **kaufe** ich mir eine neue Jacke.*
- Das **Futur I** wird verwendet, um ein **zukünftiges Geschehen** auszudrücken, z. B.: *Die Modeschöpfer **werden** neue Kollektionen **entwerfen**.*
  – Das Futur I wird mit der Personalform von **werden** im Präsens und dem **Infinitiv des Verbs** gebildet, z. B.: *Ich **werde** eine Mütze **tragen**. Du **wirst** eine Mütze **tragen**.*

Mit Verben Zeitformen bilden – Perfekt

Jeans für Oma und Opa

Beim Stöbern in alten Fotoalben stoßen Tabea und Ben auf Bilder ihrer Großeltern. Verblüfft stellen sie fest, dass Oma und Opa auf den alten Bildern tatsächlich Jeans und Turnschuhe tragen und dabei richtig gut aussehen! Beim nächsten Treffen sprechen sie ihre Großeltern auf die Bilder und ihre Kleidung von damals an:

TABEA: Wir haben neulich Bilder von euch gefunden. Ihr habt ja schon damals Jeans und Turnschuhe angehabt – genau wie wir heute.
OPA: Ja, was hast du denn gedacht? Habt ihr beiden geglaubt, dass wir nie jung gewesen sind? So um 1960 sind die Jeans in Deutschland richtig in Mode gekommen. Filmstars wie Marilyn Monroe und James Dean haben sie getragen und so sind sie bekannt geworden.
OMA: Jeans zu tragen, ist aber auch ein Zeichen gewesen. Wir haben uns damit von der älteren Generation abgegrenzt. Mein Papa hat das nicht verstanden. Rock'n'Roll-Musik, Turnschuhe und Jeans – damals hat sich in der Jugendkultur viel verändert.
BEN: Wer hat denn die Jeans eigentlich erfunden?
OPA: Zuerst hat sie Levi Strauss, ein Auswanderer aus Buttenheim bei Bamberg, zusammen mit einem Partner in den 1870er Jahren in den USA auf den Markt gebracht.
OMA: Das Besondere sind damals die Nieten und die kräftigen Nähte gewesen. Vor allem Arbeiter haben sie zuerst getragen. Erst später sind sie zum typischen Kleidungsstück der Jugendlichen geworden.
TABEA: Toll! Dann seid ihr ja richtige Trendsetter gewesen!

1 Jeans werden mittlerweile von Menschen jeden Alters getragen.
Benennt Kleidungsstücke, die heute für Jugendliche typisch sind.

2 Die Verbformen in diesem Text stehen in der Zeitform Perfekt.
 a Erklärt, wann man das Perfekt verwendet.
 b Beschreibt, wie die Verbformen des Perfekts gebildet werden.

3 Schreibt das Gespräch mit den Großeltern weiter. Verwendet dabei das Perfekt.

Wissen und können   **Die Zeitform Perfekt**

- Wenn man **mündlich** von etwas **Vergangenem** berichtet, wird häufig das **Perfekt** verwendet, z. B.: *Großvater: „Ich habe schon früher Jeans getragen."*
- Das Perfekt ist eine **zusammengesetzte Zeitform,** die mit einer Form von **haben** oder **sein** im Präsens (z. B.: *habe, bin*) und dem **Partizip II des Verbs** (z. B.: *ausgesehen, getragen, gekommen, geworden*) gebildet wird.

Mit Verben Zeitformen bilden – Präteritum und Plusquamperfekt

Die Erfindung der Trachtenmode

Lange Zeit existierte in Bayern weder ein landestypischer Kleidungsstil noch gab es ein Bewusstsein für eine solche Art der Kleidung. Der Siegeszug der Trachten begann erst vor rund 200 Jahren, als die Regierung deren Verbreitung nach Kräften förderte. So veröffentlichte der Staat zwischen 1823 und
5 1830 das Lexikon *National-Costueme des Koenigreiches Bayern* und unterstützte die Gründung von Heimatvereinen. Gerade im Alpenraum, wo man schon bald Trachtenvereine gegründet hatte, wurden die Trachten schnell sehr beliebt. Und nachdem sich auch die bayerischen Regenten mit ihren Familien immer wieder in Gebirgstracht hatten abbilden lassen, hielten schließlich viele
10 das Dirndl und die Lederhose für die typische Mode aller Bayern.

1 Beschreibt, was ihr unter einer bayerischen Tracht versteht. Wann wird sie getragen?

2 a Übertragt die nachstehende Tabelle in euer Heft. Ordnet aus dem Text alle Verben im Präteritum in die richtige Spalte ein. Bildet zu jedem Verb den dazugehörigen Infinitiv.
b Begründet, warum in diesem Text die Zeitform Präteritum verwendet wird.

regelmäßige (schwache) Verben	unregelmäßige (starke) Verben
existierte (Z. 1) → Infinitiv: existieren	gab (Z. 2) → Infinitiv: geben

3 a Untersucht in den letzten beiden Sätzen (Z. 6–10) den zeitlichen Ablauf. Legt dazu im Heft einen Zeitstrahl an und notiert: Was geschieht in der Vergangenheit? Was ist dem vorausgegangen?
b Erklärt, wie die Zeitform Plusquamperfekt gebildet wird.

4 Verdeutlicht den zeitlichen Ablauf in den Sätzen A und B mit Hilfe der Konjunktion *nachdem*:
A Bernd zog seine Trachtenjacke an. Er fror beim Festumzug nicht mehr.
B Hanna entdeckte das Dirndl im Schaufenster. Sie bat ihre Mutter, es zu kaufen.

> **Wissen und können**   **Die Zeitformen Präteritum und Plusquamperfekt**
>
> - Das **Präteritum** ist eine **Zeitform in der Vergangenheit,** z. B.: *Er gründete den Verein.*
>   - Bei den **regelmäßigen (schwachen) Verben ändert** sich im Präteritum der Vokal im Verbstamm nicht, z. B.: *ich lerne* (Präsens) → *ich lernte* (Präteritum).
>   - Bei den **unregelmäßigen (starken) Verben ändert** sich im Präteritum der **Vokal** im Verbstamm, z. B.: *ich trage* (Präsens) → *ich trug* (Präteritum).
> - Wenn etwas **vor dem passiert,** wovon im Präteritum oder Perfekt erzählt wird, verwendet man das **Plusquamperfekt** (Vorzeitigkeit), z. B.: *ich hatte getragen.* Es ist eine **zusammengesetzte Zeitform** und wird gebildet mit einer Form von **haben** und **sein** im Präteritum (z. B.: *hatte, war*) und dem **Partizip II des Verbs** (z. B.: *unterschrieben, getragen, gefahren*).

Fordern und fördern – Zeitformen des Verbs bestimmen und verwenden

Trachtler in Bayern

Wer aber denkt, dass Trachten in der Gegenwart unmodern sind, der täuscht sich. Im Gegenteil, das Tragen von Trachten war noch nie so beliebt. Nachdem man nach dem Zweiten Weltkrieg die Trachtenvereine wieder zugelassen hatte, stieg deren Mitgliederzahl von damals 45 000 auf heute über 260 000 „Trachtler". Bei Volksmusik- und Heimatabenden oder auch bei Musikantentreffen kann man Trachten aus allen Regionen Bayerns bestaunen. „Die Tracht hat stets für ein Gefühl der Zusammengehörigkeit gesorgt und wird dies auch weiterhin tun", betont Josef H., der Vorstand eines Trachtenvereins in Franken. „Sie wird ein fester Bestandteil des Brauchtums bleiben."

1 a Übertragt die folgende Tabelle in euer Heft.
b Sucht alle Verben aus dem Text heraus und ordnet sie richtig in die Spalten ein.

Präsens	Futur I	Präteritum	Perfekt	Plusquamperfekt
...	...	...	...	...

2 Verbindet im Heft die jeweils nebeneinanderstehenden Hauptsätze A/A, B/B, C/C mit Hilfe der angegebenen Konjunktion zu sinnvollen Satzgefügen (Hauptsatz und Nebensatz).
Drückt durch das Plusquamperfekt die Vorzeitigkeit aus:

A Der Trachtenumzug begann.	**nachdem**	A Die Musikanten nahmen Aufstellung.
B Die Musikanten traten auf.	**bevor**	B Sie probten ihre Stücke immer wieder.
C Die Musikanten begannen zu spielen.	**als**	C Das Publikum wurde schon unruhig.

3 Schreibt den folgenden Text ab und setzt die Infinitive in die richtige Zeitform.
Tipp: An einer Textstelle sind mehrere Lösungen sinnvoll.

Nachdem gerade Jugendliche Trachten und Brauchtum lange als rückwärtsgewandt ❓ (ablehnen), ❓ (steigen) die Verkaufszahlen von Trachten in den 1990er Jahren deutlich an. Besonders auf Volksfesten ❓ (tragen) nun auch die jungen Besucher wieder Trachten. „Aber das Bild der Tracht ❓ (sich verändern) in den letzten Jahren", stellt Josef H. fest. „Heute ❓ (kombinieren) man sogar T-Shirts und Turnschuhe mit der Lederhose. Es ❓ (bleiben) abzuwarten, welche Auswirkungen das auf die traditionellen Trachten ❓ (haben)."

12 Grammatiktraining – Wortarten bestimmen, den Konjunktiv anwenden

Testet euch!

Mit den Zeitformen des Verbs spielen

1 Bildet Zweierteams und spielt paarweise gegeneinander die folgenden Spiele 2–4.
Regeln: Für jede richtige Lösung erhaltet ihr einen Punkt.
Die Höchstzahl der erreichbaren Punkte ist jeweils hinter den Spielen angegeben.
Das Team mit den meisten Punkten hat am Ende gewonnen.

2 Fügt die Dominosteine so zusammen, dass die Verbform zur jeweiligen Bestimmung passt.
Schreibt die jeweiligen Dominopaare in euer Heft *(maximal 8 Punkte)*.

| ihr werdet kommen | 3. Person Singular Perfekt | | ihr lernt | 2. Person Plural Futur I | | er ist gegangen | 3. Person Plural Plusquamperfekt |

| sie hatten gespielt | 1. Person Singular Futur I | | ich hatte gehofft | 1. Person Plural Perfekt | | du schliefst | 1. Person Singular Plusquamperfekt |

| wir sind gewesen | 2. Person Plural Präsens | | ich werde bauen | 2. Person Singular Präteritum |

Beispiel:

| er ist gegangen | 3. Person Singular Perfekt | sie hatten gespielt | ... ... |

3 Legt im Heft eine Tabelle an und ordnet die Verben auf den Dominosteinen nach regelmäßigen (schwachen) und unregelmäßigen (starken) Verben *(maximal 8 Punkte)*.

4 Im folgenden Text sind alle Zeitformen falsch!
Schreibt den Text in euer Heft und verbessert die Fehler *(maximal 7 Punkte)*.
Tipp: In zwei Sätzen sind zwei Möglichkeiten richtig.

> ### Der Schmuck der Wikinger
>
> Funde an Siedlungsplätzen und in Gräbern hatten bewiesen, dass die mittelalterlichen Wikinger große Meister in der Herstellung von aufwendigen Schmuckspangen für ihre Umhänge gewesen sind. Wird ein Wikingerkrieger gute Beute machen, hat er nach seiner Heimkehr seine Frau mit edlen Schmuckstücken und fein gewebten Stoffen beschenkt. Beliebt sind geheimnisvolle Ornamente mit Tier- und Göttersymbolen. „Wir entschlüsseln schon viele der Symbole", so ein Forscher. „Zur vollständigen Lösung des Rätsels benötigten wir gewiss noch einige Zeit."

5 Vergleicht eure Ergebnisse und ermittelt mit Hilfe der Punkte das Siegerteam.

12.2 Fantastische Reisen – Konjunktiv und indirekte Rede

Den Konjunktiv II oder die *würde*-Ersatzform verwenden

Was wäre, wenn wir durch die Zeit reisen könnten?

Was wäre, wenn es wirklich eine Zeitmaschine gäbe, mit der wir durch die Zeit reisen könnten? Eine Reise in die Vergangenheit böte zum Beispiel interessante Einblicke in vergangene Kulturen: Wer sähe nicht gern mit eigenen Augen den Bau der Pyramiden?
5 Oder wir hätten die Möglichkeit, das antike Rom in seiner Pracht zu bestaunen. Vielleicht fände gerade ein Triumphzug des Kaisers statt und Cäsar selbst zöge an uns vorbei. Andererseits kämen bei so einer Reise auch viele Abenteuer auf uns zu: Mit unserer Kleidung böten wir für die Menschen einen seltsamen Anblick.
10 Wahrscheinlich verstünden die Menschen unsere Sprache nicht. Mancher bekäme vielleicht sogar Angst und hielte uns für gefährlich. Und was geschähe, wenn man versehentlich in den Lauf der Dinge eingriffe? Ein Zeitreisender müsste sich also sehr genau auf eine solche Reise vorbereiten.

1 Setzt das Gedankenspiel fort:
Beschreibt, was auf einer Reise in die Vergangenheit passieren könnte.

2 Untersucht die Verbformen im Text, die deutlich machen, dass es sich bei den Abenteuern nur um Vermutungen handelt.
  a Legt im Heft eine Tabelle wie folgt an und tragt die Verbformen in die erste Spalte ein.
  b Notiert in der Spalte daneben die Verbformen im Indikativ Präteritum.
   Ergänzt jeweils die entsprechenden Personalpronomen *(ich, du, er/sie/es, wir, ihr, sie)*, z. B.:

Verbformen im Text (Konjunktiv II)	Indikativ Präteritum
es wäre	es war
...	...

  c Erklärt anhand der Beispiele in eurer Tabelle, wie der Konjunktiv II gebildet wird.
  d Vergleicht eure Ergebnisse mit dem „Wissen und können" auf Seite 228.

3 Setzt den Text schriftlich fort: Was könnte auf einer Reise in die Zukunft geschehen?
Verwendet den Konjunktiv II, z. B.:
Wir besäßen in der Luft schwebende Autos, die ...
Die Sprache der Menschen in der Zukunft verständen wir ...

Eine Reise in die Urzeit der Erde

Was würden wir erleben, wenn wir aber noch weiter in der Zeit zurückreisen würden – etwa in die Zeit vor rund 100 Millionen Jahren? Bereits das Klima jener Zeit bekäme uns nicht gut: Die damals herrschenden höheren Temperaturen würden unseren Kreislauf belasten. Eis und Schnee würden
5 wir nicht sehen. Die dichten Wälder mit ihren großen Sümpfen könnten wir kaum durchdringen. Außerdem bekämen wir es mit den Dinosauriern zu tun. Das Pflanzen fressende Iguanodon wäre völlig harmlos. Fleisch fressende Saurier wie der Velociraptor würden uns dagegen eher für leichte Beute halten.

Velociraptor

4 Untersucht, warum an einigen Stellen statt des Konjunktivs II die *würde*-Ersatzform steht.
  a Übertragt die folgende Tabelle in euer Heft und tragt die *würde*-Ersatzformen in die rechte Spalte ein. Ergänzt dann die Verbformen in den beiden anderen Spalten.

Indikativ Präteritum	Konjunktiv II	*würde*-Ersatzform
wir erlebten	wir erlebten	wir würden erleben
…	…	…

  b Begründet jeweils, warum die *würde*-Ersatzform gewählt wurde. Nutzt das „Wissen und können".

5 Schreibt folgende Verben in euer Heft und setzt sie in den Indikativ Präteritum und in den Konjunktiv II. Ergänzt außerdem die *würde*-Ersatzform, wo Verwechslungen möglich sind.
Tipp: Benutzt ein Wörterbuch, wenn ihr euch unsicher seid.

> er sendet • ich begreife • wir lernen • sie wissen • er findet • sie halten • du führst

Wissen und können — Der Konjunktiv II (Irrealis)

- Wenn man eine **Aussage** als **unwirklich (irreal)**, nur **vorgestellt, unwahrscheinlich** oder **gewünscht** kennzeichnen möchte, verwendet man den **Konjunktiv II (Irrealis)**.
- **Bildung des Konjunktivs II**
  - Der Konjunktiv II wird in der Regel **abgeleitet vom Präteritum Indikativ**.
  - Bei unregelmäßigen (starken) Verben werden *a, o, u* im Wortstamm zu *ä, ö, ü*.

    | **Indikativ Präteritum** | er hielt | er war | er hatte | er bot |
    | **Konjunktiv II** | er hielte | er wäre | er hätte | er böte |

- **Anstelle des Konjunktivs II** wird die *würde*-Ersatzform verwendet, wenn
  - der **Konjunktiv II** (im Textzusammenhang) **nicht vom Indikativ Präteritum zu unterscheiden** ist, z. B.:
    *Zusammen mit Freunden **machte** er diese Reise.* (= Konjunktiv II)
    *Zusammen mit Freunden **würde** er diese Reise **machen**.* (= *würde*-Ersatzform)
  - der **Konjunktiv II** als **ungebräuchlich** oder **unschön** empfunden wird, vor allem im mündlichen Sprachgebrauch, z. B.: *er empfähle* → *er würde empfehlen*.

Die Verwendung des Konjunktivs II in Bedingungssätzen

Jules Verne (1828–1905)

Reise zum Mittelpunkt der Erde

In Jules Vernes berühmtem Science-Fiction-Roman „Reise zum Mittelpunkt der Erde" aus dem Jahr 1864 findet Professor Lidenbrock eine geheime Notiz, die ihm einen Hinweis darauf gibt, durch welchen Vulkankrater man zum Mittelpunkt der Erde reisen kann. Er möchte die Reise sofort antreten, aber sein Neffe Axel, der Ich-Erzähler des Romans, hat einen Einwand:

„Die Wärme unter der Erdoberfläche nimmt mit siebzig Fuß[1] Tiefe um einen Grad zu. Nehmen wir nun dieses steigende Verhältnis als gleich bleibend an, so muss, da der Erdradius fünfzehnhundert Meilen[2] beträgt, im Zentrum eine Temperatur von mehr als zweihunderttausend Grad herrschen!", gab ich zu bedenken.

„Also, Axel, die Hitze macht dir Sorgen?"

„Allerdings. Kämen wir bis zu einer Tiefe von nur zehn Meilen, wären wir an der Grenze der Erdrinde mit einer Temperatur von über dreizehnhundert Grad."

„Nun denn, ich will dir nur sagen, dass echte Gelehrte wie Poisson Folgendes bewiesen haben: Wenn im Inneren des Erdballs eine Hitze von zweimal hunderttausend Grad existierte, würde das aus den zerschmolzenen Stoffen erzeugte glühende Gas eine enorme Spannkraft erlangen. Das Erdinnere könnte dann keinen Widerstand mehr leisten und müsste zerspringen wie die Wände eines Dampfkessels durch die Ausdehnung des Dampfes."

„Das ist Poissons Ansicht, lieber Onkel, nichts weiter."

„Einverstanden, aber es ist auch die Ansicht anderer ausgezeichneter Geologen: Wenn das

Innere des Erdballs aus Gas bestehen würde, würde die Erde ein zweifach geringeres Gewicht haben. Und ich muss sagen, dass die Ansichten der berufensten Männer mit der meinigen übereinstimmen. Im Jahre 1825 sprach ich mit dem berühmten englischen Chemiker Humphry Davy über die Hypothese[3] der Flüssigkeit des inneren Kerns der Erde. Wir waren uns aus einem Grund einig, dass dies nicht möglich ist."

„Und welcher ist das?", fragte ich etwas betroffen.

„Diese flüssige Masse wäre gleich dem Ozean der Anziehung von Seiten des Mondes ausgesetzt. Wenn demzufolge zweimal täglich im Inneren Ebbe und Flut entstehen würden, hätte dies periodische Erdbeben zur Folge."

---

1 Fuß: Längenmaß; 1 Fuß = ca. 30 cm
2 Meile: Längenmaß, 1 Meile = ca. 1600 Meter
3 die Hypothese: noch nicht bewiesene Theorie

---

1 **a** Erklärt, welche Bedenken Axel gegen eine Reise zum Mittelpunkt der Erde hat. Durch welche Argumente versucht sein Onkel, ihn vom Gegenteil zu überzeugen?

b Überzeugen euch Professor Lidenbrocks Argumente? Würdet ihr euch auf diese Reise einlassen?

2 In ihrer Argumentation verwenden Axel und Professor Lidenbrock mehrere Satzgefüge, in denen sie eine Bedingung für ihre Meinung angeben (z. T. sind sie mit *wenn* eingeleitet).
  a Schreibt aus dem Text diese sogenannten Konditionalgefüge heraus und unterstreicht die Verbformen, z. B.:
  Kämen wir bis zu einer Tiefe von nur zehn Meilen, ... (Z. 9–12)
  b Woran könnt ihr erkennen, dass Axel und der Professor die Erfüllung der jeweiligen Bedingungen für unwahrscheinlich halten?
  c Untersucht das folgende Konditionalsatzgefüge. Woran erkennt man hier, dass der Professor die Erfüllung dieser Bedingung für wahrscheinlich hält?
  Wenn wir gleich morgen losfahren, kommen wir pünktlich am Vulkankrater an.

3 Professor Lidenbrock ist von seinem Plan, das Erdinnere zu erforschen, nicht abzubringen.
  a Notiert Einwände, die Axel vorbringen könnte, in Form von Satzgefügen mit Konditionalsätzen, z. B.:
  Wenn wir 1500 Meilen ins Innere der Erde klettern würden, hätten wir ...
  Tipp: Nutzt das folgende „Wissen und können".
  b Vergleicht in Partnerarbeit eure Sätze.

Was, wenn wir uns verlaufen oder uns verletzen?

Der Erdradius beträgt ... Meilen.

Im Innern der Erde könnten schreckliche Ungeheuer leben.

4 Untersucht in den Konditionalsatzgefügen aus dem Text (▶ S. 229) die Verwendung des Konjunktivs II und der *würde*-Ersatzform.
  a Markiert in eurem Heft die Stellen, an denen ihr die jeweils andere Verbform verwenden würdet. Begründet eure Meinung.
  b Schreibt die veränderten Sätze in euer Heft.

| **Wissen und können** | **Irreale Konditionalgefüge** (Bedingungsgefüge) |

- In einem **Satzgefüge** stellt der **Konditionalsatz** (Nebensatz, der mit *wenn* oder *falls* eingeleitet wird) eine Bedingung dar; die Folge wird im Hauptsatz formuliert.
  Haupt- und Nebensatz bilden zusammen ein sogenanntes Konditionalgefüge.
- **Reale Bedingung (Indikativ):** Ist die **Bedingung möglich** bzw. real, verwenden wir im Hauptsatz und im Nebensatz (Konditionalsatz) den **Indikativ**, z. B.:
  *Wenn ich eine Leiter **mitnehme, kann** ich leichter auf den Baum klettern.*
- **Irreale Bedingung (Konjunktiv II oder *würde*-Ersatzform):** Ist die **Bedingung unwahrscheinlich** bzw. irreal, verwenden wir im Hauptsatz und im Nebensatz (Konditionalsatz) den **Konjunktiv II (Irrealis)** bzw. die *würde*-Ersatzform, z. B.:
  *Wenn ich sehr viel Geld **hätte, würde** ich Urlaub im All machen.*
  Hinweis: Irreale Konditionalsätze können auch **ohne die Konjunktionen *wenn* oder *falls*** gebildet werden. Dann steht das Verb im Nebensatz an erster Stelle. In diesem Fall kann der konditionale Nebensatz nur vor dem Hauptsatz stehen, z. B.:
  ***Wäre** ich Astronaut, **flöge** ich zum Mond.*

Deutsch und Englisch – Irreale Konditionalgefüge vergleichen

If I won the lottery, I would travel to the moon.

If I saw an alien, I would take a photo.

1 Übersetzt die englischen Sätze ins Deutsche. Beginnt mit *wenn* oder *falls*.

2 Stellt die englischen Sätze euren deutschen Übersetzungen gegenüber.
Wie wird im Englischen ausgedrückt, dass es sich um wenig realistische bzw. unrealistische Wunschvorstellungen handelt? Wie geschieht das im Deutschen? Ergänzt im Heft:
Im Deutschen wird im Hauptsatz und im … der … bzw. die … verwendet.
Im Englischen steht im Konditionalsatz … und im Hauptsatz …

3 a Untersucht den nebenstehenden Satz und erklärt, was hier falsch gemacht wurde.
b Schreibt den korrigierten Satz in euer Heft.

If you would be a millionaire, you would buy a plane.

4 a Fomuliert weitere if-Sätze. Beginnt z. B. so:
 – *If I had magical powers, …*   – *If you were invisible, …*   – *If I could fly, …*
b Prüft eure Sätze (▶ Wissen und können) und übersetzt sie ins Deutsche.

Wissen und können	**Irreale Konditionalgefüge im Englischen**

In irrealen Konditionalgefügen im Englischen (conditional II) steht im **Konditionalsatz** (if-Satz) das „**past tense**" und im **Hauptsatz** das „**conditional**".
Das „**conditional II**" wird aus **would** und dem **Infinitiv des Verbs** gebildet, z. B.:
*If I **had** a lot of money, I **would travel** to the moon.*
Hinweis: Das **Verb to be** hat **spezielle Konjunktivformen,** die im irrealen Bedingungssatz verwendet werden können: *I were, he/she/it were*.
In der **Umgangssprache** werden sie aber mehr und mehr durch *I was, he/she/it was* ersetzt.

Den Konjunktiv I in der indirekten Rede einsetzen

Die Tiefsee – Reisen in eine unbekannte Welt

Das Meer ist uns viel näher als der Mond, jedoch wissen die meisten Menschen mehr über unseren Trabanten als über die Tiefsee. Eine Ausnahme stellen Professor Karin Lochte, die Direktorin des Alfred-Wegener-Instituts, und Dr. Volker Rathmeyer von der Universität Bremen dar. „Die Tiefsee ist eine faszinierende Welt unter Wasser", schwärmt Professor Lochte. „Dort leben bizarre Organismen, unendlich schön und fremd zugleich." Dennoch, so stellt sie fest, habe man bisher nur etwa ein Prozent der gesamten Tiefsee erforscht. Das sei viel zu wenig, mahnt sie, denn der tiefe Ozean spiele auch für das Leben an Land eine wichtige Rolle. Expeditionen in die Tiefsee würden aber nach Ansicht Dr. Rathmeyers ein sehr schwieriges und zudem zu teures Unterfangen darstellen. Tatsächlich ist es bisher zweimal gelungen, den tiefsten Punkt der Erde mit einem bemannten U-Boot zu erreichen: Zuerst tauchten 1960 Jacques Picard und Don Walsh mit ihrem Boot TRIESTE auf 10910 Meter Tiefe, im Jahr 2012 James Cameron! „Bemannte Expeditionen sind zwar ein spektakuläres Unterfangen, der wissenschaftliche Wert ist aber oft gering", gibt der Wissenschaftler zu bedenken. Der Druck sei in der Tiefsee über tausendmal höher als an Land. Die Versorgung mit Atemluft gestalte sich außerdem schwierig. All das erfordere eine sehr aufwendige Bauweise der Boote und erlaube nur kurze Tauchgänge. Daher kämen solche Boote einfach zu teuer. Unbemannte Tauchboote, hebt Dr. Rathmeyer hervor, brächten mindestens ebenso wertvolle Forschungsergebnisse.

Doch auch diese ferngesteuerten Roboter sind sehr kostspielig. Lohnt sich also der Aufwand für solche Expeditionen? Professor Lochte weiß darauf eine eindeutige Antwort: „Ja, denn der tiefe Ozean steuert wichtige globale Prozesse, die wir verstehen müssen." Die Ozeane würden zum Beispiel unser Klima stark beeinflussen. Besonders an der Erforschung heißer Quellen auf dem Meeresgrund ist die Wissenschaft interessiert. „Diese heißen Quellen können uns wertvolle Hinweise für die Entdeckung neuer Medikamente oder Bio-Werkstoffe geben", betont die Professorin. Die Erforschung der Tiefsee solle intensiviert werden, denn letztlich würden auf dem Grund der Ozeane wichtige Informationen für unsere Zukunft ruhen.

1
a Trifft auch auf euch die Behauptung zu, dass ihr mehr über den Mond als über die Tiefsee wisst? Wenn ja, warum ist das so?
b Erklärt, warum man heutzutage lieber Roboter als Menschen in die Tiefsee schickt.

12.2 Fantastische Reisen – Konjunktiv und indirekte Rede

2 In den orange hinterlegten Sätzen des Textes (▶ S. 232, Z. 10–14) wird die indirekte Rede verwendet.
  a Schreibt diese Sätze mit ihren Redebegleitsätzen in euer Heft und unterstreicht die Verbformen in den beiden Sätzen.
  b Die Verbformen in der indirekten Rede stehen im Konjunktiv I. Erläutert dessen Bildung und Funktion.

3 a Schreibt aus dem Text alle weiteren Sätze ab, in denen die indirekte Rede verwendet wird, und unterstreicht alle Verbformen im Konjunktiv I.
  b Kennzeichnet farbig die Verbformen im Konjunktiv II und die *würde*-Ersatzformen.
  c Erklärt, wann anstelle des Konjunktivs I bei der indirekten Rede der Konjunktiv II oder die *würde*-Ersatzform verwendet wird.

4 a Formt die Sätze in die indirekte Rede um, die im Text (▶ S. 232) in wörtlicher Rede stehen. Nutzt für die Redebegleitsätze die Verben aus dem nebenstehenden Wortspeicher.
  Tipp: Prüft jeweils, ob ihr den Konjunktiv I oder den Konjunktiv II bzw. die *würde*-Ersatzform verwenden solltet.
  b Vergleicht in Partnerarbeit eure Ergebnisse.
  c Erklärt, wann man eher die direkte Rede und wann man eher die indirekte Rede verwenden sollte.

Verben
erklären • behaupten •
erläutern • vermuten •
feststellen • meinen •
schildern • befürchten •
berichten • betonen

Wissen und können — Der Konjunktiv I in der indirekten Rede

- Wenn man **wiedergeben möchte, was jemand gesagt hat,** verwendet man die **indirekte Rede.** Das Verb steht dann im **Konjunktiv I,** z. B.: *Sie meint, das Gerät **funktioniere** gut.*
- **Bildung des Konjunktivs I**
  Der Konjunktiv I wird durch den **Stamm des Verbs** (Infinitiv ohne *-en*) und die entsprechende **Personalendung** gebildet, z. B.:

Indikativ Präsens	Konjunktiv I	Indikativ Präsens	Konjunktiv I
ich tauch-e	ich tauch-e	wir tauch-en	wir tauch-en
du tauch-st	du tauch-est	ihr tauch-t	ihr tauch-et
er/sie/es tauch-t	er/sie/es tauch-e	sie tauch-en	sie tauch-en

- Die Formen des **Konjunktivs I von *sein*** lauten:
  ich sei, du sei(e)st, er/sie/es sei, wir seien, ihr seiet, sie seien.
- Wenn **der Konjunktiv I nicht vom Indikativ Präsens zu unterscheiden** ist, wird der **Konjunktiv II** oder (wenn der Konjunktiv II ungebräuchlich oder nicht vom Indikativ Präteritum zu unterscheiden ist) die **würde-Ersatzform** verwendet, z. B.:

Konjunktiv I = Indikativ Präsens:	*Sie sagt, nur wenige **wissen** etwas über die Tiefsee.*
→ Konjunktiv II:	*Sie sagt, nur wenige **wüssten** etwas über die Tiefsee.*
oder *würde*-Ersatzform:	*Sie sagt, nur wenige **würden** etwas über die Tiefsee **wissen**.*

Verschiedene Formen der Redewiedergabe nutzen

Zu Fuß durch die Antarktis – eine Reise der besonderen Art

Im Jahr 2012 durchquerte Aleksander Gamme als Erster allein auf Skiern die Antarktis. Im Interview erzählt der Norweger, er habe sich 8 Monate auf die 2 200 km lange Tour vorbereitet. Wie der Extremsportler betont, beträgt der Zeitraum für eine solche Expedition wegen des
5 kurzen Sommers nur 90 Tage. Neben den Strapazen bei sehr tiefen Temperaturen bestehe die Herausforderung vor allem darin, die Einsamkeit aushalten zu müssen. Es sei jedoch nicht geplant gewesen, dass aus dem Rekordversuch plötzlich ein Wettrennen wurde. Als er nämlich von zwei Australiern mit dem gleichen Ziel erfahren habe, „kam der Wettkampfgedanke durchaus auf". Zufällig habe man sich kurz vor dem Start in Chile getroffen. Lachend stellt aber Gamme
10 fest: „Wir waren uns von Anfang an sehr sympathisch!"

1 Ab dem zweiten Satz gibt der Text Aleksander Gammes Interviewaussagen wieder. Beschreibt, auf welche unterschiedlichen Weisen dies geschieht, indem ihr auf die Verbform achtet.

2 a Formt mit Hilfe des nachstehenden „Wissen und können" das folgende Interview um.
   b Vergleicht in Partnerarbeit eure Ergebnisse.

FRAGE: Herr Gamme, Sie waren schneller als die Australier und hätten den Wettkampf gewinnen können – und dann haben Sie auf die beiden gewartet. Warum?
GAMME: Die Idee hatte ich eigentlich schon ziemlich früh. Als ich kurz vor dem Ziel war, rief ich die beiden über Satellitentelefon an und erkundigte mich nach ihrer Position. Sie hatten noch rund 100 Kilometer vor sich. Ich schlug also mein Zelt auf und wartete. Nach drei Tagen sah ich sie am Horizont. Es war ein unbeschreibliches Gefühl, gemeinsam die letzten Kilometer zurückzulegen. Es gibt also keinen Gewinner dieses Rennens, wenn man so will.

Wissen und können	Formen der Redewiedergabe unterscheiden

- Es gibt einige Möglichkeiten, die Aussagen anderer wiederzugeben, z. B. beim materialgestützten Informieren (▶ S. 20–22). Dabei kann man deutlich machen, dass man deren **Sichtweise zitiert**, ohne zwangsläufig der gleichen Ansicht zu sein. Man verwendet z. B.
  - die **direkte Rede:** *Der Sportler betont: „Hartes Training **ist** wichtig!"*
  - oder die **indirekte Rede:** *Der Sportler betont, hartes Training **sei** wichtig.*
- Darüber hinaus gibt es **weitere Formen der (indirekten) Redewiedergabe:**
  - **dass-Satz:** Das Verb der wiedergegebenen Rede **kann** dabei im **Indikativ** oder im **Konjunktiv I** (bzw. seinen Ersatzformen) stehen, z. B.: *Der Sportler legt Wert darauf, dass er hart trainiert **hat/habe**.*
  - **wie-Satz:** Das Verb der wiedergegebenen Rede steht in der Regel im **Indikativ,** z. B.: *Wie der Sportler hervorhebt, **brauchen** solche Reisen eine lange Vorbereitung.*
  - **Infinitivkonstruktion,** z. B.: *Er behauptet, machtlos **zu sein**.*
  - **Zitat:** Mit Anführungszeichen wird ein Zitat in die indirekte Rede eingefügt, z. B.: *Gamme berichtet, er **sei** inzwischen „zu einem Berufs-Abenteurer geworden".*

Fordern und fördern – Wörtliche Rede indirekt wiedergeben

Auf zu den Sternen – Fantastische Reisen

Seit es das Kino gibt, gibt es auch Filme über Reisen ins All. Schon 1902 entstand mit *Die Reise zum Mond* der erste Science-Fiction-Film, und einer der letzten deutschen Stummfilme ist Fritz Langs *Frau im Mond* (1928/29). Was aber macht die Faszination solcher Filme aus? Der Filmkritiker Klaus Bergmann bemerkt dazu: „Ein Science-Fiction-Film ermöglicht den Zuschauern, in ferne Zeiten und Welten zu reisen." Und noch ein weiterer Punkt ist wichtig: „Der Zuschauer kann dabei gefahrlos fremde und manchmal auch gefährliche Welten erleben."

„Aber damit alleine", so Bergmann, „lässt sich der große Erfolg der Science-Fiction-Filme nicht erklären. *In den meisten dieser Filme spielen fantastische technische Apparate eine wichtige Rolle, die sich die Zuschauer auch für ihren Alltag wünschen*", erklärt der Filmkritiker und ergänzt: „In manchen Filmen kommen zum Beispiel medizinische Geräte vor, die jede Krankheit zuverlässig erkennen und heilen können."

Georges Méliès, Le Voyage dans la Lune (1902), Filmausschnitt

Die Hoffnung auf eine bessere Welt spielt für den Filmkritiker aber auch noch in einem anderen Zusammenhang eine wichtige Rolle. Als Beispiel nennt er die in den 1960er Jahren in den USA produzierte Serie Raumschiff Enterprise: „Dort arbeiten Menschen aller Hautfarben und Nationen, aber auch Außerirdische als gleichberechtigte Crewmitglieder zusammen. Das Team ergänzt sich gerade deswegen sehr gut und kann die auf sie zukommenden Probleme lösen. Der Erfolg der Serie ist sicher auch darin begründet, dass viele in ihr einen Aufruf zur Gleichberechtigung und Verständigung erkennen."

1 Formt die wörtliche Rede im ersten Textabsatz (Z. 1–17) in die indirekte Rede um. Verwendet immer den Konjunktiv I.

2 Formt die wörtliche Rede im zweiten Textabsatz (Z. 18–27) in die indirekte Rede um. Verwendet bei dem unterstrichenen Satz den Konjunktiv I, bei dem *kursiv gedruckten Satz* die *würde*-Ersatzform und bei dem unterschlängelten Satz den Konjunktiv II.

3 Formt die wörtliche Rede im dritten Textabsatz (Z. 28–41) in die indirekte Rede um. Lasst unter jedem Satz ein bis zwei Schreibzeilen frei.
   a Entscheidet jeweils, ob der Konjunktiv I, der Konjunktiv II oder die *würde*-Ersatzform gewählt werden sollte.
   b Begründet eure jeweilige Redewiedergabe.

Testet euch!

Konjunktiv und Formen der Redewiedergabe

1 Wählt für die folgenden Verben in Klammern den Konjunktiv II oder die *würde*-Ersatzform.
Schreibt die Lösungen zusammen mit den zutreffenden Buchstaben untereinander in euer Heft.
Tipp: Es werden stets zwei Lücken angegeben, doch die Verbform kann auch einteilig sein.

		Konjunktiv II	*würde*-Ersatzform
A	Wenn man in die Vergangenheit ? ? *(reisen)*,	F	D
B	? dies vielleicht zu Schwierigkeiten ? *(führen)*.	S	U
C	Was ? ? *(sein)*, wenn das Verhalten des Zeitreisenden	R	T
D	in der Vergangenheit zur Folge ? ? *(haben)*,	C	G
E	dass er in der Gegenwart nicht mehr ? ? *(existieren)*?	R	H

2 Schreibt die Aussagen F bis H in indirekter Rede ins Heft. Notiert die Buchstaben untereinander.

		Konjunktiv I	Konjunktiv II	*würde*-Ersatzform
F	Der Astronaut: „Ohne mein Raumschiff bin ich nur ein halber Mensch."	*sei* Z	*wäre* T	*würde ... sein* R
G	Zeitreisender: „Die ständigen Zeitsprünge machen mir zu schaffen."	*machen* E	*machten* C	*würden ... machen* A
H	Die Forscherin: „Nur wenige erforschen die Tiefsee."	*erforschen* K	*erforschten* U	*würden ... erforschen* M

3 Welche der *vorgeschlagenen Verbformen* müssen im nachstehenden Text eingesetzt werden?
Verwendet in den Fällen, in denen beide Formen möglich sind, den Indikativ.
Schreibt den Text zusammen mit den zutreffenden Buchstaben in euer Heft.

Eine Physikerin mahnt: „Über die technischen Erfindungen in Science-Fiction-Geschichten *darf* (**B**) / *dürfe* (**L**) man sich nicht lustig machen." Wie die Expertin betont, *sind* (**E**) / *seien* (**W**) manche davon heute Realität. Vor 50 Jahren *hat* (**W**) / *habe* (**R**) zum Beispiel kaum jemand geglaubt, dass man sich einmal wie in der Serie Star Trek mit kleinen Sprechapparaten ohne Kabelverbindung unterhalten *kann* (**E**) / *könne* (**S**). Und doch *bestimmt* (**L**) / *bestimme* (**I**) heute das Mobiltelefon das Leben vieler Menschen.

4 Wenn ihr alle Aufgaben richtig gelöst habt, erfahrt ihr, wie man durch die Zeit reisen könnte.
Hintereinandergelesen ergeben die Buchstaben eine nicht ernst gemeinte Lösung.

12.3 Fit in ... – Einen Text überarbeiten

Stellt euch vor, ihr bekommt folgende Testaufgabe:

> Julia hat ein Praktikum bei einer Tageszeitung gemacht und durfte das Interview eines Redakteurs mit einem Astrophysiker verschriftlichen. Allerdings hat sie an einigen Stellen vergessen, den Konjunktiv II zu nutzen.
> 1. Überarbeite den Text, indem du an den richtigen Stellen den Konjunktiv II bzw. die *würde*-Ersatzform verwendest. Schreibe die überarbeiteten Sätze in dein Heft.
>   **Tipp:** Im ersten Teil des Textes (▶ Z. 1–25) sind die Fehler schon unterstrichen.
> 2. Unterstreiche in deinem Text die *würde*-Ersatzformen und erkläre jeweils, warum du sie anstelle des Konjunktivs II verwendet hast.

Wir sind nicht allein im Universum

Über außerirdisches Leben und die Unmöglichkeit von Zeitreisen

Herr Professor, glauben Sie an Außerirdische?
Professor: Ich denke, es gibt jede Menge Planeten, auf denen einfache Formen des Lebens wie Einzeller vorkommen, und eine ganze Reihe, wo es grünen Urschleim oder Würmer gibt.

Gibt es Ihrer Überzeugung nach auch Planeten mit höher entwickelten Lebewesen?
Professor: Wenige zwar, aber es gibt sie. Es <u>ist</u> natürlich toll, wenn man mit denen in Kontakt treten <u>kann</u> – das <u>eröffnet</u> ungeahnte Möglichkeiten des Wissens. Man <u>kann</u> die Aliens zum Beispiel fragen, wie sie das mit der Energie machen oder ob sie ihren Müll trennen – lauter solche hochinteressanten Dinge.

In einer Ihrer Sendungen geht es um die Frage, ob Zeitreisen möglich sind.
Professor: Sie sind physikalisch völlig unmöglich, und zwar aus diesem Grund: Wenn Sie wirklich in der Zeit zurückkreisen <u>können</u>, dann <u>müssen</u> Sie das ganze Universum in den Zustand versetzen, in dem es zum angepeilten Zeitpunkt war. Dazu <u>müssen</u> Sie mehr Energie zur Verfügung haben, als das Universum selbst zur Verfügung stellt – und das ist absolut unmöglich.

> *Wenn Zeitreisen trotzdem möglich wären, wohin würde es Sie persönlich verschlagen?*
> **Professor:** Ich bin ein großer Geschichtsfan und reise daher ins beginnende 19. Jahrhundert. Am liebsten lebe ich in Weimar, wo Goethe seinen „Faust" geschrieben hat. Ich bin ein großer Bewunderer Goethes und spreche dann mit ihm über seine Werke.
>
> *Und wenn es in die Zukunft ginge?*
> **Professor:** Dann ist die entscheidende Frage, ob ich wieder zurückreisen darf – und wenn das der Fall ist, lerne ich die Zukunft lieber nicht kennen. Vielleicht ist sie ja so schlecht, dass wir erschrecken. Die Offenheit der Zukunft ist schließlich eine der Grundbedingungen für unser Menschsein.

1 a Lest die Aufgabenstellung auf Seite 237 sorgfältig durch.
   b Prüft die folgenden Aussagen.
   Schreibt die Sätze in euer Heft, die erklären, was die Aufgabe von euch verlangt.

> – Ich soll das Interview so überarbeiten, dass nur noch der Konjunktiv II bzw. die *würde*-Ersatzform darin vorkommen.
> – Damit das Interview für den Leser besser verständlich ist, soll ich es sprachlich überarbeiten.
> – Ich soll an den richtigen Stellen den Konjunktiv II bzw. die *würde*-Ersatzform verwenden.
> – Ob ich beim Überarbeiten den Konjunktiv II oder die *würde*-Ersatzform verwende, soll ich selbst entscheiden.

   c Vergleicht in Partnerarbeit eure Ergebnisse.

2 Tauscht euch in Partnerarbeit über die folgenden Fragen aus:
   – Was drückt man durch die Verwendung des Konjunktivs II aus?
   – In welchen Fällen sollte man anstelle des Konjunktivs II die *würde*-Ersatzform verwenden?

3 Überarbeitet den Text. Geht so vor:
   a Im ersten Teil des Textes (▶ Z. 1–25) sind die Verben bereits unterstrichen, die ihr überarbeiten müsst. Verbessert die Sätze, indem ihr die Verbformen in den Konjunktiv II setzt bzw. die *würde*-Ersatzform wählt, z. B.:
   Es wäre natürlich toll, wenn man ...
   b Sucht im zweiten Teil des Interviews (▶ Z. 26–41) alle Verbformen heraus, die ihr überarbeiten müsst. Formuliert die entsprechenden Sätze neu, z. B.:
   Ich bin ein großer Geschichtsfan und würde daher ins beginnende 19. Jahrhundert reisen. Am liebsten ...
   Tipp: Nutzt das „Wissen und können" auf Seite 228.

4 a Unterstreicht bei euren überarbeiteten Sätzen alle *würde*-Ersatzformen.
   b Erklärt jeweils, warum ihr die *würde*-Ersatzform verwendet habt.

13 Grammatiktraining –
Sätze und Satzglieder

Das Pferd frisst keinen Gurkensalat.

Die Sonne besteht aus Kupfer.

1 Auf dem Bild seht ihr das erste Telefon, das 1861 von Johann Philipp Reis erfunden wurde. Beschreibt, wodurch sich dieses Telefon von unseren heutigen Geräten unterscheidet.

2 Um das Telefon zu testen, sprach sein Kollege angeblich unsinnige Sätze in den Apparat, die Reis dann wiederholte.
  a Bestimmt in Partnerarbeit die unterstrichenen Satzglieder mit Hilfe der Frageprobe.
  b Denkt euch zu zweit verrückte Sätze aus und lasst einzelne Satzglieder erfragen und bestimmen.

3 Tragt in der Klasse zusammen, welche Satzglieder ihr kennt und wie man danach fragt.

In diesem Kapitel ...

– wiederholt ihr Satzglieder,
– untersucht ihr Satzreihen und Satzgefüge und übt die Zeichensetzung,
– wiederholt ihr Attribute und nutzt diese für genauere Angaben, um Personen und Gegenstände zu beschreiben,
– lernt ihr die Funktion von Adverbialsätzen kennen,
– überarbeitet ihr mit diesem Wissen Texte.

13.1 Spektakuläre Erfindungen – Satzglieder und Sätze unterscheiden

Satzglieder wiederholen (I) – Subjekt, Prädikat und Objekt

Der Traum vom Fliegen

Im Jahr 1783 ließen die Brüder Michel und Étienne Montgolfier in ihrem französischen Heimatdorf den ersten Heißluftballon steigen. Dieser bestand aus Leinwand und Papier. Im Gegensatz zu heutigen Ballons wurde er vom Boden aus mit einem Feuer beheizt. König Ludwig XVI. war sich der großen Bedeutung dieser Erfindung sofort bewusst. Er schickte den beiden Brüdern gleich eine Einladung. Im Park des Schlosses von Versailles demonstrierten sie dem König die „fliegende Kugel".

1 a Nutzt die Umstellprobe (▶ Wissen und können), um den ersten Satz des Textes möglichst oft sinnvoll umzustellen. Notiert diese Sätze und bestimmt, aus wie vielen Satzgliedern sie zusammengesetzt sind.
b Begründet, welcher Satz stilistisch besser in den Text passt.

2 a Schreibt alle Prädikate aus dem Text heraus.
Tipp: Ein Prädikat kann auch aus mehreren Teilen bestehen, z. B.: *fing ... auf*.
b Bestimmt wie folgt im Heft die markierten Satzglieder im Text mit Hilfe der Frageprobe:
Frage: *Wer oder was* ließ im Jahr 1783 den ersten Heißluftballon steigen?
Antwort: *die Brüder Michel und Étienne Montgolfier* (Subjekt)

| **Wissen und können** | **Satzglieder erkennen und bestimmen** |

- Mit der **Umstellprobe** könnt ihr feststellen, **welche Wörter in einem Satz zusammengehören**. Zusammenbleibende Wörter und Wortgruppen bilden ein **Satzglied**, z. B.:
  Die beiden Brüder | bauten | in Frankreich | einen Heißluftballon.
  Einen Heißluftballon | bauten | die beiden Brüder | in Frankreich.
- In einem Text sollten die Sätze nicht immer mit dem gleichen Satzglied beginnen.
  Mit Hilfe der **Umstellprobe** könnt ihr eure Sätze **abwechslungsreicher gestalten**.
- Das **Prädikat** ist der **Kern des Satzes**. Es kann aus mehreren Teilen bestehen.
  Mehrteilige Prädikate bilden eine **Prädikatsklammer**.
- Mit Hilfe der **Frageprobe** könnt ihr weitere **Satzglieder** ermitteln:

Wer oder was ...?	Subjekt
Wen oder was ...?	Akkusativobjekt (▶ S. 330)
Wem ...?	Dativobjekt (▶ S. 330)
Wessen ...?	Genitivobjekt (▶ S. 331)
Wofür ...? / Für wen oder was ...? Wovon ...? Worüber ...? Woran ...? Woraus ...? usw.	Präpositionalobjekt (▶ S. 331)

Satzglieder wiederholen (II) – Adverbiale Bestimmungen

Fliegen wie ein Vogel – Otto Lilienthal

Otto Lilienthal gilt als der erste Mensch, der erfolgreich und wiederholt mit einem Flugzeug Gleitflüge absolvierte. Im Alter von 19 Jahren begann Lilienthal, die Grundlagen
5 des Fliegens zu erforschen. Am 5. Dezember 1889 veröffentlichte er sein Buch „Der Vogelflug als Grundlage der Fliegekunst". Mit wissenschaftlicher Genauigkeit untersuchte er den Flug und die Flügelform der Vögel, führte
10 zahlreiche Messungen durch und erkannte, dass gewölbte Tragflächen einen größeren Auftrieb liefern als flache.
Mehr als 20 Jahre beschäftigte sich Lilienthal mit der Theorie des Fliegens. Erst danach be-
15 gann er mit seinen praktischen Flugversuchen. Er baute die Vogelflügel in einem aufwendigen Verfahren nach. Sein erster Flugapparat hatte einen Weidenholzrahmen, der mit einem gewachsten Baumwollstoff bespannt war. Im
20 Garten seines Hauses machte er regelmäßig

Sprungübungen. Im Sommer 1891 führte Lilienthal seine ersten Flugversuche durch. Auf einem Gelände am Mühlenberg bei Derwitz gelangen ihm mehrere 25 Meter weite Flüge, die er sorgfältig auswertete. Er entwi- 25
ckelte und testete 17 verschiedene Flugapparate und legte dabei eine Strecke von 250 Metern zurück. Innerhalb von sieben Jahren machte Lilienthal 2 000 Flugversuche, häufig 80 an einem Tag. Wegen seiner theoretischen Erkennt- 30
nisse und seiner spektakulären Flugversuche gilt Lilienthal als Pionier der Luftfahrt.

1 Lest den Text und betrachtet das Foto. Erklärt, wie es Otto Lilienthal gelungen ist, seinen Traum vom Fliegen zu verwirklichen.

2 Benennt, welche Informationen dem Text fehlen würden, wenn im ersten Absatz die gekennzeichneten Satzglieder nicht enthalten wären.

3 a Übertragt die folgende Tabelle in euer Heft und ordnet die im Text bereits markierten adverbialen Bestimmungen in die jeweils richtige Spalte ein.

Adverbiale Bestimmungen			
lokal: Wo ...? Wohin...?	**temporal:** Wann ...? Wie lange ...?	**kausal:** Warum ...? Weshalb ...?	**modal:** Wie ...? Auf welche Weise ...?
...	...	...	...

  b Sucht in Partnerarbeit alle weiteren adverbialen Bestimmungen aus dem Text heraus. Tragt diese ebenfalls in die Tabelle ein.
    Tipp: Nutzt die Frage- und Umstellprobe (▶ Wissen und können, S. 240).
  c Markiert in eurer Tabelle, welche adverbialen Bestimmungen die Fähigkeiten Otto Lilienthals besonders deutlich machen.

Der erste Motorflug der Welt

Das Jahr 1903 gilt als Beginn des Motorflugs, denn ? war den Brüdern Wilbur und Orville Wright ihr erster motorisierter Flug gelungen. Aber ? hob ein motorisiertes Flugzeug vom Boden ab. Der Pilot war Gustav Weißkopf. Ihm gelang ? der erste bemannte Motorflug der Geschichte. Das Flugzeug war eine Konstruktion aus Bambus und Seide. ? beobachteten seine beiden Helfer und ein Zeitungsreporter ?, wie das fledermausähnliche Gebilde abhob. ? landete Weißkopf ? ?. Die Anwesenden hatten das historische Ereignis beobachtet, jedoch keine Fotos gemacht. ? gibt es keine Dokumente von diesem Flug.

1 Lest den Text und erklärt, warum dieser unvollständig wirkt.

2 Schreibt den Text ab und setzt passende adverbiale Bestimmungen aus dem Wortspeicher ein. Notiert jeweils in Klammern, um welche adverbiale Bestimmung es sich handelt. Nutzt die Frageprobe.

> behutsam • in diesem Jahr • sprachlos • in der amerikanischen Stadt Fairfield • nach dem Starten der Propeller • auf dem Boden • darum • schon zwei Jahre vorher • nach dem Umfliegen einiger Kastanienbäume

Wissen und können — Adverbiale Bestimmungen (Sg.: das Adverbiale; Pl.: die Adverbialien)

- Adverbiale Bestimmungen sind **Satzglieder**, die zusätzliche Informationen über den **Ort (lokal)**, die **Zeit (temporal)**, den **Grund (kausal)** und die **Art und Weise (modal)** eines Geschehens oder einer Handlung liefern.
- Mit der **Frageprobe** könnt ihr ermitteln, welche adverbiale Bestimmung vorliegt.

Wann? Wie lange? Seit wann? Wie oft?	**temporale adverbiale Bestimmung (Zeit)**
Wo? Wohin? Woher?	**lokale adverbiale Bestimmung (Ort)**
Warum? Weshalb? Weswegen?	**kausale adverbiale Bestimmung (Grund)**
Wie? Auf welche Weise? Womit?	**modale adverbiale Bestimmung (Art und Weise)**

Satzglieder wiederholen (III) – Attribute als Teil eines Satzglieds

Daniel Düsentriebs Schwebemobil

Der berühmte Daniel Düsentrieb hat spektakuläre Flugobjekte erfunden. Bei dem Schwebemobil handelt es sich zum Beispiel um ein rotes Gefährt ohne Räder. An der Unterseite des Fahrzeugs befinden sich stattdessen leistungsstarke Luftdüsen. Der rote Sitz mit einem hochwertigen Lederbezug schont den Rücken des Piloten. Ein automatischer Zischer, eine weitere Erfindung, verhindert Unfälle.

1 a Bestimmt mit Hilfe der Umstellprobe die Satzglieder der einzelnen Sätze.
  b Sucht innerhalb der Satzglieder nach Attributen mit ihren Bezugswörtern (▶ Wissen und können). Übertragt diese ins Heft, unterstreicht die Attribute und kennzeichnet mit einem Pfeil, auf welches Bezugswort sich das jeweilige Attribut bezieht, z. B.: *Der berühmte Daniel Düsentrieb*

2 a Lest den Text erneut und lasst alle Attribute weg. Erläutert den Unterschied.
  b Bestimmt den jeweiligen Bezug der Attribute genauer. Übertragt die folgende Tabelle in euer Heft und ordnet die Attribute (mit ihren Bezugswörtern) in die passende Spalte ein.

Adjektivattribut	präpositionales Attribut	Genitivattribut	Apposition
Der berühmte Daniel Düsentrieb	…	…	…

3 a Verfasst selbst eine Beschreibung für ein verrücktes Fortbewegungsmittel. Verwendet verschiedene Formen von Attributen und lasst beim Schreiben stets eine Zeile frei, z. B.:
  Bei meinem Tauchmobil handelt es sich um ein … Auto mit … An der Seite des …
  b Tauscht eure Beschreibungen aus. Unterstreicht im Text des anderen alle Attribute, markiert das jeweilige Bezugswort und notiert, um welches Attribut es sich handelt.
  c Versucht mit Hilfe der Beschreibungen das jeweilige Fortbewegungsobjekt zu zeichnen. Vergleicht eure Ergebnisse.

Wissen und können **Attribute (Beifügungen)**

- Attribute **bestimmen ein Bezugswort** (meist ein Nomen) näher.
  Sie sind immer **Teil eines Satzglieds** und stehen vor oder nach ihrem Bezugswort.
  Bei der Umstellprobe können sie nur zusammen mit ihrem Bezugswort verschoben werden.
- Man kann sie mit „**Was für …?**" erfragen. Man unterscheidet:
  – **Adjektivattribut**, z. B.: *das großes Auto*
  – **präpositionales Attribut**, z. B.: *ein Fahrzeug **mit Tragflächen***
  – **Genitivattribut**, z. B.: *die Farbe **des Fahrzeugs***
  – **Apposition**, z. B.: *Daniel Düsentrieb, **der Erfinder**, lebt in Entenhausen.*

Relativsätze – Attribute in Form eines Nebensatzes

Die verrücktesten Erfindungen von Daniel Düsentrieb

Daniel Düsentrieb ist eine Comicfigur, die von Carl Barks erfunden wurde. Der Ingenieur Daniel Düsentrieb, der sein Erfindertalent von seinem Großvater geerbt hat, stellt bei seinen ausgefallenen Erfindungen regelmäßig seine Kreativität unter Beweis. Dabei wird er von Helferlein, den man als Düsentriebs genialste Erfindung bezeichnen kann, unterstützt. Helferlein ist ein kleiner Roboter aus Draht und einer Glühbirne, der Düsentrieb bei seinen Aktivitäten stets helfend zur Seite steht. Zu Düsentriebs bekanntesten Erfindungen zählen ein Brotschmierapparat, das Dunkellicht, ein Telefon mit eingebautem Bügeleisen, eine Rückenkratzmaschine, eine Torwartmütze, die mehrere Arme hat, eine Wanderlampe und eine Mülltonne mit Armen und Beinen.

1 Vergleicht die unterstrichenen Attribute in den folgenden Sätzen. Beschreibt die Unterschiede.
  A Daniel Düsentrieb ist eine <u>von Carl Barks erfundene</u> Comicfigur.
  B Daniel Düsentrieb ist eine Comicfigur, <u>die von Carl Barks erfunden wurde</u>.

2 Nebensätze, die in einem Text die Rolle eines Attributs einnehmen, nennt man Relativsätze.
  a Schreibt aus dem Text alle Relativsätze mit ihren Bezugswörtern (Nomen) heraus.
  b Umkreist das Relativpronomen, das den Relativsatz einleitet.
    Zeigt mit einem Pfeil, auf welches Nomen sich der Relativsatz bezieht, z. B.:
    Daniel Düsentrieb ist eine Comicfigur, die von Carl Barks erfunden wurde.
  c Formt die Attribute in den Textzeilen 4–5, 9 und 16 jeweils in einen Relativsatz um.

3 Wählt eine von Daniel Düsentriebs Erfindungen aus und beschreibt diese mit Hilfe von Attributen (▶S. 243) und Relativsätzen so, dass man sich diese gut vorstellen kann.

Wissen und können   **Der Relativsatz** (Attributsatz)

- **Relativsätze sind Nebensätze,** die ein **vorausgehendes Bezugswort** (Nomen oder Pronomen) näher **erklären**. Sie werden mit einem **Relativpronomen** eingeleitet, z. B.:
  der, die, das oder *welcher, welche, welches*.
- Ein Relativsatz wird **immer** durch ein **Komma** vom Hauptsatz abgetrennt, z. B.:
  Daniel Düsentrieb ist eine Comicfigur, die von Carl Barks erfunden wurde.

  Bei eingeschobenen Relativsätzen steht vor und nach dem Relativsatz ein Komma.
- Relativsätze nehmen im Satz die **Rolle eines Attributs ein** (▶S. 243). Man kann sie also mit „Was für …?" erfragen. Relativsätze werden deshalb auch **Attributsätze** genannt.

Satzarten wiederholen (I) – Die Satzreihe verknüpft Hauptsätze

Seiner Zeit voraus – Leonardo da Vinci

Schon Jahrhunderte bevor die ersten Menschen in die Luft gingen, hat sich Leonardo da Vinci (1452–1519) Gedanken über Fluggeräte gemacht.
Vielen ist da Vinci vor allem als Schöpfer des berühmten Bildes der Mona Lisa bekannt. Er war nicht nur ein besonders guter Maler. Verschiedene Projekte schwirrten ihm gleichzeitig durch den Kopf. Seine Gedanken überschlugen sich. Auf einem Bogen Papier finden sich häufig mehrere Entwürfe zugleich. Leonardo glaubte nicht einfach alles. Er ging den Dingen auf den Grund. Er beobachtete Vögel, um Fluggeräte zu entwerfen. Neben vielen anderen Dingen konstruierte er auch Automaten und entwarf Brücken. Zahlreiche seiner Erfindungen hat er selbst nie in die Tat umgesetzt. Im Kopf war er schon beim nächsten Plan. Dass seine Entwürfe funktionieren, haben Forscher bewiesen. Sie haben seinen Gleiter nachgebaut. Er trug sie zehn Meter hoch und 200 Meter weit. Leonardo verfasste seine Ideen übrigens häufig in Spiegelschrift. Er verschlüsselte Worte mit geheimnisvollen Symbolen. Niemand sollte seine Ideen so leicht kopieren können.

1 Kennt ihr Leonardo da Vinci als Künstler und Erfinder? Was wisst ihr noch von ihm?

2 a Beschreibt, wie der im Text verwendete Satzbau auf euch wirkt.
b Überarbeitet den Text: Verknüpft mit Hilfe passender Konjunktionen *(und, oder, aber, doch, sondern, denn)* einige Hauptsätze sinnvoll zu Satzreihen. Achtet auf die Kommasetzung.
c Vergleicht euren überarbeiteten Text mit dem Original. Wie wirkt er nun auf euch?

3 Verfasst selbst drei Satzreihen, in denen ihr über Leonardo da Vinci oder einen anderen Erfinder berichtet. Recherchiert im Internet (▶ S. 190, 342). Ihr könnt so beginnen:
Leonardo war ein Alleskönner, denn ...

Wissen und können   **Die Satzreihe** (Hauptsatz + Hauptsatz)

- Ein **Satz,** der aus **zwei oder mehr Hauptsätzen** besteht, wird **Satzreihe** genannt. Die einzelnen Hauptsätze werden durch ein **Komma** voneinander getrennt.
- Häufig werden Hauptsätze durch **nebenordnende Konjunktionen** wie *und, oder, aber, doch, sondern, denn* miteinander verbunden, z. B.:
Da Vinci war ein Genie, **denn** *er erfand die unterschiedlichsten Dinge.*
- Beachtet: Nur vor den **Konjunktionen** *und* bzw. *oder* darf das **Komma entfallen,** z. B.:
Er ging bei einem Maler in die Lehre(,) und sein Wissen über die Natur erwarb er sich durch Beobachtungen.

Satzarten wiederholen (II) – Das Satzgefüge verknüpft Haupt- und Nebensätze

Nie erfunden: Die Goldmaschine

Dem alten Griechen Aristoteles zufolge kann man jeden beliebigen Stoff herstellen,	… obwohl alle diese Versuche stets erfolglos blieben.
Im Mittelalter wurden immer wieder Rezepte und Geräte zur Goldherstellung erprobt,	… solange sich dieser Menschheitstraum nicht erfüllt hat.
Forscher werden auch in Zukunft an Verfahren zur Goldherstellung arbeiten,	… weil jeder Stoff aus den Grundelementen Feuer, Wasser, Erde und Luft bestehen soll.

1
a Um etwas über die Versuche zur Goldherstellung zu erfahren, müsst ihr die Haupt- und Nebensätze richtig verknüpfen. Schreibt sie in euer Heft.
b Umkreist die Konjunktionen und unterstreicht die Personalform der Verben (= finite Form).

2 Bei den Versuchen, Gold herzustellen, ist ein anderes interessantes Produkt entstanden.
a Verbindet die folgenden Sätze mit treffenden unterordnenden Konjunktionen, z. B.: *weil/da* …

> – Der Apothekerlehrling Johann Friedrich Böttger wurde von Kurfürst August von Sachsen gefangen genommen. Er sollte für ihn Gold herstellen.
> – Böttger musste Angst haben, als Betrüger überführt zu werden. Er führte ein angenehmes und ausschweifendes Leben.
> – Gemeinsam mit Kollegen experimentierte er weiter. Sie erfanden um 1710 das berühmte Meißner Porzellan.
> – Porzellan war damals äußerst kostbar. Es wurde das „weiße Gold" genannt.

b Unterstreicht die Konjunktionen und umkreist die Kommas, die ihr setzen müsstet.
c Erklärt, welche Bedeutung die Konjunktionen jeweils haben, z. B.: *Begründung*.

Wissen und können   **Das Satzgefüge** (Hauptsatz + Nebensatz)

- Einen **Satz,** der aus mindestens einem **Hauptsatz und** einem **Nebensatz** besteht, nennt man **Satzgefüge.** Der Nebensatz kann vor, zwischen oder nach dem Hauptsatz stehen. Zwischen Hauptsatz und Nebensatz muss **immer ein Komma** stehen.
- Der Nebensatz wird meist mit einer **unterordnenden Konjunktion** (Subjunktion) wie *während, weil, obwohl, wenn* eingeleitet.
- Die **Personalform des Verbs** steht im **Nebensatz** immer an **letzter Satzgliedstelle**, z. B.:

Hauptsatz		Nebensatz
*Forscher **wollten** eine Goldmaschine erfinden,*	***weil***	*Gold ein wertvolles Edelmetall **ist.***
Personalform des Verbs an zweiter Stelle	Konjunktion	Personalform des Verbs an letzter Stelle

Fordern und fördern – Satzbaupläne zeichnen

Wunder der Medizin – durch Zufall entdeckt

Wilhelm C. Röntgen entdeckte 1895, während er experimentierte, zufällig eine besondere Strahlung. Da ihm die Art der Strahlen unbekannt war, nannte er sie X-Strahlen.
⁵Seine Entdeckung war von großer Bedeutung, weil diese Strahlen die innere Struktur eines festen Körpers sichtbar machen können. Während sie im deutschen Sprachraum dem Erfinder zu Ehren Röntgenstrahlen
¹⁰heißen, verwendet man im Englischen weiterhin die Bezeichnung X-rays (rays = Strahlen).

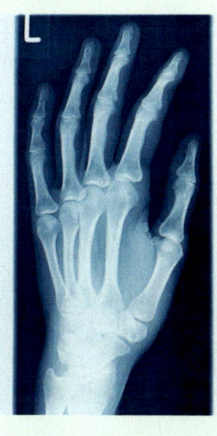 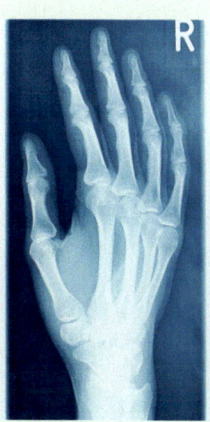

– Auch Alexander Fleming ist ein berühmter Erfinder.
   Er hat eine wichtige Entdeckung gemacht.
¹⁵– Der Arzt entdeckte 1928 zufällig das Penicillin.
   Er experimentierte mit Krankheitserregern.
– Eine seiner Bakterienkulturen wurde zufällig von einem Schimmelpilz befallen.
   Er wollte die verunreinigte Probe wegwerfen.
– Er betrachtete die Probe genauer.
²⁰Ihm fiel ein Rückgang der krank machenden Bakterien auf.
– Das war eine bahnbrechende Entdeckung.
   Die Herstellung eines Medikaments gelang Fleming nicht.
– Fleming ist dennoch berühmt geworden.
   Er hat den Grundstein für unsere heutigen Antibiotika gelegt.

1 Zeichnet zu den Sätzen im ersten Abschnitt Satzbaupläne, z. B.:
Wilhelm C. Röntgen entdeckte 1895, während er experimentierte, zufällig eine besondere Strahlung.
——— *Hauptsatz (Hs)* ———, ——— *Fortsetzung Hs* ——— .
——— *Nebensatz (Ns)* ———,

2 a Stellt im Heft die Nebensätze in den ersten drei Sätzen (Z. 1–8) wie folgt um:
1. Nebensatz am Anfang, 2. Nebensatz am Ende, 3. Nebensatz eingeschoben.
b Begründet, welches Satzgefüge euch am besten gefällt.

3 a Verbindet die Sätze im zweiten Absatz (Z. 13–24) mit passenden Konjunktionen zu Satzgefügen oder Satzreihen. Achtet auf die Kommasetzung.
b Zeichnet zu euren Sätzen Satzbaupläne, z. B.:
Alexander Fleming ist ein berühmter Erfinder, denn er hat eine wichtige Entdeckung gemacht.
——— *Hauptsatz 1 (Hs 1)* ———, ——— *Hauptsatz 2 (Hs 2)* ——— .

Testet euch!

Satzglieder und Sätze bestimmen

1 a Schreibt die markierten Satzglieder heraus und benennt sie mit dem passenden Fachbegriff.
b Unterstreicht in diesen Satzgliedern alle Attribute und notiert jeweils, um welches Attribut es sich handelt.

Jugend forscht

Junge Erfindertalente sollen in Deutschland frühzeitig entdeckt und gefördert werden. Seit 1966 findet daher der Bundeswettbewerb „Jugend forscht" statt. Während dieses europäischen Jugendwettbewerbs im Bereich Naturwissenschaften, Mathematik und Technik können Jugendliche im Alter von 15 bis 21 Jahren als Einzelpersonen oder in Gruppen einer Jury ihre neuesten Erfindungen präsentieren. Die jeweiligen Regionalsieger qualifizieren sich für den landesweiten Wettbewerb. Die Sieger des Landeswettbewerbs dürfen dann am Bundeswettbewerb teilnehmen. Die Preisträger erhalten Geldpreise für die Platzierungen und ihnen winken außerdem Sonderpreise wie Einladungen zu Praktika oder Exkursionsreisen.

2 a Notiert jeweils, ob es sich bei den Sätzen A bis F um eine Satzreihe oder um ein Satzgefüge handelt, z. B.: *A = ...; B = ...*
b Zeichnet zu den Sätzen Satzbaupläne.

Miniflieger im Visier

A Kleine unbemannte Drohnen sind in Mode, denn sie können beispielsweise als Spielzeug oder als Profigerät für Filmaufnahmen genutzt werden.
B Wenn solche Drohnen unerlaubt Aufnahmen aus der Luft machen, steigt auch die Gefahr des Missbrauchs.
C Aus diesem Grund erfand Tassilo Schwarz aus Seeon ein spezielles Abwehrsystem und er entwickelte eine Technik zur Identifizierung unerwünschter Drohnen.
D Wenn eine Drohne in den zu überwachenden Luftraum eindringt, nimmt das System sie ins Visier und es verfolgt die Flugbahn.
E Das System ist sogar in der Lage, falls ein Mikrofon angeschlossen ist, Miniflieger von Vögeln zu unterscheiden.
F Nachdem Tassilo Schwarz 2016 bei „Jugend forscht" den Preis für die originellste Arbeit errungen hatte, wurde er zum europäischen „Jugend forscht"-Wettbewerb nach Brüssel eingeladen.

3 Vergleicht in Partnerarbeit eure Ergebnisse.

13.2 Große und kleine Forscher – Gliedsätze untersuchen und formulieren

Mit Adverbialsätzen unterschiedliche Zusammenhänge darstellen

Jugend forscht – ein Wettbewerb für alle

A	Junge Menschen bis zum Alter von 21 Jahren können sich bei „Jugend forscht" anmelden. Sie müssen eine gute Idee für ein Forschungsprojekt haben.	*wenn*
B	Auch Minderjährige dürfen teilnehmen. Vorher haben ihre Eltern zugestimmt.	*nachdem*
C	Die Forscher können ihre eigenen Interessen in den Mittelpunkt stellen. Es werden keine vorgefertigten Fragestellungen vorgegeben.	*damit*
D	Manche Forschungsprojekte sind sehr zeitaufwendig oder schwierig. Man kann sich auch als Gruppe anmelden.	*weil*
E	Der Wettbewerb stellt hohe Ansprüche an die Forschergruppen. Jedes Jahr reichen in Bayern ca. 2 000 Schülerinnen und Schüler Projekte ein.	*obwohl*
F	An fast jeder Schule gibt es Projektbetreuer für „Jugend forscht". Interessierte Schülerinnen und Schüler werden bei der Auswahl und Durchführung ihres Projekts nicht alleingelassen.	*sodass*

1 Beschreibt die Teilnahmebedingungen für „Jugend forscht", indem ihr im Heft die Sätze A bis F mit Hilfe der angegebenen Konjunktionen zu Satzgefügen verbindet. Achtet auf die Kommasetzung, z. B.:
*Junge Menschen bis zum Alter von 21 Jahren können sich bei „Jugend forscht" anmelden, **wenn** ...*

2 Vergleicht die Ausgangssätze mit den von euch gebildeten Satzgefügen. Beschreibt die jeweilige Wirkung.

3 a Unterstreicht im Heft alle Nebensätze.
b Umkreist die Konjunktionen, mit denen die Nebensätze eingeleitet werden, und markiert das Komma.

4 Adverbialsätze ersetzen adverbiale Bestimmungen (▶S. 242) und können wie diese erfragt werden.
   a Erfragt die unterstrichenen Adverbialsätze (Nebensätze) aus Aufgabe 3 mit Hilfe der Frageprobe (▶Wissen und können, S. 251).
   b Erläutert, welche Art von Zusatzinformationen sie geben, z. B.:
   <u>Unter welcher Bedingung</u> können junge Menschen sich bei „Jugend forscht" anmelden?
   → *Der Nebensatz gibt eine Bedingung oder Voraussetzung an.*
   c Bestimmt, um welche Art von Adverbialsatz es sich jeweils handelt. Verwendet die Fachbegriffe aus dem „Wissen und können" (▶S. 251).

5 a Erklärt die Erfindung „Elektronische Schiedsrichterhilfe", indem ihr im Heft die folgenden Sätze A bis E zu Satzgefügen mit Adverbialsätzen verbindet. Ihr könnt die vorgegebenen Konjunktionen verwenden. Achtet auf die Kommasetzung.
Tipp: In einigen Sätzen sind verschiedene Konjunktionen möglich.

> sodass • damit • nachdem •
> weil • da • obwohl • wenn •
> indem • falls • sofern

Zwei Schüler sind mit ihrer Erfindung, einer elektronischen Schiedsrichterhilfe beim Tischtennis, Landessieger bei „Schüler experimentieren" in Bayern geworden.

> A Ein Tischtennisball ist sehr schnell und sehr klein.
>   Deswegen sieht man manchmal nicht, ob er die Tischtennisplatte berührt hat.
> B Der Ball trifft die Tischtennisplatte.
>   Ein Geräusch entsteht.
> C Die Schüler bauten zwei kleine, mit einem Computer verbundene Mikrofone unter die Tischtennisplatte.
>   Dann leuchtete bei einer Berührung ein Lämpchen am Computer auf.
> D Anfangs wurde der Computer durch die Nebengeräusche stark gestört.
>   Die Mikrofone mussten ganz genau eingestellt werden.
> E Es war sehr schwierig, die Mikrofone exakt zu justieren.
>   Es glückte den beiden Forschern die nützliche Erfindung.

   b Unterstreicht in euren Lösungen die Adverbialsätze. Umkreist die Konjunktionen, welche die Adverbialsätze einleiten.
   c Erklärt die inhaltliche Beziehung (z. B. Grund, Folge) zwischen den Haupt- und den Adverbialsätzen, indem ihr die Art der Adverbialsätze bestimmt, z. B.:

*(Weil) / (Da) ein Tischtennisball sehr schnell und sehr klein ist, sieht man manchmal nicht, ob er die Tischtennisplatte berührt hat. (= **Kausalsatz**)*

6 a Benennt die unterstrichenen adverbialen Bestimmungen in den Sätzen A bis C:
  A <u>Trotz großer Anstrengungen und vieler Fehlschläge</u> macht das Forschen vielen Kindern Spaß.
  B <u>Nach der Vorstellung ihrer Erfindung</u> wurden schon zahlreiche Jungforscher berühmt.
  C <u>Bei einer erfolgreichen Teilnahme</u> kann die Erfindung zum Patent angemeldet werden.
  b Wandelt im Heft die Sätze A bis C zu Satzgefügen um, indem ihr die adverbialen Bestimmungen zu Adverbialsätzen umformt.
  Verwendet passende Konjunktionen und achtet auf die Kommasetzung, z. B.:
  Obwohl das Forschen anstrengend ist und es häufig zu Fehlschlägen kommt, …

Wissen und können — Gliedsätze unterscheiden – Adverbialsätze

- **Adverbialsätze sind Gliedsätze,** weil sie die **Satzgliedstelle einer adverbialen Bestimmung einnehmen,** z. B.:

  <u>Nach dem Experiment</u> sprachen wir über unsere Beobachtungen.
  adverbiale Bestimmung

  <u>Nachdem wir das Experiment beendet hatten</u>, sprachen wir über unsere Beobachtungen.
  Adverbialsatz

- Adverbialsätze werden mit einer **Konjunktion** eingeleitet und durch ein **Komma** vom Hauptsatz abgetrennt. Je nach Funktion im Satz unterscheidet man unterschiedliche Arten von Nebensätzen. Man kann sie mit der Frageprobe ermitteln.

Adverbialsatz	Frageprobe	Konjunktionen	Beispiel
Temporalsatz (Zeit)	Wann …? Seit wann …? Wie lange …?	nachdem, als, während, bis, bevor, solange, sobald, …	*Bis eine Erfindung funktioniert, ist viel Arbeit notwendig.*
Kausalsatz (Grund)	Warum …?	weil, da	*Weil Kindern das Experimentieren Spaß macht, forschen sie.*
Konditionalsatz (Bedingung)	Unter welcher Bedingung …?	wenn, falls, sofern	*Wenn eine Erfindung glückt, sind alle froh.*
Konsekutivsatz (Folge)	Mit welcher Folge …?	sodass (auch: so …, dass)	*Lehrer unterstützen die Kinder, sodass diese nicht allein sind.*
Finalsatz (Absicht, Zweck)	Wozu …?	damit	*Der Wettbewerb wird durchgeführt, damit sich Jugendliche für Technik begeistern.*
Modalsatz (Art und Weise)	Wie …?	indem, wie, als (ob) …, dadurch, dass …	*Indem Forscher an den Erfolg glauben, verwirklichen sie ihre Ideen.*
Konzessivsatz (Einräumung)	Trotz welcher Umstände …?	obwohl, obgleich, obschon	*Obwohl die Vorbereitungen Mühe kosten, macht das Forschen Spaß.*
Adversativsatz (Gegensatz)	Anstatt was? Im Gegensatz wozu?	während, wohingegen	*Während zahlreiche Schüler Chemie begeistert, finden manche das Experimentieren langweilig.*

Üben (I) – Adverbialsätze erkennen, bestimmen und ersetzen

Roboy – dem Menschen ganz nahe

Roboy sollte ganz anders werden als andere Roboter, nämlich genauso beweglich und intelligent wie ein Mensch. Nachdem ein internationales Team von Wissenschaftlern in Zürich neun Monate lang an einem besonderen Projekt gearbeitet hatte, wurde das Roboterkind im März 2013 der Öffentlichkeit vorgestellt.
Weil beide Zielsetzungen gleichzeitig kaum zu bewältigen sind, konzentrierten sich die Experten zunächst auf seinen Körper. Da bisher die meisten Roboter (z. B. an einem Fließband) schwer und sehr hart sind, ist Roboy dem Menschen nachempfunden. Damit er leicht und nachgiebig ist, wurden seine Knochen von einem 3-D-Drucker aus Kunststoff geformt. Darüber hinaus ersetzen Motoren seine Muskeln sowie Fäden seine Sehnen, sodass er manche menschliche Bewegungsabläufe wie das Händeschütteln nachahmen kann.
Obwohl Roboy noch lange nicht fertig ist, weil das Programmieren menschlicher Bewegungen außerordentlich schwierig ist, erweist er sich schon jetzt als nützlich. Wenn Wissenschaftler die Steuerung der menschlichen Muskulatur verstehen, können zum Beispiel Prothesen entwickelt werden, die sich wie echte Hände oder Beine bewegen lassen. Roboy hilft ihnen dabei.

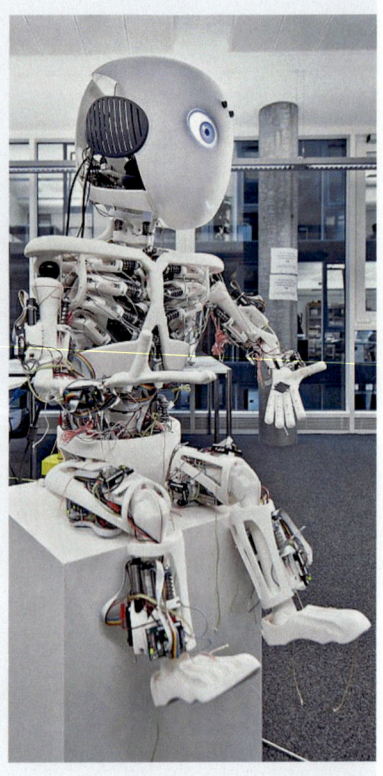

1 Lest den Artikel über Roboy und betrachtet die Fotografie. Gebt mit eigenen Worten Roboys Besonderheiten wieder und erklärt, welche Ziele die Forscher mit dieser Erfindung verfolgen.

2 a Sucht alle Satzgefüge aus dem Text heraus und schreibt sie untereinander in euer Heft. Lasst dabei immer zwei Zeilen frei.
b Unterstreicht die Adverbialsätze und bestimmt ihre Art mit Hilfe der Frageprobe (▶ Wissen und können, S. 251).

3 Die einleitenden Konjunktionen verdeutlichen die inhaltliche Beziehung zwischen Hauptsatz und Adverbialsatz. Untersucht in Partnerarbeit, welche Konjunktionen ihr durch eine andere ersetzen könnt, ohne den Sinn des jeweiligen Satzes zu verändern.

4 a Formt die Satzgefüge in den Zeilen 7–12 jeweils in einen Hauptsatz um. Verwandelt dazu den Adverbialsatz in eine adverbiale Bestimmung, z. B.:
Wegen der schwierigen gleichzeitigen Bewältigung beider Ziele konzentrieren sich ...
b Vergleicht eure Hauptsätze mit den ursprünglichen Satzgefügen. Welche Vor- bzw. Nachteile bringt eine solche Umformung mit sich?

Üben (II) – Mit Temporalsätzen zeitliche Zusammenhänge verdeutlichen

Können sich Roboter menschlich verhalten?

Nachdem eine Schulklasse das Roboterkind Roboy in der Technischen Universität München besucht hat, erzählt eine Schülerin von ihren Erfahrungen: „Während ich Roboy die Hand schüttelte, zweifelte ich kaum mehr an seinen menschlichen Fähigkeiten. Er errötete sogar und schien mir zuzulächeln. Mein erster Eindruck stellte sich jedoch als falsch heraus, sobald ich einen Blick hinter die Kulissen warf. Denn wirklich fühlen kann der Roboter nicht. Er hat nur einen Beamer im Schädel, der Gesichtsausdrücke einblendet. Auch die Sätze, die er spricht, sind nur vorprogrammierte Einheiten, keine echten Reaktionen. Bevor Computer wie Roboy selbstständig handeln und denken können, werden die Forscher noch viel Arbeit leisten müssen."

1
a In dem Text finden sich vier Satzgefüge mit Temporalsätzen. Schreibt sie in euer Heft.
b Unterstreicht die Temporalsätze und umkreist jeweils die einleitende Konjunktion.
c Erklärt, welche Informationen zum zeitlichen Ablauf ihr durch diese Temporalsätze jeweils erhaltet.

2
a Bildet in Partnerarbeit mit Hilfe der folgenden Konjunktionen, die Temporalsätze einleiten, entsprechende Satzgefüge, z. B.: *Während du diese Aufgabe löst, schaue ich aus dem Fenster. Nachdem …*

> während • nachdem • bis • seit • seitdem • sobald • solange • ehe • bevor • als

b Unterstreicht die Temporalsätze in euren Satzgefügen, kreist die einleitenden Konjunktionen ein.
c Bestimmt bei jedem Satz, ob das Ereignis im Temporalsatz
– vor dem Ereignis im Hauptsatz abläuft (Vorzeitigkeit),
– nach dem Ereignis im Hauptsatz stattfindet (Nachzeitigkeit),
– gleichzeitig mit dem Ereignis im Hauptsatz verläuft (Gleichzeitigkeit).

Wissen und können — Temporalsätze – Adverbialsätze der Zeit

- Mit **Temporalsätzen** kann man **zeitliche Reihenfolgen verdeutlichen**. Sie geben an, **wann** sich das **Geschehen im Verhältnis zum Geschehen im Hauptsatz** vollzieht.
- Dabei unterscheidet man zwischen **Vorzeitigkeit, Gleichzeitigkeit und Nachzeitigkeit,** z. B.:

Hauptsatz: *Marlene bereitet das Experiment vor, …*

Temporalsätze		
… **nachdem** sie die Anleitung dazu gelesen hat.	… **während** sie Musik hört.	… **bevor** sie den Klassenraum verlässt.
Vorzeitigkeit: Das Ereignis im Nebensatz liegt vor dem Ereignis im Hauptsatz.	**Gleichzeitigkeit:** Das Ereignis im Nebensatz verläuft gleichzeitig mit dem Ereignis im Hauptsatz.	**Nachzeitigkeit:** Das Ereignis im Nebensatz findet nach dem Ereignis im Hauptsatz statt.

Üben (III) – Adverbialsätze mit Hilfe von Konjunktionen bilden

Keine Millionen für eine Epoche machende Erfindung

? der britische Informatiker Tim Berners-Lee eine milliardenschwere Erfindung gemacht hat, verdient er selbst nichts daran. ? er im August 1991 ein bahnbrechendes Computerprogramm entwickelt hatte, wollte er kein Patent darauf anmelden. ? er sich Gedanken darüber machte, wie man Informationen auf einfache Weise aufbewahren und für viele Menschen zugänglich machen kann, erfand er das „World Wide Web". Seine Idee bot er bewusst kostenlos an, ? sie schnell unter die Leute gebracht und weiterentwickelt werden konnte. ? sich niemand um Schutzrechte kümmern musste, verbreitete sich das WWW rasend schnell. ? Tim Berners-Lee selbst nicht zum Millionär wurde, schuf er den Grundstein für den Reichtum aller Internetmilliardäre. Bis heute setzt sich der Wissenschaftler für einen freien Zugang zum Internet ein: Für ihn ist das ein Menschenrecht.

Tim Berners-Lee, 2013

1 a Vervollständigt den Artikel über Tim Berners-Lee. Setzt einige der folgenden Konjunktionen sinnvoll ein: *obwohl, während* (temporal), *während* (adversativ), *weil, indem, nachdem, damit, da*.
  b Tauscht euch über die Einstellung des Erfinders aus. Hättet ihr ähnlich gehandelt?

2 a Erklärt den Bedeutungsunterschied zwischen den Satzgefügen A und B.
  Wie unterscheiden sie sich inhaltlich?
  b Begründet mit Hilfe des Textes, welcher Satz den sinnvolleren Zusammenhang herstellt.
  A Er meldete seine Erfindung nicht zum Patent an, damit andere reich werden konnten.
  B Er meldete seine Erfindung nicht zum Patent an, sodass andere reich werden konnten.
  c Verbindet die folgenden Hauptsätze C und D zu einem Satzgefüge.
  Schreibt die beiden logischen Möglichkeiten auf.
  C Der erste Entwurf für den Webbrowser erinnerte ihn an ein Spinnennetz.
  D Er nannte seine Erfindung „World Wide Web".

3 a Prüft, an welchen Stellen im Text „Keine Millionen ..." unterschiedliche Konjunktionen sinnvoll eingesetzt werden können, z. B.:
  – Z. 3–6: Nachdem *oder* ... er im August 1991 ein bahnbrechendes Computerprogramm entwickelt hatte, wollte er kein Patent darauf anmelden.
  – Z. 6–10: ... *oder* ...
  b Begründet jeweils eure Entscheidung.

Fordern und fördern – Adverbialsätze bestimmen

A Weil wir Menschen pro Minute durchschnittlich eine komplette LKW-Ladung Plastikmüll ins Meer kippen, arbeiten zahlreiche Forschungsteams an Ideen zur Reinigung der Ozeane.

B Wenn es so weitergeht, könnte bis 2050 das Plastik in den Meeren überhandnehmen.

C Beim Tauchen in Griechenland erblickte der Niederländer Boyan Slat mehr Müll als Fische und entschloss sich zu handeln.

Boyan Slat will die Meere vom Plastikmüll befreien

D Trotz seines jugendlichen Alters von 16 Jahren startete er ein Mammutprojekt.

E Er präsentierte der Öffentlichkeit einen Lösungsvorschlag, nachdem er monatelang an seinen Ideen gefeilt hatte.

F Während sich die meisten Lösungsansätze bis dahin auf die Müllvermeidung beschränkten, will Slat das Plastik mit aufblasbaren Schwimmbarrieren aus dem Meer sammeln.

G Bevor der Plastikmüll zerfällt und in die Nahrungskette gelangt, sollen lange Fangarme den Müll aus dem Wasser filtern, damit er nicht in die Nahrungskette gelangt.

H Allerdings kamen Konstruktionsfehler zum Vorschein, als im Sommer 2016 erste Praxistests durchgeführt wurden.

I Da die Anlage nur an der Meeresoberfläche arbeitet, kann der Müll nur zum Teil eingefangen werden.

J Darüber hinaus traten weitere Probleme auf, sodass andere Forscher an der Umsetzbarkeit der Idee zweifeln.

K Falls das Vorhaben scheitern sollte, hat Slat dennoch kein schlechtes Gewissen.

L Wegen seines Projekts sind Millionen Menschen auf das Plastikproblem aufmerksam geworden.

1 Sucht aus dem Text alle Satzgefüge mit Adverbialsätzen heraus. Bestimmt im Heft jeweils mit Hilfe der Frageprobe, um welchen Adverbialsatz es sich handelt, z. B.:
A Warum? = Kausalsatz, B ... = ...

2 Untersucht im Text die Temporalsätze. Benennt das zeitliche Verhältnis zwischen Haupt- und Nebensatz (Vorzeitigkeit, Gleichzeitigkeit, Nachzeitigkeit).

3 a Schreibt die Sätze C, D und L in euer Heft und unterstreicht darin die adverbialen Bestimmungen.
b Benennt die jeweilige Art der adverbialen Bestimmung.
c Verwandelt die Hauptsätze C, D und L in Satzgefüge. Formt dazu mit Hilfe passender Konjunktionen die adverbialen Bestimmungen zu Adverbialsätzen um.

Testet euch!

Adverbialsätze bestimmen, Satzbaupläne zeichnen

1 a Sucht aus dem folgenden Text alle Satzgefüge mit Adverbialsätzen heraus und bestimmt im Heft mit Hilfe der Frageprobe die Art der Adverbialsätze, z. B.:
(1) = Wie lange? ..., (3) ... = ...
b Bestimmt bei den Temporalsätzen das zeitliche Verhältnis zwischen Haupt- und Nebensatz.

Auf der Suche nach dem Geistesblitz

(1) Sitzen Erfinder zu Hause und grübeln, bis ein Geistesblitz kommt? (2) Nein! (3) Die besten Ideen entstehen, wenn wir neugierig und mit offenen Augen durch die Welt gehen. (4) Während das Feuer zum Beispiel keine Erfindung, sondern lediglich eine Entdeckung des Menschen ist, gilt das Feuerzeug durchaus als Erfindung. (5) Zum echten Erfinder wird jemand, indem er das Geschick entwickelt, aus Vorhandenem etwas Neues zu machen. (6) Der erste große Wurf gelang unseren Vorfahren, als ein brillanter Kopf aus einem Stein ein tropfenförmiges, scharfkantiges Werkzeug formte: den Faustkeil. (7) Bis heute sind viele Einfälle einfach und oft aus der Not heraus geboren. (8) Nachdem ein französischer Arzt im 19. Jahrhundert bei einem Zoobesuch einen Brutkasten für Hühnereier gesehen hatte, fand er es naheliegend, etwas Ähnliches für zu früh geborene Babys zu bauen. (9) Ob Telefon, Dampfmaschine oder Glühlampe – zu dieser Zeit wurden zahlreiche bahnbrechende Erfindungen hervorgebracht, sodass diese Epoche als Goldenes Zeitalter der Erfinder bezeichnet wird. (10) Eine wichtige Bedingung für jede Erfindung ist die Kreativität eines Tüftlers, damit bereits bestehende Erkenntnisse zu neuen Lösungen zusammengefügt werden können. (11) Obwohl flache Computer und Touchscreens schon längst vorhanden waren, dauerte es fast ein halbes Jahrhundert, bis diese in Tablets und Smartphones vereint wurden. (12) Weil vieles natürlich auch durch Zufall oder Fehler entsteht, sollte ein Forscher nicht gleich aufgeben, wenn sein Experiment scheitert. (13) Häufig war ein Fehlschlag der Beginn eines großen Erfolgs.

2 Zeichnet ins Heft Satzbaupläne zu den Sätzen 10, 11 und 12.

3 Formt Satz 3 in einen modalen Adverbialsatz um.

4 Vergleicht in Partnerarbeit eure Ergebnisse.

13.3 Fit in ... – Einen informierenden Text überarbeiten

Stellt euch vor, ihr bekommt folgende Aufgabenstellung:

Aufgabe
In deiner Schülerzeitung soll ein Beitrag zum Thema „200 Jahre Fortbewegung auf zwei Rädern" veröffentlicht werden. Dazu muss er sprachlich verbessert werden, und zwar im Hinblick auf einen abwechslungsreicheren Satzbau und deutlichere inhaltliche Zusammenhänge.
1. Lies den Entwurf und überarbeite ihn Abschnitt für Abschnitt in deinem Heft.
2. Formuliere einen Schlussteil.

Vom „Knochenschüttler" zum E-Bike

(1) Heute gilt das Laufrad als Fortbewegungsmittel für Kleinkinder. Sie müssen das Balancieren erst einmal lernen. Erst dann können sie auf ein „normales" Rad umsteigen.
(2) Nur wenigen von uns ist bewusst: Das Laufrad feierte im Jahr 2017 seinen 200. Geburtstag und ist die Vorstufe aller modernen Fahrräder. Die ersten Laufräder fuhren kaum schneller als 15 km/h. Sie galten den Menschen als enormer Fortschritt. Man war mit ihnen auf ebener Fläche dreimal schneller unterwegs als zu Fuß. Dieses geniale Gerät entwickelte der Forstbeamte Karl Drais. Er war auf der Suche nach einem „pferdelosen Fahrzeug". In den Jahren 1816/17 kam es zu erheblichen Ernteausfällen. Es folgten Hungersnöte und die Haferpreise kletterten in die Höhe. Pferde wurden zu einem Luxusgut. Drais suchte deswegen eine Alternative zum Pferd für den Transport von kleinen Lasten und Menschen. Ein Holzrad war eine billige Lösung.
(3) 1817 stellte der Erfinder seine „Draisine" offiziell vor. Er wollte sie schnell bekannt machen. Er führte deshalb eine Testfahrt vor großem Publikum vor: 14 Kilometer von Mannheim nach Schwetzingen und wieder zurück. Dabei war er keine Stunde unterwegs. Er war schneller als die übliche Postkutsche. Seine Zuschauer waren begeistert. Seine Erfindung breitete sich welt-

weit schnell aus. Sie verursachte auch Probleme. Draisinenfahrer benutzten lieber Gehsteige als schlammige Straßen. Sie gerieten oft mit Fußgängern aneinander. In zahlreichen Großstädten wurde das Gefährt auf Gehwegen verboten, zum Beispiel 1818 in Paris oder 1819 in London, New York und Kalkutta. Auch erholen sich die Pferdebestände wieder und Dampffahrzeuge setzten sich als Massentransportmittel durch. Das recht unbequeme Laufrad, der „Knochenschüttler", wurde uninteressant und verschwand wieder von der Bildfläche.

(4) Erst 50 Jahr später wurde das Gerät zum richtigen Welterfolg, was Karl Drais aber nicht mehr erlebte. Nachdem ein Franzose den Pedalantrieb erfunden hatte, wurde das Rad ab 1861 zum Spiel- und Sportfahrzeug. Obwohl die frühen Hochräder sich als durchaus gefährlich erwiesen, ließen sich die Menschen nicht mehr von der neuen Sportart abbringen. Weil innerhalb weniger Jahre weltweit Fahrschulen und Fahrradclubs gegründet wurden, gab es bald Millionen von Fahrrädern. Indem der irische Tierarzt John B. Dunlop 1888 einen bequemen luftgefederten Reifen aus Kautschuk erfand, wurde die Erfolgsgeschichte des Fahrrads weiter befeuert. Weil Hosen oder Sportkleidung damals für Frauen als unweiblich oder sogar unanständig galten, waren Fahrerinnen jedoch zunächst eher die Ausnahme.

(5) …

1 Lest die Aufgabenstellung auf Seite 257 sorgfältig durch und notiert im Heft, was genau die Aufgabe von euch verlangt.

2 Überarbeitet die Abschnitte (1)–(3). Gestaltet den Satzbau abwechslungsreicher und stellt inhaltliche Zusammenhänge deutlicher dar. Verwendet vor allem Satzgefüge mit Adverbial- und Relativsätzen (Attributsätzen).
Nutzt für die Adverbialsätze die Konjunktionen aus dem folgenden Wortspeicher, z. B.:

| als • nachdem • sobald • indem • sodass • damit • weil • da • obwohl • während • bevor |

Heute gilt das Laufrad als Fortbewegungsmittel für Kleinkinder. Bevor diese auf ein „normales" Rad umsteigen können, müssen sie das Balancieren erst einmal lernen. Nur wenigen von uns ist bewusst, dass …

3 In Abschnitt (4) stehen die Nebensätze fast immer am Anfang.
Ändert den Satzbau, um Eintönigkeit zu vermeiden.

4 Verfasst mit Hilfe der folgenden Notizen den bisher nicht ausformulierten Schluss des Informationstextes. Achtet auf sinnvolle Satzverknüpfungen und sprachliche Abwechslung.
– ab ca. 1900 Massenproduktion
– heute Vielzahl von Fahrradtypen (Klapprad, Mountainbike, Rennrad usw.)
– Weiterentwicklung zum Motorrad und zum E-Bike
– bis heute erfolgreichstes Fahrzeug: sogar in Deutschland ca. doppelt so viele Fahrräder wie Autos; wahrscheinlich meistgebaute Maschine der Welt
– Juni: „Europäischer Tag des Fahrrads"

5 Prüft in Partnerarbeit eure Überarbeitung. Achtet insbesondere auch auf die richtige Zeichensetzung.

14 Rechtschreibtraining –
Übung macht den Meister

1 a Welchen der folgenden Titel findet ihr passend für das Foto?
Begründet und diskutiert eure Meinungen.
- WIE HAUSAUFGABENMACHEN AM SCHÖNSTEN IST
- LERNEN FÜR EINE BESSERE ZUKUNFT
- HAUSAUFGABEN MACHEN WIR UEBERALL
- NICHTS UNGEWÖHNLICHES: KINDER IN THAILAND LERNEN AUCH IM FREIEN
- EIN ORT ZUM SCHREIBEN: BEI DER ARBEIT DER ELTERN

b Schreibt die Titel in der richtigen Groß- und Kleinschreibung in euer Heft.

c Vergleicht eure Ergebnisse: Bei welchen Wörtern seid ihr unsicher gewesen? Welche Wörter habt ihr falsch geschrieben?

In diesem Kapitel ...
- beschäftigt ihr euch mit Regeln der Groß- und Kleinschreibung,
- wendet ihr Regeln zur Getrennt- und Zusammenschreibung an,
- übt ihr, Kommas und andere Satzzeichen richtig zu setzen.

14.1 Menschenskinder! – Richtig schreiben

Großschreibung von Verben und Adjektiven

> **Erstaunlich!**
>
> Lernen in der Schule – das ist doch etwas ganz GEWÖHNLICHES. So denkt ihr vielleicht. Beim REISEN um die Welt würdet ihr feststellen, dass es viel BESONDERES und manches UNGLAUBLICHE zu entdecken gibt. Amy zum Beispiel ist mit ihrer Mutter von Südkorea nach Neuseeland gezogen, nur um besser Englisch zu LERNEN und dadurch später etwas BESSERES werden zu können als ihre Eltern. Shati und Sabuj aus Bangladesch folgen dem Unterricht nicht selten im LIEGEN, denn in ihrem Klassenzimmer gibt es keine Möbel. In KLEINEN Ortschaften auf den Philippinen lernen die JÜNGEREN alles NOTWENDIGE aus einem einzigen Lehrbuch: kritisches DENKEN, Geschichte und GUTES BENEHMEN. Rupchandra und Rupak aus Nepal machen ihre Hausaufgaben im Wohnzimmer, und das TEILEN sie mit ihren Ziegen. Das MECKERN, MALMEN und RASCHELN nebenan versuchen sie zu ÜBERHÖREN, um für einen GUTEN Ausbildungsplatz zu lernen. Für Henrik von Nordstrandischmoor, einer winzigen Hallig in der Nordsee, ist selbstständiges ARBEITEN nichts AUSSERGEWÖHNLICHES: Seine beiden Geschwister und er sind die EINZIGEN im Klassenzimmer außer dem Lehrer. Dieser widmet sich für eine GEWISSE Zeit jedem Schüler einzeln, während die anderen beiden jeweils eigene Aufgaben erledigen.

 1
a Groß oder klein? Untersucht in Partnerarbeit, wie die Verben und Adjektive in Großbuchstaben jeweils geschrieben werden müssen. Begründet eure Entscheidung.
b Schreibt alle großzuschreibenden (nominalisierten) Verben und Adjektive mit ihren Nomenbegleitern aus dem Text heraus. Unterstreicht die Begleiter, benennt sie und notiert, welche Wortart nominalisiert wurde, z. B.: viel Neues = Indefinitpronomen + nominalisiertes Adjektiv.

> **Wissen und können** — Nominalisierungen – Großschreibung von Verben und Adjektiven
>
> **Verben und Adjektive** schreibt man **groß, wenn** sie im Satz **als Nomen gebraucht** werden, z. B.: *das Lernen* (Verb), *das Neue* (Adjektiv). Ihr könnt solche **Nominalisierungen** wie Nomen **an** ihren **Begleitwörtern erkennen.** Begleitwörter können sein:
> - **Artikel**, z. B.: *das* Arbeiten, *ein* Lärmen.
> - **Pronomen** (Possessivpronomen, Demonstrativpronomen, Indefinitpronomen), z. B.:
>   *dein* Nachdenken, *dieses* Lernen, *etwas* Ungewöhnliches.
>   **Tipp: Indefinitpronomen** geben eine ungefähre Menge oder Anzahl an, z. B.: *etwas, manches, alles, nichts*. Sie stehen häufig vor nominalisierten Adjektiven, z. B.: **etwas** Neues.
> - **Adjektive**, z. B.: *erfolgreiches* Lernen.
> - **Präpositionen**, z. B.: *vor* Lachen, *beim (bei dem)* Unterrichten, *bis zum (zu dem)* Äußersten.
>   **Tipp:** Nicht immer hat ein nominalisiertes Wort einen Nomenbegleiter. Macht die **Probe:** Wenn ihr einen Begleiter ergänzen könnt, schreibt ihr groß, z. B.: *Sie lieben* **(das)** *Schwimmen im See.*

Groß- und Kleinschreibung bei Zeitangaben

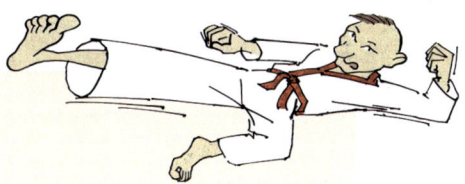

Verena Linde

Harte Schule

Kung-Fu ist mehr als eine Kampfkunst. In einer Schule in Hanyuan in Zentralchina ordnen junge Kämpfer sogar ihr ganzes Leben danach. Einer von ihnen ist Bai Bingtao. Wie die meisten seiner 17 Mitschüler stammt er aus einer armen Familie. Viele Jugendliche in dieser Region finden keine Arbeitsstelle, hängen herum, organisieren Banden. Die Gefahr ist groß, in einen Strudel aus Drogen, Glücksspiel und Gewalt gezogen zu werden. Für solche gefährlichen Dummheiten ist im Alltag der Dai-Shi-Men-Schule kein Platz. Der Großmeister Dai Kang weiß, was den Jungen fehlt: Regeln und Disziplin. Jeder Tag ist straff organisiert – und immer gleich.

Dai Kang knipst heute Morgen um halb sechs Uhr im Schlafsaal das Licht an. Schlaftrunken rollen die Jungen aus ihren Betten und versammeln sich im Hof. „Laufen!", schreit der Großmeister. Gehorsam trabt die Gruppe – wie gestern Morgen auch – im Kreis. Runde für Runde, 20 Minuten lang, jeden Tag. Danach gibt es jeden Morgen Suppe – heute mit Nudeln und Speck, morgen mit Reis und Gemüse. Nach dem Frühstück wartet eine weitere schwere Aufgabe: Stillsitzen und Lernen mit den anderen Kindern der Stadt im normalen Schulunterricht. Zur Erholung dürfen die Jungen mittags ein kleines Nickerchen machen. Die Hausaufgaben werden am Nachmittag unter dem wachsamen Blick des Großmeisters gemacht. Und dann gibt es nachmittags das Training: Kung-Fu-Übungen in der Gruppe und im Einzeltraining mit dem Großmeister. Grundhaltungen, gezielte Tritte und Schläge, Liegestütz und Spagat werden täglich geübt. Das ist extrem anstrengend und manchmal auch schmerzhaft. Erschöpft von den Anstrengungen dürfen die Jungen abends noch eine Weile zusammen fernsehen. Zu Hause übernachten sie nur am Wochenende. Bai Bingtao wird seine Familie morgen Abend wiedersehen.

1 a Stellt auf einem Zeitstrahl dar, was die Kung-Fu-Schüler zu welcher Tageszeit tun.
b Diskutiert, welche Vorteile und welche Nachteile eine Schule wie die von Bai Bingtao eurer Meinung nach hat.

2 a „Die Hausaufgaben werden **am Nachmittag** […] gemacht. Und dann gibt es **nachmittags** das Training: […]" (▶ Z. 30–33).
Vergleicht und erklärt die Schreibung der beiden **Zeitangaben.** Achtet auf die Wortarten.
b Formuliert eine Rechtschreibregel zu eurer Beobachtung, z. B.: *Als Adverbien werden …*

3 Ordnet im Heft alle Zeitangaben in eine solche Tabelle ein.

großgeschriebene Zeitangaben (Nomen)	kleingeschriebene Zeitangaben (Adverbien)	klein- und großgeschriebene bzw. kombinierte Zeitangaben (Adverbien + Nomen)
– der Tag	– heute	– heute Morgen

14 Rechtschreibtraining – Übung macht den Meister

4 Gitti ist Leistungsschwimmerin und besucht ein Sportinternat. Unten seht ihr ihren Trainingsplan.
  a Schreibt aus Gittis Sicht eine Mail an ihre Eltern. Berichtet darin, was in dieser Woche auf dem Trainingsplan steht. Verwendet Zeitangaben wie z. B. *Montagmorgen, nachmittags, an drei Vormittagen* (▶ Wissen und können).

Montag	Dienstag	Mittwoch	Donnerstag	Freitag	Samstag	Sonntag
9.30–11.00 Schwimmtraining	9.30–11.00 Ausdauertraining	16.00–18.30 Schwimmtraining	7.00–9.00 Ausdauertraining	15.00–17.00 Wettkampftraining	9.00–11.00 Schwimmtraining	11.00 Wettkampf Olympiahalle
18.00–19.00 Videoanalyse	17.00–18.00 Krafttraining		17.00–19.00 Wettkampftraining			

  b Vergleicht in Partnerarbeit eure Ergebnisse.

5 Groß oder klein? Schreibt den folgenden Text ab und entscheidet, wie die Wörter in Großbuchstaben geschrieben werden.

> Die Glocke läutet im Internat FRÜHMORGENS und klingt HEUTE MORGEN genauso schrill wie GESTERN. Sie schellt am MITTAG zum Essen, sie schellt NACHMITTAGS, wenn die Sport- und Kreativkurse beginnen. Sie ruft die Schülerinnen und Schüler jeden ABEND zum Essen, von MONTAG bis FREITAG. Zum Glück schellt sie NACHTS nicht!

6 a Notiert auf einem Zettel jeweils in ganzen Sätzen, was ihr
  – gestern zu verschiedenen Tageszeiten gemacht habt, z. B.: *Gestern Morgen habe ich …*
  – morgen zu verschiedenen Tageszeiten machen werdet, z. B.: *Ich werde morgen …*
  – an bestimmten Wochentagen macht, z. B.: *… gehe ich immer montagabends.*
  b Tauscht in Vierergruppen eure Zettel aus. Unterstreicht auf den Zetteln die Zeitangaben und prüft, ob sie richtig geschrieben sind.

Wissen und können — **Groß- und Kleinschreibung bei Tageszeiten und Wochentagen**

- **Zeitangaben** werden **großgeschrieben, wenn sie Nomen** sind. Ihr erkennt sie häufig an den üblichen **Nomenbegleitern** (▶ S. 260), z. B.: **am** Nachmittag, mitten in **der** Nacht, **eines** Tages, **freier** Montag, **diesen** Dienstag, **jeden** Mittwoch.
- **Zeitangaben** werden **kleingeschrieben, wenn sie Adverbien** sind, z. B.: heute, morgen, gestern, nachmittags, abends, freitags.
- Bei **kombinierten Zeitangaben** schreibt man die **Adverbien klein und** die **Nomen groß**, z. B.: heute Abend, gestern Nacht, morgen Mittag.
- Für **zusammengesetzte Zeitangaben aus Wochentag und Tageszeit** gilt: Sie werden **großgeschrieben, wenn** sie **Nomen** sind, und **kleingeschrieben, wenn** sie **Adverbien** sind, z. B.: **der** Montagnachmittag, **am** Mittwochabend, montagnachmittags, mittwochabends.

Groß- und Kleinschreibung von Fremdwörtern

Ein Vormittag an einem bayerischen Gymnasium

Heute spielte in Mathematik die Arithmetik keine Rolle, denn wir fertigten Skizzen von Pyramiden und Zylindern an. In Deutsch deklinierten wir Nomen mit ihren Adjektiven und wir diskutierten über den Gebrauch von Aktiv und Passiv. Lucas wollte wissen, warum der Genitiv vom Aussterben bedroht sei. Bei einer Prüfung in Physik standen Aufgaben aus den beiden Themen „Mechanik" und „Optik" zur Auswahl. Robert begleitete uns in Musik beim Singen eines Liedes auf seinem Akkordeon und wir sangen euphorisch alle Strophen mit. David spielte uns ein Stück auf seiner Violine vor. Zum Schluss stand Leichtathletik auf dem Plan. Bevor wir mit den 100-m-Läufen begannen, wärmten wir uns mit Gymnastik auf, damit es zu keiner Katastrophe kommen konnte, denn mit einer Zerrung ist nicht zu spaßen. Und nun das Beste: In der Mittagspause luden wir unsere Akkus mit Pizza, Mandarinen und Apfelsinen wieder auf.

1 Sucht aus dem Text alle Fremdwörter heraus und sortiert sie im Heft in die folgenden vier Gruppen ein. Schreibt die Fremdwörter im Nominativ Singular auf.
1 Fremdwörter auf -ik: die Mathematik, ...
2 Fremdwörter auf -iv: ...
3 Fremdwörter auf -ine: ...
4 Fremdwörter mit y, th, ph, kk, zz: die Pyramide, ...
Tipp: Manche Nomen müsst ihr mehrfach eintragen.

2 a Im Text stehen zwei Verben mit der Endung *-ieren*. Schreibt sie heraus.
b Aus einigen Nomen aus Aufgabe 1 könnt ihr Verben auf *-ieren* bilden, z. B.:
die Musik – musizieren, ...
c Bildet Sätze, in denen ihr die gefundenen Verben auf *-ieren* nominalisiert, z. B.:
Das Musizieren ...

3 a Im Text steht das Adjektiv *euphorisch*. Bildet von geeigneten Nomen aus Aufgabe 1 Adjektive, die auf *-isch* enden, z. B.: *die Physik – physikalisch – physikalische Gesetze, ...*
b Schreibt vier Sätze auf, in denen die gebildeten Adjektive auf *-isch* nominalisiert sind, z. B.:
Im Bereich des Physikalischen ...

| Wissen und können | Fremdwörter erkennen und richtig schreiben |

- **Fremdwörter** wurden **aus anderen Sprachen ins Deutsche** übernommen.
- Oft kann man sie **an ihrer Schreibweise erkennen,** z. B. an dem Buchstaben **y** *(die Ph**y**sik)*, an Buchstabenverbindungen wie **th** *(die **Th**eologie)*, **ph** *(der Phos**ph**or)*, an Doppelkonsonanten wie **kk** *(der A**kk**ord)* oder **zz** *(die Ski**zz**e)*. Das betrifft auch Endungen wie **-ik** *(die Hekt**ik**)*, **-iv** *(selekt**iv**)*, **-ine** *(die Masch**ine**)*, **-ieren** *(demonstr**ieren**)* oder **-tion** *(die Demonstra**tion**)*.
- Wie deutsche Wörter können entsprechende **Verben und Adjektive** durch Nomenbegleiter **nominalisiert** werden, z. B.: **sk**izzieren – **beim S**kizzieren, **th**ematisch – **das Th**ematische.

Fordern und fördern – Groß- und Kleinschreibung

Vor dem SPRINGEN nicht an die Höhe denken!

Lexie aus Großbritannien kann etwas ganz BESONDERES: Turmspringen. Als ihr Talent zum KUNSTSPRINGEN entdeckt wurde, konnte sie noch gar nicht schwimmen. Die ersten sechs Monate hat sie TÄGLICH nur auf dem TROCKENEN trainiert und nebenbei das SCHWIMMEN gelernt. Nun stürzt sie sich MONTAGS bis FREITAGS zum ÜBEN ins NASSE. Am SAMSTAG hat sie frei. Und HEUTE MORGEN, am SONNTAG, gibt sie ihr BESTES, denn es steht ein Wettkampf an, weshalb sie den SAMSTAGMORGEN zum AUSSCHLAFEN nutzt.

●○○ 1 Groß oder klein? Schreibt die Wörter in Großbuchstaben in der richtigen Schreibweise in euer Heft. Notiert auch die Nomenbegleiter, wenn sie vorhanden sind.

●●○ 2 Löst die beiden Wörterschlangen auf. Schreibt die Sätze in der richtigen Groß- und Kleinschreibung in euer Heft.

●●● 3 In dem folgenden Text ist bei 16 Wörtern die Groß- oder die Kleinschreibung falsch. Findet die Fehlerwörter und schreibt sie richtig in euer Heft.

Suman, die Kohlesammlerin

Suman lebt in Jharia, einer Stadt im Osten Indiens. Unter der Stadt gibt es große Kohlefelder. Kinder und Jugendliche verdienen Geld durch kohlesammeln. Sumans Eltern schicken ihre Töchter täglich zu den Minen, Morgens und am Nachmittag. Das aufmerksame absuchen der Erde, das vorsichtige vortasten auf dem abschüssigen Boden, das Bücken und ausgraben der Kohlebröckchen ist sehr anstrengend. Nach dem Kohlesammeln geht Suman zum waschen an den Brunnen. Den Schwarzen Staub von Gesicht und Armen zu spülen, ist etwas herrliches! Dann beginnt am Späten vormittag für Suman das schönste: die Schule. Suman genießt es, mit ihren Freundinnen zu Lernen und zu Spielen. Von ihren Eltern bekommt sie Sonntags manchmal ein Wenig Geld. Davon kauft sie sich etwas süßes oder geht zum Vergnügen auf einen kleinen Jahrmarkt.

Getrennt- und Zusammenschreibung

Jobs für junge Leute

Kinderarbeit ist in Deutschland zwar verboten, aber wenn die Eltern ihre Erlaubnis geben, dürfen Kinder ab 13 Jahren kleine Jobs übernehmen. Welche Tätigkeiten kommen in Frage?

A Man kann zum Beispiel **Zeitungen austragen, Babys beaufsichtigen,** Autos waschen, bei den Nachbarn Blumen gießen oder Nachhilfe geben. Davon besonders beliebt sind **das Zeitungsaustragen** und **das Babysitten.**

B Oft wird auch Gartenarbeit in den Häusern erledigt, die man **gegenüber sieht.** Dennoch sind die Probleme nicht unerheblich, denen sich der Jugendliche **gegenübersieht.**

C Wenn man stundenlang schwere Kisten schleppen muss, kann man **leicht fallen.** Diese Aufgabe dürfte einem also alles andere als **leichtfallen.** Zudem dürfen die schulischen Leistungen nicht darunter leiden, und es muss auch genügend Freizeit bleiben, um sich zu erholen. Wichtig ist, dass man seine Hausaufgaben oder Klassenarbeiten nicht **krank schreibt.** Besser ist, wenn einen der Hausarzt **krankschreibt.**

D Andernfalls **geht** man schlecht mit diesem Problem **um. Umgeht** es nicht!

E Beachtet: Erst Informationen **zusammentragen,** dann kann man auch schwere Kisten **zusammen tragen.**

1 Bessert ihr euer Taschengeld mit kleinen Jobs auf? Berichtet davon.

2
a Besprecht in Partnerarbeit, warum die jeweils gleichen Wortgruppen in den Sätzen A bis E einmal getrennt und einmal zusammengeschrieben werden.
b Ergänzt auf der Grundlage eurer Beobachtungen im Heft den folgenden Lückentext. Nutzt die folgenden Wörter:

> neue • zusammen • Verbbestandteil • nominalisiert • Adjektiv • getrennt • zusammengeschrieben • ersten • Präposition

Die meisten Verbindungen mit Verben im Deutschen schreibt man getrennt, doch es gibt Ausnahmen:
– Die in A hervorgehobenen Wörter zeigen, dass Verbindungen aus Nomen und Verb getrennt geschrieben werden. Sind sie jedoch ? , dann werden sie ? .
– Die Beispiele in C verdeutlichen, dass man dann zusammenschreibt, wenn die Verbindung aus ? und Verb eine ? Bedeutung ergibt.
– Bei Wortgruppen aus Adverb und Verb ist darauf zu achten, wo die Hauptbetonung liegt. Man schreibt zusammen, wenn sie auf dem ? Wortbestandteil liegt. Das zeigen die Beispiele in B und E.
– Verbindungen aus Präposition und Verb wie in D schreibt man ? , wenn die Hauptbetonung auf dem ? liegt. Betont man jedoch die ? , schreibt man ? .

c Vergleicht eure Lösungen mit den Regeln auf Seite 266 (▶ Wissen und können).

3 Getrennt oder zusammen? Entscheidet euch
für die richtige Schreibung (▶Wissen und können).

A Der Richter wird den Angeklagten ? (frei/sprechen).
   Bei einem Referat solltest du ? (frei/sprechen).
B Auf dem vereisten Gehweg kann man ? (leicht/fallen).
   Diese Aufgabe wird mir bestimmt ? (leicht/fallen).
C Ich möchte heute gern ? (Fußball/spielen).
   Das ? (Fußball/spielen) macht mir großen Spaß.
D Damit das Gewicht nicht herunterfällt, müssen wir es ? (zusammen/halten).
   Freunde sollten immer ? (zusammen/halten).

4 a Schreibt den folgenden Text in euer Heft. Nutzt das „Wissen und können",
um zu prüfen, wann zusammengeschrieben werden muss.
b Stellt euch vor, ihr seid der Lehrer. Was würdet ihr dem Schüler antworten?

> Der Lehrer berichtigt: „Dieses Wort muss man *zusammen/schreiben*!"
> Kurz darauf ermahnt er: „Wenn ihr beiden weiter so viel schwätzt, dann werde ich euch
> *auseinander/setzen*. Man sieht ja, was dabei *heraus/kommt*."
> Einer der beiden Schüler antwortet: „Aber wir wollten doch nur *zusammen/schreiben*.
> Und warum muss man überhaupt ‚Getrenntschreibung' *zusammen/schreiben*?"

5 Bildet Beispielsätze mit den Adverbien *wieder, zusammen, aufeinander* + Verb, z. B.:
Du solltest deine T-Shirts im Schrank ordentlich aufeinanderlegen.

Wissen und können   Getrennt- und Zusammenschreibung

Die meisten Verbindungen mit Verben schreibt man **getrennt,** außer in den folgenden Fällen:
- **Zusammen schreibt** man **Nominalisierungen,** z. B.: *das Babysitten, das Blumengießen.*
- **Zusammen schreibt** man **Adjektiv** und **Verb,** wenn durch deren Verbindung eine **neue Gesamtbedeutung** entsteht, z. B.: *schwarzfahren* (= ohne Fahrschein fahren), *blaumachen* (= schwänzen).
- **Zusammen schreibt** man in der Regel **Adverb und Verb,** wenn die **Hauptbetonung auf dem Adverb** liegt, z. B.: *Wir müssen für das Referat alle Informationen zusammentragen.*
  Tipp: Macht die **Erweiterungsprobe.** Wenn ihr ein Wort oder eine Wortgruppe zwischen Adverb und Verb einfügen könnt, schreibt ihr getrennt, z. B.:
  Wollen wir das Regal zusammen (in die Küche) tragen?
- **Zusammen schreibt** man in der Regel Verbindungen aus **Präposition und Verb,** wenn sie im **Infinitiv** stehen oder die **Hauptbetonung** auf dem **Verb** liegt, z. B.:
  Ich übersetze den nächsten Satz. Der Autofahrer umfährt den Stau.

Fordern und fördern – Getrennt oder zusammen?

Die folgenden Diktattexte haben verschiedene Schwierigkeitsstufen:
- **Level 1 für Sparsame:** Hier werdet ihr euch nicht verausgaben. Aber beschwert euch hinterher nicht, zu wenig Futter bekommen zu haben!
- **Level 2 für Regelbewusste:** Wer gut aufgepasst und fleißig geübt hat, schafft das locker!
- **Level 3 für Risikofreudige:** Wer wagt, gewinnt! Hier gewinnt ihr das gute Gefühl, topfit in Fragen der Rechtschreibung zu sein!

 1 a Entscheidet euch für einen Diktattext und diktiert ihn euch als Partnerdiktat (▶ S. 337).
b Prüft, ob ihr alles richtig geschrieben habt. Achtet besonders auf die markierten Wörter.

Level 1

Ich muss feststellen: Eine Woche ohne Fernsehen ist mir schwergefallen. Eigentlich sitze ich abends mit meiner Schwester vor dem Fernseher. In dieser Woche habe ich Vokabeln gelernt oder Musik gehört. Ich habe tagsüber Hausaufgaben gemacht und Klavier geübt. Am Mittwochnachmittag war ich beim Fußballspielen. Der Samstag war etwas öde. Meine Freunde haben sich nachmittags zusammengetan, um Filme auszuleihen und anzuschauen. Da konnte ich leider nicht dabei sein. Wenn ich ab morgen wieder fernsehen darf, werde ich das richtig klasse finden. *(80 Wörter)*

Level 2

Am letzten Mittwoch habe ich mich abends mit meiner Mutter zusammengesetzt. Wir haben uns ausgemalt, dass es doch lustig wäre, wenn wir einmal die Rollen tauschen würden. Was auf mich zukommen würde, konnte ich da ja noch nicht vorhersehen. Erst während unseres Experiments habe ich mir klargemacht, dass meine Mutter morgens sehr früh aufsteht, damit sie all die Dinge erledigen kann. Ich musste nachmittags einkaufen gehen, abends kochen und dann kamen noch das Wäschewaschen und all die anderen Dinge hinzu. Mir blieb kaum Zeit zum Spielen und Fernsehen. Manchmal ist es mir schwergefallen, abends zu kochen. Immerhin haben wir beschlossen, dass wir am Sonntagmittag auf Kosten der Haushaltskasse zusammen essen gehen. *(111 Wörter)*

Level 3

Am Sonntagnachmittag habe ich beschlossen, einen Monat lang klimafreundlicher zu leben. Mit meinem Bruder habe ich mich nachmittags zusammengesetzt und wir haben gemeinsam überlegt, was alles dazugehört. Wenn man den Klimaschutz ernst nimmt, muss man sich ganz schön zusammenreißen. Wir mussten uns erst einmal klarmachen, worauf wir achten wollen. Man sollte zum Beispiel das Licht ausschalten, elektrische Geräte durch das Ziehen des Steckers von der Stromversorgung trennen und natürlich auch auf das Wassersparen achten. Muss man morgens beim Duschen das Wasser so lange laufen lassen? Manches kann ganz schön lästig sein. Wenn man einkaufen geht, sollte man nicht mit dem Auto fahren, sondern besser das Rad nehmen oder zu Fuß gehen. Ich habe mir von einem Umweltexperten einmal vorrechnen lassen, was verschiedene Geräte an Strom fressen. Das hat mich tief beeindruckt! Wir sollten die Dinge nicht einfach so hinnehmen, sondern verantwortlich handeln, damit unsere Umwelt nicht noch mehr kaputtgeht.
(150 Wörter)

Testet euch!

Rechtschreibregeln beherrschen

1 Blandine ist als Austauschschülerin in der Klasse von Paul und Ceyda.
Die beiden versuchen, ihr bei den Rechtschreibregeln zu helfen.
Allerdings sind sich Paul und Ceyda bei manchen der Regeln auch nicht immer ganz sicher.
a Entscheidet, welche Aussagen richtig sind. Schreibt die Buchstaben der richtigen Antworten in euer Heft.
b Ergeben die Buchstaben rückwärtsgelesen den Namen der französischen Stadt, in der Blandine zu Hause ist? Notiert, wie diese Stadt heißt.

Rechtschreibrätsel

X Ceyda: „Nominalisierungen sind Verben und Adjektive, die im Satz als Nomen gebraucht werden."

U Paul: „Man kann bei den Nominalisierungen eine Artikelprobe machen, z. B.: *Für alle Kinder ist Lernen wichtig. – Für alle Kinder ist (**das**) Lernen wichtig.*"

L Ceyda: „Die Tageszeitangaben sind doch von Nomen abgeleitet. Deshalb schreibt man sie immer groß: *Der Morgen – Morgens, der Abend – Abends.*"

A Paul: „Bei den Tageszeiten mit dem angefügten -s handelt es sich um Adverbien, die kleingeschrieben werden: *morgens, mittags, abends*. Auch hier hilft die Artikelprobe: Bei *morgens* kann man keinen Artikel ergänzen."

E Ceyda: „Die Schreibung von Wörtern mit *sein*, z. B. *froh sein*, ist leicht: Die schreibt man immer getrennt."

M Paul: „Bist du sicher? Ich meine, *zusammensein* wird auch zusammengeschrieben."

D Paul: „Verb und Verb *(schlafen gehen)* kann man immer getrennt schreiben."

R Ceyda: „Ja, das ist richtig. Aber werden sie nominalisiert, z. B. *zum Schlafengehen*, schreibt man sie zusammen und groß."

N Ceyda: „Und wie ist es bei Adjektiv und Verb? Zum Beispiel: *Ich muss mir die Aufgabe erst klar machen.* – Das würde ich getrennt schreiben."

O Paul: „Aber ergeben hier nicht Adjektiv und Verb ein Wort mit einer neuen Bedeutung, also *klarmachen = etwas verdeutlichen*? Das würde ich zusammenschreiben."

I Paul: „Bei dem Satz *Wir können den Stuhl zusammentragen* wird *zusammentragen* doch nicht getrennt geschrieben, oder?"

B Ceyda: „Doch, hier wird *zusammen tragen* getrennt geschrieben, weil beide Wörter gleich betont werden."

2 Vergleicht in Partnerarbeit eure Ergebnisse. Fragt gegebenenfalls eure Lehrkraft.

14.2 Wenn Kinder reisen – Zeichen setzen

Das Komma in Satzgefügen setzen

Ab in die Ferien!

A Weil morgen die Ferien beginnen, habe ich schon jetzt so ein Kribbeln im Bauch.
B In diesem Jahr fahren wir in ein Land, das ich noch gar nicht kenne.
C Ich bin immer so neugierig, was dort anders ist als bei uns.
D Die Frage, wie gut man sich verständigen kann, ist für mich immer besonders spannend.
E Seitdem ich Englisch und Französisch lerne, funktioniert zum Beispiel das Einkaufen schon ganz gut.

1 Geht ihr gern auf Reisen? Vergleicht eure Erfahrungen mit den Aussagen A bis E.

2 a Zeichnet zu den Satzgefügen oben Satzbaupläne. Berücksichtigt auch die Kommas, z. B.:

A = ——————— Hauptsatz (Hs) ———————.
——— Nebensatz (Ns) ———,

b Formuliert eine Regel zur Kommasetzung in Satzgefügen.

3 a Schreibt den folgenden Text ab und setzt die fehlenden Kommas.

> Obwohl ich so gern reise finde ich das Kofferpacken wirklich lästig. Ich weiß nie wie ich meine ganzen Sachen in meinen winzigen Koffer bekommen soll. Sobald es dann endlich losgeht ist die Mühe schnell vergessen. Meistens müssen wir weil wir eine weite Strecke vor uns haben am Reisetag ganz früh aufstehen. Wir nehmen immer genügend Proviant mit sodass wir im Auto frühstücken können.
> Wenn wir aus dem Urlaub zurückkehren bin ich traurig und froh zugleich. Einerseits freue ich mich auf meine Freunde die ich im Urlaub vermisst habe. Dass die nächste Urlaubsreise aber in so weiter Ferne liegt finde ich andererseits auch ein bisschen schade.

b Prüft in Partnerarbeit eure Kommasetzung.
c Unterstreicht die Hauptsätze und unterschlängelt die Nebensätze. Ihr könnt sie auch verschiedenfarbig markieren.
d Umkreist die Wörter, mit denen die Nebensätze eingeleitet werden und bestimmt die Wortart der Einleitewörter, die am Anfang der Nebensätze stehen und auf ein Komma hinweisen.

14 Rechtschreibtraining – Übung macht den Meister

4 Verbindet im Heft immer drei Sätze (einen aus jeder Spalte) miteinander, sodass inhaltlich sinnvolle Satzgefüge entstehen. Setzt die notwendigen Kommas, z. B.:
Ich bin gern am Mittelmeer, weil man dort schwimmen gehen kann, sobald es einem zu heiß wird.

Reisewünsche

~~Ich bin gern am Mittelmeer ...~~	... würde ich gern mal in die Alpen reisen ...	... dass ich meine Freunde gar nicht mehr beneide.
Nachdem ich in der Halle klettern gelernt habe ...	... dass ich in den nächsten Ferien eine Sprachreise mache ...	... bei der wir zelten und über dem Lagerfeuer kochen.
Wenn wir nicht genügend Geld für einen Urlaub haben ...	... weil wir dann immer woanders hinfahren können ...	... damit ich mein Englisch verbessern kann.
Meine Eltern haben vorgeschlagen ...	~~... weil man dort schwimmen gehen kann ...~~	... wenn es uns an einem Ort nicht mehr gefällt.
Ich finde eine Reise mit dem Wohnmobil toll ...	... möchte ich eine Ferienfreizeit mitmachen ...	... damit ich meine Kletterkünste an einem richtigen Berg ausprobieren kann.
Falls meine Eltern es erlauben ...	... machen wir es uns zu Hause so schön ...	~~... sobald es einem zu heiß wird.~~

Wissen und können — **Die Kommasetzung im Satzgefüge** (Hauptsatz + Nebensatz)

- Einen **Satz**, der aus mindestens einem **Hauptsatz** und mindestens einem **Nebensatz** besteht, nennt man **Satzgefüge**. Der **Nebensatz** kann **vor, zwischen oder nach** dem Hauptsatz stehen.
- Zwischen Hauptsatz und Nebensatz muss **immer ein Komma** stehen, z. B.:
  Wenn wir verreisen, möchte ich nicht allzu lange im Auto sitzen.
  Die Sommerferien, die ich in diesem Jahr zu Hause verbracht habe, waren schön.
- Ein **Satzgefüge kann mehrere Nebensätze** enthalten. Alle Nebensätze werden **mit** einem **Komma** abgetrennt, z. B.:
  Weil Ferien sind, möchten wir gern verreisen. Ich weiß nicht genau, wohin wir fahren.
  Auch Ferien, die man zu Hause verbringt, sind schön.
- Folgende Wörter können **Nebensätze einleiten:**

unterordnende Konjunktionen	nachdem, wenn, obwohl, weil, dass, indem ...	**Weil** die Sonne scheint, gehen wir ins Freibad.
Fragewörter und „ob"	wann, woher, warum, weshalb, wie, wo, ob ...	Ich weiß nicht genau, **wann** er kommen wird.
Relativpronomen	der, die, das, welcher, welche, welches	Der Junge, **der** dort vorne steht, heißt Peter.

14.2 Wenn Kinder reisen – Zeichen setzen

5 a Erklärt, warum es für die Kommasetzung hilfreich ist, auf die Wörter zu achten, mit denen die Nebensätze eingeleitet werden.
Tipp: Beachtet das „Wissen und können" auf Seite 270.
b Bildet Satzgefüge, in denen ihr die verschiedenen Einleitewörter verwendet, also Konjunktionen, Fragewörter und „ob" sowie Relativpronomen.
c Tauscht in Partnerarbeit eure Sätze aus und prüft die Kommasetzung.

VORSICHT FEHLER!

Landratten werden Seebären

Mein ungewöhnlichster und bester Urlaub war ein Segeltörn, **1** den wir letzten Sommer mit unseren Eltern, **2** vor der türkischen Küste gemacht haben. Obwohl wir alle richtige Landratten sind **3** haben wir uns auf dieses Abenteuer eingelassen, **4** weil wir einmal etwas ganz anderes erleben wollten. Es hat ein bisschen gedauert, **5** bis wir uns an das Schaukeln des Bootes, **6** und die Enge der Kojen gewöhnt hatten. Zum Glück wussten unsere Skipper Klaus und Michaela **7** genau **8** wie sie uns ablenken konnten, **9** wenn wir uns mal schlecht fühlten. Wir haben mehrmals an griechischen und türkischen Inseln angelegt **10** auf denen man antike Ruinen besichtigen konnte, **11** was ich sehr beeindruckend fand. Besonders viel Spaß hatten wir **12** als Klaus einmal den Motor des Segelbootes anwarf, **13** und meine Schwester und mich an zwei Tauen durchs Meer zog. Toll fand ich auch **14** dass wir in den Mastkorb des Schiffes klettern durften **15** obwohl **16** meine Mutter sonst immer so ängstlich ist. Meine schönste Erinnerung sind aber die Delfine, **17** die wir am letzten Nachmittag gesehen haben.

6 Prüft die zum Teil fehlerhafte Kommasetzung im Text.
Geht so vor:
a Übertragt die nachstehende Tabelle in euer Heft.
b Prüft bei jeder Nummer und kreuzt in der Tabelle an:
Ist das Komma richtig oder falsch gesetzt? Fehlt ein Komma oder nicht?

Nummer	Komma richtig gesetzt	Komma falsch gesetzt	Komma fehlt	Komma fehlt nicht
1	X			
2	…	…	…	…
…	…	…	…	…

Das Komma in Aufzählungen beachten

Victoria Krabbe (*1962)

Urlaub vor der Haustür

1 An einem sonnigen Samstag in den Ferien füllen wir den Picknickkorb mit Thunfischbagels Hühnchensandwiches Muffins Chips und Limodosen.
2 Nach 15 Minuten erreichen wir den Baseball-Trainingsplatz der HSV Stealers.
3 Ungefähr 100 Zuschauer sitzen auf der Tribüne auf Campingsitzen oder auf dem Gras am Spielfeldrand.
4 Sie sind umgeben von bunten Kühltaschen und Hunden Kindern und Kinderwagen.
5 Man isst plaudert liest Comics schaut gelegentlich aufs Spielfeld applaudiert ab und an freundlich.
6 Das Spiel läuft und läuft und läuft. Die Regeln sowie Sinn und Ziel dieses Spiels bleiben mir auch nach zwei Stunden noch verborgen.
7 Wir warten das Ende nicht ab sondern räumen unsere Siebensachen zusammen und machen noch einen Abstecher nach Hollywood:
8 An der Kinokasse kaufen wir Tickets einen Rieseneimer mit salzigem Popcorn sowie drei gigantische Becher Limo. That's America.

1 a In den markierten Sätzen 1, 3, 4 fehlen die Kommas in den Aufzählungen. Begründet mit Hilfe der Informationen in „Wissen und können", wo Kommas gesetzt werden müssen.
b Schreibt die Sätze 5 bis 8 ab. Markiert die Aufzählungen und setzt die nötigen Kommas.

2 a Lest die Sätze A und B und beantwortet jeweils, wohin die Reise geht.
b Schreibt die Sätze ab und setzt die fehlenden Kommas.

A In Inas Rucksack befinden sich sowohl Wanderschuhe als auch Badeschlappen ein Französisch-Sprachführer und ein Bestimmungsbuch „Meeresfische" sowie Fährentickets.
B In Christians Reisetasche gibt es eine Regenjacke eine Badehose außerdem einen Lenkdrachen und einen Surfanzug aber keinen Sprachführer.

c Denkt euch ähnliche Rätsel aus. Statt Gepäckstücke könnt ihr auch Souvenirs auflisten.

Wissen und können — Die Kommasetzung in Aufzählungen

- **Wörter und Wortgruppen in Aufzählungen** werden durch **Kommas** abgetrennt, z. B.:
  Zum Reisen gehören gutes Wetter, ein schönes Reiseziel, nette Mitreisende.
- Das gilt **auch, wenn** das Wort oder die Wortgruppe durch einschränkende **Konjunktionen** wie *aber, jedoch, sondern, doch* eingeleitet wird, z. B.:
  Du hast an den Regenschirm gedacht, aber nicht an Sonnencreme.
- **Beachtet: Kein Komma steht vor den nebenordnenden Konjunktionen** *und, oder, sowie, entweder ... oder, sowohl ... als auch, weder ... noch*, z. B.:
  Ich liebe sowohl das Meer als auch die Berge. Ich nehme einen Rucksack und einen Koffer mit.

Das Komma bei Appositionen und nachgestellten Erläuterungen

A Der Forggensee bei Füssen, <u>Schwaben</u>, ist der flächenmäßig größte Stausee Deutschlands.
B Der Staffelsee, <u>einer der wärmsten Seen Bayerns</u>, lädt zum Schwimmen ein.
C Besonders idyllisch ist der Alpsee bei Immenstadt, <u>der größte Natursee des Allgäus</u>.

1 Begründet mit Hilfe des „Wissen und können" auf dieser Seite, dass es sich bei den unterstrichenen Satzteilen jeweils um eine Apposition (Beifügung) handelt.

2 Schreibt die folgenden Sätze 1 bis 4 ab und fügt in die Lücken jeweils eine passende Apposition aus der rechten Spalte als Ergänzung ein.
Tipp: Achtet auf Kasus und Kommasetzung.

1 Eines der Wahrzeichen von München ? ist die Frauenkirche ? . 2 Neuschwanstein, Linderhof und Herrenchiemsee ? ziehen viele Touristen an. 3 Die Steinerne Brücke in Regensburg ? verbindet das historische Zentrum mit der Jahninsel. 4 Die Nürnberger Burg ? ist mehr als 1000 Jahre alt.	eine der bedeutendsten Wehranlagen Europas • die prunkvollen Märchenschlösser Ludwigs II. • ein Gebäude mit sogenannten Zwiebeltürmen • der Hauptstadt Bayerns • ein Meisterwerk mittelalterlicher Baukunst

3 Schreibt den folgenden Text ab. Unterstreicht die nachgestellten Erläuterungen und setzt die fehlenden Kommas. Nutzt das folgende „Wissen und können".

Auf dem Globus findest du Deutschland in der oberen Hälfte also auf der nördlichen Halbkugel. Es grenzt an zwei Meere nämlich Nordsee und Ostsee. Deutschland hat neun Nachbarländer unter anderem Polen und Frankreich. Es fließen einige große und viele kleine Flüsse durch unser Land zum Beispiel der Rhein und die Elbe. Von den 16 Bundesländern sind drei sogenannte Stadtstaaten das heißt Stadt und Bundesland in einem nämlich Berlin und Hamburg und Bremen.

Wissen und können — Das Komma bei Appositionen und nachgestellten Erläuterungen

- Die **Apposition** (Beifügung) ist eine besondere Form des Attributs (▶ S. 243) und besteht in der Regel aus einem **Nomen oder** einer **Nomengruppe.** Sie folgt ihrem Bezugswort (meist ein Nomen) und wird durch **Kommas** abgetrennt, z. B.:
München, die bayerische Landeshauptstadt, ist ein beliebtes Reiseziel für Schulklassen.
Die Apposition steht im gleichen Kasus wie ihr Bezugswort (hier: Nominativ).
- **Die nachgestellte Erläuterung** wird oft mit Wörtern wie *nämlich, und zwar, vor allem, also, das heißt (d. h.), zum Beispiel (z. B.)* eingeleitet. Sie wird durch **Kommas** abgetrennt, z. B.:
Das Neue Rathaus in München, also der Sitz des Oberbürgermeisters, wurde 1909 fertig gestellt.

Das Komma bei Infinitivkonstruktionen bedenken

Bayern und der Gardasee (1)

Ob Ammersee, Starnberger See oder Chiemsee: Bademöglichkeiten gibt es in Bayern viele. Aber wer weiß, dass Bayerns Grenzen vor 200 Jahren bis an das Nordufer des größten italienischen Sees, des Gardasees, reichten? Bei den deutschen Touristen ist er bis heute sehr beliebt.

1 Auch ohne fließend Italienisch zu sprechen, kann man sich am Gardasee mühelos verständigen. **2** Anstatt im Hotelzimmer zu sitzen, kann man die Zeit dazu nutzen, die vielen Freizeitangebote auszuprobieren. **3** Die meisten Urlauber bleiben aber nicht lange genug, um alles zu entdecken. **4** Bei den vielen Angeboten bleibt den Touristen oft gar keine Zeit, Langeweile zu haben. **5** Es ist kaum möglich, alle Attraktionen der Umgebung aufzuzählen.

1 a Schreibt die Sätze 1 bis 5 ab. Unterstreicht die Teilsätze, in denen sich ein Infinitiv findet.
b Erklärt mit Hilfe der Informationen in „Wissen und können", weshalb in den Sätzen 1 bis 5 die Teilsätze mit Infinitiv (Infinitivkonstruktionen) mit Komma abgetrennt werden müssen.

2 Schreibt die folgenden Sätze A bis D ab und setzt die fehlenden Kommas.

A Die meisten Leute verreisen um etwas Schönes zu erleben.
B Anstatt noch zu warten haben meine Eltern die Reise sofort gebucht.
C Sie bezahlten ohne zu zögern.
D Der Vorschlag noch weitere Kataloge anzuschauen wurde abgelehnt.

3 Prüft in Partnerarbeit bei den beiden folgenden Sätzen, ob Missverständnisse entstehen können, wenn kein Komma gesetzt wird:
Wir beschlossen alle gemeinsam zu helfen. Sie bittet uns zu helfen.

Wissen und können   **Die Kommasetzung bei Infinitivkonstruktionen**

- Infinitivkonstruktionen **darf** man immer durch **Kommas** vom Hauptsatz trennen.
- Ein Komma **muss** stehen, wenn die **Infinitivkonstruktion**
  - **eingeleitet** wird durch *um, ohne, statt, anstatt, außer, als,* z. B.:
    Buchen Sie keinen Urlaub**, ohne** *sich vorher genau zu informieren*.
  - von einem **Nomen** oder einem **hinweisenden Wort** abhängt wie *dazu, daran, darauf* oder ein *es* im Hauptsatz steht, z. B.:
    Der Katalog dient **dazu,** *die passende Unterkunft zu finden*.
- Bei einfachen Infinitiven (*zu* + Infinitiv) kann man das Komma weglassen, sofern dadurch keine Missverständnisse entstehen, z. B.: *Sie beschlossen(,) nicht(,) Pizza zu essen.*
  Tipp: Bei Infinitivkonstruktionen empfiehlt es sich, **immer ein Komma zu setzen,** weil es die Gliederung eines Satzes verdeutlicht und **niemals falsch** ist.

Partizipialkonstruktionen erkennen, Kommas setzen

Bayern und der Gardasee (2)

1 Am Gardasee angekommen, kann man in der Umgebung eine Menge unternehmen. **2** Angelockt von den Opernfestspielen, besuchen zum Beispiel jedes Jahr Tausende Besucher die Arena der Stadt Verona. **3** An der Seepromenade spazierend, Espresso trinkend und die südliche Sonne genießend, so können Touristen einen schönen Urlaub verbringen. **4** Jahr für Jahr wiederkehrend entdecken die meisten Besucher immer wieder etwas Sehenswertes. **5** Nach Hause zurückgekehrt kann man erneut Urlaubspläne schmieden.

1
a In den Sätzen 1 bis 5 finden sich ein oder mehrere Partizipien. Das sind von Verben abgeleitete Wortformen (▶ Wissen und können). Schreibt alle Partizipien heraus. Wie viele habt ihr gefunden: 5, 6 oder 7?
b Beschreibt, wie diese sogenannten Partizipialkonstruktionen auf euch wirken.
Was fehlt in ihnen? Worauf beziehen sie sich im nachstehenden Hauptsatz?
Tipp: Sammelt, was ihr über das Passiv in der deutschen Sprache wisst.
c Kennt ihr Beispiele für den Gebrauch von Partizipien in anderen Sprachen? Erläutert sie.

2
a Erläutert euch gegenseitig zu zweit die Kommasetzung in den Sätzen 1 bis 3 (▶ Wissen und können).
b Ergänzt die Kommas in den Sätzen 4 und 5. Wo kann jeweils ein Komma stehen?
c Vergleicht in der Klasse eure Ergebnisse.

3 Formt im Heft die Sätze A bis C mit Hilfe von Partizipialkonstruktionen um. Beachtet die Kommas.

> A Da der Gardasee zwischen den Alpen im Norden und der Po-Ebene im Süden liegt, ist das Nordufer des Gewässers von hohen Bergen umsäumt.
> B Den Freizeitpark „Gardaland", den ältesten und bekanntesten der Region, gründete man 1975.
> C Nebenan im Zoo gefallen Kindern besonders die Dinosaurier, auch wenn die Urtiere nur nachgebildet sind.

Wissen und können **Die Kommasetzung bei Partizipialkonstruktionen**

- **Partizipialkonstruktionen** werden mit einem **Partizip I** (Partizip Präsens: *gehend*) oder einem **Partizip II** (Partizip Perfekt: *gegangen*) gebildet, z. B.: *Den Reiseführer lesend(,) verirrte er sich trotzdem.*   Subjekt im Hs
- Als **Nebensätze beziehen** sie sich **auf das Subjekt des Hauptsatzes.**
- Partizipialkonstruktionen **darf** man immer durch **Kommas** vom Hauptsatz trennen.
- Ein Komma **muss** stehen, wenn
  – auf die Partizipialkonstruktion durch ein **hinweisendes Wort** Bezug genommen wird, z. B.: *Den Kopf in den Nacken gelegt*, **so** *genießt sie die Zugreise.*
  – die Partizipialkonstruktion eine nachgestellte Erläuterung zu einem Nomen oder Pronomen ist, z. B.: *Die Sonne, mit voller Kraft scheinend, ist typisch für Italien.*

Die Zeichensetzung bei der wörtlichen Rede kennen

Hajo Schumacher

Urlaubspläne am Familientisch (1)

„Meine Lieben", hebe ich an, „wohin fahren wir in diesem Sommer?" Argwöhnische Blicke werden mir zugeworfen. Schnell schiebe ich nach: „Ich möchte, dass wir uns heute Abend gemeinsam auf einen Urlaubsort verständigen, an dem jeder seinen Spaß hat." Skeptisches Schweigen. „Einstimmigkeit wäre ganz toll!", füge ich noch hinzu.
„Nicht nach Italien", sagt Mona, meine Frau.
„Kein Wohnmobil!", erklärt Karl, unser dreizehnjähriger Sohn.
„Auf eine Schäre¹?", fragt Mona, die als Kind begeistert *Ferien auf Saltkrokan* gelesen hat.
„Nach Amerika", fordert Karl.
„Grrrgll", macht Hans, unser Zweijähriger.
Es wird Zeit für meinen ersten Vorstoß. „Ich würde gern baden, klettern, gut essen, nette Leute kennen lernen und Tiere für Hans haben. Ich habe da einen tollen Bauernhof in den Dolomiten empfohlen bekommen." Meine Familie guckt mich entsetzt an.
„Berge sind langweilig", behauptet Karl.
„Ich möchte Strand", verlangt Mona.
„Und Meer!", fordert Karl.

1 die Schäre: kleine, felsige Insel

1 a Der Redebegleitsatz kann vor, nach oder zwischen der wörtlichen Rede stehen.
Findet für diese drei Fälle jeweils ein Beispiel aus dem Text und schreibt sie auf.

b Formuliert in Partnerarbeit die folgenden Regeln zu Ende. Schreibt ins Heft.
Welche Satzzeichen werden vor, zwischen und nach der wörtlichen Rede eingesetzt?
– *Der Redebegleitsatz vor der wörtlichen Rede wird durch ... abgetrennt.*
– *Der Redebegleitsatz nach der wörtlichen Rede wird durch ...*
– *Der Redebegleitsatz zwischen der wörtlichen Rede ...*
– *Anführungszeichen stehen zu ... und ...*

2 a Schaut euch bei der wörtlichen Rede die Satzschlusszeichen Punkt, Ausrufezeichen und Fragezeichen an, wenn sie vor dem Redebegleitsatz steht. Was fällt euch auf?

b Formuliert in Partnerarbeit eine Regel zu euren Beobachtungen. Schreibt ins Heft, z. B.:
Wenn die wörtliche Rede vor dem Redebegleitsatz steht, bleiben ... und ... am Ende ...
Der Schlusspunkt aber ...

3 Vergleicht eure Regeln zur Zeichensetzung bei der wörtlichen Rede mit dem „Wissen und können" auf Seite 277.

Hajo Schumacher

Urlaubspläne am Familientisch (2)

1 Wir bleiben einfach zu Hause bestimme ich Berlin ist großartig im Sommer
2 Und die Nachbarn wirft Mona entgeistert ein denken dann dass wir uns einen Urlaub nicht leisten können
3 Ich dachte immer dass man wegfährt weil man sich erholen will wende ich ein
4 Ich kann mich nur am Strand richtig erholen nutzt Mona die Gelegenheit
5 Meint ihr dass man sich mit dreizehn Jahren schon erholen muss fragt Karl
6 Na gut ich rufe morgen Frau Reinermann an erkläre ich

Der Rest der Familie ist beruhigt. Die Reisekauffrau unseres Vertrauens hat noch immer einen Kompromiss gefunden. Sie ist schwere Fälle gewohnt.

1 a Schreibt die Sätze 1 bis 6 in euer Heft. Setzt dabei alle fehlenden Satzzeichen. Denkt auch an die Kommasetzung zwischen Hauptsatz und Nebensatz.
b Tauscht eure Hefte aus und prüft in Partnerarbeit die Zeichensetzung.
Tipp: Nutzt das „Wissen und können" auf Seite 270 und 277.

2 a Setzt den Text in Partnerarbeit fort. Erzählt, wie der Ich-Erzähler im Reisebüro anruft und um einen Urlaubsvorschlag bittet.
Verwendet in euren Texten viel wörtliche Rede und achtet auf die Zeichensetzung, z. B.:
„Ich rufe jetzt im Reisebüro an", sage ich und nehme den Telefonhörer in die Hand.
„Reisebüro Sonnenschein", ertönt es am anderen Ende, „was kann ich für Sie tun?"
„Hallo, hier spricht Herr Müller", antworte ich. „Ich rufe Sie ..."
b Prüft in Partnerarbeit die Zeichensetzung in euren Texten.

Wissen und können   Die Zeichensetzung bei der wörtlichen Rede

Die **wörtliche Rede** steht in einem Text in **Anführungszeichen**. Die **Satzzeichen ändern sich,** je nachdem, ob der **Redebegleitsatz vor, nach oder zwischen** der wörtlichen Rede steht.
- Der **Redebegleitsatz vor** der wörtlichen Rede verlangt einen **Doppelpunkt** vor der wörtlichen Rede, z. B.: *Ich fragte: „Wohin sollen wir verreisen?"*
- Steht der **Redebegleitsatz nach** der wörtlichen Rede, dann wird nach der wörtlichen Rede ein **Komma** gesetzt, auch wenn die Rede mit einem Ausrufe- oder Fragezeichen endet; allein der Schlusspunkt entfällt, z. B.:
„Ich möchte ans Meer", sagte Jana.   „Ich würde gern ans Meer fahren!", rief Jana.
„Sollen wir ans Meer fahren?", fragte Jana.
- Ein **Redebegleitsatz zwischen** der wörtlichen Rede wird durch **Kommas** von der wörtlichen Rede abgetrennt, z. B.: *„Ach nein", meinte Matthias, „ich würde lieber in die Berge fahren."*

Fordern und fördern – Zeichensetzung trainieren

Urlaub im Baumhaus

1 Ein Baumhaus muss sich nach der Persönlichkeit des Baumes also nach seiner Eigenart richten. **2** Da der Baum ein Haus und mehrere Personen zu tragen hat sollte es sich um einen starken und gesunden Baum handeln. **3** Besonders geeignet sind Eichen Buchen Eschen und Linden. **4** Heutzutage gibt es Architekten die sich nur mit Baumhauskonstruktionen befassen.

1
a Schreibt die Sätze 1 bis 4 ab und setzt alle fehlenden Kommas.
b Übertragt die folgende Tabelle in euer Heft und tragt die Nummern der Sätze 1 bis 4 in die passende Spalte ein.

Satzgefüge (Hs + Ns)	Satz mit Aufzählung	Satz mit nachgestellter Erläuterung
…	…	…

1 Ein Baumhaushotel findet man in Sachsen und zwar in einem Wald zwischen Görlitz und Rothenburg. **2** In den Holzhütten die sich in zehn Metern Höhe befinden können ganze Familien schlafen und träumen. **3** Auf dem Gelände das die bebauten Bäume umgibt befindet sich ein Abenteuerspielplatz mit unterirdischen Gängen einem Wasserlauf einem Schloss und einem Piratenschiff. **4** In die Sterne schauen kann man im „Green Magic Nature Resort" das im südindischen Dschungel liegt. **5** In 30 Metern Höhe nämlich oben in einem Feigenbaum befindet sich ein Bett über dem der freie Himmel ist. **6** Am Fuße des Baums tummeln sich nachts schon mal Panther Schakale und Elefanten.

2
a Schreibt die Sätze 1 bis 6 ab und setzt alle fehlenden Kommas.
b Übertragt die Tabelle zu Aufgabe 1 b in euer Heft und ordnet die Nummern der Sätze 1 bis 6 in die passende Spalte ein. Manche Sätze gehören in mehrere Spalten.

Um etwas zu erleben muss man doch nicht in die Ferne sagt mein Sohn Sondern frage ich Am ersten sonnigen Ferientag machen wir uns gegen neun Uhr abends auf in den Dschungel Vater und Sohn packen Fernglas Petroleumleuchte und Schlafsäcke ein ich den Proviant Wir schlagen uns durch Dickicht bis zum Pflaumenbaum auf dem vier Meter über uns Jans Baumhaus liegt Weil die Strick-
5 leiter und ich kein gutes Team sind erreiche ich mit Herzklopfen das Ziel Ich erwarte Feuchtigkeit mumifizierte Essensreste und Kuscheltierkadaver aber der Raum ist trocken sauber und gemütlich Es knarrt und knackt als wir hineinkriechen Natürlich sind die Dielen stabil beruhigt mich mein Mann Wir zünden die Petroleumlampe an essen Würstchen Kartoffelsalat und Kirschen

3 Im Text fehlen alle Satzzeichen. Schreibt den Text ab und ergänzt dabei die fehlenden Kommas, Satzschlusszeichen und Redezeichen.

14.2 Wenn Kinder reisen – Zeichen setzen

Testet euch!

Zeichensetzung

1 Ordnet jeder nummerierten Textstelle 1 bis 9 die passende Regel L bis I zu. Weshalb ist dort ein Komma zu setzen oder weshalb nicht? Notiert so im Heft: *1 = …, 2 = …*

Victoria Krabbe (*1962)

Hamburg liegt in Frankreich

Heute geht es nach Frankreich, also ziehen wir uns wie Franzosen an. Während ich ein elegantes Sommerkleid überstreife, tragen die Herren Ehemann und Sohn helle Hosen, **1** als wir uns am Nachmittag auf den Weg machen. Im Picknickkorb sind Ziegenkäse, Rotwein, Mandarinenlimonade **2** und natürlich ein Baguette. Das Departement Dordogne liegt fünf Fußminuten entfernt, an der Tarpenbek, **3** einem Nebenflüsschen der Alster. Mächtige Buchen säumen das Rinnsal, alte Eichen, schlanke Birken und buntes Wildkraut wuchern. Wir lassen uns im Schatten einer ausladenden Weide nieder, wo Jan sich sogleich in ein Comicheft vertieft. „Das ist auch das Tolle am Urlaub", **4** sagt er und seufzt zufrieden, „ihr schimpft nicht, wenn ich keine richtigen Bücher lese." Nach dem Essen bauen Mann und Sohn einen Staudamm aus Zweigen, **5** Steinen und Matsch. Das Projekt dauert Stunden und wird nur unterbrochen von Picknickpausen und dem langwierigen, geduldigen, **6** aber vergeblichen Versuch, ob man mit Käsestückchen Fische anlocken kann. Die hellen Hosen waren keine gute Idee, aber was soll's: „Laisser-faire!", lautet eine Devise in unserem Gastland. Mit meinem Pflanzenführer in der Hand entdecke ich an unserem Sommersitz Engelwurz, Hahnenklee **7** sowie Beinwell. Weil Botanisieren müde macht, **8** schlummere ich ein, als ich zurück auf der Picknickdecke bin. Bevor wir in der Dämmerung heimreisen, schreibe ich eine Postkarte an unsere Freunde. *Wir schicken euch liebe Urlaubsgrüße! Das Wetter ist herrlich, das Essen auch. Wir haben einen wunderbaren Picknickplatz entdeckt,* **9** *und zwar fast direkt vor der Haustür. Hier sieht Hamburg aus wie Südfrankreich.*

Kommaregeln

- **L** Eine Apposition wird vom vorangehenden Bezugswort durch ein Komma abgetrennt.
- **B** Das Komma trennt einen Nebensatz vom vorangehenden Hauptsatz.
- **E** Das Komma trennt einen Nebensatz vom folgenden Hauptsatz.
- **N** Das Komma trennt eine nachgestellte Erläuterung im Satz ab.
- **N** Das Komma trennt Wörter in einer Aufzählung, die mit *aber* verbunden sind.
- **K** Das Komma trennt die wörtliche Rede vom Redebegleitsatz.
- **O** Das Komma trennt einzelne Wörter in einer Aufzählung.
- **A** Kein Komma steht in einer Aufzählung vor der nebenordnenden Konjunktion *und*.
- **I** Kein Komma steht in einer Aufzählung vor der nebenordnenden Konjunktion *sowie*.

---

2 Notiert das Lösungswort, das sich aus den richtigen Buchstaben ergibt. Was bedeutet es?

279

14.3 Fit in ... – Richtig schreiben

Mit diesem Kapitel könnt ihr testen, wie fit ihr bereits in der Getrennt- und Zusammenschreibung seid und wie sicher ihr die Zeichensetzung beherrscht. Geht so vor:

1 **Textüberarbeitung:** Zuerst überarbeitet ihr den folgenden Fehlertext.
2 **Fehlerschwerpunkte finden:** Danach wertet ihr euer Ergebnis aus und stellt fest, in welchen Bereichen ihr noch Probleme habt.
3 **Training an Stationen:** Auf den Seiten 283–288 übt ihr gezielt die Bereiche der Rechtschreibung, die für euch noch schwierig sind.

1 Erlaubt mir mich vorzustellen: Ich bin Linny 14 Jahre alt und Jugendreporterin genau wie viele andere Jugendliche in Tegucigalpa der Hauptstadt von Honduras.
2 Wir machen bei einer Kindernachrichten-Sendung die von dem internationalen Kinderhilfswerk UNICEF unterstützt wird mit.
3 Ich war als ich mein erstes Interview führte ziemlich aufgeregt.
4 Der Wichtigkeit meiner Aufgabe bewusst habe ich meine Nervosität unterdrückt.
5 Mir hat der Gedanke Mut gemacht als Reporterin viele Leute Orte und Themen kennenzulernen vor allem aber wirklich etwas bewegen zu können.
6 Denn in Honduras besonders hier in Tegucigalpa gibt es viele Probleme vor allem die Umweltverschmutzung die wir nicht so hinnehmen wollen.
7 Weil ich darüber berichten wollte bin ich mit Eduardo dem Kameramann des Kinderfernsehens zu einer großen Müllkippe gefahren.
8 Dort gibt es riesige Abfallberge hoch wie Vulkane und ständig bringen Lkws noch mehr Müll.
9 Wir sind dort lange stehen geblieben was mir schwergefallen ist weil es so übel roch.
10 Auch außerhalb der Müllkippe die Wälder und Seen betrachtend sieht man massenweise Müll.
11 Man muss Angst haben, dass wir alle davon krankwerden.
12 Als Journalistin habe ich die Pflicht, dass ich die Wahrheit heraus finde und öffentlich mache.
13 Dann können auch andere Menschen nicht mehr vor den Tatsachen davon laufen, sondern müssen nachdenken lernen, wie die Dinge sich ändernlassen.
14 Wenn unsere Sendung Mittwochabends direkt vor den Hauptnachrichten auf Kanal 5 läuft, erreichen unsere Berichte alle Menschen, die hier ein Fernsehgerät haben.
15 Meine Mutter sowie meine Geschwister gucken am mittwochabend natürlich auch immer.
16 Dass mein Vater nicht dabeisein kann, lässt mich traurig sein.
17 Er muss in den USA arbeitengehen, weil er dort mehr Geld verdient als hier.
18 Nur alle drei Monate kann er uns von Freitagabends bis sonntagmittag besuchenkommen.
19 Nächstes Jahr aber wird er hoffentlich zurück kehren und dann immer hiersein.
20 Wenn mir das Lernen weiterhin leicht fällt, könnte ich später Journalismus studieren.

1 Schreibt die Sätze 1 bis 10 ab. Setzt alle fehlenden Kommas.

2 Schreibt die Sätze 11 bis 20 ab. Korrigiert alle Fehler bei der Getrennt- und Zusammenschreibung sowie die Fehler bei der Groß- und Kleinschreibung von Zeitangaben.

Die eigenen Fehlerschwerpunkte finden

1 a Prüft in Partnerarbeit eure Rechtschreibung in den von euch korrigierten Sätzen 1 bis 20 (▶ S. 280).
b Vergleicht anschließend eure Berichtigungen mit den Lösungen auf Seite 359.
Prüft jedes Wort und jedes Satzzeichen. Kennzeichnet alle Fehler, die ihr gemacht habt.

2 Findet eure Fehlerschwerpunkte. Geht so vor:
a Kopiert den folgenden Fehlerbogen (▶ S. 281–282) und markiert die Fehler, die ihr gemacht habt, noch einmal in der linken Spalte.
b Zählt, wie viele Fehler ihr jeweils in den Bereichen I bis VI der linken Spalte gemacht habt. Tragt eure Fehlerzahl in die mittlere Spalte ein.
c In der rechten Spalte „Trainingsstationen" seht ihr, bei welchen Stationen ihr üben solltet. Markiert diese Stationen und die entsprechenden Seitenzahlen.

3 Verbessert eure Rechtschreibung mit Hilfe der ausgewählten Trainingsstationen.

Fehlerbogen

Fehlerschwerpunkte	Fehlerzahl	Trainingsstationen
Sätze 1–10		
I Kommasetzung in Satzgefügen 2 … Kindernachrichten-Sendung, die von […] UNICEF unterstützt wird, mit. 3 Ich war, als ich mein erstes Interview führte, ziemlich aufgeregt. 5 Mir hat der Gedanke Mut gemacht, als Reporterin … kennen zu lernen, … 6 … die Umweltverschmutzung, die wir nicht so hinnehmen wollen. 7 Weil ich darüber berichten wollte, bin ich mit … 9 … dort lange stehen geblieben, was mir schwergefallen ist, weil es so übel roch.		Mehr als drei Fehler gemacht: ▶ Training an der Station 1, S. 283–284 ▶ Hilfen im Buch, S. 269–270, 334–335
II Kommasetzung bei Infinitiv- und Partizipialkonstruktionen 1 Erlaubt mir, mich vorzustellen: Ich … 4 Der Wichtigkeit meiner Aufgabe bewusst(,) … 5 … kennen zu lernen, vor allem aber … 10 Auch außerhalb der Müllkippe, die Wälder und Seen betrachtend, sieht man massenweise Müll.		Mehr als einen Fehler gemacht: ▶ Training an der Station 2, S. 284 ▶ Hilfen im Buch: S. 274–275, 335–336

Fehlerschwerpunkte	Fehlerzahl	Trainingsstationen
III Kommasetzung bei Appositionen und nachgestellten Erläuterungen 1 … Jugendreporterin, genau wie … in Tegucigalpa, der Hauptstadt … 6 … in Honduras, besonders hier in Tegucigalpa, gibt es viele Probleme, vor allem die … … mit Eduardo, dem Kameramann des 7 Kinderfernsehens, zu einer großen … Dort gibt es riesige Abfallberge, hoch wie 8 Vulkane, und …		Ab einem Fehler: ▶ Training an der Station 3, S. 285 ▶ Hilfen im Buch, S. 273, 335
Sätze 11–20		
IV Groß- und Kleinschreibung bei Zeitangaben 14 … unsere Sendung mittwochabends … 15 … am Mittwochabend … 18 … von freitagabends bis Sonntagmittag		Ab einem Fehler: ▶ Training an der Station 4, S. 286 ▶ Hilfen im Buch, S. 261–262, 340
V Getrennt- und Zusammenschreibung bei Verbindungen mit Verb 11 Man muss …, dass wir alle davon krank werden. 12 Als Journalistin […] herausfinde und öffentlich mache. 13 … vor den Tatsachen davonlaufen, sondern …, wie die Dinge sich ändern lassen. 16 Dass mein Vater nicht dabei sein kann, lässt mich traurig sein. 17 Er muss in den USA arbeiten gehen, … 18 … besuchen kommen. 19 … hoffentlich zurückkehren und dann immer hier sein. 20 Wenn mir das Lernen […] leichtfällt, …		Mehr als drei Fehler gemacht: ▶ Training an der Station 5, S. 287–288 ▶ Hilfen im Buch, S. 265–266, 340
VI Andere Fehler		Sprecht mit eurer Lehrkraft über diese Fehler.
Fehler insgesamt:		
Keine oder nur ganz wenige Fehler gemacht? Bearbeitet an den Stationen die Aufgaben „Für Spezialisten".		

Training an Stationen

Station 1: Kommasetzung im Satzgefüge

Der UNICEF-Juniorbotschafter-Wettbewerb

1 UNICEF ist das Kinderhilfswerk der Vereinten Nationen wie der Bund aus fast allen Staaten der Erde genannt wird. 2 In Entwicklungsländern und Krisengebieten sorgt UNICEF unter anderem dafür dass Kinder in die Schule gehen können. 3 Dass Kinder medizinisch versorgt und vor Missbrauch geschützt werden gehört ebenfalls zu den Zielen des Hilfswerks. 4 Mit dem Juniorbotschafter-Wettbewerb möchte UNICEF darauf aufmerksam machen wie bedeutsam Kinderrechte sind. 5 Das waren die Sieger des Wettbewerbs 2011: 6 1. Preis: Auf der thailändischen Inselgruppe Koh Phi Phi wo die heute 15-jährige Kölnerin acht Jahre gelebt hat half Malin Eh beim Bau eines Schul- und Gemeindehauses für die Seenomaden. 7 Nachdem sie nach Deutschland zurückgekehrt war hielt sie Vorträge über das staatenlose Fischervolk und sammelte Spenden. 8 2. Preis: Wenn sie nach ihren Herkunftsländern gefragt werden können die Schüler der Klasse 5G1 der Heinrich-Böll-Schule in Hattersheim 13 Nationen aufzählen. 9 Während einer Projektwoche haben sie recherchiert ob und wie in diesen Ländern Kinderrechte geachtet werden und dazu Plakate entworfen. 10 3. Preis: Es war das Märchen „Das Mädchen mit den Schwefelhölzern" das die Jungen und Mädchen der Lietzensee-Schule in Berlin auf eine zündende Idee gebracht hat. 11 Nachdem sie gemeinsam mehr als 700 Kamin-Streichhölzer bemalt hatten hefteten sie Erklärungen zu Kinderrechten daran und verteilten beides in einem Berliner Kaufhaus.

1 a Schreibt aus dem Text die ersten sechs Sätze ab und setzt in Partnerarbeit die fehlenden Kommas.
   b Unterstreicht die Hauptsätze und unterschlängelt die Nebensätze.
   c Umkreist die Konjunktionen, die Fragepronomen und die Relativpronomen, mit denen die Nebensätze eingeleitet werden.

2 Zeichnet zu den Sätzen 7 bis 11 Satzbaupläne. Berücksichtigt auch die Kommas.
   Tipp: Ein Beispiel für einen Satzbauplan findet ihr auf Seite 247.

14 Rechtschreibtraining – Übung macht den Meister

3 Für Spezialisten: Begründet im Heft bei den folgenden Sätzen A bis D, warum an den markierten Stellen ein Komma bzw. kein Komma gesetzt ist.

> A Als Journalistin habe ich die Pflicht, dass ich die Wahrheit herausfinde und öffentlich mache.
> B Dann können auch andere Menschen nicht mehr vor den Tatsachen davonlaufen, sondern müssen nachdenken, wie die Dinge sich ändern lassen.
> C Dass mein Vater nicht dabei sein kann, lässt mich traurig sein.
> D Nächstes Jahr aber wird er hoffentlich zurückkehren und dann immer hier sein.

Station 2: Kommasetzung bei Infinitiv- und Partizipialkonstruktionen

Freiwillige vor!

Bei einem internationalen Workcamp kommen junge Menschen aus der ganzen Welt zusammen **1** um für mehrere Wochen freiwillig an einem Projekt, **2** der Allgemeinheit dienend, **3** zu arbeiten. Dabei ist es sehr motivierend, **4** fernab der Heimat, **5** Gutes zu tun, Gleichgesinnte zu treffen und das Gastland kennen zu lernen. Die Jugendlichen **6** in Zeltlagern oder Turnhallen unterkommend, **7** haben die Chance **8** gemeinsam Ausflüge zu machen oder Konzerte zu besuchen **9** anstatt alleine daheim zu sitzen. So lernt man, **10** neues Wissen erwerbend, **11** viel fürs Leben.

1 Prüft die Kommasetzung 1 bis 11. Ordnet dazu im Heft jeder nummerierten Stelle eine der folgenden Kategorien zu:
– *richtig gesetztes Komma: Nr. ...*   – *falsch gesetztes Komma: Nr. ...*   – *fehlendes Komma: Nr. ...*

2 Bringt im Heft die folgenden Satzbausteine zu A bis D in eine sinnvolle Reihenfolge, sodass Satzgefüge mit Infinitivkonstruktionen entstehen. Setzt die notwendigen Kommas.

> A melden • Projekte • für • Jugendliche • wohltätige • sich • zu • sich • anstatt • langweilen
> B Gelegenheit • die • nutzen • um • auch • Sprachkenntnisse • Sie • verbessern • zu • ihre
> C man • Gefühl • in der • gutes • Mongolei • Englischunterricht • zu • hat • ein • geben
> D dient • das • zudem • Gastland • dazu • kennen zu lernen • der • Aufenthalt

3 Übertragt den folgenden Text ins Heft und setzt die fehlenden bzw. möglichen Kommas.

> Schon auf den Koffern sitzend freute sich Maik auf seine morgige Reise ins Workcamp.
> Er ging noch einmal seinen Merkzettel in der Hand haltend alle Punkte durch.
> Im Camp würde Maik viele Gleichgesinnte treffend sicher seine Sprachkenntnisse verbessern.
> Im Bett liegend träumte er von vielen aufregenden Erlebnissen.

14.3 Fit in ... – Richtig schreiben

Station 3: Kommasetzung bei Appositionen und nachgestellten Erläuterungen

Honduras ein Staat in Zentralamerika grenzt an Guatemala, Nicaragua und El Salvador.
Der Name des Landes leitet sich vom spanischen Wort „hondura" das heißt Tiefe ab und weist auf die tiefen Gewässer im Karibischen Meer vor der Küste Honduras' hin. Die meisten Menschen in Honduras leben von der Landwirtschaft vor allem vom Anbau von Kaffee, Kakao und Bananen. Die Landschaft Honduras' ist geprägt von sandigen Buchten am Karibischen Meer, Gebirgen und Regenwäldern.
Der Umweltreichtum des Landes vor allem der Regenwald ist jedoch zunehmend bedroht, denn viele Wälder werden abgebrannt oder abgeholzt, um den Boden landwirtschaftlich zu nutzen.
Außer Spanisch der offiziellen Amtssprache werden verschiedene indigene Sprachen gesprochen also einheimische Sprachen.
In Honduras dem nach Haiti ärmsten Land Mittelamerikas leben mehr als 70 Prozent der Bevölkerung unter der Armutsgrenze.

Kaffeeplantage in Honduras

VORSICHT FEHLER!

1 a Schreibt den Text ab und setzt die fehlenden Kommas bei den Appositionen und den nachgestellten Erläuterungen.
b Unterstreicht in eurem Text die Appositionen und unterschlängelt die nachgestellten Erläuterungen.
c Umkreist die Wörter, mit denen die nachgestellten Erläuterungen eingeleitet werden.

2 Verändert die Sätze A bis C so, dass die neuen Sätze eine Apposition enthalten.

> A Tegucigalpa ist die Hauptstadt von Honduras und zugleich die größte Stadt des Landes.
> B Die Kirche San Francisco, die das älteste Gebäude der Stadt ist, stammt vermutlich von 1590.
> C Der berühmte honduranische Fußballspieler Amado Guevara gehört zu den Söhnen der Stadt.

3 Für Spezialisten: Schreibt zu einem Land eurer Wahl einen kurzen Informationstext, vergleichbar mit dem Text zu Aufgabe 1 auf dieser Seite.
Verwendet darin Appositionen und nachgestellte Erläuterungen.

Station 4: Groß- und Kleinschreibung bei Zeitangaben

VORSICHT FEHLER!

Schüleraustausch in Costa Rica

Ein Schüleraustausch bietet euch die Möglichkeit, andere Länder kennen zu lernen. Matthias war für ein halbes Jahr in Costa Rica.

Was waren für dich die drei größten Unterschiede zwischen Costa Rica und Deutschland?
1. Das Essen ist ganz anders als in Deutschland. Es gibt MORGENS, MITTAGS und am ABEND Reis und Bohnen. Am Anfang war das etwas ungewöhnlich, aber ich habe mich schnell daran gewöhnt.
2. Die Menschen in Costa Rica sind viel entspannter als in Deutschland. Egal, ob ich am MONTAGMORGEN an der Bushaltestelle stand, am VORMITTAG in der Schule war, mich am SPÄTEN NACHMITTAG mit meinen Freunden getroffen habe oder ABENDS in meiner Gastfamilie war, niemals waren die Menschen gehetzt.
3. Costa Rica ist ein Naturparadies. Es gibt wunderbare Strände, Regenwälder und Vulkane.

Wie sah für dich ein typischer Schultag in Costa Rica aus?
Mein typischer Schultag begann FRÜHMORGENS um sechs Uhr mit einer kalten Dusche, dann bügelte ich jeden MORGEN meine Schuluniform, frühstückte und lief zum Bus, der mich von MONTAGS bis FREITAGS zur Schule

brachte. Unterrichtsbeginn war um acht Uhr. Am MITTAG, zwischen elf und zwölf Uhr, gab es eine Pause, am NACHMITTAG ging der Unterricht weiter und endete meist erst um 16 Uhr.

Wie hast du die Zeit außerhalb der Schule verbracht?
Ich habe JEDEN DIENSTAG in der Schulband gespielt, DONNERSTAGS war ich in einer Fußballmannschaft und von SAMSTAGMORGENS bis zum SONNTAGABEND war ich häufig mit meiner Gastfamilie unterwegs. Die restlichen Tage in der Woche habe ich mich mit meinen Freunden getroffen. In Costa Rica trifft man sich als Jugendlicher eher am ABEND, weil die Schule bis zum NACHMITTAG dauert.

1 Groß oder klein? Übertragt die folgende Tabelle in euer Heft. Entscheidet dann, wie die markierten Wörter geschrieben werden, und ordnet sie in die passende Spalte ein.
Tipp: Achtet auf die Nomenbegleiter. Sie helfen euch zu entscheiden, ob ein Wort groß- oder kleingeschrieben wird.

großgeschriebene Zeitangaben (Nomen)	kleingeschriebene Zeitangaben (Adverbien)	kombinierte Zeitangaben (Adverbien + Nomen)
...	...	...

2 Für Spezialisten: Notiert, unter welchem Wochentag man im Wörterbuch nachschlagen muss, um etwas über die Schreibung von Wochentagen und Tageszeiten zu erfahren.

Station 5: Getrennt- und Zusammenschreibung

1 a Übertragt die Tabelle ins Heft und ordnet die Wortgruppen in die passende Spalte ein.

> Mut machen • kennen lernen • traurig sein • liegen lassen • stehen bleiben • Angst haben • Karten kaufen • vorbei sein • Mut haben • Spaß haben • dabei sein • arbeiten gehen • froh sein • baden gehen • hier sein • Ballett tanzen • weg sein • Fußball spielen • spazieren gehen • Fahrrad fahren

Nomen + Verb	Verb + Verb	Wort + *sein*
Mut machen	...	...

b Formuliert für jede Tabellenspalte eine Regel zur Getrennt- oder Zusammenschreibung. Vergleicht euer Ergebnis mit den Informationen auf Seite 266.
c Bildet mit je zwei Beispielen aus jeder Tabellenspalte Nominalisierungen. Achtet darauf, die Nominalisierungen zusammen- und großzuschreiben. Bildet im Heft ganze Sätze, z. B.:
Während des Kartenkaufens habe ich eine Stunde in der Schlange gestanden.

2 a Lest die beiden Sätze A und B und formuliert eine Regel:
Wann schreibt man Wortgruppen aus Adjektiv und Verb zusammen, wann getrennt?
Wenn durch die Verbindung von Adjektiv und Verb ein Wort mit ... entsteht, dann schreibt ...

> A   Es wird dir leichtfallen, diese Aufgabe zu lösen.
> B   Pass auf, wohin du trittst, du kannst hier leicht fallen.

b Zusammen oder getrennt? Entscheidet, wie die Wortgruppen aus Adjektiv und Verb in den Sätzen C bis G geschrieben werden. Schreibt die Sätze richtig ins Heft, z. B.:

> C   Wir mussten schnell/laufen, sonst hätten wir den Zug verpasst.
> D   Nomen muss man im Deutschen groß/schreiben.
> E   Für unser nächstes Treffen müssen wir noch einen Termin fest/legen.
> F   Auf dem Plakat sollten wir den Titel des Theaterstücks sehr groß/schreiben.
> G   Die Polizei wollte den Einbrecher fest/nehmen.

3 Prüft, ob die folgenden Wortgruppen 1 bis 4 aus Adverb und Verb getrennt oder zusammengeschrieben werden. Notiert eure Lösung und vergleicht sie mit der Regel auf Seite 266.

> 1   Kannst du den Stuhl beiseite/stellen?
> 2   Die Notizzettel sollten wir nicht durcheinander/bringen.
> 3   Bei einer gemeinsamen Urlaubsreise muss man zusammen/halten.
> 4   Mir sind gestern meine Turnschuhe abhanden/gekommen.

14 Rechtschreibtraining – Übung macht den Meister

4 Übertragt die folgende Tabelle ins Heft und notiert zu jeder Spalte mindestens fünf weitere Verben, die mit der gleichen Präposition bzw. dem gleichen Adverb verbunden sind.
Achtet auf die Zusammenschreibung.

mitmachen	**vor**stellen	**herum**liegen	**heraus**finden	**zurück**kehren
mitessen	*vorgeben*	*herumreden*	…	…

Simone Müller

Der CO$_2$-Fußabdruck

Jeder hinter/lässt im Laufe seines Lebens Spuren, auch was den Verbrauch von Energie an/geht. Die Menschen leben über ihre Verhältnisse, vor allem in den Industrieländern. Das heißt, sie verbrauchen jedes Jahr mehr Ressourcen (Rohstoffe wie
5 Wasser, Holz, Erdöl usw.), als die Erde jährlich bereit/stellen kann. Wir vernichten aber nicht nur den Ressourcenspeicher der Erde. Durch unseren wachsenden Energieverbrauch sorgen wir auch dafür, dass der CO$_2$-Ausstoß[1] an/steigt und der Klimawandel voran/getrieben wird.
Der CO$_2$-Fußabdruck verrät, wie viel des Treibhausgases CO$_2$ jeder Einzelne frei/setzt, zum Beispiel
10 wenn er Bahn/fährt, sich die Haare/wäscht oder Chips/isst. CO$_2$ entsteht immer dann, wenn wir Energie/verbrauchen, genau gesagt, wenn Gas, Öl oder Kohle verbrannt werden. Wie viel CO$_2$ zum Beispiel aus/gestoßen wird, damit eine Tüte Chips her/gestellt werden kann, können die Wissenschaftler inzwischen exakt/berechnen. Genau wie den CO$_2$-Ausstoß, der zum Beispiel entsteht, wenn wir Auto/fahren, Fleisch/essen oder baden/gehen.
15 Zusammen/gerechnet lässt sich daraus der so genannte persönliche CO$_2$-Fußabdruck ermitteln. Er gibt die Höhe des CO$_2$-Ausstoßes an, für die jeder Mensch verantwortlich/ist. Der Fußabdruck kann bei manchen klein/ausfallen, bei anderen riesig/sein. Leider müssen wir zugeben, dass wir in Deutschland mit Quadratlatschen auf dem Klima herum/trampeln: Im Schnitt werden von jedem Einwohner täglich 32 Kilogramm CO$_2$ aus/gestoßen. Ein Mensch aus Äthiopien kommt auf nicht
20 einmal 300 Gramm pro Tag.

[1] CO$_2$: Kohlenstoffdioxid oder Kohlendioxid; ein wichtiges Treibhausgas

5 Getrennt oder zusammen? Entscheidet, wie die markierten Wortgruppen im Text geschrieben werden, und schreibt sie richtig in euer Heft.

6 Für Spezialisten: Bildet Sätze, in denen die nebenstehenden Wortgruppen einmal zusammengeschrieben, das andere Mal getrennt geschrieben werden.
Begründet bei jedem Satz die Zusammen- oder Getrenntschreibung.

> offen/bleiben • wieder/haben •
> gut/schreiben • zusammen/tragen •
> wieder/sehen • nahe/kommen

15 Im Team arbeiten –
In Medien recherchieren, mit Medien präsentieren

1 a Beschreibt, wie die Menschen auf dem Bild arbeiten.
  b Stellt Vermutungen darüber an, welchen Zweck ihre Arbeit haben könnte.
  c Klärt, was ihr unter einem starken Team versteht.

2 a Erklärt, welche Aufgaben oder Projekte ihr im Team oder als Gruppe schon erarbeitet habt.
   – Was hat euch dabei besonders gut gefallen?
   – Wo gab es Probleme?
  b Formuliert Tipps, wie Teamarbeit gut gelingen kann.

In diesem Kapitel ...

– lernt ihr, wie ihr erfolgreich im Team arbeitet,
– recherchiert ihr zum Thema „Umweltschutz" und wertet gemeinsam Informationen aus,
– trainiert ihr, Informationen sinnvoll zu präsentieren und Feedback zu geben,
– verfasst ihr Aufrufe und überarbeitet sie in einer Schreibkonferenz.

15.1 Los geht es! – Themen für Kurzvorträge finden und festlegen

Hochwasser – warum bei uns?

Ursache für das Hochwasser in Bayern und Ostdeutschland ist eine ungewöhnliche Großwetterlage – und der Kli-
5 mawandel könnte eine Rolle dabei gespielt haben. Als einen Verdächtigen haben Forscher den Jetstream im Visier, eine starke Luftströmung in großer Höhe. Doch auch der kalte und nasse Winter begünstigte die Fluten. Auch er könnte kein Zufall sein.

1
a Lest den Ausriss aus einer Zeitungsnachricht mehrmals.
b Schlagt das Buch zu und gebt wieder, wie sich Forscher die Hochwasser in Bayern und Ostdeutschland erklären.

2
a Formuliert, was ihr selbst bereits über den Klimawandel wisst.
b Sammelt weitere Beispiele: Wo wird die Natur durch den Menschen bedroht?
c Erklärt, was durch Umweltschutz erreicht werden soll.

3 Stellt euch vor, euer Auftrag ist, an eurer Schule in Kurzvorträgen über verschiedene Umweltthemen zu informieren. Dabei soll auch deutlich werden, was jeder einzelne Mensch im Alltag zum Umweltschutz beitragen kann.
a Sammelt dazu an der Tafel Ideen, z. B.: *Umgang mit Abfall, Gewässerschutz, Energie* ...
b Bildet Vierergruppen und einigt euch auf ein gemeinsames Referatsthema, indem ihr die folgende Placemat-Methode anwendet (▶ Wissen und können).
c Tauscht euch in der Klasse über die von euch gewählten Themen aus. Diskutiert, ob zwei Gruppen auch dasselbe Thema bearbeiten können oder jede Gruppe ein anderes.

| **Wissen und können** | **Die Placemat-Methode** (auch: Platzdeckchenmethode) |

1 Legt einen **großen Bogen Papier** in die Mitte eures Gruppentischs und teilt es wie nebenstehend dargestellt in vier **äußere Segmente und ein mittleres Segment** auf.
2 Jedes Gruppenmitglied schreibt in sein Segment sein **Wunschthema**. Ihr könnt euren Vorschlag auch knapp durch ein bis zwei Argumente begründen (▶ S. 35).
3 **Vergleicht eure Einträge.** Jeder liest die Notizen der anderen und stellt Rückfragen bei Verständnisproblemen.
4 **Einigt euch in der Gruppe** für einen Vorschlag und schreibt ihn in die Mitte des Blattes.

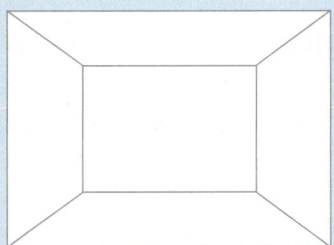

Die Teamarbeit planen und organisieren

1. Wahrscheinlich habt ihr schon einmal Aufgaben oder Projekte in einem Team erarbeitet.
Schaut euch den Stationenlauf zur Teamarbeit genau an.
Erklärt, wie ihr die Arbeit an den einzelnen Stationen bisher durchgeführt habt. Nennt Beispiele.

2. Begründet eure Meinung:
   – An welchen Stationen arbeitet ihr am besten in der Gruppe?
   – Welche Stationen würdet ihr besser einzeln oder zu zweit erledigen?

Ein Team bilden, die Aufgaben verteilen

1 Bildet Gruppen von vier bis sechs Personen. Findet euch je nach Interesse zu den ausgewählten Themen zusammen (▶ S. 290, Aufgabe 3 b).

2 Um im Folgenden euren Vortrag zu erarbeiten, solltet ihr bis hin zur Präsentation die vier wesentlichen Arbeitsschritte A bis D vor Augen haben.
  a Vergleicht die Arbeitsschritte A bis D mit dem Stationenlauf auf Seite 291. Welche Stationen sind gemeint? Welche werden ergänzt und verfeinert?

A Eine Zeitplanung erstellen Um pünktlich fertig zu werden, müsst ihr festlegen, wer wann was genau macht.	B Informationen recherchieren Nicht alle Informationen passen zu einem Thema. Ihr müsst sie sammeln, auswählen und so aufbereiten, dass andere sie verstehen.
C Die Präsentation anfertigen Am besten erstellt ihr Präsentationsfolien am Computer, damit Wichtiges für alle gut lesbar ist.	D Ein Handout verfassen Entwickelt ein Handout (Informationspapier), das den Aufbau und die zentralen Informationen eures Vortrags wiedergibt.

  b Tauscht euch darüber aus, was ihr besonders gut könnt bzw. gerne macht. Entscheidet jeweils, wo ihr euch besonders gut einbringen könnt.

3 Überlegt gemeinsam, wie ihr bei der Informationsrecherche (Arbeitsschritt B) vorgehen wollt. Notiert eure Ideen zu den folgenden Fragen:
  – Welche Fragen zu eurem Thema wollt ihr in eurem Kurzvortrag beantworten?
  – Wo wollt ihr nach Informationen suchen (Internet, Bibliothek, Interview mit …)?

4 Erstellt einen Arbeitsplan für eure Gruppenarbeit. Füllt zunächst nur die Felder für die Aufgaben 1 bis 3 aus, z. B. zum Thema „Klimaschutz":

Thema: Klimaschutz	Ziel: Informationen und Tipps für Mitschüler		
Aufgaben	Wer?	Wo?	Bis wann?
1. Informationen recherchieren: – Was bedeutet Klimaschutz? – Ursachen für den Klimawandel? – Maßnahmen gegen den Klimawandel? – Was können wir tun?	… … … … …	Internet, Lexikon … … … …	nächsten Montag … … … …
2. Informationen auswerten …			in zwei Wochen
3. Den Kurzvortrag ausarbeiten …			
4. Erstellen der Präsentationsfolien …			
5. Verfassen des Handouts …			

Informationen recherchieren und auswerten

Klimawandel + Ursachen			🔍
Web	Bilder	Videos	Mehr ...

Ursachen des Klimawandels. 20. Juni 2018 – Für die globale Erwärmung des Erdklimas ist der Mensch verantwortlich. Er verstärkt insbesondere durch Landwirtschaft, Industrie und Verkehr den Treibhauseffekt. Wo früher Wolken, Kohlendioxid und Methan gleich einem Gewächshaus die Wärme in der Atmosphäre gehalten und dafür gesorgt haben, dass wir auf der Erde leben können, ...

Ursachen des Klimawandels – Die Naturschutzorganisation
https://www. ...

Ursachen des Klimawandels – Eine Studie
https://www. ...
Ursachen des Klimawandels. Indem fossile Energieträger wie Kohle und Öl massenhaft verbrannt werden, wurde das Klimasystem der Erde aus dem Gleichgewicht gebracht.

Klimawandel – Ursachen & Auswirkungen – co2-direkt
https://www. ...
Häufige Irrtümer zu Ursachen und Folgen des Klimawandels. Informieren Sie sich jetzt zum Thema „Klimawandel und globale Erderwärmung".

1 Um im Internet gezielt nach Informationen zu suchen, gibt es Suchmaschinen. Nennt die Suchmaschinen, die ihr kennt. Wie geht ihr bei der Recherche im Internet vor (▶ S. 342)?

2 Betrachtet die abgebildete Internetseite genauer und beantwortet folgende Fragen:
– Welche Suchbegriffe wurden verwendet? Haltet ihr diese für geeignet?
– Welche Informationen lassen sich bei den einzelnen Suchergebnissen ablesen?
– Welche Suchergebnisse hättet ihr spontan angeklickt? Aus welchen Gründen?

3 Bei der Internetrecherche findet ein Schüler ein Erklärvideo.
a Beschreibt den abgebildeten Ausschnitt aus dem Video. Was ist zu sehen? Was könnte folgen?
b Erläutert, was ein solches Video von einem Informationstext unterscheidet.
c Kennt ihr Erklärvideos? Berichtet von euren Erfahrungen: Wann findet ihr sie hilfreich, wann nicht?

4 Sammelt Tipps, woran man ein hilfreiches Suchergebnis erkennen kann und welche Ergebnisse (Links) man besser nicht anklickt.
Tipp: Gestaltet ein Lernplakat zum Thema „Sicher im Internet recherchieren".

5 a Einigt euch in eurer Gruppe auf geeignete Suchbegriffe und recherchiert anschließend an verschiedenen Rechnern (z. B. im Computerraum) zu eurem Thema.
b Nutzt verschiedene Suchmaschinen und vergleicht eure Trefferlisten. Was fällt euch auf?
c Speichert die drei Internetseiten ab, die ihr für geeignet haltet, nachdem ihr sie aus der Liste der Suchergebnisse angeklickt und gelesen habt.
d Vergleicht sie mit den ausgewählten Seiten eurer Teamkollegen. Erstellt gemeinsam eine Rangliste, welche Seiten euch am meisten ansprechen und helfen.
e Diskutiert, inwieweit Firmenseiten für die Informationssuche geeignet sein könnten.

6 Sammelt auch Informationen aus Lexika, Büchern und Zeitschriften (▶materialgestütztes Informieren, S. 13 ff.). Vielleicht könnt ihr auch Experten für ein Interview gewinnen, z. B. ein Mitglied einer Umweltorganisation vor Ort?
Tipp: Fragt in eurem Bekanntenkreis nach, wer Experten zum Thema kennt.

7 Nach dem Sammeln müssen die Informationen ausgewertet werden.
a Überfliegt die folgenden Texte und Grafiken M1 bis M6 (▶S. 295–297) und benennt, worüber sie jeweils informieren. Beachtet vor allem die Überschriften und die Bilder.
b Beurteilt die Materialien M1 bis M6 anhand der folgenden Prüffragen:

> – Um welche Textsorte handelt es sich: Bericht, Brief, Interview, Blog oder Erklärvideo?
> – Woher stammt der Text, die Grafik oder das Video? Von wem wurde das Material veröffentlicht? Wurde es durch eine Firma, eine Stiftung, eine öffentliche Einrichtung, ein Amt oder privat ins Netz gestellt?
> – An wen richtet sich das Material: an Fachkollegen, alle Interessierten?
> – Welchen Zweck hat das Material: informieren, unterhalten, überzeugen?
> – Wird in den Texten, Grafiken oder Videos auf andere Quellen verwiesen?
> – Für welchen Teil des Vortrags ist das Material geeignet?

Wissen und können — Suchergebnisse im Internet beurteilen

1 **Prüft eure Suchergebnisse,** ohne sie sofort anzuklicken. Lest den angezeigten Titel der Seite, den Textauszug und die angegebene Internetadresse. Geben die Angaben Hinweise darauf, dass die Internetseite die gesuchten Informationen enthält?
2 **Prüft die Internetadresse.** Erscheint der Betreiber der Seite zuverlässig? Handelt es sich um die Seite einer euch bekannten Firma oder einer größeren Organisation, der man vertrauen kann (▶Impressum der Seite)? Werden Quellen oder Belege für die dargestellten Informationen angeführt? Soll den Besuchern der Seite etwas verkauft werden?
3 **Überfliegt den Inhalt** der aufgerufenen Internetseite. Liefert der Beitrag brauchbare Informationen zum Thema oder zu euren Fragen?
4 **Speichert die Seite** oder druckt sie aus, wenn sie hilfreiche Informationen zum Thema enthält.

M1

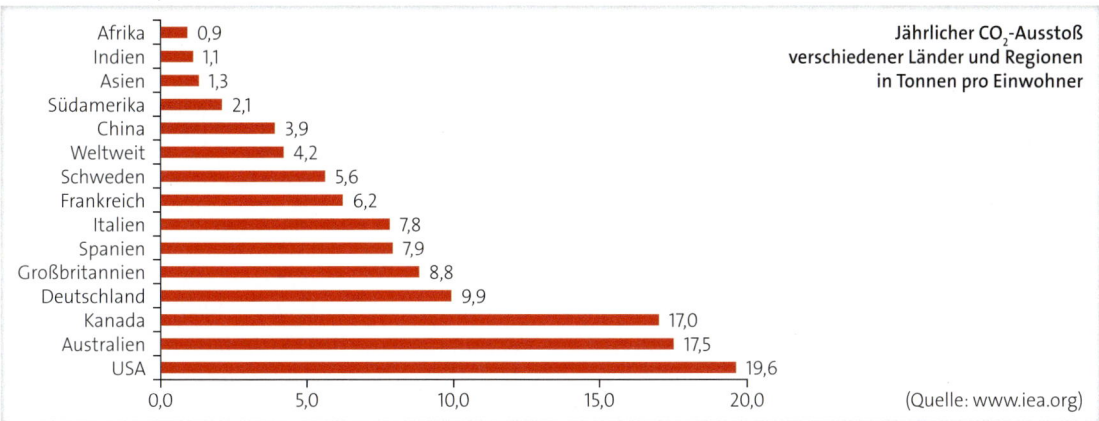

Jährlicher CO_2-Ausstoß verschiedener Länder und Regionen in Tonnen pro Einwohner

- Afrika: 0,9
- Indien: 1,1
- Asien: 1,3
- Südamerika: 2,1
- China: 3,9
- Weltweit: 4,2
- Schweden: 5,6
- Frankreich: 6,2
- Italien: 7,8
- Spanien: 7,9
- Großbritannien: 8,8
- Deutschland: 9,9
- Kanada: 17,0
- Australien: 17,5
- USA: 19,6

(Quelle: www.iea.org)

M2

Stefan Rahmstorf und Hans Joachim Schellnhuber

Aus der Klimageschichte lernen – Klimaarchive[1]

Woher wissen wir überhaupt etwas über das Klima vergangener Epochen? Manche Zeugen früherer Klimawechsel stehen unübersehbar in der Landschaft – zum Beispiel Endmoränen längst abgeschmolzener Gletscher. Das meiste Wissen über die Geschichte des Erdklimas ist jedoch das Ergebnis einer mühsamen Detektivarbeit mit ständig verfeinerten Methoden. Wo sich immer etwas über längere Zeiträume ablagert oder aufbaut – seien es Sedimente am Meeresgrund, Schneeschichten auf Gletschern, Stalaktiten in Höhlen oder Wachstumsringe in Korallen und Bäumen –, finden Forscher Möglichkeiten und Methoden, daraus Klimadaten zu gewinnen. Sie bohren jahrelang durch das massive Grönlandeis bis zum Felsgrund oder ziehen aus tausend Metern Wassertiefe Sedimentkerne, sie analysieren in monatelanger Fleißarbeit unter dem Mikroskop winzige Kalkschalen und Pflanzenpollen. Am Beispiel der Erdbohrkerne lässt sich das Grundprinzip gut verstehen. Gigantische Gletscher, Eispanzer von mehreren Tausend Metern Dicke, haben sich in Grönland und Antarktis gebildet, weil dort Schnee fällt, der auf Grund der Kälte aber nicht wieder abtaut. So wachsen die Schneelagen immer mehr in die Höhe; der ältere Schnee darunter wird durch das Gewicht der neuen Schneelast zu Eis zusammengepresst. [...] Bohrt man einen solchen Eisschild an, dann findet man mit zunehmender Tiefe immer älteres Eis. Wenn die Schneefallmengen groß genug sind und einen deutlichen Jahresgang haben (wie in Grönland, wo durch den Schneefall jährlich eine 20 Zentimeter dicke neue Eisschicht entsteht), kann man sogar Jahresschichten erkennen. [...] In Grönland reicht das Eis ca. 120 000 Jahre in die Vergangenheit zurück.

Eisbohrkern

---

1 aus: Der Klimawandel: Diagnose, Prognose, Therapie. C. H. Beck, München, 8. Auflage 2012, S. 5

M3

Geisterstadt nach Hurrikan „Sandy"[2]

Eine Achterbahn ragt aus den Fluten, die Strandpromenaden sind komplett zerstört: Hurrikan „Sandy" fegte gnadenlos durch den kleinen Ferienort Seaside Heights in New Jersey. Für die Bewohner ist die einstige Heimat nun ein Sperrgebiet auf unbestimmte Zeit.

[...] Die berühmten Strandpromenaden sind vollständig zerstört, die Häuser des kleinen Ortes unbewohnbar. [...] Der Gouverneur von New Jersey ist sichtlich ergriffen angesichts der Schneise der Verwüstung, die der Wirbelsturm auf der Halbinsel vor der Küste seines Bundesstaates hinterließ. [...] Die Instandsetzung werde „teuer und anstrengend und manchmal auch frustrierend sein", sagt er.

2   Quelle: SpiegelONLINE v. 17.11. 2012

M4

| An: |
| Von: |
| Betreff: |

Hallo zusammen,

ich habe Herrn Lehmann vom Deutschen Wetterdienst interviewt. Das ist ein Bekannter meines Onkels. Die Fragen und Antworten habe ich schnell zusammengetippt:

Frage: Dürfen wir Sie als Meteorologen zu dem Begriff „Treibhauseffekt" befragen? Können Sie uns erklären, was man genau darunter versteht?
M. Lehmann: Im Grunde ist das nicht kompliziert. In einem Treibhaus sorgt ein Glasdach dafür, dass Sonnenstrahlen hineingelangen, Wärmestrahlen jedoch nicht wieder entweichen können. Dies ist für Treibhauspflanzen ideal.
Frage: Verstehe, das Glasdach unserer Umwelt wäre dann die Atmosphäre.
M. Lehmann: Genau. Bestimmte Gase wirken in unserer Atmosphäre wie ein Glasdach. Diese Gase sind z. B. Kohlendioxid, Methan, Fluorkohlenwasserstoff und Lachgas.
Sie lassen die einfallenden Sonnenstrahlen durch, verhindern aber gleichzeitig, dass die Wärme, die von der Erde zurückgestrahlt wird, in den Weltraum entweichen kann.
Mareike: Und dadurch erhöht sich die Temperatur auf der Erde. Alles klar.
M. Lehmann: Dabei ist der natürliche Treibhauseffekt eigentlich etwas Gutes. Ohne ihn würde die Durchschnittstemperatur auf der Erde weit unter null Grad Celsius liegen.
Frage: Das heißt, ohne Treibhauseffekt wäre kein Leben auf der Erde möglich, richtig?
M. Lehmann: Richtig. Doch seit die Menschen immer mehr Energie verbrauchen, gelangt immer mehr Kohlendioxid in die Atmosphäre und verstärkt so den Treibhauseffekt enorm.
Schluss: Herr Lehmann, haben Sie vielen Dank für diese Erläuterungen!

M5

Ein Blog ist eine Webseite, auf der regelmäßig neue Einträge meist zu einem bestimmten Thema erscheinen. Diese werden in Form von Gedanken, Kommentaren oder Informationstexten von mindestens einer Person, der Bloggerin oder dem Blogger, verfasst. Neue Einträge stehen an oberster Stelle.

Jannes Stoppel
Blogeintrag zum Thema „Wir brauchen gute Regeln für den Klimaschutz" 29.09.2017

In den letzten Jahren ist immer deutlicher geworden, dass wir dem Klimawandel mit aktiven Schutzmaßnahmen begegnen müssen. Nur so können wir verheerende Auswirkungen auf zukünftige Generationen vermeiden. Das Pariser Klimaschutzabkommen setzt seit 2015 die Rahmenbedingungen dafür, die Erderwärmung unter 2 Grad Celsius, möglichst sogar unter 1,5 Grad Celsius, zu halten.

5 Es ist ein anspruchsvolles Ziel. Denn schon jetzt haben wir einen großen Überschuss an klimaschädlichem Kohlendioxid in der Erdatmosphäre. Es ist also klar, dass wir in allen Lebensbereichen unsere CO_2-Emissionen[3] massiv verringern müssen. Zusätzlich brauchen wir ökologische und sozialverträgliche Ideen wie wir überschüssiges CO_2 speichern können. Hierfür sind klare und genaue Regeln notwendig, damit die Emissionen und die Speicherung von Kohlendioxid erfasst werden können.

10 Letzte Woche war ich in Brüssel, um mit Kolleg*innen anderer Verbände zu diskutieren, wie sich die Europäische Union (EU) zu diesem Thema positioniert. Die EU gilt zwar als die treibende Kraft, die internationalen Klimaschutzbemühungen voranzubringen. Doch bei der Entwicklung der EU-Regeln für Emissionen aus dem Bereich der Landnutzung (LULUCF, also „land-use, land use change and forestry") ist die EU bei Weitem kein Vorreiter. [...] Diese Regeln sollten aber aus meiner Sicht nicht nur die Ziele von Paris erfüllen und Vorbild-
15 funktion haben, sondern auch die internationalen Nachhaltigkeitsziele berücksichtigen. Es muss weiterhin ein gutes Regelwerk für die Umsetzung des Pariser Klimaschutzabkommens erarbeitet werden.

3 die Emission: der Ausstoß (hier: von Abgasen)

M6

Erklärvideo zum Thema „LULUCF"

(zwei Ausschnitte)

Stimme: Land Use, Land-Use Change and Forestry bedeutet Landnutzung, Landnutzungsänderungen und Forstwirtschaft. Darunter werden Maßnahmen im Bereich der Forstwirtschaft und der Landnutzung verstanden, auf die man sich gemeinsam einigt.

Stimme: So weiß man zum Beispiel, dass man das Klima dadurch entlasten kann, indem man Wälder aufforstet. Denn Bäume entziehen der Atmosphäre Kohlendioxid und geben Sauerstoff (O_2) ab. Gleichzeitig sollte man weniger roden, denn bestehende Wälder und schonend behandelte Böden sorgen für einen Rückgang der CO_2-Emissionen.

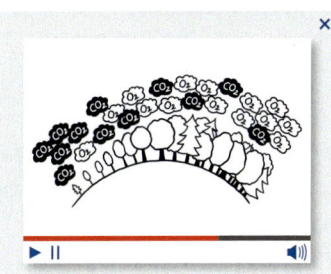

8 a Entscheidet, welche Materialien für euren Vortrag geeignet sind.
Beachtet auch die bereits von euch gewählten Unterthemen (▶ S. 292, Arbeitsplan).
b Klärt gemeinsam Begriffe und Aussagen in den von euch ausgewählten Materialien.
c Schreibt die wichtigsten Informationen auf einen Stichwortzettel.

Den Kurzvortrag ausarbeiten und ein Feedback geben

9 a Entwickelt eine Gliederung für euren Kurzvortrag:
– Ordnet die Informationen zu eurem Thema nach Unterthemen, z. B. zum Thema „Klimaschutz" →
Bedeutung des Begriffs, Klimageschichte, Ursachen, Auswirkungen, ...
– Legt für jedes Unterthema ein eigenes Blatt mit den wichtigsten Informationen an.
b Sammelt Ideen für die Einleitung eures Vortrags. Möglich sind z. B.: ein Foto, ein Bild, ein Zitat, ein interessantes Ereignis oder ein Überblick über euren Vortrag.
c Rundet den Vortrag ab, z. B. mit der Zusammenfassung wichtiger Informationen, eurer persönlichen Einschätzung oder einem Ausblick auf weitere Entwicklungen.
d Übt eure Vorträge in der Gruppe ein. Die anderen geben ein sachliches Feedback (▶ S. 302).

Ein Erklärvideo erstellen (Legetechnik)

 Mit einem Erklärvideo (▶ S. 293, 297) könnt ihr anschaulich beschreiben und schrittweise zeigen, wie etwas funktioniert, z. B. den Treibhauseffekt oder wie man wo Energie sparen kann.
a Einigt euch im Team auf ein Thema. Es sollte möglichst nur einen Vorgang umfassen.
b Plant mit Hilfe des folgenden Arbeitsplans euer Video von ca. ein bis drei Minuten Länge.
Tipp: Erstellt am besten ein Video, bei dem ihr eure Bilder oder Gegenstände nacheinander auf einer Tischplatte zeigt. Es genügt, wenn nur eine Hand zu sehen ist, die die Gegenstände oder Zeichnungen der Kamera vorlegt.

Erklärvideo zum Thema „Im Haushalt Energie sparen"		
Zeichnung	Kamera (▶ S. 319–320)	Sprechtext
1. Wohnhaus	– aus ca. 1m Abstand auf Zeichnung; Vogelperspektive	Mit diesem Video wollen wir euch zeigen, wie man ...
2. Fernseher mit roter Standby-Leuchte	– Vogelperspektive – Zoom auf Standby-Leuchte	Viele Geräte wie z. B. der Fernseher lassen sich nicht ganz ausschalten. Sie ...
3. Extra-Steckdose mit An-/Ausschalter	– Detail Gegenstand	Es gibt aber Steckdosen mit einem eigenen ...
...	...	...

 a Bestimmt, wer die Gegenstände besorgt oder die Zeichnungen anfertigt, wer die Kamera (z. B. Smartphone) bedient und wer den Text spricht.
b Dreht mehrere Durchläufe. Wählt den besten Dreh aus: Stimmen Licht, Ton und Tempo?
Tipp: Am Computer könnt ihr die geeignetsten Szenen zusammenschneiden (▶ S. 204).

15.2 „Mein Thema ist ..." – Einen Kurzvortrag anschaulich präsentieren

Eine Bildschirmpräsentation erstellen

Wie viel Müll in Europa pro Land im Jahr produziert wird

– Ein Deutscher produziert im Jahr 564 kg Verpackungsmüll.
– Er liegt damit klar über dem EU-Durchschnitt von 522 kg pro Kopf.
– Vor allem Länder mit hohem Privatkonsum produzieren viel Müll.
– Rumänien (379 kg), Lettland (377 kg), Polen (322 kg) und die Slowakei (309 kg) weisen daher eine viel geringere Müllproduktion auf.

Müllproduktion pro Kopf in Europa

Müllproduktion im Durchschnitt: **522 kg**

Bundesrepublik D	564 kg
Rumänien	379 kg
Lettland	377 kg
Polen	322 kg
Slowakei	309 kg

→ **Müllproduktion steigt mit dem privaten Verbrauch (Konsum)**

---

1 Betrachtet die beiden Präsentationsfolien.
Was haltet ihr bereits für gelungen und was nicht? Begründet eure Meinung.

2 Berichtet von eigenen Erfahrungen oder Beispielen, die ihr aus der Schule kennt.
– Wann konntet ihr Folien gut oder nicht gut lesen?
– Wann war es schwierig, die Informationen nachzuvollziehen?

3 a Untersucht in Partnerarbeit die beiden Folien (▶ S. 299) genauer.
Beurteilt Textmenge, Schriftgröße und Schriftart, farbliche Gestaltung.
b Sammelt Tipps: Was solltet ihr beachten, wenn ihr Präsentationsfolien und Texte am Computer gestaltet?

4 a Ergänzt euren Arbeitsplan (▶ S. 292) um die Punkte 4 und 5.
b Erstellt in Gruppen eine Bildschirmpräsentation für euren Kurzvortrag. Beachtet das folgende „Wissen und können".
c Präsentiert eure Folien in der Gruppe. Gebt euch Feedback darüber, was gut gelungen ist und was ihr noch verbessern könnt.

Wissen und können — Eine Folienpräsentation erstellen

Präsentationsprogramme wie „Impress" oder „PowerPoint" arbeiten mit Folien.
Auf diesen **Arbeitsflächen** könnt ihr euer **Thema** nennen, **wichtige Informationen in Stichpunkten** hinzufügen und **anschauliche Grafiken, Bilder oder Tabellen** zeigen.

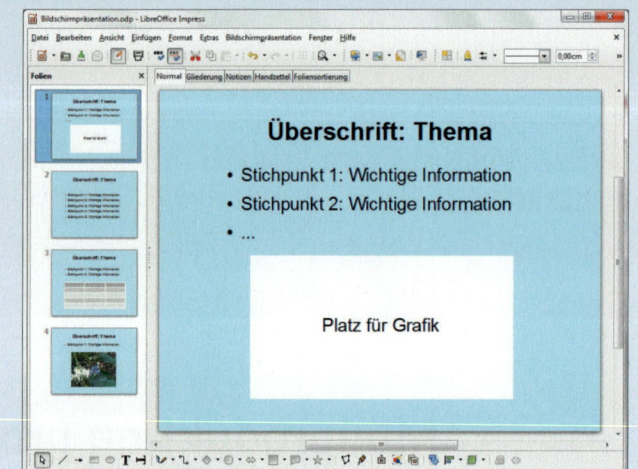

Mit Folien vortragen
Eine Folie dient zur Unterstützung eures Vortrags. Sie hilft, ihn zu gliedern, und ergänzt ihn um anschauliche Inhalte wie Grafiken und Bilder, die man mündlich nicht darstellen kann.
- Nennt auf einer Folie nur das Thema und wenige knappe Stichpunkte (höchstens 5). Randvolle Folien ermüden eure Zuhörer.
- Schreibt alle weitergehenden Informationen in der Notizenansicht auf die Folie. In dieser Ansicht könnt ihr euren Vortrag am besten einüben.

Tipp: Lest die Folien nicht ab. Erläutert die Stichpunkte durch einen ausführlichen Vortrag.

Folien gestalten
Vortragsfolien sollen gut lesbar sein.
- Verzichtet auf ablenkende oder mehrfarbige **Hintergründe.**
- Achtet bei der Wahl der **Textfarbe** darauf, dass sie sich gut vom Hintergrund unterscheidet.
- Nehmt eine klare **Schrift** (z. B. Arial). Die **Schriftgröße** solltet ihr so wählen, dass jeder im Raum die Stichpunkte mühelos lesen kann (mindestens 22 Punkt).
- **Tabellen, Fotos oder gezeichnete Bilder** müssen klar erkennbar bzw. gut lesbar sein.

Tipp: Präsentationsprogramme bieten nur einfache Werkzeuge zur Bildbearbeitung an. Gegebenenfalls müsst ihr euer Bildmaterial vorher in einem Bildbearbeitungsprogramm vorbereiten.

Ein Handout verfassen

> Fach: Deutsch
> Teampräsentation am 5. 2. 20..
> Referenten: Maximilian Speer, Justus Maier, Aizah Celik
>
> **Müllproduktion und Müllvermeidung**
>
> 1. **Wie viel Müll fällt pro Kopf und Jahr in der EU an?**
>   – Im weltweiten Vergleich sehr viel (im Schnitt 522 kg)
>   – Deutschland und entwickelte Industrieländer produzieren besonders viel Müll (564 kg)
>
> 2. **Gründe für hohe Müllproduktion**
>   – hoher privater Konsum
>   – ein Großteil ist Verpackungsmüll
>
> 3. **Folgen für Umwelt und Klima**
>   – ...
>
> 4. **Gegenmaßnahmen durch den Einzelnen**
>   – Mülltrennung
>   – Änderung des Einkaufsverhaltens
>
> ---
>
> Quellenangaben: Syr, Otto: Über Müll, Köln 2019, S. 120 ff.

1 Zu einer guten Präsentation gehört ein Handout, das ihr zu Beginn oder am Ende eures Vortrags an das Publikum verteilt.
   a Beschreibt, wie dieses Handout aufgebaut ist. Wo finden sich welche Informationen?
   b Diskutiert, was im Handout gut gelungen ist und was ihr anders machen würdet.

2 Erstellt ein Handout für euren Kurzvortrag.
Achtet auf einen übersichtlichen Aufbau und haltet nur das Wichtigste in Stichworten fest.

> **Wissen und können**   **Ein Handout erstellen**
>
> - Ein **Handout** gibt den **Aufbau** und die **zentralen Informationen eines Vortrags knapp** und **übersichtlich** wieder (möglichst auf einer DIN-A4-Seite).
> - Das Handout sollte
>   – die Namen der Vortragenden, das Datum, das Fach und das Thema des Vortrags nennen,
>   – eindeutige Stichworte zu den wichtigsten Abschnitten des Vortrags (Gliederung) enthalten,
>   – die Quellen der verwendeten Materialien nennen (▶Quellenangaben, S. 21, 309).

Die Ergebnisse präsentieren

1 Plant den Ablauf eures Vortrags:
   a Legt fest, wer welchen Teil vorträgt und wie viel Redezeit jeder Einzelne von euch haben soll.
   b Notiert, wann welche Folie eingesetzt werden soll.
   c Haltet die wichtigsten Informationen für den Vortrag fest, z. B. auf Karteikarten.
   d Beschafft euch die technischen Geräte, die ihr benötigt, z. B. für eure Folienpräsentation. Worauf müsst ihr beim Einsatz achten?

2 a Erstellt im Heft einen Feedbackbogen wie folgt, um eure Vorträge (▶ S. 307) zu bewerten.

Feedbackbogen – Einen Vortrag bewerten	☺	😐	☹
Wurden alle wichtigen Informationen genannt?			
Wurde alles gut und verständlich erklärt (keine Schachtelsätze)?			
Wurde langsam, laut, deutlich und frei gesprochen?			
Hat der/die Vortragende die Zuhörenden angeschaut?			
Wurde die festgelegte Redezeit eingehalten?			
Funktionierte der Einsatz der Folien?			

   b Jedes Gruppenmitglied wählt ein bis zwei Punkte, auf die sie/er beim Zuhören besonders achtet.
   c Gebt den Vortragenden jeweils eine Rückmeldung, was gut gelungen ist und was noch verbessert werden kann. Beginnt dabei immer mit dem Positiven, z. B.: *Gut gefallen hat mir ...* Und formuliert eure Kritik stets sachlich, z. B.: *Nicht verstanden habe ich ...*

3 a Tragt eure Kurzvorträge in der Klasse vor. Die Zuhörerinnen und Zuhörer erhalten zu Beginn des Vortrags das Handout der Gruppen und notieren darauf Fragen.
   b Klärt nach jedem Vortrag Fragen, die noch offengeblieben sind.

4 Wertet die Vorträge in der Klasse aus:
   – Welcher Vortrag hat euch besonders gut gefallen? Begründet.
   – Welche Informationen zum Thema „Umweltschutz" fandet ihr besonders interessant? Gebt sie mit eigenen Worten wieder.

5 Wie beurteilt ihr eure Gruppenarbeit?
   a Notiert je Mitglied: Was hat gut funktioniert? Was könnt ihr verbessern?
      Tipp: Bleibt sachlich und fair bei eurer Kritik.
   b Vergleicht eure Notizen. Haltet fest, was ihr für die nächste Zusammenarbeit ändern wollt.

15.3 Projekt – Einen Aufruf verfassen und in einer Schreibkonferenz überarbeiten

„Umweltschule in Europa" ist eine Auszeichnung, die die Deutsche Gesellschaft für Umwelterziehung verleiht. Damit werden Schulen gewürdigt, die Umwelterziehung und umweltbewusstes Verhalten besonders fördern. Um dieses Qualitätssiegel zu erhalten, muss eine Schule bestimmte Kriterien erfüllen, z. B. Energie sparen, wenig Wasser verbrauchen oder regelmäßige Umweltprojekte durchführen.

1 Ihr beschließt, dass auch eure Schule eine Umweltschule werden soll. Gestaltet dazu einen Meinungsmarkt, indem ihr wie folgt vorgeht:

a Bildet Vierer- bis Sechsergruppen und diskutiert Ideen, auf welche Weise eure Schule innerhalb und außerhalb eine Umweltschule werden könnte. Denkt z. B. an Abfallreduzierung, Energie sparen etc.

b Schreibt eure Ideen auf ein Plakat und stellt es den anderen Gruppen vor, indem ihr eure Ideen gut begründet.

c Legt eure Plakate im Klassenraum aus. Geht herum und ergänzt Fragen, Zustimmungen oder Einwände.

HEY LEUTE!!!

Wir waren alle total schockiert **von den schrecklichen** Hochwasserbildern **in TV und Netz.**

Deshalb wollten wir wissen, warum es heute immer mehr Umweltkatastrophen **gibt. Und bei vielen von uns hat es dann „klick" gemacht.** Wir alle sind schuld!

Wir finden: Genug gequatscht! **Wir werden jetzt ne Umweltschule!!!**

Wenn ihr was Genaues wissen wollt:
Meldet euch!   **Die Umwelt-AG**

---

2 **a** Erläutert, an wen sich dieser Aufruf richtet.

b Bewertet den Aufruf: Berücksichtigt Informationsgehalt und Zweck, die Sprache, den Aufbau und die optische Gestaltung.

c Notiert in Stichworten, welche Merkmale ein guter Aufruf enthalten sollte.

3 Überarbeitet den Aufruf (▶ S. 303) mit Hilfe eurer Merkmalsliste (▶ S. 303, Aufgabe 2c).
Tipp: Verfasst den Text komplett neu.

4 Bildet Gruppen und besprecht eure Texte in einer Schreibkonferenz (▶ Wissen und können). Nutzt die folgende Checkliste. Übertragt sie in euer Heft.

Checkliste „Aufruf"	Lob/Kritik	Vorschläge
Inhalt – Ziel wird deutlich – alle wichtigen Informationen sind vorhanden und verständlich	– … – …	– …
Aufbau – sinnvolle Gliederung – ansprechende Gestaltung	– … – …	
Sprachliche Gestaltung – Ausdruck, Rechtschreibung, Zeichensetzung sind korrekt	– …	

5 a Verfasst und gestaltet am Computer einen Aufruf zu dem von euch gewählten Umweltprojekt im Rahmen der Aktion „Umweltschule in Europa" (▶ S. 303, Aufgabe 1).

b Geht zurück in eure Vierer- oder Sechsergruppen und überarbeitet eure Texte gegenseitig. Nutzt die Überarbeitungsfunktion eures Computerschreibprogramms (▶ S. 305).

Wissen und können — Eine Schreibkonferenz durchführen

In einer **Schreibkonferenz tauscht** ihr eure **Texte aus, korrigiert Fehler** und gebt euch gegenseitig **Tipps für die Überarbeitung.**

1 Setzt euch in Gruppen zusammen.
2 Haltet fest, worauf ihr bei eurer Konferenz achten wollt und wie ihr das jeweils anmerkt. Nutzt am besten die **Textlupen-Methode** (▶ S. 343).
3 Einer von euch liest seinen Text vor, die anderen hören aufmerksam zu.
4 Anschließend gebt ihr dem Verfasser oder der Verfasserin eine Rückmeldung, was euch besonders gut gefallen hat.
5 Dann wird der Text in der Gruppe Satz für Satz besprochen und die Verbesserungsvorschläge werden schriftlich festgehalten. Korrigiert auch die Rechtschreibung und die Zeichensetzung.
Tipp: Korrigiert die Texte zum Beispiel direkt am Computer (▶ S. 305).
6 Zum Schluss überarbeitet der Verfasser oder die Verfasserin den eigenen Text.

Texte am Computer überarbeiten

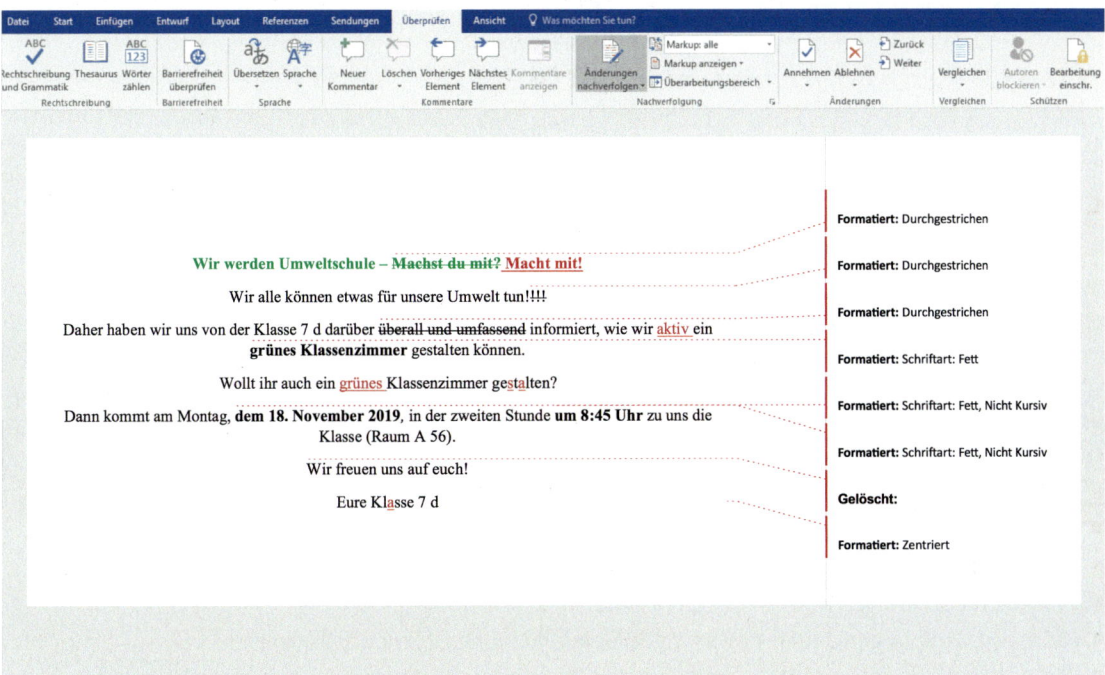

1 Beschreibt, wie man vorgehen muss, um Hilfe eines Computerschreibprogramms einen Text zu überarbeiten.
Beachtet zunächst die Schaltflächen oben und was man mit der Computermaus tun muss.

2 Überarbeitet am Computer den Text eines Gruppenmitglieds.
  a Klickt in eurem Schreibprogramm auf die Schaltfläche „Änderungen nachverfolgen" und ändert im Text z. B. ein Wort, das ihr ersetzen würdet.
  b Erläutert, was auf der Bildschirmansicht geschieht, wenn ihr diese Schaltfläche nutzt und im Text Formulierungen verändert.
  c Findet heraus, wie man die Funktion wieder ausschaltet.
  d Probiert die Schaltflächen „Annehmen", „Ablehnen", „Nächstes Element", „Zurück" und „Vor" aus. Beschreibt, was genau geschieht.

3 a Wählt einen Text eines Gruppenmitglieds und prüft und überarbeitet ihn jeweils einzeln ganz am Computer. Vergleicht anschließend eure einzelnen Ergebnisse.
  b Wählt einen anderen Text eines Gruppenmitglieds und überarbeitet ihn der Reihe nach am Computer, indem ihr euch das eine Dokument nacheinander zur Verfügung stellt.
  c Begründet, welches Vorgehen ihr besser findet: a oder b?

4 Überarbeitet alle eure Aufrufe mit Hilfe der Funktion „Änderungen nachverfolgen".

5 Gestaltet ein Lernplakat mit Tipps zur Überarbeitung von Texten am Computer.

Grundwissen

Sprechen und Zuhören

Gesprächsregeln

Gespräche, in denen **verschiedene Meinungen oder Wortbeiträge** ausgetauscht werden, sollten nach bestimmten Regeln ablaufen, damit die **Verständigung erleichtert** wird.
Die **wichtigsten Gesprächsregeln** sind:
- Jede/Jeder äußert sich nur zu dem Thema, um das es geht.
- Wir melden uns zu Wort und reden nicht einfach los.
- Wir hören den anderen Gesprächsteilnehmern aufmerksam zu.
- Wir fallen den anderen Gesprächsteilnehmern nicht ins Wort.
- Niemand wird wegen seiner Äußerungen beleidigt, verspottet oder ausgelacht.
- Wir befolgen die Hinweise des Gesprächsleiters oder der Gesprächsleiterin.

Diskutieren – Die eigene Meinung überzeugend begründen ▶ S. 36–37

- Prallen in einer **Diskussion** verschiedene Meinungen aufeinander, muss der **eigene Standpunkt anschaulich begründet** werden, damit man andere Diskussionsteilnehmer **überzeugen** kann. Dies nennt man **Argumentieren:**
- Zunächst formuliert man den eigenen **Standpunkt,** der umso überzeugender wirkt, wenn er durch **Begründungen gestützt** und durch **Beispiele veranschaulicht** wird, z. B.:
  – **Behauptung:** *Gutes Benehmen sollte man lernen, …*
  – **Begründung:** *… weil dies das Zusammenleben erleichtert und Menschen glücklicher macht.*
  – **Beispiel:** *So haben sich die Eltern meines Freundes sehr gefreut, als ich ihnen gesagt habe, wie lecker mir das Essen bei ihnen geschmeckt hat.*
- Begründungen werden oft mit **Konjunktionen** eingeleitet, z. B.: *da, weil, denn, …*

Eine Pro-und-Kontra-Diskussion führen – Das Gesprächsverhalten ▶ S. 36–37

1 Eine vorab gewählte **Diskussionsleitung** eröffnet die Diskussion. Sie erteilt **zunächst** den Sprechern der **Eingangsvorträge** das Wort. Anschließend leitet und beendet sie die Diskussion.
2 Tragt je **Pro- und Kontra-Gruppe** eure **Eingangsvorträge** (Statements) vor, z. B.:
Wir sind der Auffassung, dass es an unserer Schule einen Benimmkurs für alle geben sollte. Dafür sprechen mehrere Gründe. Als Erstes … Dies zeigt beispielsweise die …
3 Die Diskussionsleitung öffnet die **Diskussion für alle.**
4 Wer sich gerade nicht beteiligt, **beobachtet** den Diskussionsverlauf und **notiert Auffälliges,** z. B. zur Argumentation (wurden gute Begründungen und Beispiel angeführt?) und zum **Gesprächsverhalten,** z. B. ob und warum sich ein Konflikt entwickelt hat.

- Eine Diskussion kann man durch sein **Gesprächsverhalten** fördern oder hemmen.
  - Man sollte auf den anderen **eingehen**, z. B.: *Du sagst, dass ... Das sehe ich anders, weil ...*
  - Haltet **Gesprächsregeln** (▶ S. 306) ein: **Fragt nach,** wenn ihr etwas nicht verstanden habt, und **vermeidet** sogenannte **Killerphrasen**, die den anderen herabsetzen und unsachlich sind, z. B.: *Du immer mit deinem ... Jedes Kind weiß doch, dass ... Das haben wir nie so gemacht.*

Kurzvorträge gliedern und halten ▶ S. 190, 299–302

1 Den Kurzvortrag vorbereiten
- **Ordnet** die Informationen für euren Kurzvortrag, z. B. nach Unterthemen, und bringt sie in eine **sinnvolle Reihenfolge.**
- Notiert zu jedem Unterthema wichtige **Stichworte,** z. B. auf **Karteikarten.**
- **Nummeriert die Karteikarten** in der entsprechenden Reihenfolge.
- Überlegt, zu welchen Informationen eures Vortrags ihr welches Anschauungsmaterial zeigen könnt, und sucht nach geeignetem Material, z. B.: *Fotos, Landkarten, Grafiken, Gegenstände.*

2 Den Kurzvortrag gliedern
1. **Einleitung:** Sie soll das **Interesse** eures Publikums **wecken** und in das **Thema einführen.**
Es gibt verschiedene Möglichkeiten, z. B.: *ein Bild zum Thema, ein Zitat, ein interessantes Ereignis.*
2. **Hauptteil:** Darin werden die **Informationen** in einer **sinnvollen Reihenfolge** wiedergegeben und wichtige **W-Fragen beantwortet:** *Was? Wo? Wie? Warum? ...*
3. **Schluss:** Darin könnt ihr wichtige **Informationen zusammenfassen** oder eure **Meinung zum Thema** formulieren.

3 Den Vortrag halten
Sprecht langsam, laut, deutlich und frei, damit das Publikum euch gut folgen kann.
Sprecht möglichst frei: **Lest wenig ab** und beobachtet, wie sich euer Publikum verhält.
▶ Verteilt zu eurem Vortrag ein **Handout** (▶ S. 301, 346).

Schreiben

Erzählen

Anschauliches Erzählen – Schildern ▶ S. 71–90

- Wenn man eine **Stimmung oder Situation schildert,** versucht man zum einen, mit Worten ein anschauliches und lebendiges Bild zu malen. Man beschreibt im **Präsens** (▶ S. 324) **oder Präteritum** (▶ S. 324) z. B. eine Landschaft, eine belebte Straße, die Stimmung bei einem Konzert so, dass die Leser die Situation und die Atmosphäre genau vor Augen haben. Zum anderen erfahren die Leser etwas über die individuelle Wahrnehmung einer Figur. Schilderungen sind **handlungsarm** und geben **Wahrnehmungen, Sinneseindrücke** (Sehen, Hören, Fühlen, Riechen/Schmecken) sowie persönliche Gedanken und Empfindungen wieder.
- Die folgenden Fragen können euch helfen, eine Situation mit allen Sinnen wahrzunehmen: Was sehe ich? Was höre ich? Was rieche/schmecke ich? Was empfinde ich? Was denke ich?
- Man schildert mit Hilfe anschaulicher **Adjektive/Partizipien** (*stockdunkel/fröstelnd*), **treffender Verben** (*kriechen, rascheln, knistern*) und **sprachlicher Bilder** (▶ S. 73, 328).

 Grundwissen

Die Zeitgestaltung in erzählenden (epischen) Texten ▶ S. 83, 122

In erzählenden Texten kann die Zeit ganz unterschiedlich gestaltet werden. Das Erzähltempo ergibt sich aus dem **Verhältnis von Erzählzeit** (Zeitspanne bzw. **Lesezeit,** die Leser für die Lektüre eines Textes brauchen) und **erzählter Zeit** (Zeitraum, über den erzählt wird bzw. über den sich die Handlung erstreckt). Es gibt drei Möglichkeiten der Zeitgestaltung:
1. **Zeitdehnung:** Das **Geschehen** wird **gedehnt** und wirkt wie in **Zeitlupe,** als würde die Handlung fast zum Stillstand kommen. Bei der Zeitdehnung ist die Erzählzeit länger als die erzählte Zeit. Zeitdehnung erfolgt durch die **ausführliche Schilderung** von Wahrnehmungen, Gedanken und Gefühlen während eines Geschehens.
2. **Zeitraffung:** Das **Geschehen** wird **gerafft,** indem **längere Zeiträume zusammengefasst** werden, z. B.: *Vier Jahre lang ging er jeden Morgen zur Arbeit. Heute ...* Bei der Zeitraffung ist die Erzählzeit kürzer als die erzählte Zeit.
3. **Zeitdeckung:** Erzählzeit und erzählte Zeit sind identisch (gleich lang), z. B. bei der Wiedergabe von Dialogen.

Eine Situation aus der Perspektive einer literarischen Figur schildern ▶ S. 87–90

1 Versetzt euch in eine Figur hinein:
   – Was **hört, sieht, fühlt und riecht** sie? Zum Beispiel: *Von Ferne hörte ich Hundebellen.*
   – Was **denkt und spricht** sie? Zum Beispiel: *Was sollte ich tun?*
2 Beschreibt die **Situation** (Ort, Figuren, Handlung) genau und anschaulich. Hierzu könnt ihr:
   – **Gedanken und Gefühle** der Figur mitteilen, z. B.: *Mir wurde auf einmal richtig schlecht.*
   – **wörtliche Rede** verwenden, z. B.: *„Halt!", schrie ich.*
   – **treffende Verben** einsetzen, z. B.: *flüstern, wimmern, stolpern, schleichen.*
   – **anschauliche Adjektive** finden, z. B.: *panisch, heiß, düster, rasch, hastig, schmal, winzig.*
   – **sprachliche Bilder** (Vergleich, Metapher, Personifikation, ▶ S. 328) gebrauchen, z. B.: *Mein Herz schlug bis zum Hals.*
3 Prüft, ob ihr die **Erzählform** (Ich- oder Er-/Sie-Erzähler, ▶ S. 313) beibehalten und als **Erzählzeit das Präteritum** verwendet habt.

Äußere und innere Handlung ▶ S. 84, 86

In einer Geschichte wird nicht nur die äußere Handlung (das, was geschieht; das, was man von außen sehen kann) dargestellt, sondern es wird vor allem erzählt, **was die Figuren in einer Situation denken und fühlen (innere Handlung).** So können sich die Leser besser in die Figuren hineinversetzen und erhalten einen Einblick, was in einer Figur vorgeht, z. B. Angst, Wut, Freude, Verzweiflung.
- Beispiel für **äußere Handlung:** *Während die halbe Klasse auf dem Gang versammelt war, schrie Klaus aus dem Klassenraum um Hilfe.*
- Beispiel für **innere Handlung:** *Als ich Klaus' Hilfeschrei hörte, drehte sich mir der Magen um. Wie sollte ich Klaus bloß helfen?*

Textvorlagen fortsetzen ▶ S. 87–90, 127–134

1 Wenn ihr eine Geschichte nach einem bestimmten Muster verfasst oder fortsetzt, ist es wichtig, dass ihr das **Textmuster beibehaltet** und **Inhalte des vorgegebenen Textteils genau beachtet:**
   - Wer sind die **Hauptfiguren** der Geschichte? Welchen **Charakter** haben sie? Welche **Lebensumstände** prägen die Figur? **Mit wem spricht sie wie** und was möchte sie **erreichen**?
   - Wo **(Ort)** und wann **(Zeit)** spielt das Geschehen? Wie ist die **Situation**?
   - Was geschieht **(Handlungsschritte)**?
2 Setzt das Geschehen **lebendig und anschaulich** fort (▶ S. 87–90).
   - Beachtet die **Sprache der Vorlage:** Wie reden die Figuren?
   - Geschichten werden vorwiegend im **Präteritum** erzählt.

Tipp: Entscheidend ist nicht, wie ihr euch selbst in einer solchen Situation verhalten würdet, sondern welches Verhalten und welches Auftreten am besten zu der Figur passt.

Informieren

Informationen recherchieren – Quellenangaben machen ▶ S. 190, 293–294

- **Bibliothek aufsuchen: in Büchern, Zeitschriften und Zeitungen recherchieren**
  In der Bibliothek könnt ihr mit Hilfe des Computers nach Büchern (Lexika, Sach- oder Fachbüchern) und anderen Medien suchen (▶ S. 341–342).
- **Im Internet recherchieren**
  Für die Recherche im Internet verwendet man **Suchmaschinen.**
  Für **Jugendliche** gibt es mit *fragfinn* oder *helles-koepfchen* spezielle Suchmaschinen.
  Verwendet **passende Suchbegriffe,** um die Suche sinnvoll einzuschränken (▶ S. 342).
- **Quellenangaben machen**
  Damit man die Informationen noch einmal nachlesen oder prüfen kann, ist es wichtig, zu allen Materialien die **Quellen** zu **notieren:**
  - **Buch:** Autor/-in, Buchtitel, Jahr, Seitenangabe, z. B.: *Klein, Paul: Olympia, Kleve 2017, S. 33.*
  - **Zeitung/Zeitschrift:** Autor/-in, Titel des Textes, Name der Zeitschrift/Zeitung, Ausgabe/Jahr, Seitenangabe, z. B.: *Knapp, Hedi: Olympische Rekorde. In: Sport heute, Nr. 33/2017, S. 33–36.*
  - **Internet:** Internetadresse und Datum, an dem ihr die Seite aufgerufen habt, z. B.: *www.sporttatsachen.de/artikel/2673.html [15. 11. 2017].*

Informationen vergleichen und ordnen ▶ S. 15–19, 188–189, 294

Bei euren Recherchen werdet ihr meist mehrere Texte zu einem Thema finden.
Dann müsst ihr die Informationen **vergleichen, auswählen und ordnen.** Geht so vor:
1 **Unterstreicht** auf einer Kopie oder einem Textausdruck die **wichtigsten Informationen.**
2 Notiert am Textrand, zu welchen **Teilthemen oder Oberbegriffen** die markierten Informationen gehören, z. B.: *Wiedereinführung (der Olympischen Spiele), Grundidee, ...*
  Welche **W-Fragen** werden in dem jeweiligen Text beantwortet?
3 **Ordnet** die wichtigsten Informationen in einer Liste oder Tabelle **nach Oberbegriffen.**
  Tipp: Im **Literaturverzeichnis** von Sachbüchern finden sich oft weitere **Quellentipps.**

Informationen festhalten
▶ S. 15, 181

- **Informationen übersichtlich festhalten**
  Es gibt verschiedene Möglichkeiten, die Informationen eines Sachtextes festzuhalten:
  - **Stichwortliste:** Darin haltet ihr die Informationen des Textes in der Reihenfolge fest, in der sie im Text vorkommen.
  - **Mind-Map:** Ein Schaubild (▶19, 181, 341), in das ihr die Textinformationen – unabhängig von ihrer Reihenfolge im Text – nach Oberbegriffen (Teilthemen) einordnet. Zu diesen sammelt ihr dann weitere Informationen oder Unterbegriffe.

Einen informierenden Text verfassen
▶ S. 20–32

Einen informierenden Text schreibt man in der Regel **auf der Grundlage von anderen Texten** sowie Diagrammen und Grafiken (▶S. 318). Man verfasst ihn möglichst **mit eigenen Worten** (▶S. 21).

- **Aufbau**
  - Zu Beginn informiert ihr mit einem **Einleitungssatz** über das Thema des Textes, z. B.:
    In den letzten dreißig Jahren hat sich eine Kommunikationsrevolution ereignet.
- **Hauptteil**
  - Den Textaufbau kann man insbesondere durch **Zwischenüberschriften** verdeutlichen (▶S. 22, Aufgabe 2).
  - Die Sprache ist **sachlich.**
  - Die **Herkunft von Zitaten** weist man nach, indem man die **Quelle** benennt, z. B.:
    Laut Aussage des Experten … In der Studie … wird festgehalten, dass … Nach Meinung der …
- **Schluss**
  - Am Ende eures Informationstextes solltet ihr noch einmal **wichtige Informationen hervorheben.**

Mit eigenen Worten formulieren oder zitieren
▶ S. 20–21, 27–28

In aller Regel verwendet man in informierenden Texten **Informationen aus anderen Quellen.** Diese Informationen sollten zum größten Teil **mit eigenen Worten** formuliert werden. Damit umgeht man nicht nur den Vorwurf, dass man andere Texte nur abgeschrieben hat, sondern man gestaltet **für seine Adressaten bzw. Leser einen eigenen zusammenhängenden Text.** Um Informationen wiederzugeben, eignen sich folgende Methoden:

- **Wörter aus dem Wortfeld einsetzen**
  - Ersetzt einzelne Nomen und Verben durch Wörter mit gleicher oder ähnlicher Bedeutung (▶Synonyme, S. 206).
  - Verändert die Wortarten.
  - Verändert den Satzbau.
  Tipp: Fachbegriffe dürfen unverändert übernommen werden, z. B.: *soziale Netzwerke.*
- **Wörtliche Übernahmen aus anderen Texten kennzeichnen**
  - Wörtliche Übernahmen aus Texten müssen als **Zitate mit Anführungszeichen** markiert werden (▶S. 336), z. B.: *Philippe Wampfler sagt: „Verbote können Jugendliche entlasten."*
- **Quellen nennen**
  - **Quellen** zu Übernahmen kann man im Text wie folgt **benennen:**
    Laut Aussage des Experten … In der Studie … wird festgehalten, dass … Nach Meinung der …

Über den Inhalt einer Geschichte informieren ▶ S. 50–58, 67–70

Damit andere, die eine Geschichte nicht gelesen haben, über das Wesentliche informiert werden, fasst man ihren Inhalt knapp und sachlich zusammen.

Aufbau
- In der **Einleitung** nennt ihr die Art des Textes (z. B. *Fabel, Erzählung*), den Titel, die Autorin/den Autor und benennt mit wenigen Worten den Inhalt, z. B.: *In Annette Webers Geschichte „Eins zu null für Fabian" wird Fabian von Mitschülern so unter Druck gesetzt, dass er einem von ihnen bei einer Mathematikarbeit beim Spicken hilft. Er rächt sich jedoch durch eine List.*
- Im **Hauptteil** fasst ihr die wichtigsten Ereignisse der Handlung (Handlungsschritte) in der zeitlich richtigen Reihenfolge zusammen. Mögliche Rückblenden oder Vorausdeutungen werden in den zeitlichen Handlungsverlauf eingeordnet.
- Verzichtet auf die Darstellung von Einzelheiten und beschränkt euch auf das Wesentliche.

Sprache
- Schreibt **sachlich und nüchtern,** vermeidet ausschmückende Formulierungen.
- Formuliert **mit eigenen Worten.** Übernehmt möglichst keine Wendungen aus dem Originaltext.
- Macht die Zusammenhänge der Handlung durch **passende Satzverknüpfungen und Satzanfänge** deutlich (▶ S. 53), z. B. die zeitliche Abfolge: ***Während** Fabian an der Kasse seinen Wagen ausräumt, bemerkt er darin eine Damenunterhose. **Doch gerade als** er sie erstaunt herausnimmt, um sie …*
    - Weitere Verknüpfungswörter oder Satzanfänge sind z. B.: *als, nachdem, weil, obwohl, sodass, denn, damit, deshalb, aber, zuerst, anfangs, dann, daraufhin, anschließend, in diesem Moment.*
- Verwendet als Zeitform das **Präsens** (bei Vorzeitigkeit das Perfekt), z. B.: *Überrascht starrt Fabian die Clique an, deren Kommen er nicht bemerkt hat.*
- Verwendet **keine wörtliche Rede.** Besonders wichtige Aussagen von Figuren werden in eine mögliche Form der Redewiedergabe (▶ S. 233–234) umgewandelt, z. B. S. 51, Z. 144–145:
    - *„Das stimmt doch nicht! Ich habe für die Arbeit gelernt", rief Big Brother.* (wörtliche Rede)
    - → *Big Brother behauptet, er habe für die Arbeit gelernt.* (indirekte Rede im Konjunktiv I)
    - → *Big Brother erklärt, dass er für die Klassenarbeit gelernt hat.* (dass-Satz mit Indikativ)
    - → *Big Brother gibt an, für die Arbeit gelernt zu haben.* (Infinitivkonstruktion)

Argumentieren

Argumentieren – Behauptung, Begründung, Beispiel ▶ S. 35

- Beim **Argumentieren** versucht man, seine **Meinung überzeugend zu begründen.** Man stellt für den eigenen Standpunkt **unterschiedliche Behauptungen** auf, die man durch **Begründungen stützt** und durch **Beispiele veranschaulicht** bzw. erklärt, z. B.:
    - **Behauptung:** *In einem Gespräch zwischen zwei Menschen ist ein Smartphone oft störend.*
    - **Begründung:** *Denn der ständige Blick auf neu ankommende Nachrichten lenkt ab.*
    - **Beispiel:** *Vorhin wollte ich mit meinem Freund ein ernstes Problem besprechen, aber er hörte mir gar nicht zu, weil er mit seinen Augen stets am Display hing. Danach haben wir gestritten.*
- **Begründungen** kann man mit **Konjunktionen** bewusst einleiten: *weil, da, denn, daher, …*

Grundwissen

Formulierungshilfen ▶ S. 40

- **Behauptungen aufstellen:**
  Es verhält sich so, dass ... • *Viele glauben, dass ...* •
- **Zu Argumenten hinführen:**
  Ein wichtiges / Mein stärkstes Argument für ... ist ... • *Hinzu kommt, dass ...* •
  Darüber hinaus sollte man bedenken, dass ... • *Für/Gegen ... spricht außerdem die Tatsache, dass ...*
- **Begründungen einleiten:**
  Das zeigt sich vor allem daran, dass ... • *Der Grund dafür ist/lautet ...* • *Daher/Deshalb ... /*
  ... denn/weil/da ...
- **Beispiele einleiten:**
  Ein Beispiel dafür ist ... / Zum Beispiel ... / ... beispielsweise ... • *Das habe ich selbst erlebt, als ...* •
  Wie ich aus Erzählungen von ... weiß, ... • *Eine aktuelle Umfrage zeigt, dass ...*
- **Einwände entkräften:**
  Sicherlich kann man einwenden, dass ... Dennoch habe ich die Erfahrung gemacht, dass ... •
  Obwohl ... denken, dass ..., muss man berücksichtigen, dass ... • *Es ist schon richtig, dass ... .*
  Es darf aber nicht übersehen werden, dass ...

In einem Leserbrief Stellung nehmen – Argumentieren ▶ S. 38–41, 47–48

In einem Leserbrief nehmt ihr persönlich Stellung zu einem Zeitungsthema.
- **Einleitung:** Stellt knapp den **Anlass** des Leserbriefes dar: Weshalb schreibt ihr? Leitet dann zum Hauptteil über. Man kann auch schon kurz seinen **Standpunkt zur strittigen Frage** angeben.
- **Hauptteil:** Formuliert eure **Argumente** (Behauptungen, Begründungen, Beispiele) für eure Position. Verknüpft die Bestandteile eurer Argumente und leitet sprachlich deutlich und abwechslungsreich zum nächsten Argument über (▶ S. 40).
  Mögliche Einwände (Gegenargumente) könnt ihr nennen, um sie zu entkräften.
- **Schluss:** Fasst am Ende noch einmal euren **Standpunkt zusammen** oder formuliert einen Vorschlag oder einen Wunsch für die Zukunft.

Tipp: Macht zwischen Einleitung, Hauptteil und Schluss Absätze. Nennt die Anschrift, den Betreff (Bezug zum Zeitungsartikel) und ergänzt am Ende eine Grußformel mit Unterschrift.

Die Qualität einer Argumentation bewerten ▶ S. 39

Argumentationen werden oft danach beurteilt, ob sie **stichhaltig** und damit **überzeugend** formuliert sind. Wichtige Fragen zu ihrer Beurteilung sind:
- Besteht ein **Argument** aus den Bausteinen **Behauptung, Begründung und Beispiel?**
- Sind die **Beispiele gut nachvollziehbar?** Stammen sie aus naheliegenden Lebensbereichen?
- Sind die **Formulierungen sachlich** oder lenken sie vom Thema ab?
- Gibt es Begründungen, die sich auf **weithin anerkanntes Wissen** (Autoritäten) berufen?
- Wird auf mögliche **Einwände eingegangen?** Werden sie entkräftet?

Appellieren – Zu etwas auffordern

Mit einem **Appell** möchte man **andere** für etwas gewinnen bzw. **zu etwas auffordern.**
- Man kann z. B. auf **Plakaten** mit **Aufrufen** (▶ S. 303–305), **Werbetexten** (▶ S. 214) oder mit **Leserbriefen** (▶ S. 38–41) öffentlich appellieren.
- Meist wird für einen Appell der **Imperativ** (▶ S. 324) verwendet, z. B.:
  Geht!/Gehe! • *Lauft!/Laufe!* • *Übt!/Übe!*

Lesen – Mit Texten und weiteren Medien umgehen

Erzählende Texte (Epik)

Viele Textsorten zählen zu den **erzählenden Texten** (Epik), z. B.: Märchen, Fabeln, Sagen (▶ S. 92–99), Kurzgeschichten (▶ S. 59–60), Kalendergeschichten (▶ S. 63–64) und Romane bzw. Jugendromane (▶ S. 115–136). Folgende **Merkmale** sind insbesondere für erzählende Texte kennzeichnend:

Handlungsschritte in einer Geschichte

Jede Geschichte besteht in der Regel aus mehreren **Handlungsschritten,** die man auch **Erzählschritte** nennt. Ein neuer Erzählschritt beginnt häufig dann, wenn z. B.:
- der Ort der Handlung wechselt, z. B.: *Auf der Insel angekommen, ...*
- ein Zeitsprung stattfindet, z. B.: *Am nächsten Morgen ...*
- eine neue Figur auftaucht, z. B.: *Bald tauchte Ben Rogers auf ...*
- die Handlung eine Wendung erfährt, z. B.: *Auf einmal ...*
- ein Wandel in den Gedanken und Gefühlen der Hauptfigur stattfindet, z. B.: *Ich fühlte mich plötzlich leicht und fröhlich ...*

Die Figuren einer Geschichte – Eine Figur charakterisieren   ▶ S. 118–121

- Die **Personen**, die in einer Geschichte vorkommen bzw. handeln, **nennt man Figuren.**
- In vielen Geschichten gibt es eine **Hauptfigur**, über die die Leser besonders viel erfahren.
- Um eine Geschichte zu verstehen, sollte man sich ein klares Bild von den einzelnen Figuren machen. Auch Tiere können handelnde Figuren sein, z. B. in einem Märchen.
- So haben Figuren ein bestimmtes **Aussehen**, bestimmte **Eigenschaften, Gefühle, Gedanken** und **Absichten.** In einer **Charakterisierung** geht man auf diese Gesichtspunkte ein:

1. Schritt: Die Charakterisierung vorbereiten
Sammelt Informationen über die Figur, z. B. über ihr Aussehen, ihre Lebensumstände, ihre Verhaltensweisen, Eigenschaften, Gefühle und ihr Verhältnis zu den anderen Figuren.
Tipp: Man kann die Merkmale und Eigenschaften einer Figur auch aus den Gedanken oder dem Verhalten ableiten, z. B.: „Wer glaubt mir schon?" (▶ S. 116, Z. 13) → *Ismael denkt, dass ihn keiner ernst nimmt.*

2. Schritt: Die Charakterisierung schreiben (z. B. für ein Lesetagebuch, ▶ S. 344)
- **Einleitung:** Nennt allgemeine Informationen zur Figur, z. B.: Name, Alter, Beruf.
- **Hauptteil:** Beschreibt die Figur anschaulich, sachlich und genau, z. B.: ihre Sprache, ihr Aussehen, ihre Verhaltensweisen, ihre Eigenschaften und ihr Verhältnis zu den anderen Figuren.
- **Schluss:** Hier könnt ihr angeben, wie die Figur auf euch wirkt (persönliche Einschätzung). Verwendet als Tempus das Präsens (▶ S. 324).

Ich-Erzähler oder Er-/Sie-Erzähler   ▶ S. 117

- Der **Ich-Erzähler** (oder die Ich-Erzählerin) ist **meist selbst** als **handelnde Figur** in das Geschehen verwickelt. Er/Sie schildert die Ereignisse aus seiner/ihrer **persönlichen Sicht**, z. B.: *In der Ferne sah ich ein kleines Boot.*
- Der **Er-/Sie-Erzähler** ist **nicht am Geschehen beteiligt** und erzählt von allen Figuren in der **Er-Form** bzw. in der **Sie-Form,** z. B.: *In der Ferne sah sie ein kleines Boot.*

Grundwissen

Die Zeit- und Raumgestaltung in Erzähltexten ▶ S. 83, 122

- Das **Erzähltempo** eines Textes ergibt sich aus dem Verhältnis von **Erzählzeit** (Lesezeit, die Leser für die Lektüre benötigen) und **erzählter Zeit** (Zeitraum, über den sich die Handlung erstreckt). Damit lässt sich steuern, wie viele Informationen die Leser erhalten (▶ S. 83).
- Die **Schauplätze,** in denen sich die Figuren einer Geschichte bewegen, bilden ihren **Handlungsraum.** Diese Orte stehen oft in einem direkten Bezug zu den handelnden Figuren. Sie beeinflussen durch ihre Atmosphäre oder Umgebung deren Einstellungen und Verhalten.

Die Anekdote ▶ S. 61–62

- Eine **Anekdote** ist eine **kurze Geschichte** über eine **bekannte Persönlichkeit.** Auf humorvolle Weise verdeutlicht sie ein bestimmtes Verhalten oder eine Eigenart dieses Menschen. Wie der Witz enthält die Anekdote am Ende eine **Pointe (überraschende Wendung).**
- Ursprünglich wurden Anekdoten nur mündlich wiedergegeben (griech. *an-ekdoton = nicht veröffentlicht*). Das, was über die Person erzählt wird, muss nicht unbedingt so passiert sein. Wichtig ist vielmehr, dass in der Anekdote **das Typische einer Person** erkennbar wird.

Die Kalendergeschichte ▶ S. 63–64

Eine **Kalendergeschichte** ist ein **kurzer, unterhaltender und belehrender Text,** der **meist** mit einer **Pointe (überraschenden Wendung)** endet. Bis ins 19. Jahrhundert wurden diese Geschichten in Volkskalendern abgedruckt. Neben der Bibel waren sie für viele Familien oft die einzige Lektüre. Bekanntester Autor von Kalendergeschichten ist Johann Peter Hebel (1760–1826; ▶ S. 64). Seit dem 20. Jahrhundert erscheinen solche Geschichten v. a. in Buchform.

Die Kurzgeschichte ▶ S. 59–60

Die **Kurzgeschichte** ist eine **knappe Erzählung,** die eine **Momentaufnahme,** z. B. eine krisenhafte Situation oder eine wichtige Episode, **aus dem Alltagsleben eines oder mehrerer Menschen** zeigt. Kurzgeschichten haben meist folgende **Merkmale:**
- **geringer Umfang** sowie **knappe Handlung** und Figurenzahl,
- Ausschnitt aus einem **alltäglichen Geschehen,** das für die dargestellten Figuren von besonderer Bedeutung ist,
- **unmittelbarer Beginn,** der die Leser schlagartig mit dem Geschehen konfrontiert,
- **zielstrebiger Handlungsverlauf** hin zu einem **Wendepunkt,**
- **offener Schluss,** der Fragen und Deutungsmöglichkeiten zulässt,
- **Alltagssprache** mit einfachen Sätzen, wörtlicher Rede und Umgangssprache.

Die Sage ▶ S. 92–103

- Sagen sind **Erzählungen** (oder auch Epen, ▶ S. 315), die vom Anfang der Welt, **von Göttern und Göttinnen** oder **von Helden** und ihren Taten handeln.
- Oft geht es in ihnen um **Kämpfe, Prüfungen** und um abenteuerliche Reisen. Der **Held** muss sich durch besondere Eigenschaften wie **Stärke, Mut** oder **Klugheit** behaupten.
- In Sagen steckt **meist ein wahrer Kern:**
  – Sie spielen häufig an **Orten,** die es wirklich gibt.
  – Manchmal verweisen sie auf **Ereignisse,** die tatsächlich stattgefunden haben.
  – Auch erzählen sie oft von Figuren, die an **wirkliche Personen** erinnern.

- **Vieles** an den Sagen **ist aber auch erfunden:** So verfügen Menschen über unermessliche Kräfte und es tauchen Ungeheuer, Zauberinnen, Riesen und andere Fantasiewesen auf.
- Sagen wurden **zunächst mündlich weitererzählt,** bevor man sie schriftlich festhielt. Stehen im Mittelpunkt der Sage die Taten eines Helden, so spricht man von **Heldensagen.**
- **Erzählen sie von Ereignissen oder Personen,** die an einen bestimmten Ort bzw. **landschaftliche Besonderheiten** gebunden sind, spricht man von **Orts- oder Lokalsagen.**

Das Epos ▶ S. 91–104

- Der Begriff **„das Epos"** (Pl.: „die Epen") stammt aus dem Griechischen und bedeutet ursprünglich **Erzählung, Gedicht.** Das Epos ist eine **Großform der erzählenden Literatur,** im Gegensatz dazu stehen als Kurzformen zum Beispiel das Märchen oder die Fabel. Das Nibelungenlied (▶ S. 92–103) ist eines der bekanntesten Epen in deutscher Sprache.
- Das deutschsprachige Epos erlebte im Mittelalter seine Blütezeit, als die bis zu diesem Zeitpunkt nur mündlich überlieferten Sagenstoffe zu Epen gestaltet wurden.
- Die Sagenstoffe wurden in einer gehobenen Sprache und in zum Teil gereimter Versform aufgeschrieben, um dann dem Publikum bei Hofe mündlich vorgetragen bzw. gesungen zu werden. Während die Melodien der Epen verloren gingen, blieben verschiedene Abschriften der Texte („Handschriften" genannt) erhalten.

Gedichte (Lyrik) ▶ S. 105–107, 111–112, 137–156

Die äußere Gedichtform – Der Vers, die Strophe, der Reim

- Die einzelnen Zeilen eines Gedichts heißen **Verse.**
- **Mehrere Verse** zusammen ergeben eine **Strophe.** Die einzelnen Strophen eines Gedichts sind durch eine Leerzeile voneinander getrennt.
- Oft werden **Verse** (Gedichtzeilen) durch einen **Reim miteinander verbunden.** Zwei Wörter reimen sich, wenn sie **vom letzten betonten Vokal an gleich klingen,** z. B.: *Felder – Wälder, Bach – wach.*
  Die regelmäßige Abfolge solcher Endreime ergibt verschiedene **Reimformen.** Dabei werden **Verse, die sich reimen, mit** den **gleichen Kleinbuchstaben gekennzeichnet.** Unterscheidet:

Paarreim (a a b b)		**Kreuzreim** (a b a b)		**umarmender Reim** (a b b a)	
gut	a	verschieden	a	springen	a
Mut	a	Bauch	b	Traum	b
Haus	b	zufrieden	a	Raum	b
Maus	b	auch	b	singen	a

Das Metrum (das Versmaß) ▶ S. 145

In den Versen (Zeilen) eines Gedichts wechseln sich häufig **betonte (X́)** und **unbetonte (X) Silben** ab. Wenn die **Abfolge von betonten und unbetonten Silben** (Hebungen und Senkungen) einem bestimmten Muster folgt, nennt man dies das **Metrum** (Versmaß). Das Metrum kann insbesondere aus den folgenden **Versfüßen** bestehen:

- **der Jambus** (X X́)   *Die Mitternacht zog näher schon*   (Heinrich Heine)
- **der Trochäus** (X́ X)   *O du Ausgeburt der Hölle!*   (Johann Wolfgang Goethe)
- **der Daktylus** (X́ X X)   *Pfingsten, das liebliche Fest, war gekommen*   (Johann Wolfgang Goethe)
- **der Anapäst** (X X X́)   *Wie mein Glück, ist mein Lied*   (Friedrich Hölderlin)

Der lyrische Sprecher (das lyrische Ich) und seine Wirkung

- In vielen Gedichten gibt es ein **„Ich"**, das den Lesern seine **Gefühle, Beobachtungen** oder **Gedanken** aus seiner Sicht (Perspektive) mitteilt. Man nennt dieses „Ich" den **lyrischen Sprecher**. Das Personalpronomen *ich* erweckt dabei in der Regel den Eindruck, dass wir den **lyrischen Sprecher** unmittelbar vor uns haben.
- Bei *du, wir* oder *ihr* scheint es, als würde dieser lyrische Sprecher jemand anderen oder uns in das **Erlebnis** direkt **einbeziehen**.
- Der **lyrische Sprecher ist nicht** mit der **Autorin** oder dem **Autor zu verwechseln**.

Stilmittel in Gedichten – Sprachliche Bilder   ▶ S. 73, 208, 328

Die Minnelyrik   ▶ S. 105–107, 111–112

In der Minnelyrik (Minne = mittelhochdeutsch für *Liebe*) **spricht der männliche lyrische Sprecher** über seine **erfolglosen Werbebemühungen,** die er an eine **überhöht dargestellte Dame** aus dem Adel richtet. Der lyrische Sprecher begreift und akzeptiert schließlich, dass seine **Liebe unerwidert** bleibt.

Die Ballade   ▶ S. 137–156

- Die Ballade ist meist ein **längeres Gedicht** über ein **ungewöhnliches oder spannendes Ereignis.** Dieses Ereignis kann erfunden oder wirklich passiert sein. Im Mittelpunkt der Ballade steht oft eine Figur, die eine gefahrvolle Situation meistern muss.
- Balladen haben mit vielen anderen Gedichten gemeinsam, dass sie meist in **Strophen** (▶ S. 315) gegliedert und **gereimt** sind (▶ S. 315) sowie ein **Metrum** (▶ S. 143, 315–316) besitzen.
- Viele Balladen haben einen Aufbau, der sich in Form einer **Spannungskurve** darstellen lässt. Nach der Einleitung spitzt sich die **Handlung** bis zum Höhepunkt zu. Am **Schluss** folgt die Auflösung.
- Balladen enthalten oft **wörtliche Reden** der Figuren (Monologe, Dialoge), die an die Szenen eines Theaterstücks erinnern.
- In ihrer Wirkung setzen Balladen auf Spannung, sie können aber auch belehrend oder lustig sein.
- Johann Wolfgang Goethe (1749–1832) bezeichnete die **Ballade** als Ur-Ei der Dichtkunst, weil sie **alle Gattungen** (Lyrik, Epik, Dramatik) in sich vereint.
- Viele Balladen sind vertont worden. Die Tradition der gesungenen Ballade hat in der Rock- und Popmusik ihre Fortsetzung gefunden.

EPIK abgeschlossene Geschichte wird erzählt

Ballade

LYRIK Metrum, Strophe, Reim

DRAMATIK dramatischer Handlungsverlauf, Dialoge und Monologe der Figuren

Theater (Dramatik) ▶ S. 155–157, 159–174

Anders als Gedichte oder Romane werden **Theaterstücke** (Dramen) dazu geschrieben, damit sie **auf einer Bühne aufgeführt** werden. Wichtige **Theaterbegriffe:**
- **Rolle** nennt man die **Figur,** die eine **Schauspielerin** oder ein **Schauspieler** in einem Theaterstück **verkörpert,** z. B. die Rolle des Vaters usw.
- Im Theater sprechen die Schauspieler aber nicht nur ihren Text, sie gebrauchen auch ihre **Stimme** (Sprechweise und Betonung), ihre **Körpersprache** (Gestik) und ihren **Gesichtsausdruck** (Mimik), um Gefühle und Stimmungen ihrer Figur auszudrücken.
- **Szenen** sind kurze, abgeschlossene Teile eines Theaterstücks. Sie enden, wenn neue Figuren auftreten und/oder Figuren abtreten. Oft erlischt am Szenenende auch die Bühnenbeleuchtung.
- **Regieanweisungen** dienen dazu, den Schauspielerinnen und Schauspielern **Hinweise** zu geben, wie sie sich **auf der Bühne bewegen** und welche **Gefühlsregung** sie vermitteln sollen.
- Als **Dialog** wird ein **Gespräch von zwei oder mehr Figuren** bezeichnet.
- Im Gegensatz zum Dialog führt im **Monolog** eine einzelne Figur ein **Selbstgespräch.**
- **Spiel im Spiel** nennt man eine Situation, in der eine Figur auf der Bühne eine andere Rolle spielt, z. B. wenn sie so tut, als wäre sie an Bord eines Flugzeugs, obwohl sie sich zu Hause im Wohnzimmer auf dem Sofa befindet.

Der Handlungsverlauf – Der Konflikt ▶ S. 166

- Viele Theaterstücke haben einen spannenden **Handlungsverlauf,** der sich um einen **Konflikt** (von lat. für *Zusammenstoß, Streit*) in Form verschiedener Ziele und Lebenseinstellungen von Figuren dreht und sich in Streitigkeiten, Kriegen und anderen Auseinandersetzungen äußern kann.

Sachtexte (pragmatische Texte) ▶ S. 175–194

- **Sachtexte** unterscheiden sich von literarischen Texten, z. B. einer Erzählung, einem Märchen oder einem Gedicht, dadurch, dass sie sich vorwiegend mit wirklichen (realen) Ereignissen und Vorgängen beschäftigen und **informieren wollen.**
- Es gibt **verschiedene Formen von Sachtexten,** z. B.: Lexikonartikel, Sachbuchtexte, Zeitungs- oder Zeitschriftenartikel, Vorgangsbeschreibungen (Gebrauchsanleitungen, Rezepte usw.).

Einen Sachtext lesen und verstehen – Die Fünf-Schritt-Lesemethode ▶ S. 176–178

1. Schritt: Einen Überblick gewinnen
– Lest die Überschrift(en), hervorgehobene Wörter und die ersten Zeilen des Textes.
– Betrachtet auch Abbildungen, sofern welche vorhanden sind.
2. Schritt: Den Text zügig lesen
Arbeitet mit einer Kopie des Textes:
– Macht euch klar, was das Thema des Textes ist und was ihr evtl. darüber bereits wisst.
– Lest den gesamten Text zügig durch und kreist unbekannte Wörter ein.
3. Schritt: Unbekannte Wörter und Textstellen klären
– Klärt unbekannte Wörter und Textstellen aus dem Textzusammenhang oder
– durch Nachschlagen im Wörterbuch (▶ S. 180, 342).

4. Schritt: Den Text sorgfältig lesen und bearbeiten
- Markiert Schlüsselwörter farbig.
- Notiert ein Fragezeichen ? am Rand, wenn euch eine Textstelle unklar ist.
- Gliedert den Text in Sinnabschnitte, sofern er nicht bereits Zwischenüberschriften hat.

5. Schritt: Informationen zusammenfassen
- Fasst die Informationen des Textes je Sinnabschnitt in Stichworten oder wenigen Sätzen zusammen.

Tabellen, Grafiken und Diagramme unterscheiden und lesen ▶ S. 16, 23, 26, 30, 183–184, 194

Bei Sachtexten findet ihr häufig **Tabellen, Grafiken oder Diagramme**.
Sie **veranschaulichen** Informationen aus dem Text oder geben knapp und übersichtlich **Zusatzinformationen**.

- **Tabellen** stellen Informationen in Worten oder Zahlen in einer bestimmten Anordnung dar.
  So könnt ihr euch bei Tabellen am schnellsten Orientierung verschaffen:
  1. Lest die **Überschrift** oder die oberste Zeile der Tabelle.
  2. Macht euch klar, welche **Informationen** die **Spalten und Zeilen** enthalten.
  3. Sucht die für eure **Fragestellung oder Aufgabe** wichtigen Informationen heraus.
  4. Setzt die **Angaben** in den einzelnen Feldern der Tabelle zueinander **in Beziehung**.

- **Grafiken und Diagramme** sind **Zeichnungen**, die vor allem **Zahlen veranschaulichen**.
  Eine Grafik unterscheidet sich vom Diagramm durch bildhaftere Elemente wie z. B. Gebäude.
  Lest sie wie folgt:
  1. Bestimmt bei einer **Grafik, was dargestellt wird**. Nutzt die **Überschrift**:
     Verdeutlicht sie einen **Vorgang**, den **Aufbau**, den **Zweck** oder die **Lage** von etwas?
  2. Unterscheidet bei Diagrammen, um welche Art von Diagramm es sich handelt:
     - Im **Kreisdiagramm** (Tortendiagramm) werden **Teilwerte** zu einem Thema dargestellt.
     - In **Säulen- oder Balkendiagrammen** können sowohl **mehrere Personengruppen** als auch **verschiedene Gesichtspunkte** eines Themas gleichzeitig dargestellt werden.
     - **Kurvendiagramme** (Liniendiagramme) eignen sich für die Veranschaulichung **zeitlicher Entwicklungen**.
  3. Stellt fest, worüber das Diagramm informiert. Welche Maßeinheiten werden verwendet, z. B. Prozent (%), Kilo (kg)?
  4. Vergleicht die Angaben miteinander (höchster und niedrigster Wert, gleiche Werte).
  5. Fasst zusammen, was im Diagramm gezeigt wird. Was lässt sich ablesen?

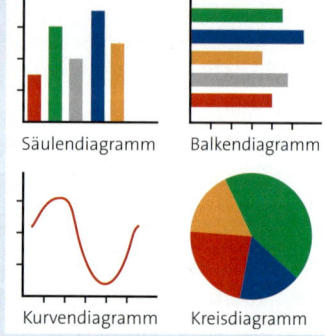
Säulendiagramm — Balkendiagramm — Kurvendiagramm — Kreisdiagramm

Der Film ▶ S. 195–204

Der Plot und die Story ▶ S. 196

- Der Begriff **Plot** (= Handlung) bezeichnet die im Film erzählte **bloße Abfolge von Ereignissen**.
- Als **Story** (= Geschichte) werden die **Zusammenhänge** bezeichnet, die sich das Publikum aus der gezeigten Filmhandlung erschließt.

Kurz gesagt: Der Plot ist, *was* passiert; die Story, *wie* es passiert und *warum*.

Die Einstellungsgrößen ▶ S. 199–207

Die Einstellungsgröße legt die **Größe des Bildausschnitts** fest. Je nachdem, wie nah die Kamera an das Geschehen herangeführt wird oder wie weit sie entfernt bleibt, entstehen unterschiedliche Wirkungen. Je kleiner der Bildausschnitt ist, desto näher scheinen die Betrachter am Geschehen zu sein.
- **Totale: Figuren oder Gegenstände** werden in einer **größeren Umgebung** gezeigt. Man erhält einen Überblick über den gesamten Schauplatz.
- **Halbnah:** Man sieht die **Figuren von den Knien an aufwärts** sowie die unmittelbare Umgebung.
- **Nah:** Man sieht **Kopf und Schultern der Figur.** Die Einstellung wird häufig bei Dialogen verwendet.
- **Groß:** Der Kopf einer **Figur** wird **bildfüllend** gezeigt. Die Mimik ist besonders gut zu sehen.
- **Detail:** Ein **Ausschnitt**, z. B. ein Ring, wird ganz groß dargestellt und erhält so ein besonderes Gewicht.

Die Kameraperspektive ▶ S. 199–203

Der **Standpunkt der Kamera** und ihr **damit verbundener Blickwinkel** auf **Figuren**, auf **Gegenstände**, auf einen Raum oder eine Landschaft werden als **Kameraperspektive** bezeichnet.
Man unterscheidet im Wesentlichen drei Perspektiven und Wirkungen:

- Als **Normalperspektive** empfindet man eine Kameraposition auf Augenhöhe der handelnden Figuren.
- Die **Froschperspektive** führt den Blick von unten nach oben und lässt Gegenstände und Figuren häufig groß, mächtig oder bedrohlich wirken.
- Bei der **Vogelperspektive** blickt die Kamera von oben auf eine Landschaft oder auf Figuren, die dadurch häufig klein oder unterlegen wirken.

Die Kamerabewegung ▶ S. 199–203

Bei der **Kamerabewegung** unterscheidet man Kameraschwenk und Kamerafahrt.
- Beim **Kameraschwenk** steht die **Kamera fest**, z. B. auf einem Stativ. Sie dreht oder neigt sich ähnlich der Kopfbewegung und verlässt ihren Standort nicht.
- Bei der **Kamerafahrt** hingegen **bewegt sich die Kamera durch den Raum,** z. B. auf ein Objekt zu oder von ihm weg oder parallel zu einem sich bewegenden Objekt (Parallelfahrt).
  - Den Effekt einer Bewegung auf ein Objekt zu erzeugt auch das **Zoomen** durch die Veränderung der Brennweite im Objektiv einer stehenden Kamera.

Der Schnitt – die Montage ▶ S. 199–200, 204

- Ein **Schnitt** bezeichnet die **Verknüpfung von zwei Einstellungen;** wichtige sind:
  - die **Parallelmontage:** es werden unterschiedliche Handlungen verknüpft, die zeitgleich an verschiedenen Orten spielen, indem die Kamera zwischen den Szenen hin- und herspringt,
  - die **Schuss-Gegenschuss-Technik:** die Figuren werden insbesondere bei einem Dialog immer wieder abwechselnd gezeigt.
- Die **Montage** meint das **Zusammenfügen von Bild- und Tonelementen.** Sie organisiert die Abfolge der Sequenzen und lenkt maßgeblich die Wahrnehmung der Zuschauer. Durch höhere oder geringere Schnittfrequenzen bestimmt sie den **Rhythmus des Films.**

Grundwissen

- Die Begriffe „Schnitt" und „Montage" stammen aus einer Zeit, als ein Film noch auf Band aufgenommen wurde. Das Filmband wurde mit einer Schere zerschnitten, um Szenen herauszuschneiden, und dann wieder zusammengeklebt (montiert). Heute werden Schnitt und Montage meist am Computer vorgenommen.

Der Ton im Film – Sprache, Geräusche, Musik ▶198–202

- Beim **Ton** in Filmen unterscheidet man **Sprache, Geräusche und Musik,** aber auch **Stille.**
- Der Ton ist wichtig für die **Atmosphäre des Films** und **unterstützt die Bilder** in ihrer Wirkung.

Das Hörspiel (Das Hörbuch) ▶ S. 158

- Ein **Hörspiel** ist eine Tonaufzeichnung mit mehreren Sprechern, Geräuschen und Musik.
- Ein **Hörbuch** (Audiobook) ist die Tonaufzeichnung einer Lesung. Eine **Sprecherin oder ein Sprecher liest den gesamten Text** oder eine gekürzte Buchfassung vor.

Sprachgebrauch und Sprache untersuchen und reflektieren

Wortarten

Wortarten im Überblick

flektierbar (durch Beugung veränderbar)		nicht flektierbar (unveränderbar)
↓	↓	↓
deklinierbar	konjugierbar	– Adverb *(morgen, stets)*
– Nomen *(die Gabel, das Lamm)*	– Verb *(essen, üben)*	– Präposition *(auf, nach)*
– Artikel *(eine, das)*		– Konjunktion *(und, weil)*
– Pronomen *(ich, unser)*		
– Adjektiv *(schnell, gut)*		
– Numerale *(zwei, vierter)*		

Das Nomen (Plural: die Nomen) ▶218, 221, 260–264, 268

Die meisten Wörter in unserer Sprache sind Nomen (auch: Hauptwörter, Substantive). Nomen bezeichnen:
- **Lebewesen/Eigennamen,** z. B.: *Frosch, Baum, Lina, Mehmet*
- **Gegenstände,** z. B.: *Haus, Schreibtisch, Smartphone*
- **Begriffe** (Gedanken, Gefühle, Zustände ...), z. B.: *Angst, Mut, Freude, Ferien, Freundschaft*

Nomen werden immer **großgeschrieben.**
Da sie häufig von einem **Artikel** (▶ S. 321) oder einem **Adjektiv** (▶ S. 322–323) **begleitet** werden, kann man sie daran erkennen, z. B.: ***der** Hase, **eine** Uhr; **blauer** Himmel, **fröhliche** Menschen.*

Das Genus (grammatisches Geschlecht; Plural: die Genera)

Jedes Nomen hat ein Genus (ein grammatisches Geschlecht), das man **an** seinem **Artikel** (▶ S. 321) **erkennen** kann. Ein Nomen ist entweder
- ein **Maskulinum** (männliches Nomen), z. B.: *der* Stift, *der* Regen, *der* Hund,
- ein **Femininum** (weibliches Nomen), z. B.: *die* Uhr, *die* Sonne, *die* Katze oder
- ein **Neutrum** (sächliches Nomen), z. B.: *das* Buch, *das* Eis, *das* Kind.

Das **grammatische Geschlecht** eines Nomens stimmt **nicht immer** mit dem **natürlichen Geschlecht** überein, z. B.: *das* Mädchen, *das* Kind.

Der Numerus (Anzahl; Plural: die Numeri)

Nomen haben einen **Numerus**, d. h. eine **Anzahl**. Sie stehen entweder im
- **Singular** (Einzahl), z. B.: *der Wald, die Jacke, das Haus*, oder im
- **Plural** (Mehrzahl), z. B.: *die Wälder, die Jacken, die Häuser*.

Der Kasus (Fall; Plural: die Kasus, mit langem u gesprochen)

- In Sätzen erscheinen **Nomen immer in einem bestimmten Kasus**, das heißt in einem grammatischen Fall. **Im Deutschen gibt es vier Kasus.**
- Nach dem Kasus **richten sich** die Form des Artikels (▶ S. 321) und die Endung des Nomens. Man kann den Kasus eines Nomens durch Fragen ermitteln:

Kasus	Kasusfrage	Beispiele
1. Fall: **Nominativ**	Wer oder was …?	*Der Junge* liest ein Buch.
2. Fall: **Genitiv**	Wessen …?	Das Buch *des Jungen* ist spannend.
3. Fall: **Dativ**	Wem …?	Ein Mädchen schaut *dem Jungen* zu.
4. Fall: **Akkusativ**	Wen oder was …?	Sie beobachtet *den Jungen* genau.

- Meist ist der **Kasus am veränderten Artikel des Nomens erkennbar**, manchmal auch an der **Endung des Nomens**, z. B.: *des Mannes, des Mädchens, den Kindern*.
Wenn man ein Nomen in einen **Kasus setzt**, nennt man das **deklinieren (beugen)**.

Der Artikel (Plural: die Artikel)

Das **Nomen** wird häufig von einem **Artikel** begleitet. Man unterscheidet zwischen dem **bestimmten Artikel** *(der, die, das)* und dem **unbestimmten Artikel** *(ein, eine, ein)*, z. B.:

	bestimmter Artikel	unbestimmter Artikel
männlich	*der* Stift	*ein* Stift
weiblich	*die* Uhr	*eine* Uhr
sächlich	*das* Buch	*ein* Buch

Das Pronomen (Fürwort; Plural: die Pronomen) ▸S. 220–221, 260

Das Pronomen ist ein Stellvertreter oder Begleiter; es vertritt oder begleitet ein Nomen.

Das Personalpronomen (persönliches Fürwort) ▸S. 220–221

Mit den **Personalpronomen** *(ich, du, er, sie, es, wir, ihr, sie)* kann man **Nomen und Namen ersetzen**, z. B.: *Franzi liebt Röcke. Sie trägt jeden Tag einen.*

Personalpronomen werden **wie** die **Nomen dekliniert (gebeugt)**:

Kasus	Singular			Plural		
	1. Pers.	2. Pers.	3. Pers.	1. Pers.	2. Pers.	3. Pers.
1. Fall: **Nominativ**	*ich*	*du*	*er/sie/es*	*wir*	*ihr*	*sie*
2. Fall: **Genitiv**	*meiner*	*deiner*	*seiner/ihrer/seiner*	*unser*	*euer*	*ihrer*
3. Fall: **Dativ**	*mir*	*dir*	*ihm/ihr/ihm*	*uns*	*euch*	*ihnen*
4. Fall: **Akkusativ**	*mich*	*dich*	*ihn/sie/es*	*uns*	*euch*	*sie*

Das Possessivpronomen (besitzanzeigendes Fürwort) ▸S. 220–221

Possessivpronomen *(mein/meine – dein/deine – sein/seine, ihr/ihre – unser/unsere – euer/eure – ihr/ihre)* geben an, zu **wem etwas gehört**, z. B.: *mein Buch, deine Tasche, unsere Eltern.*
Possessivpronomen **begleiten meist Nomen** und stehen dann **in dem gleichen Kasus** (▸ Fall, S. 321) wie das dazugehörige Nomen, z. B.: *Ich leihe meinen Freunden das Buch.* (Wem? → Dativ)

Das Demonstrativpronomen (hinweisendes Fürwort) ▸S. 221

Demonstrativpronomen *(der, die, das / dieser, diese, dieses / jener, jene, jenes / solcher, solche, solches / derselbe, dieselbe, dasselbe …)* **weisen besonders deutlich auf eine Person oder Sache hin**, z. B.: *Von allen Jacken gefällt mir diese am besten.*
Sie können als **Begleiter oder als Stellvertreter eines Nomens** verwendet werden.

Das Indefinitpronomen (unbestimmtes Fürwort) ▸S. 260

Indefinitpronomen geben eine ungefähre Menge oder Anzahl an, z. B.:
etwas, manches, alles, nichts, einige, kein, viel, (ein) paar.
Häufig stehen sie **vor nominalisierten Adjektiven**, z. B.: *etwas Neues, alles Gute.*

Das Adjektiv (das Eigenschaftswort; Plural: die Adjektive) ▸S. 218–219, 260

- **Adjektive** drücken aus, **wie etwas ist.** Mit Adjektiven kann man **Eigenschaften** von Lebewesen, Dingen, Vorgängen, Gefühlen und Vorstellungen **genauer beschreiben,** z. B.: *der starke Wind, der schwache Wind, der eiskalte Wind.*
- Adjektive werden **kleingeschrieben.**
- Adjektive, die vor einem Nomen stehen, haben den **gleichen Kasus wie das Nomen,** z. B.: *der kalte See, die kalten Seen, des kalten Sees.*

- **Adjektive kann man steigern,** um Dinge oder Lebewesen miteinander zu vergleichen, z. B.: *schön – schöner – am schönsten*. Es gibt eine Grundform und zwei Steigerungsstufen:

Positiv (Grundform)	Komparativ (1. Steigerungsstufe)	Superlativ (2. Steigerungsstufe)
Lars ist groß.	Hamid ist **größer**.	Fabian ist **am größten**.

- **Vergleiche mit** dem **Positiv** werden **mit wie** gebildet, z. B.: *Tim ist genauso groß **wie** Hatice.*
- **Vergleiche mit** dem **Komparativ** werden **mit** dem **Vergleichswort als** gebildet, z. B.: *Meine Schuhe sind kleiner **als** deine.*

Die Präposition (das Verhältniswort; Plural: die Präpositionen) ▶ S. 218

- **Präpositionen** wie *in, auf, unter* drücken **Verhältnisse und Beziehungen** von Gegenständen, Personen oder anderem aus. Oft beschreiben sie ein **örtliches** Verhältnis *(**auf** dem Dach)* oder ein **zeitliches** Verhältnis *(**bis** Mitternacht)*. Sie können aber auch einen Grund *(**wegen** der Hitze)* angeben oder die Art und Weise *(**mit** viel Energie)* bezeichnen. Beispiele:
  - örtliches Verhältnis   *auf, in, hinter, neben, unter, vor, über, zwischen*
  - zeitliches Verhältnis   *nach, vor, seit, um, während, bis, in*
  - Angabe des Grundes   *wegen, trotz, auf Grund (aufgrund)*
  - Angabe der Art und Weise   *ohne, mit*
- Präpositionen sind **nicht flektierbar** (nicht veränderbar). Die Präposition steht **in der Regel vor einem Nomen oder Pronomen.** Sie **bestimmt** den **Kasus** des nachfolgenden Wortes oder der nachfolgenden Wortgruppe, z. B.: *mit dir, wegen des Regens, bei dem Schnee.*

Die Konjunktion (das Verknüpfungs-/das Bindewort; Plural: die Konjunktionen)
▶ S. 224–225, 230, 251, 254–255

- Durch Konjunktionen kann man **Sätze inhaltlich miteinander verknüpfen.** Sie helfen zu **begründen, einzuschränken, zeitliche Zusammenhänge** oder **Bedingungen** auszudrücken, z. B.: *Er konnte nicht mit Fußball spielen, **weil** er sich den Fuß verstaucht hatte.* (Begründung)
- Man unterscheidet nebenordnende und unterordnende Konjunktionen:
  - **Nebenordnende Konjunktionen** wie ***und, oder, denn, aber*** verbinden zwei Hauptsätze, z. B.: *Der Forscher erzählte **und** sein Publikum sah sich einen Film an.*
  - **Unterordnende Konjunktionen** wie ***obwohl, weil, dass, während, als, damit*** verbinden Hauptsatz und Nebensatz, z. B.: ***Obwohl** der Forscher viel erlebt hatte, konnte er nicht spannend erzählen.*
- Die häufigsten Konjunktionen sind: *und, oder, weil, da, nachdem.*

Das Verb (das Tätigkeitswort; Plural: die Verben) ▶ S. 222–226

Mit **Verben** gibt man an, **was jemand tut** (z. B. *laufen, reden, lachen*), **was geschieht** (z. B. *regnen, brennen*) oder **was ist** (z. B. *haben, sein, bleiben*). Verben werden **kleingeschrieben.**
- Der **Infinitiv** (die Grundform) eines Verbs **endet** auf *-en* oder *-n*, z. B.: *renn**en**, sag**en**, ruder**n**.*
- Wenn man ein **Verb in einem Satz** verwendet, bildet man die **Personalform des Verbs**. Das nennt man **konjugieren (beugen)**. Gebildet wird die **Personalform des Verbs** aus dem Infinitiv des Verbs. An den Stamm des Verbs wird dabei die passende Personalendung gehängt, z. B.: *sprech-en* (Infinitiv) → *ich sprech-e* (1. Person Singular), *du sprich-st* (2. Person Singular) usw.

Der Imperativ (Befehlsform des Verbs; Plural: die Imperative) ▶303–304

Die **Aufforderungsform oder Befehlsform** eines Verbs nennt man **Imperativ**. Man kann eine Aufforderung oder einen Befehl an eine Person oder an mehrere Personen richten:
- **Imperativ Singular,** z. B.: *„Bitte komm!", „Lauf weg!"*
Dieser besteht aus dem Stamm des Verbs *(schreiben → schreib!),* manchmal wird die Endung *-e* angehängt *(reden → rede!)* oder es ändert sich der Stammvokal von *e* zu *i (geben → gib!).*
- **Imperativ Plural,** z. B.: *„Bitte kommt!", „Lauft weg!"*
Dieser wird in der Regel durch den Stamm des Verbs mit der Endung *-t* oder *-et* gebildet *(schreiben → schreibt!, lesen → lest!, reden → redet!).*

Die Tempora (Singular: das Tempus; die Zeitformen) **der Verben** ▶S. 222–226

- **Das Präsens** (die Gegenwartsform) ▶S. 222
  - Das Präsens wird verwendet, wenn etwas in der **Gegenwart** bzw. **in diesem Augenblick** geschieht, z. B.: *Jugendliche tragen heute gern Jeans.*
  - Im Präsens stehen auch **Aussagen, die immer gelten,** z. B.: *Jede Mode ist anders.*
  - Man verwendet das Präsens auch, **um etwas Zukünftiges auszudrücken.** Meist fügt man dabei eine Zeitangabe hinzu, die auf die Zukunft verweist, z. B.: *Morgen kaufe ich mir den Hut.*
  - Das Präsens wird **gebildet durch** den **Stamm des Verbs** und die entsprechenden **Personalendungen,** z. B.: *ich schreib-e, du schreib-st …*

- **Das Futur I und II** (die Zukunftsformen) ▶S. 222
  - Das **Futur I** wird verwendet, um **ein zukünftiges Geschehen** auszudrücken. Es wird **gebildet durch** die **Personalform von *werden* im Präsens + Infinitiv** des Verbs, z. B.: *Ich werde eine Mütze tragen. Du wirst eine Mütze tragen.*
  - Das **Futur II** nutzt man, um **Zukunftsdeutungen** auszudrücken, z. B.: *Er wird gesiegt haben.* Es wird gebildet mit der **finiten Verbform von *werden*,** dem **Partizip II** des Vollverbs und ***haben*** oder ***sein.***

- **Das Perfekt** ▶S. 223
Wenn man **mündlich von etwas Vergangenem erzählt** oder berichtet, wird häufig das **Perfekt** verwendet, z. B.: *Großvater sagt: „Ich habe schon früher Jeans getragen."*
Das Perfekt ist eine **zusammengesetzte Vergangenheitsform,** weil es mit einer Form von ***haben*** oder ***sein*** im Präsens (z. B. *hast, sind*) und dem **Partizip II** des Verbs (z. B. *gesehen, aufgebrochen;* ▶S. 325) gebildet wird.

- **Das Präteritum** ▶S. 224
Das **Präteritum** ist eine **Zeitform der Vergangenheit,** z. B.: *Er gründete den Verein.*
Man verwendet sie in der Regel, wenn man etwas **schriftlich erzählt.** Man unterscheidet:
  - **regelmäßige (schwache) Verben:** Sie verändern sich nur schwach. Der **Vokal** *(a, e, i, o, u)* **im Verbstamm bleibt gleich,** wenn das Verb ins Präteritum gesetzt wird, z. B.:
  ich lache (Präsens) → *ich lachte* (Präteritum).
  - **unregelmäßige (starke) Verben:** Sie bilden sich stark um, indem sie im Präteritum ihren **Vokal** *(a, e, i, o, u)* **im Verbstamm verändern,** z. B.:
  ich singe (Präsens) → *ich sang* (Präteritum); *ich laufe* (Präsens) → *ich lief* (Präteritum).

- **Das Plusquamperfekt** ▶ S. 224
  Wenn etwas **vor dem passiert,** wovon im Präteritum oder im Perfekt erzählt wird, verwendet man das **Plusquamperfekt.** Es wird deshalb auch **Vorvergangenheit** genannt.
  Das Plusquamperfekt ist wie das Perfekt eine **zusammengesetzte Vergangenheitsform,** weil es mit einer Form von **haben** oder **sein** im Präteritum (z. B. *hatte, war*) und dem **Partizip II** des Verbs (z. B. *gelesen, aufgebrochen*) gebildet wird, z. B.:
  *Nachdem sie die neue Mode **vorgestellt hatte** (Plusquamperfekt), applaudierte das Publikum (Präteritum).*
  Tipp: Die Konjunktion *nachdem* leitet oft einen Satz im Plusquamperfekt ein.

Das Partizip I (Partizip Präsens) und II (Partizip Perfekt) ▶ S. 275

- Das **Partizip I** (Partizip Präsens) setzt sich aus Verbstamm + **(e)nd** zusammen, z. B.: ge*h*end, zitter*nd*, sing*end*.
  – Mit Hilfe des Partizips I können **gleichzeitig ablaufende Handlungen** beschrieben werden, z. B.:
    Die Frau sitzt lesend im Sessel.
  – Das Partizip I **kann** vor einem Nomen **wie ein Adjektiv verwendet** werden. Es passt sich dann in Genus, Numerus und Kasus an das Nomen an, das es begleitet, z. B.:
    *Die **lesende** Frau sitzt im Sessel. Ein **dampfender** Tee steht neben ihr auf dem Tisch.*
- Das **Partizip II** (Partizip Perfekt) setzt sich zusammen aus **ge** + Verbstamm + **(e)t** oder **en,** z. B.: **ge**zitter**t**, **ge**lauf**en**.
  – Das Partizip II wird **für die Bildung von zusammengesetzten Zeitformen** verwendet, z. B.:
    Perfekt: *ich habe gelacht, ich bin angekommen,*
    Plusquamperfekt: *ich hatte gelacht, ich war angekommen.*
  – Viele Verben im Partizip II **können** wie das Partizip I vor einem Nomen **wie ein Adjektiv verwendet** werden. Sie passen sich dann in Genus, Numerus und Kasus an das Nomen an, das sie begleiten, z. B.: *Die **gebügelten** Hemden liegen auf dem Stuhl.*

Aktiv und Passiv der Verben

Das **Aktiv** und das **Passiv** sind **zwei Verbformen,** mit denen man **Handlungen und Vorgänge unterschiedlich darstellen** kann. Sie drücken eine unterschiedliche Sicht auf ein Geschehen aus:
- Das **Aktiv betont denjenigen, der** etwas tut oder **handelt** (Handlungsträger), z. B.:
  Ich stelle meine neuesten Forschungsergebnisse vor.
- Das **Passiv betont, mit wem oder was etwas geschieht.** Es betont den **Vorgang,** z. B.:
  Die neuesten Forschungsergebnisse werden (von mir) vorgestellt.
  – Im Passivsatz kann der Handelnde ergänzt werden, z. B. *von mir, von Luisa, von Leo.*
  – Das Passiv wird meist mit einer Form von **werden** und dem **Partizip Perfekt** des Verbs gebildet, z. B.: *wird gezeigt, werden gehalten.*
- Passivformen sind in allen **Zeitformen** (▶ S. 324–325) möglich. z. B.:
  – **Präsens:** *Das Forschungsergebnis **wird erläutert.***
  – **Präteritum:** *Das Forschungsergebnis **wurde erläutert.***
  – **Perfekt:** *Das Forschungsergebnis **ist erläutert worden.***
  – **Plusquamperfekt:** *Das Forschungsergebnis **war erläutert worden.***
  – **Futur I:** *Das Forschungsergebnis **wird erläutert werden.***
  – **Futur II:** *Das Forschungsergebnis **wird erläutert worden sein.***

Das Adverb (Umstandswort; Plural: die Adverbien) ▶ S. 219

- **Adverbien beziehen sich auf das Verb in einem Satz** und beschreiben die **Umstände eines Geschehens.** Sie erklären genauer, **wo, wann, wie** und **warum** etwas geschieht, z. B.:
  Hier kaufe ich gern ein. Dieses Modegeschäft gefällt mir nämlich am besten.
- Man unterscheidet:
  - **Lokaladverbien** (Adverbien des Ortes; Wo?), z. B.: *draußen, seitwärts, links, überall*
  - **Temporaladverbien** (Adverbien der Zeit; Wann?), z. B.: *neulich, manchmal, danach*
  - **Modaladverbien** (Adverbien der Art und Weise; Wie?), z. B.: *umsonst, gern, sowieso*
  - **Kausaladverbien** (Adverbien des Grundes; Warum?), z. B.: *deshalb, deswegen, darum*
- Adverbien werden **kleingeschrieben.**
- Die Wortart des Adverbs kann man leicht mit dem Adjektiv verwechseln. Das Adverb ist aber im Gegensatz zum Adjektiv (▶ S. 322–323) **nicht veränderbar** (nicht flektierbar).

Der Konjunktiv I in der indirekten Rede ▶ S. 232–233

- Wenn man **wiedergeben möchte, was jemand gesagt hat,** verwendet man die **indirekte Rede.** Das Verb steht dann im **Konjunktiv I,** z. B.: *Sie meint, das Gerät funktioniere gut.*
- **Bildung des Konjunktivs I**
  Der Konjunktiv I wird durch den **Stamm des Verbs** (Infinitiv ohne *-en*) und die entsprechende **Personalendung** gebildet, z. B.:

Indikativ Präsens	Konjunktiv I	Indikativ Präsens	Konjunktiv I
ich tauch-e	*ich tauch-e*	*wir tauch-en*	*wir tauch-en*
du tauch-st	*du tauch-est*	*ihr tauch-t*	*ihr tauch-et*
er/sie/es tauch-t	*er/sie/es tauch-e*	*sie tauch-en*	*sie tauch-en*

- Die Formen des **Konjunktivs I von** *sein* lauten:
  ich sei, du sei(e)st, er/sie/es sei, wir seien, ihr seiet, sie seien.

- Wenn **der Konjunktiv I nicht vom Indikativ Präsens zu unterscheiden** ist,
  wird der **Konjunktiv II** (▶ S. 327) oder die *würde*-Ersatzform verwendet, z. B.:

Konjunktiv I = Indikativ Präsens:	*Sie sagt, nur wenige wissen etwas über die Tiefsee.*
→ Konjunktiv II:	*Sie sagt, nur wenige wüssten etwas über die Tiefsee.*
oder *würde*-Ersatzform:	*Sie sagt, nur wenige würden etwas über die Tiefsee wissen.*

Formen der Redewiedergabe unterscheiden ▶ S. 54, 234

- Es gibt einige Möglichkeiten, die Aussagen anderer wiederzugeben. Dabei kann man deutlich machen, dass man deren **Sichtweise zitiert,** ohne zwangsläufig der gleichen Ansicht zu sein. Oft wird dazu die **direkte** oder die **indirekte Rede** verwendet, z. B.:
  - **direkte Rede:** *Der Sportler betont: „Hartes Training ist wichtig!"*
  - **indirekte Rede:** *Der Sportler betont, hartes Training sei wichtig.*

- Darüber hinaus gibt es **weitere Formen der (indirekten) Redewiedergabe:**
  - *dass*-**Satz:** Das Verb der wiedergegebenen Rede **kann** dabei im **Indikativ** oder im **Konjunktiv I** (bzw. seinen Ersatzformen) (▶ S. 326) stehen, z. B.: *Der Sportler betont, dass er hart trainiert* **hat/habe.**
  - *wie*-**Satz:** Das Verb der wiedergegebenen Rede **steht in der Regel im Indikativ**, z. B.: *Wie der Sportler hervorhebt,* **brauchen** *solche Reisen eine lange Vorbereitung.*
  - **Infinitivkonstruktion**, z. B.: *Er behauptet, machtlos* **zu sein.**
  - **Zitat:** Mit Anführungszeichen wird ein Zitat in die indirekte Rede eingefügt, z. B.: *Der Mann berichtet, er* **sei** *inzwischen „zu einem Berufs-Abenteurer geworden".*

Der Konjunktiv II (Irrealis) ▶ S. 227–230

- Wenn man eine **Aussage** als **unwirklich (irreal), nur vorgestellt, unwahrscheinlich** oder **gewünscht** kennzeichnen möchte, verwendet man den **Konjunktiv II (Irrealis).**
- **Bildung des Konjunktivs II**
  - Der Konjunktiv II wird in der Regel **abgeleitet vom Präteritum Indikativ.**
  - Bei unregelmäßigen (starken) Verben werden *a, o, u* im Wortstamm zu *ä, ö, ü*.

Indikativ Präteritum	er hielt	er war	er hatte	er bot
Konjunktiv II	er hielte	er wäre	er hätte	er böte

- Anstelle des Konjunktivs II wird die *würde*-**Ersatzform** verwendet, wenn
  - der **Konjunktiv II** (im Textzusammenhang) **nicht vom Indikativ Präteritum zu unterscheiden** ist, z. B.: *Zusammen mit Freunden* **machte** *er diese Reise.* (= Konjunktiv II)
    Zusammen mit Freunden **würde** *er diese Reise* **machen.** (= würde-Ersatzform)
  - der **Konjunktiv II** als **ungebräuchlich** oder **unschön** empfunden wird, vor allem im mündlichen Sprachgebrauch, z. B.: *er empfähle → er würde empfehlen.*

Irreale Konditionalgefüge (Bedingungsgefüge) ▶ S. 229–230

- In einem **Satzgefüge** stellt der **Konditionalsatz** (Nebensatz, der mit *wenn* oder *falls* eingeleitet wird) eine Bedingung dar; die Folge wird im Hauptsatz formuliert.
  Haupt- und Nebensatz bilden zusammen ein sogenanntes Konditionalgefüge.
- **Reale Bedingung (Indikativ):** Ist die **Bedingung möglich** bzw. real, verwenden wir im Hauptsatz und im Nebensatz (Konditionalsatz) den **Indikativ**, z. B.:
  Wenn ich eine Leiter **mitnehme, kann** *ich leichter auf den Baum klettern.*
- **Irreale Bedingung (Konjunktiv II oder *würde*-Ersatzform):** Ist die **Bedingung unwahrscheinlich** bzw. irreal, verwenden wir im Hauptsatz und im Nebensatz (Konditionalsatz) den **Konjunktiv II** (Irrealis, ▶ S. 327) bzw. die *würde*-Ersatzform, z. B.:
  Wenn ich sehr viel Geld **hätte, würde** *ich Urlaub im All* **machen.**
  Hinweis: Irreale Konditionalsätze können auch **ohne die Konjunktionen** (▶ S. 323) *wenn* oder *falls* gebildet werden. Dann steht das Verb im Nebensatz an erster Stelle. In diesem Fall kann der konditionale Nebensatz nur vor dem Hauptsatz stehen, z. B.: **Wäre** *ich Pilot,* **flöge** *ich.*

Grundwissen

Wortbedeutung

Sprachliche Bilder – Vergleich, Metapher, Personifikation, Lautmalerei ▶ S. 73, 88, 208

- **Vergleiche** dienen in der Regel dazu, etwas **besonders anschaulich mitzuteilen,** z. B.:
  süß **wie** *Honig, stark* **wie** *ein Bär.* Bei einem Vergleich werden zwei verschiedene Dinge oder Vorstellungen durch **„wie"** oder **„als (ob)"** miteinander verknüpft, z. B.:
  Es herrscht eine Hitze, **als ob** *es Sommer wäre.*
- Bei einer **Metapher** werden Wörter nicht wörtlich, sondern **in einer übertragenen Bedeutung bildhaft** verwendet, um einen Eindruck oder eine Stimmung zu **veranschaulichen,** z. B.:
  Nussschale für *ein kleines Boot, Tränen des Himmels* für *Regen.*
  Man verwendet Metaphern, weil sich zwei Dinge auf Grund einer Eigenschaft ähnlich sind, z. B.:
  König der Tiere für *Löwe.* → Die Metapher hebt das majestätische Aussehen und die Stärke des Löwen hervor.
- Im Unterschied zu einem Vergleich **fehlen** bei der Metapher **das Wort, das verglichen wird,** und das **Vergleichswort „wie"** oder **„als (ob)".** Eine Metapher ist also ein **verkürzter Vergleich,** z. B.:
  Das Boot ist so klein wie eine Nussschale.   *Wir rudern in unserer Nussschale auf dem Wasser.*
            Vergleich   Metapher
- Die **Personifikation** (Vermenschlichung) ist eine besondere Form der Metapher.
  Gegenstände, Begriffe oder die Natur werden vermenschlicht, d. h., ihnen werden menschliche Verhaltensweisen und Eigenschaften zugesprochen, z. B.: *die Natur* **schläft,** *das Glück* **lacht,** *der Tag* **verabschiedet** *sich, das Veilchen* **träumt.**
- **Lautmalerei:** Mit den **Klängen von Wörtern** werden Naturlaute oder **Geräusche nachgeahmt,** z. B.: *klirren, rascheln, zischen.*

Ober- und Unterbegriffe ▶ S. 181, 189

Mit **Ober- und Unterbegriffen** kann man **ordnen,** wie Begriffe zu einem Thema oder zu einem Gegenstand zueinander stehen.
- Ein **Oberbegriff fasst** mehrere Gegenstände oder Eigenschaften **zusammen,** die **gemeinsame Merkmale** haben, z. B.: **Oberbegriff:** *Stiefel.*
- Ein **Unterbegriff** benennt bestimmte **Eigenschaften und Unterschiede,** z. B.: *Gummistiefel, Bikerstiefel, Reitstiefel …*

Konkreta und Abstrakta ▶ S. 210

- Als **Konkretum** (Plural: Konkreta) bezeichnet man ein Nomen, das **etwas Gegenständliches** benennt, das mit den Sinnen wahrnehmbar ist, z. B.: *die Blume, der Helm, das Handtuch.*
- Das **Abstraktum** (Plural: Abstrakta) ist der Gegenbegriff zum Konkretum. Abstrakta sind Nomen, die insbesondere **Ideen, Vorgänge, Eigenschaften** oder **Gefühle** bezeichnen, z. B.:
  die Planung, der Geiz, die Liebe, die Freiheit.

Das Homonym ▶ S. 207

- Wörter, die **gleich klingen und geschrieben werden, aber unterschiedliche Bedeutungen** haben, nennt man **Homonyme.**
- Ihre Bedeutung kann oft nur **im Sinnzusammenhang** geklärt werden, z. B.:
  Ball (1. Spielgerät, 2. Tanzveranstaltung): *1. Wir spielen Ball.* *2. Wir gehen auf einen Ball.*

Das Synonym und das Antonym ▶ S. 206

- Wörter mit **gleicher oder ähnlicher Bedeutung** bezeichnet man als **Synonyme**.
- Mit Hilfe von Synonymen können wir unsere **Ausdrucksweise abwechslungsreicher** und **treffender** gestalten, indem wir berücksichtigen, welche **zusätzlichen Vorstellungen** mit den Synonymen eines Wortfelds verbunden sind, z. B.: *essen → speisen, sich ernähren, …*
- Wörter mit **gegensätzlicher Bedeutung** heißen **Antonyme**, z. B.: *schleichen ↔ stampfen*.

Das Wortfeld ▶ S. 206

Mehrere Synonyme mit **gleicher oder ähnlicher Bedeutung** bilden ein **Wortfeld**.
Je mehr Wörter eines Wortfeldes man kennt, desto größer ist der eigene **Sprachschatz**.

Die Fachsprache ▶ S. 209

Menschen, die sich **auf einem bestimmten Fachgebiet**, zum Beispiel einer Sportart oder einem Berufsfeld, auskennen, verfügen häufig über **spezielle Wörter zur genaueren Bezeichnung und Verständigung** in einem Fachbereich. Dieses Fachvokabular wird als **Fachsprache** bezeichnet.

Die Anglizismen ▶ S. 212–215

- **Fremdwörter** (▶ S. 339), die **aus dem Englischen** ins Deutsche oder in eine andere Sprache übernommen werden, nennt man **Anglizismen**. Neuere Anglizismen stammen meist aus Bereichen, die international eine Rolle spielen, z. B.: Sport, Musik, Computer- und Informationstechnik.
- Gründe für die Übernahme können sein, dass entsprechende deutsche Wörter fehlen (z. B. *Hip-Hop*) oder sich nicht durchsetzten, z. B. *E-Book* für *digitales/elektronisches Buch*.
- Oft wird diskutiert, ob der Gebrauch von Anglizismen negativ oder positiv zu bewerten sei. Davon abhängig ist die Frage, ob man Anglizismen als Teil der Weiterentwicklung der deutschen Sprache ansieht oder nicht.

Der Bedeutungswandel von Wörtern ▶ S. 108–110

- Unser heutiges **Neuhochdeutsch** ist eine Weiterentwicklung des ab dem 14. Jahrhundert verbreiteten Frühneuhochdeutschen. Dies wiederum geht auf das **Mittelhochdeutsche** zurück, das **im hohen und späten Mittelalter** (ca. 1050 bis 1350) gesprochen und in der Dichtung als Schriftsprache verwendet wurde.
- Neben einer veränderten Aussprache hat sich in manchen Fällen auch die Bedeutung einzelner Wörter verändert. Bei diesem **Bedeutungswandel** wird unterschieden zwischen der **Bedeutungserweiterung, -verengung, -verbesserung** und **-verschlechterung**.
- **Etymologische Wörterbücher** (griech. *étymos* = wahr; *logos* = Wort) geben Auskunft über die **Herkunft der Wörter** und deren **Bedeutungswandel**.

Satzglieder

Wortart und Satzglied

Beachtet den Unterschied zwischen Wortart und Satzglied: Einzelne Wörter kann man nach ihrer Wortart bestimmen, Satzglieder sind die Bausteine in einem Satz. **Ein Satz besteht aus verschiedenen Satzgliedern.** Diese Satzglieder können aus einem einzelnen Wort oder aus mehreren Wörtern (einer Wortgruppe) bestehen.

Nomen	Verb	Pronomen	Präposition	Artikel	Nomen	**Wortarten**
Thomas	*trifft*	*ihn*	*nach*	*der*	*Schule.*	
Subjekt	Prädikat	Akkusativobjekt	adverbiale Bestimmung der Zeit			**Satzglieder**

Satzglieder erkennen – Die Umstellprobe ▶ S. 240

- Mit der **Umstellprobe** könnt ihr feststellen, **welche Wörter in einem Satz zusammengehören.** Zusammenbleibende Wörter und Wortgruppen bilden ein **Satzglied**.
- In einem Text sollten die Sätze nicht immer mit dem gleichen Satzglied beginnen. Mit Hilfe der **Umstellprobe** könnt ihr eure Sätze **abwechslungsreicher gestalten.**
  Die beiden Brüder **bauten** in Frankreich einen Heißluftballon.
  Einen Heißluftballon **bauten** *die beiden Brüder* in Frankreich.

Das Prädikat (Plural: die Prädikate) ▶ S. 240

- Das **Prädikat** ist der **Kern des Satzes** (Satzaussage). Prädikate werden durch Verben (▶ S. 323–325) gebildet. In einem **Aussagesatz** steht die **Personalform des Verbs** (der gebeugte Teil) immer **an zweiter Satzgliedstelle**, z. B.: *Philipp Reis **gilt** als Wegbereiter des Telefons.*
- Das Prädikat kann aus **mehreren Teilen** bestehen. Mehrteilige Prädikate bilden eine **Prädikatsklammer**, z. B.: *Forscher **bereiten** ihre Experimente genau **vor**.*

Das Subjekt (Plural: die Subjekte) ▶ S. 240

Das Satzglied, das in einem Satz angibt, **wer oder was** handelt, etwas tut, veranlasst …, heißt Subjekt (Satzgegenstand), z. B.: ***Die Forscherin** reist ins Unbekannte.*
- Subjekt lassen sich mit der **Frageprobe „Wer oder was …?"** ermitteln, z. B.:
  Die Forscherin reist ins Unbekannte. → **Wer oder was** *reist ins Unbekannte? = die Forscherin*
- Das Subjekt eines Satzes **kann aus einem oder aus mehreren Wörtern** bestehen, z. B.:
  ***Die erfahrene, weltberühmte Forscherin** reist viel.* → *Wer oder was reist viel?*
- Das Subjekt eines Satzes steht immer im **Nominativ** (1. Fall, ▶ S. 321).

Die Objekte ▶ S. 240

- **Objekte** können aus **einem oder aus mehreren Wörtern** bestehen.
- **Akkusativobjekt** heißt das Objekt, das im Akkusativ steht und mit der **Frage „Wen oder was …?"** zu ermitteln ist, z. B.: *Der Erfinder sucht die Lösung.* → **Wen oder was** *sucht der Erfinder?*
- **Dativobjekt** heißt das Objekt, das im Dativ steht und mit der **Frage „Wem …?"** ermittelt wird, z. B.: *Der Erfinder stahl einem anderen die Idee.* → **Wem** *stahl der Erfinder die Idee?*

- Das **Genitivobjekt** ist ein Satzglied, das man mit der **Frage „Wessen …?"** ermittelt,
  z. B.: *Er wird des Diebstahls angeklagt.* → **Wessen** *wird er angeklagt?*
  - Nur **wenige Verben fordern** ein **Genitivobjekt**, z. B.: *(der Toten) gedenken, sich (des Sieges) rühmen, sich (einer guten Ausrede) bedienen.*
- **Präpositionalobjekte** stehen **nach Verben**, die fest **mit einer Präposition** verbunden sind,
  z. B.: *lachen über, achten auf, denken an, sich fürchten vor.*
  - Diese **Präposition** ist auch **im** jeweiligen **Fragewort** enthalten, z. B.:
    Der Erfinder hofft auf weltweiten Ruhm. → **Worauf** *hofft der Erfinder?*
    Er fürchtet sich vor Misserfolg. → **Wovor** *fürchtet er sich?*
  - Nach den Präpositionalobjekten fragt man z. B. mit:
    Wofür? Für wen? Wonach? Nach wem? Womit? Wovon? Worüber? Woran? Worauf?

Die adverbialen Bestimmungen (Sg.: das Adverbiale; Pl.: die Adverbialien) ▶ S. 241–242

- Adverbiale Bestimmungen sind **Satzglieder**, die zusätzliche Informationen über den **Ort (lokal)**, die **Zeit (temporal)**, den **Grund (kausal)** und die **Art und Weise (modal)** eines Geschehens oder einer Handlung liefern.
- Mit der **Frageprobe** könnt ihr ermitteln, welche adverbiale Bestimmung vorliegt.

Wo? Wohin? Woher?	**lokale adverbiale Bestimmung (Ort)**
Wann? Wie lange? Seit wann? Wie oft?	**temporale adverbiale Bestimmung (Zeit)**
Warum? Weshalb? Weswegen?	**kausale adverbiale Bestimmung (Grund)**
Wie? Auf welche Weise? Womit?	**modale adverbiale Bestimmung (Art und Weise)**

Die Attribute (Beifügungen) ▶ S. 243

- Attribute **bestimmen ein Bezugswort** (meist ein Nomen) näher. Sie sind immer **Teil eines Satzglieds** und stehen vor oder nach ihrem Bezugswort. Bei der Umstellprobe (▶ S. 330) können sie nur zusammen mit ihrem Bezugswort verschoben werden.
- Man kann sie mit „Was für …?" erfragen. Man unterscheidet:
  - **Adjektivattribut**, z. B.: *das großes Auto*
  - **präpositionales Attribut**, z. B.: *ein Fahrzeug mit Tragflächen*
  - **Genitivattribut**, z. B.: *die Farbe des Fahrzeugs*
  - **Apposition**, z. B.: *Daniel Düsentrieb, der Erfinder, lebt in Entenhausen.*

Proben ▶ S. 77, 251

- Mit der **Umstellprobe** könnt ihr eure **Texte abwechslungsreicher gestalten.** Ihr stellt Satzglieder so um, dass z. B. die Satzanfänge nicht immer gleich sind, z. B.:
  Der Detektiv benötigt ein Notizbuch. Der Detektiv braucht auch eine Lupe.
  → *Der Detektiv benötigt ein Notizbuch. Auch eine Lupe braucht der Detektiv.*
- Mit der **Ersatzprobe** könnt ihr Satzglieder, die sich in eurem Text häufig wiederholen, durch andere **Wörter ersetzen** und somit **Wortwiederholungen vermeiden,** z. B.:
  Der Detektiv macht Fingerspuren mit einem Pulver sichtbar.
  → ~~*Der Detektiv*~~ → *Er vergleicht* ~~*die Fingerspuren*~~ → *diese mit denen der Verdächtigen.*
- Mit der **Weglassprobe** könnt ihr prüfen, welche Wörter in einem Text gestrichen werden sollten, weil sie überflüssig sind oder umständlich klingen, z. B.: *Bei der Spurensuche muss der Detektiv sehr genau arbeiten,* ~~*während er den Tatort nach Spuren absucht*~~.

Grundwissen

- Mit der **Erweiterungsprobe** könnt ihr prüfen, ob die Aussage genau genug ist oder ob noch **Informationen ergänzt** werden sollten, um sie z. B. **anschaulicher** zu machen, z. B.:
Der Dieb floh. → *Der Dieb floh vom Tatort, ohne Spuren zu hinterlassen.*

Sätze

Satzarten

Abhängig davon, ob man etwas aussagen, fragen oder jemanden auffordern will, verwendet man unterschiedliche Satzarten: Aussagesatz, Fragesatz und Aufforderungssatz.
In der geschriebenen Sprache kann man diese Satzarten anhand der unterschiedlichen **Satzschlusszeichen** und in der gesprochenen Sprache oft anhand der **Stimmführung** erkennen.

- Nach einem **Aussagesatz** steht ein **Punkt**, z. B.: *Ich gehe jetzt ins Schwimmbad.*

Spricht man einen Aussagesatz, senkt man in der Regel zum Satzende hin die Stimme.

- Nach einem **Fragesatz** steht ein **Fragezeichen,** z. B.: *Hast du heute Nachmittag Zeit?*

Spricht man einen Fragesatz, hebt man in der Regel zum Satzende hin die Stimme.

- Nach einem **Ausrufe- oder Aufforderungssatz** steht **meist** ein **Ausrufezeichen**, z. B.:
Vergiss die Sonnencreme nicht! Beeilt euch!

Die Satzreihe (Hauptsatz + Hauptsatz) ▶ S. 245, 247

- Ein **Satz**, der aus **zwei oder mehr Hauptsätzen** besteht, wird **Satzreihe** genannt.
Die einzelnen Hauptsätze werden durch ein **Komma** voneinander getrennt.
- Häufig werden Hauptsätze durch **nebenordnende Konjunktionen** wie
und, oder, aber, doch, sondern, denn miteinander verbunden, z. B.:
*Da Vinci war ein Genie, **denn** er erfand die unterschiedlichsten Dinge.*
- Beachtet: Nur vor den **Konjunktionen** *und* bzw. *oder* darf das Komma entfallen, z. B.:
Er ging bei einem Maler in die Lehre(,) und sein Wissen über die Natur erwarb er sich durch Beobachtungen.

Das Satzgefüge (Hauptsatz + Nebensatz) ▶ S. 246–247, 269–271

- Einen **Satz**, der aus mindestens einem **Hauptsatz und** einem **Nebensatz** besteht, nennt man **Satzgefüge**. Der Nebensatz kann vor, zwischen oder nach dem Hauptsatz stehen.
Zwischen Hauptsatz und Nebensatz muss **immer ein Komma** stehen.
- Der Nebensatz wird meist mit einer **unterordnenden Konjunktion** (Subjunktion) wie *während, weil, obwohl, wenn* eingeleitet.
- Die **Personalform des Verbs** steht im **Nebensatz** immer an **letzter Satzgliedstelle**, z. B.:

Hauptsatz		Nebensatz
Forscher **wollten** eine Goldmaschine erfinden,	**weil**	Gold ein wertvolles Edelmetall **ist.**
Personalform des Verbs an zweiter Stelle	Konjunktion	Personalform des Verbs an letzter Stelle

Der Relativsatz (Attributsatz) ▶ S. 244, 270

- **Relativsätze sind Nebensätze,** die ein **vorausgehendes Bezugswort** (Nomen oder Pronomen) näher **erklären.** Sie werden mit einem **Relativpronomen** eingeleitet, z. B.: *der, die, das* oder *welcher, welche, welches.*
- Ein Relativsatz wird **immer** durch ein **Komma** vom Hauptsatz abgetrennt, z. B.:
  Daniel Düsentrieb ist eine Comicfigur, die von Carl Barks erfunden wurde.

  Bei eingeschobenen Relativsätzen steht vor und hinter dem Relativsatz ein Komma.
- Relativsätze nehmen im Satz die **Rolle eines Attributs** ein (▶ S. 243). Man kann sie also mit **„Was für …?"** erfragen. Relativsätze werden deshalb auch **Attributsätze** genannt.

Adverbialsätze (Nebensätze/Gliedsätze unterscheiden) ▶ S. 249–256

- **Adverbialsätze sind Gliedsätze,** weil sie die **Satzgliedstelle einer adverbialen Bestimmung einnehmen,** z. B.: *Nach dem Experiment* sprachen wir über unsere Beobachtungen.
  adverbiale Bestimmung

  Nachdem wir das Experiment beendet hatten, sprachen wir über unsere Beobachtungen.
  Adverbialsatz

- Adverbialsätze werden mit einer **Konjunktion** eingeleitet und durch ein **Komma** vom Hauptsatz abgetrennt. Je nach Funktion im Satz unterscheidet man unterschiedliche Arten von Nebensätzen. Man kann sie mit der Frageprobe ermitteln.

Adverbialsatz	Frageprobe	Konjunktionen	Beispiel
Temporalsatz (Zeit)	Wann …? Seit wann …? Wie lange …?	nachdem, als, während, bis, bevor, solange, sobald, …	*Bis eine Erfindung funktioniert, ist viel Arbeit notwendig.*
Kausalsatz (Grund)	Warum …?	weil, da	*Weil Kindern das Experimentieren Spaß macht, forschen sie.*
Konditionalsatz (Bedingung)	Unter welcher Bedingung …?	wenn, falls, sofern	*Wenn eine Erfindung glückt, sind alle froh.*
Konsekutivsatz (Folge)	Mit welcher Folge …?	sodass (auch: so …, dass)	*Lehrer unterstützen die Kinder, sodass diese nicht allein sind.*
Finalsatz (Absicht, Zweck)	Wozu …?	damit	*Der Wettbewerb wird durchgeführt, damit sich Jugendliche für Technik begeistern.*
Modalsatz (Art und Weise)	Wie …?	indem, wie, als (ob) …, dadurch, dass …	*Indem Forscher an den Erfolg glauben, verwirklichen sie ihre Ideen.*
Konzessivsatz (Einräumung)	Trotz welcher Umstände …?	obwohl, obgleich, obschon	*Obwohl die Vorbereitungen Mühe kosten, macht das Forschen Spaß.*
Adversativsatz (Gegensatz)	Anstatt was? Im Gegensatz wozu?	während, wohingegen, indessen	*Während zahlreiche Schüler Chemie begeistert, finden manche das Experimentieren langweilig.*

Grundwissen

Temporalsätze – Adverbialsätze der Zeit ▶ S. 253

- Mit **Temporalsätzen** kann man **zeitliche Reihenfolgen verdeutlichen**. Sie geben an, **wann** sich das **Geschehen im Verhältnis zum Geschehen im Hauptsatz** vollzieht.
- Dabei unterscheidet man zwischen **Vorzeitigkeit, Gleichzeitigkeit und Nachzeitigkeit,** z. B.:

Hauptsatz: *Marlene bereitet das Experiment vor, ...*
Temporalsätze

... *nachdem* sie die Anleitung dazu gelesen hat.	... *während* sie Musik hört.	... *bevor* sie den Klassenraum verlässt.
Vorzeitigkeit: Das Ereignis im Nebensatz liegt vor dem Ereignis im Hauptsatz.	**Gleichzeitigkeit:** Das Ereignis im Nebensatz verläuft gleichzeitig mit dem Ereignis im Hauptsatz.	**Nachzeitigkeit:** Das Ereignis im Nebensatz findet nach dem Ereignis im Hauptsatz statt.

Der Subjekt- und der Objektsatz

- **Subjektsätze sind Nebensätze.**
  Im Satz nehmen sie die **Rolle des Subjekts** (Wer oder was ...?) ein, z. B.:
  – Satz mit „einfachem" Subjekt: *Die Luftspiegelung erscheint als Siedlung.*
  – Satz mit Subjektsatz: ***Was die Luft spiegelt****, erscheint als Siedlung.*
                  Subjektsatz   ↑ Ein Komma trennt den Subjektsatz ab.
- **Objektsätze sind Nebensätze.**
  Im Satz nehmen sie die **Rolle eines Objekts** (Wen oder was ...?) ein, z. B.:
  – Satz mit „einfachem" Objekt: *Der Lehrer erklärt das Funktionieren eines Heißluftballons.*
  – Satz mit Objektsatz: *Der Lehrer erklärt,* ***wie ein Heißluftballon funktioniert****.*
     Der Objektsatz wird durch ein Komma abgetrennt. ↑   Objektsatz

Zeichensetzung

Das Komma zwischen Sätzen ▶ S. 269–271

- Die einzelnen **Hauptsätze einer Satzreihe** (▶ S. 332) werden durch ein **Komma** voneinander getrennt, z. B.: *Peter schwimmt im See, Philipp kauft sich ein Eis.*
  Nur vor den Konjunktionen *und* bzw. *oder* darf das Komma wegfallen, z. B.:
  Peter schwimmt im See und Philipp kauft sich ein Eis.
- Zwischen **Hauptsatz und Nebensatz** (Satzgefüge, ▶ S. 332) muss **immer ein Komma** stehen, z. B.:
  Wir gehen heute ins Schwimmbad, weil die Sonne scheint.
  In einem Satzgefüge kann der **Nebensatz vor, nach** oder **zwischen** dem **Hauptsatz** stehen, z. B.:
  Wenn wir verreisen, möchte ich nicht allzu lange im Auto sitzen.
  Die Sommerferien, die ich in diesem Jahr zu Hause verbracht habe, waren schön.
  Ein **Satzgefüge kann mehrere Nebensätze** enthalten. Alle Nebensätze werden **mit** einem **Komma** abgetrennt, z. B.:
  Weil Ferien sind, möchten wir gern verreisen. Ich weiß nicht genau, wohin wir fahren.
  Auch Ferien, die man zu Hause verbringt, sind schön.

- Folgende Wörter können **Nebensätze einleiten**:

unterordnende Konjunktionen	nachdem, wenn, obwohl, weil, dass, indem ...	*Weil die Sonne scheint, gehen wir ins Freibad.*
Fragewörter und „ob"	wann, woher, warum, weshalb, wie, wo, ob ...	*Ich weiß nicht genau, **wann** er kommen wird.*
Relativpronomen	der, die, das, welcher, welche, welches	*Der Junge, **der** dort vorne steht, heißt Peter.*

Das Komma bei Aufzählungen ▶ S. 272

- **Wörter und Wortgruppen in Aufzählungen** werden **durch Kommas abgetrennt**, z. B.:
  Zum Reisen gehören gutes Wetter, ein schönes Reiseziel, nette Mitreisende.
- Das gilt **auch, wenn** das Wort oder die Wortgruppe durch einschränkende **Konjunktionen** wie *aber, jedoch, sondern, doch* eingeleitet wird, z. B.:
  Du hast an den Regenschirm gedacht, aber nicht an Sonnencreme.
- **Beachtet: Kein Komma steht vor den nebenordnenden Konjunktionen** *und, oder, sowie, entweder ... oder, sowohl ... als auch, weder ... noch*, z. B.:
  Ich liebe sowohl das Meer als auch die Berge. Ich nehme einen Rucksack und einen Koffer mit.

Das Komma bei Appositionen und nachgestellten Erläuterungen ▶ S. 273

- Die **Apposition** (Beifügung) ist eine besondere Form des Attributs (▶ S. 331) und besteht in der Regel aus einem **Nomen oder** einer **Nomengruppe.** Sie folgt ihrem Bezugswort (meist ein Nomen) und wird durch **Kommas** abgetrennt, z. B.:
  München, die bayerische Landeshauptstadt, ist ein beliebtes Reiseziel für Schulklassen.
  Die Apposition steht im gleichen Kasus wie ihr Bezugswort (hier: Nominativ).
- **Die nachgestellte Erläuterung** wird oft mit Wörtern wie *nämlich, und zwar, vor allem, also, das heißt (d. h.), zum Beispiel (z. B.)* eingeleitet. Sie wird durch **Kommas** abgetrennt, z. B.:
  Das Neue Rathaus in München, also der Sitz des Oberbürgermeisters, wurde 1909 fertig gestellt.

Die Kommasetzung bei Infinitivkonstruktionen ▶ S. 274

- Infinitivkonstruktionen **darf** man immer durch **Kommas** vom Hauptsatz trennen.
- Ein Komma **muss** stehen, wenn die **Infinitivkonstruktion**
  - **eingeleitet** wird durch *um, ohne, statt, anstatt, außer, als,* z. B.:
    *Buchen Sie keinen Urlaub, **ohne** sich vorher genau zu informieren.*
  - von einem **Nomen** oder einem **hinweisenden Wort** abhängt wie *dazu, daran, darauf* oder ein *es* im Hauptsatz steht, z. B.:
    *Der Katalog dient **dazu**, die passende Unterkunft zu finden.*
- Bei einfachen Infinitiven (zu + Infinitiv) kann man das Komma weglassen, sofern dadurch keine Missverständnisse entstehen, z. B.: *Sie beschlossen(,) nicht(,) Pizza zu essen.*
  Tipp: Bei Infinitivkonstruktionen empfiehlt es sich, **immer ein Komma zu setzen,** weil es die Gliederung eines Satzes verdeutlicht und **niemals falsch** ist.

Die Kommasetzung bei Partizipialkonstruktionen ▸ S. 275

- **Partizipialkonstruktionen** werden mit einem **Partizip I** (Partizip Präsens: *gehend*) oder einem **Partizip II** (Partizip Perfekt: *gegangen*) gebildet (▸ S. 325), z. B.:
  *Den Reiseführer **lesend**(,) verirrte **er** sich trotzdem.*
  Subjekt im Hs
- Als **Nebensätze** beziehen sie sich **auf das Subjekt des Hauptsatzes.**
- Partizipialkonstruktionen **darf** man immer durch **Kommas** vom Hauptsatz trennen.
- Ein Komma **muss** stehen, wenn
  – auf die Partizipialkonstruktion durch ein **hinweisendes Wort** Bezug genommen wird, z. B.:
    Den Kopf in den Nacken gelegt, **so** genießt sie die Zugreise.
  – die Partizipialkonstruktion eine nachgestellte Erläuterung zu einem Nomen oder Pronomen ist, z. B.: *Die Sonne, mit voller Kraft scheinend, ist typisch für Italien.*

Zeichensetzung bei der wörtlichen Rede ▸ S. 276–277

Die **wörtliche Rede** steht in einem Text in **Anführungszeichen**. Die Satzzeichen ändern sich, je nachdem, ob der **Redebegleitsatz vor, nach oder zwischen** der wörtlichen Rede steht.
- Der **Redebegleitsatz vor** der wörtlichen Rede verlangt einen **Doppelpunkt** vor der wörtlichen Rede, z. B.: *Ich fragte: „Wohin sollen wir verreisen?"*
- Steht der **Redebegleitsatz nach** der wörtlichen Rede, dann wird nach der wörtlichen Rede ein **Komma** gesetzt, auch wenn die Rede mit einem Ausrufe- oder Fragezeichen endet; allein der Schlusspunkt entfällt, z. B.: *„Ich möchte ans Meer", sagte Jana.   „Ich würde gern ans Meer fahren!", rief Jana. „Sollen wir ans Meer fahren?", fragte Jana.*
- Ein **Redebegleitsatz zwischen** der wörtlichen Rede wird meist durch **Kommas** von der wörtlichen Rede abgetrennt, z. B.: *„Ach nein", meinte Matthias, „ich würde lieber in die Berge fahren."* Anstelle des zweiten Kommas kann auch ein Punkt stehen, z. B.: *„Ach nein", meinte Matthias. „Ich würde …"*

Tipps zum Rechtschreiben

Verwandte Wörter suchen (Ableitungsprobe)

- Wenn ihr unsicher seid, wie ein Wort geschrieben wird, hilft fast immer die Suche nach einem verwandten Wort. Der Wortstamm (= Grundbaustein) wird in allen verwandten Wörtern gleich oder ähnlich geschrieben, z. B.: *reisen: abgereist, verreisen, die Reise.*
- Ihr schreibt ein Wort mit **ä** oder **äu**, wenn es ein verwandtes Wort mit **a** oder **au** gibt, z. B.:
  e oder *ä*? Gläser → Glas;   *eu* oder *äu*? Träume → Traum
  Gibt es **kein verwandtes Wort mit *a* oder *au*, schreibt** man das Wort meist mit *e* oder *eu.*

Wörter verlängern (Verlängerungsprobe)

Am Wortende klingt **b** wie **p** (*das Lob*), **g** wie **k** (*der Tag*) und **d** wie **t** (*der Hund*). Wenn ihr die Wörter verlängert, hört ihr, welchen Buchstaben ihr schreiben müsst. So könnt ihr Wörter **verlängern:**
- Bildet bei **Nomen** den **Plural**, z. B.: *der Tag → die Tage*, oder ein **Adjektiv**, z. B. *der Sand → sandig*.
- Steigert die **Adjektive** oder ergänzt ein **Nomen**, z. B.: *wild → wilder; ein wildes Tier.*
- Bildet bei **Verben** den **Infinitiv** oder die **Wir-Form**, z. B.: *er lobt → loben; wir loben.*

Im Wörterbuch nachschlagen

- Die Wörter sind nach dem **Alphabet** sortiert. Wenn der erste, zweite ... Buchstabe gleich ist, wird die Reihenfolge nach dem zweiten, dritten ... Buchstaben entschieden, z. B.: *Flamme, Fleiß, Floß*.
- Die **Wörter** sind im Wörterbuch **in ihrer Grundform** verzeichnet.
  - **Verben** findet ihr im **Infinitiv** (Grundform), z. B.: *ich habe gewusst → wissen*.
  - **Nomen** findet ihr im **Nominativ Singular** (1. Fall, Einzahl), z. B.: *die Hände → Hand*.

Silbentrennung

- Mehrsilbige Wörter **trennt** man nach **Sprechsilben**, die man beim deutlichen und langsamen Vorlesen hören kann, z. B.: *Spa-zier-gang*. Einsilbige Wörter kann man nicht trennen, z. B.: *Tisch, blau*.
- Ein **einzelner Vokalbuchstabe** wird **nicht abgetrennt**, z. B.: *Igel* (nicht *I-gel*).

Partnerdiktat ▶ S. 267

- **Lest** zuerst den **gesamten Text** und achtet auf schwierige Wörter.
- **Diktiert** euch **abwechselnd** den ganzen Text, am besten **in Wortgruppen.**
- Jeder **prüft** am Ende den eigenen Text auf **Rechtschreibfehler** und **verbessert** sie.
- **Tauscht** dann eure **Texte** und korrigiert sie gegenseitig.
- **Verbessert** zum Schluss **die Fehler** in euren Texten.

Rechtschreibregeln

Kurze Vokale – doppelte Konsonanten

- Wenn ihr bei einem Wort mit einem **betonten kurzen Vokal** nur einen **Konsonanten hört,** dann wird er in der Regel verdoppelt, z. B.: *der Gewinner, die Wette, wissen, treffen, irren, sonnig, satt*.
- Beachtet: Statt **kk** schreibt man **ck** und statt **zz** schreibt man **tz,** z. B.: *verstecken, die Decke, verletzen, die Katze*.

Lange Vokale (a, e, i, o, u)

- **Wörter mit einfachen langen Vokalen**
  In den meisten Wörtern wird der betonte, lange Vokal *(a, e, o, u)* oder Umlaut *(ä, ö, ü)* nur **mit** einem **einfachen Buchstaben** geschrieben, z. B.: *raten, legen, der Löwe, die Düse*.
  Das gilt besonders für:
  - einsilbige Wörter, z. B.: *wen, zu, so, los*
  - die Suffixe (Nachsilben) *-tum, -sal, -bar, -sam*, z. B.: *der Reichtum, das Schicksal, wunderbar, einsam*
  - für das Präfix (Vorsilbe) **ur-**, z. B.: *uralt, der Urwald*
- **Lange Vokale mit h**
  Hinter den lang gesprochenen Vokalen *a, e, o, u* sowie den Umlauten *ä, ö, ü* steht manchmal ein *h,* vor allem in der Verbindung mit den nachfolgenden Konsonanten *l, m, n* und *r*, z. B.: *wählen, nehmen, die Bohne, ungefähr*.
  Man muss sich diese Wörter merken.

Grundwissen

- **h am Silbenanfang**
  Bei manchen Wörtern steht am **Anfang der zweiten Silbe** ein **h**, z. B.: *ge-hen*.
  Dieses **h** könnt ihr hören. Das **h** bleibt in verwandten Wörtern erhalten.
  Verlängert einsilbige Wörter, dann hört ihr dieses **h**, z. B.: *er geht → gehen*.
- **Wörter mit Doppelvokal**
  Es gibt nur wenige Wörter, in denen der lang gesprochene Vokal durch die Verdopplung gekennzeichnet ist. Merkt sie euch gut.
  - **aa:** *der Aal, das Haar, paar, das Paar, der Saal, die Saat, der Staat, die Waage*
  - **ee:** *die Beere, das Beet, die Fee, das Heer, der Klee, das Meer, der Schnee, der See*
  - **oo:** *das Boot, doof, das Moor, das Moos, der Zoo*
  Die Vokale *i* und *u* werden **nie verdoppelt**.
- **Wörter mit langem *i***
  - **Wörter mit *ie*:**
    Mehr als drei Viertel aller Wörter mit lang gesprochenem *i* werden mit *ie* geschrieben. Das ist also die häufigste Schreibweise, z. B.: *der Spieltrieb, sie, viel, siegen*.
    Viele Verben haben zudem die Endung **-ieren,** z. B.: *informieren, interessieren*.
  - **Wörter mit *i*:**
    Manchmal wird das lang gesprochene *i* durch den **Einzelbuchstaben *i*** wiedergegeben, z. B.: *mir, dir, wir, der Igel, der Stil, die Maschine, das Benzin*. **Merke** dir am besten diese Wörter.
  - **Wörter mit *ih*:**
    Nur in den **Pronomen** *ihm, ihn, ihr, ihnen, ihre* etc. wird der lange *i*-Laut als *ih* geschrieben.

Die Schreibung des *s*-Lautes: *s*, *ss* oder *ß*?

- Das **stimmhafte *s*** wird immer **mit einfachem *s*** geschrieben, z. B.:
  die Reise, schmusen, also, seltsam.
- Das **stimmlose *s*** (= harter, gezischter *s*-Laut) wird
  - **nach einem kurzen betonten Vokal mit *ss*** geschrieben, z. B.: *der Fluss, lassen,*
  - **nach einem langen Vokal oder Diphthong** (*ei, ai, au, äu, eu*) **mit *ß*** geschrieben, **wenn** es bei der **Verlängerungsprobe stimmlos** bleibt, z. B.: *heiß → heißer; der Kloß → die Klöße*.
    ▶ Wenn der *s*-Laut bei der **Verlängerungsprobe stimmhaft** wird (gesummtes *s*), wird das Wort **mit einfachem *s*** geschrieben, z. B.: *das Glas → die Gläser, uns → unser*.
- Manche Verben wechseln in ihren Verbformen **von *ss* und *ß*,** z. B.: *lassen – sie ließ – gelassen*.
  Auch bei verwandten Wörtern können *ss* und *ß* wechseln, z. B.: *fließen – der Fluss*.
  Auch hier gilt: Nach **kurzem Vokal** steht *ss*, nach **langem Vokal** oder **Diphthong** *ß*.

dass/das

- ***das*** wird mit **s** geschrieben, wenn es sich
  - um den **bestimmten Artikel *das*** handelt, z. B.: *das Blatt,* oder
  - um das **Pronomen *das*,** z. B.: *Das ist der Stängel*.
  Tipp: Wenn man das Pronomen *das* durch *dieses* oder *welches* ersetzen kann, dann schreibt man es mit **einfachem *s*,** z. B.: *Das Wasser, das (welches) gespeichert wird, wird gereinigt*.
- ***dass*** wird mit **ss** geschrieben, wenn es sich
  - um die **Konjunktion *dass*** handelt. Durch *dass* wird immer ein Nebensatz eingeleitet, z. B.:
    Ich verspreche, dass ich dir einen Kaktus kaufen werde.
  Tipp: Mit dem **bairischen *des*** kann man immer **nur *das* ersetzen,** niemals *dass*.

Fremdwörter ▶ S. 263

- **Fremdwörter** wurden **aus anderen Sprachen ins Deutsche** übernommen.
- Oft kann man sie **an ihrer Schreibweise erkennen,** z. B. an dem Buchstaben **y** *(die Ph**y**sik)*, an Buchstabenverbindungen wie **th** *(die **Th**eologie)*, **ph** *(der **Ph**osphor)*, an Doppelkonsonanten wie **kk** *(der A**kk**ord)* oder **zz** *(die Ski**zz**e)*. Das betrifft auch Endungen wie **-ik** *(die Hekt**ik**)*, **-iv** *(selekt**iv**)*, **-ine** *(die Masch**ine**)*, **-ieren** *(demonstr**ieren**)* oder **-tion** *(die Demonstra**tion**)*.
- Wie deutsche Wörter können entsprechende **Verben und Adjektive** durch Nomenbegleiter **nominalisiert** werden, z. B.: *skizzieren* – **beim S***kizzieren*, *thematisch* – **das T***hematische*.

Die Großschreibung und Kleinschreibung

Großgeschrieben werden

- alle **Satzanfänge**, z. B.: *E*r tanzt gern.
- alle **Nomen und nominalisierten Wörter,** z. B.: *die L*iebe, *der B*uchhändler, *das S*chwimmbad, *etwas N*eues, *gutes Z*uhören, ...
- die **Höflichkeitsanrede** (z. B. in einem Brief): *S*ie, *I*hnen usw.

Klein schreibt man

- alle **Verben** (▶ S. 323 ff.), z. B.: *malen, tanzen, gehen*.
- alle **Adjektive** (▶ S. 322–323), z. B.: *freundlich, sonderbar, rostig*.
  Viele Adjektive kann man an **typischen Endungen** erkennen: *-bar, -sam, -isch, -ig, -lich, -haft*.
- alle **Pronomen** (▶ S. 322), z. B.:
  – **Personalpronomen** (persönliche Fürwörter), z. B.: *ich, du, er/sie/es, wir, ihr, sie, mich, dich*,
  – **Possessivpronomen** (besitzanzeigende Fürwörter), z. B.: *mein, dein, sein, ihr, euer*,
  – **Demonstrativpronomen** (hinweisende Fürwörter), z. B.: *der, die, das / dieser, diese, dieses / jener, jene, jenes / solcher, solche, solches / derselbe, dieselbe, dasselbe*,
- alle **Präpositionen** (▶ S. 323), z. B.: *in, auf, unter, ohne, zwischen, mit*.
  Tipp: Eine **Sonderregelung** gibt es bei den **Anredepronomen in Briefen** und **E-Mails:**
  – Wenn ihr jemanden **siezt**, schreibt ihr die **Anredepronomen groß**, z. B.: *Sie, Ihnen, Ihr*.
  – Die **vertraute Anrede „du"** kann man **kleinschreiben**, z. B.: *dir, dein, euch, euer*.

Nomen und Nomenmerkmale

- **Nomen** werden **großgeschrieben.** Wörter, die auf *-heit, -keit, -nis, -schaft, -tum, -in, -ung* enden, sind immer Nomen, z. B.:
  *Gesund**heit**, Tapfer**keit**, Ereig**nis**, Verwandt**schaft**, Irr**tum**, Sänger**in**, Handl**ung***.
- **Nomen kann man meist an ihren Begleitwörtern (Nomensignalen) erkennen,** die den Nomen vorausgehen. Begleitwörter sind:
  – **Artikel** (bestimmter/unbestimmter, ▶ S. 321), z. B.:
  *der H*und, *ein H*und; *die B*lume, *eine B*lume; *das K*ind, *ein K*ind
  – **Adjektive** (▶ S. 322–323), z. B.: *große H*unde, *gutes E*ssen, *wunderbare F*ilme
  – **Pronomen** (▶ S. 322), z. B.: *unser H*und, *dieser H*und, *meine B*lume, *jene B*lume
  – **Präpositionen** (▶ S. 323), die mit einem Artikel verschmolzen sein können, z. B.:
  *bei N*acht, *am* (= *an dem*) *F*luss
  – **Zahlwörter** (Numerale), z. B.: *zwei T*age, *drei S*tunden, *fünfter P*latz

Nominalisierungen: Großschreibung von Verben und Adjektiven ▶ S. 260

Verben und Adjektive schreibt man **groß,** wenn sie im Satz **als Nomen gebraucht** werden, z. B.:
das Lernen (Verb), *das Neue* (Adjektiv).
Ihr könnt solche **Nominalisierungen** wie Nomen **an** ihren **Begleitwörtern erkennen,** z. B.:
- **Artikel** (▶ S. 321), z. B.: *das Arbeiten, ein Lärmen.*
- **Pronomen** (▶ S. 322), z. B.: *dieses Laufen* (Demonstrativpronomen), *unser Bestes* (Possessivpronomen), *nichts Ungewöhnliches* (Indefinitpronomen).
  Tipp: Indefinitpronomen geben eine ungefähre Menge oder Anzahl an, z. B.: *etwas, manches, alles, nichts.* Sie stehen häufig vor nominalisierten Adjektiven, z. B.: *etwas Neues.*
- **Adjektive** (▶ S. 322–323), z. B.: *erfolgreiches Lernen.*
- **Präpositionen** (▶ S. 323), z. B.: *vor Lachen, beim (bei dem) Unterrichten, bis zum (zu dem) Äußersten.*

Groß- und Kleinschreibung bei Tageszeiten und Wochentagen ▶ S. 261–262

- **Zeitangaben** werden **großgeschrieben,** wenn sie **Nomen** sind. Ihr erkennt sie häufig an den üblichen **Nomenbegleitern** (▶ S. 260), z. B.: *am Nachmittag, mitten in der Nacht, eines Tages, freier Montag, diesen Dienstag, jeden Mittwoch.*
- **Zeitangaben** werden **kleingeschrieben,** wenn sie **Adverbien** sind, z. B.: *heute, morgen, gestern, nachmittags, abends, freitags.*
- Bei **kombinierten Zeitangaben** schreibt man die **Adverbien klein** und die **Nomen groß,** z. B.: *heute Abend, gestern Nacht, morgen Mittag.*
- Für **zusammengesetzte Zeitangaben aus Wochentag und Tageszeit** gilt: Sie werden **großgeschrieben,** wenn sie **Nomen** sind, und **kleingeschrieben,** wenn sie **Adverbien** sind, z. B.: *der Montagnachmittag, am Mittwochabend, montagnachmittags, mittwochabends.*

Getrennt- und Zusammenschreibung ▶ S. 265–267

Die meisten Wortgruppen schreibt man **getrennt,** außer in den folgenden Fällen:
- **Zusammen schreibt** man **Nominalisierungen,** z. B.: *das Babysitten, das Blumengießen.*
- **Zusammen schreibt** man **Adjektiv + Verb,** wenn durch deren Verbindung eine **neue Gesamtbedeutung** entsteht, z. B.: *schwarzfahren* (= ohne Fahrschein fahren), *blaumachen* (= schwänzen).
- **Zusammen schreibt** man in der Regel **Adverb und Verb,** wenn die **Hauptbetonung auf dem Adverb** liegt, z. B.: *Wir müssen für das Referat alle Informationen zusammentragen.*
  Tipp: Macht die **Erweiterungsprobe.** Wenn ihr ein Wort oder eine Wortgruppe zwischen Adverb und Verb einfügen könnt, schreibt ihr getrennt, z. B.: *Wollen wir das Regal zusammen (in die Küche) tragen?*
- **Zusammen schreibt** man in der Regel Verbindungen aus **Präposition und Verb,** wenn die **Hauptbetonung auf der Präposition** liegt, z. B.: *Können wir umkehren? Möchtest du mitkommen? Sollen wir durchkriechen?*

Methoden und Arbeitstechniken

Ideen sammeln – Das Brainstorming und das Cluster-Verfahren ▶ S. 290

- Beim **Brainstorming** bringt man sich gegenseitig auf **neue Ideen,** weil jeder eigene **Einfälle** zum Thema hat und die anderen damit zu weiteren Überlegungen anregt. Geht so vor:
    1. **Legt ein Thema,** eine gemeinsame Fragestellung oder eine Aufgabe **fest.**
    2. **Notiert,** ohne lange nachzudenken, was euch dazu **spontan in den Sinn** kommt.
       Tipp: Ihr seid offener, wenn niemand die Ideen eines anderen kritisiert.
    3. **Wählt Ideen aus,** die ihr besonders geeignet findet, um sich mit ihnen näher zu beschäftigen.
- Das **Clusterverfahren** (Clustering) ist eine anschauliche Form des Brainstormings.
    1. **Schreibt** das **Thema** in die **Mitte eines Blattes** oder der Tafel und **kreist es ein.**
    2. **Notiert** um das Thema alles, **was euch** zu ihm **einfällt. Kreist** jeden **Einfall** ein und **verbindet** ihn durch einen **Strich** mit dem jeweils vorangehenden Einfall.
       Tipp: Jeder Einfall gilt. Keine Idee wird kritisiert.

Ideen ordnen I – Die Mind-Map ▶ S. 19, 181

Mit einer **Mind-Map** (engl.: Gedankenlandkarte) könnt ihr **Informationen eines Textes übersichtlich anordnen** und so einen besseren **Überblick** über sie gewinnen.

- **Schreibt** in die **Mitte** eines Heftblattes das **Thema** und **umrahmt es.**
- **Ergänzt** rund um das Thema **Oberbegriffe.** Schreibt sie auf die ersten Äste.
- **Erweitert** die Äste mit den Oberbegriffen durch **Zweige.** Beschriftet diese Zweige mit **weiteren Informationen** oder Unterbegriffen.

Ideen ordnen II – Die Strukturlegetechnik

Bei der **Strukturlegetechnik** ordnet man zu einem Thema **Kärtchen** mit Begriffen **verschiedenen Oberbegriffen** (▶ S. 328) zu. So entsteht eine nachvollziehbare Struktur.
1. Schreibt Ideen oder Unterbegriffe (▶ S. 328) zu einem Thema auf einzelne Kärtchen.
2. Sortiert die Kärtchen nach ihrer Zusammengehörigkeit.
3. Findet Oberbegriffe für die Kärtchen, die zusammengehören. Ordnet die Kärtchen zu.

Informationen beschaffen ▶ S. 189, 292–294

Wenn ihr Informationen über ein bestimmtes Thema sucht oder etwas nachschlagen wollt, stehen euch verschiedene Informationsquellen zur Verfügung. Die wichtigsten **Informationsquellen** sind **Bücher** (Lexika, Sach- oder Fachbücher), **Zeitschriften** und das **Internet.**
1. **In Büchern und Zeitschriften recherchieren – Bibliotheken nutzen:** Bücher und Zeitschriften findet ihr in der Bibliothek (Bücherei), z. B. in der Schul-, der Stadt- oder der Gemeindebibliothek.

So könnt ihr mit Hilfe des **Computers in einer Bibliothek** nach Büchern und anderen Medien suchen:
1. Schritt: Gebt in das Feld der Suchmaske einen **Suchbegriff** ein, z. B. den Namen der Autorin / des Autors, den Titel des Buches, einen Fachbegriff / ein Schlagwort, z. B.: *Klimawandel + Ursachen*. Verfeinert die Suche, sofern eine bestimmte Medienart auswählbar ist, z. B.: *Buch, CD, DVD, E-Book*.
2. Schritt: Startet die Suche, indem ihr die **Enter-Taste** des Computers drückt **oder** mit einem **Mausklick** das Feld für die Suche anklickt.
3. Schritt: Sobald ihr Angaben zu dem gesuchten Titel oder eine Liste mit Suchergebnissen erhaltet, **klickt den Titel** an, zu dem ihr ausführlichere Informationen haben wollt, z. B. eine Kurzbeschreibung des Inhalts, Angaben darüber, ob das Buch vorhanden oder ausgeliehen ist.
4. Schritt: Wenn ihr den gesuchten Titel gefunden habt, müsst ihr euch die **Signatur aufschreiben,** z. B.: *Na 24 Umw.* Sie gibt euch den Standort des Buches, der CD usw. in der Bibliothek an.
5. Schritt: Orientiert euch in der Bibliothek, in welchem Regal ihr euer Buch, die CD usw. findet, z. B.: *Na 24 Umw (Na = Natur; 24 = Regalstellplatz; Umw = Umwelt)*.

2 Im Internet recherchieren
- Mit Suchmaschinen kann man im Internet gezielt nach Informationen suchen. Für Kinder und **Jugendliche** gibt es **Suchmaschinen** *wie blindekuh, fragfinn* oder *helles-koepfchen*.
- Um passende Informationen zu finden, muss man **geeignete Suchbegriffe** eingeben.
- Durch die **Kombination der Begriffe mit Zeichen** („…") lässt sich die Suche gezielt erweitern bzw. einschränken:
  – Eingabe **mehrerer Suchbegriffe**, z. B. *Klimawandel Ursachen:* Die Suche beschränkt sich auf die Seiten, die beide Begriffe enthalten.
  – Eingabe eines Themas oder eines Namens in **Anführungszeichen,** z. B. *„Ursachen für den Klimawandel":* Der genaue Wortlaut oder der vollständige Name wird gesucht.

Unbekannte Wörter klären ▶ S. 178, 180

1 Wörter aus dem Textzusammenhang klären
Lest noch einmal die Sätze oder die Wörter, die vor und nach dem unbekannten Wort stehen. Sie geben oft Hinweise und Informationen, die mit dem unbekannten Wort in Verbindung gebracht werden können (= Textzusammenhang eines Wortes).

2 Wörter in Bausteine zerlegen
Prüft, ob das unbekannte Wort einen Baustein enthält, den ihr kennt. Überlegt auch, ob euch ein verwandtes Wort oder ein Wort aus einer Fremdsprache einfällt, von dem ihr das unbekannte Wort ableiten könnt, z. B.: *Zeremonienmeister = Zeremonie + Meister (Zeremonie = Feierlichkeit, feierliche Handlung) → jemand, der die Feierlichkeit leitet.*

3 Im Wörterbuch nachschlagen
Wenn ihr das Wort nach diesen Überlegungen nicht versteht, schlagt es im Wörterbuch nach.
Tipp: Nicht immer ist es wirklich notwendig, jedes unbekannte Wort im Text zu klären.
Prüft, ob ihr den Satz auch ohne das Wort versteht.

Eine Schreibkonferenz durchführen ▶ S. 84, 304

In einer **Schreibkonferenz tauscht** ihr eure **Texte aus, korrigiert Fehler** und gebt euch gegenseitig **Tipps für die Überarbeitung.**
1 Setzt euch in kleinen Gruppen zusammen.
2 Haltet fest, worauf ihr bei eurer Konferenz achten wollt und wie ihr das jeweils anmerkt. Nutzt am besten die **Textlupen-Methode** (▶ S. 343).
3 Einer von euch liest seinen Text vor, die anderen hören aufmerksam zu.
4 Anschließend gebt ihr dem Verfasser oder der Verfasserin eine Rückmeldung, was euch besonders gut gefallen hat.
5 Dann wird der Text in der Gruppe Satz für Satz besprochen und die Verbesserungsvorschläge werden schriftlich festgehalten. Korrigiert auch die Rechtschreibung und die Zeichensetzung.
6 Zum Schluss überarbeitet der Verfasser oder die Verfasserin den eigenen Text.

Tipps für die Korrekturen
- Notiert eure Anmerkungen nur mit dem Bleistift lesbar am Rand.
- Verwendet folgende Korrekturzeichen:
  R = Rechtschreibfehler (Wort in der richtigen Schreibweise am Rand notieren)
  Z = Zeichenfehler (Satzzeichen einfügen bzw. streichen)
  T = Tempusfehler (richtige Zeitform notieren)
  ? = hier ist etwas unklar (= Bitte um Rücksprache)
  + = hier ist etwas besonders gut gelungen
  – = hier ist etwas nicht gut formuliert (Formulierungsvorschlag notieren)

Die Textlupe ▶ S. 54

Die **Methode „Textlupe"** dient dazu, **Texte anderer genauer zu prüfen.** Man nimmt sie sprichwörtlich unter die Lupe. Mit Hilfe eines **Rückmeldezettels** geben die Gruppenmitglieder an die Verfasserin oder den Verfasser ihr **Lob** und ihre **Verbesserungshinweise**.

Textlupe zum Text von: …		
Das finde ich gelungen:	Hier stört mich etwas:	Meine Vorschläge:
…	…	…

- Übertragt die abgebildete **Tabelle** auf ein eigenes Blatt.
- Notiert beim und nach dem **Zuhören** oder Lesen eure **Kommentare** zum Text in die drei Spalten.
- **Begründet** nacheinander eure Kommentare zum Text. Beginnt mit dem, was euch gefallen hat.
- Gebt eure Textlupen an die Verfasserin / den Verfasser, damit sie/er den **Text überarbeiten** kann.

Texte überarbeiten – Das ESAU-Verfahren ▶ S. 77

Das ESAU-Verfahren ist eine Methode der Textüberarbeitung.
ESAU steht für **E**rgänzen, **S**treichen, **A**ustauschen und **U**mstellen.
- **Ergänzen:** fehlende Wörter, Sätze, Gedanken, Abschnitte ergänzen
- **Streichen:** überflüssige Wörter, Sätze, Gedanken und Abschnitte streichen
- **Austauschen:** unpassende Wörter, Sätze, Gedanken und Abschnitte durch treffendere Formulierungen ersetzen
- **Umstellen:** Satzbau abwechslungsreicher gestalten, unstimmige Reihenfolge von Wörtern, Satzgliedern, Sätzen, Gedanken und Abschnitten umstellen (verschieben)

Eine Fishbowl-Diskussion durchführen

Die Methode nennt sich „Fishbowl", weil die Diskutierenden vergleichbar den Fischen in einem Aquarium beobachtet werden.
- Die **Diskussionsgruppe** besteht aus vier bis sieben Schülerinnen und Schülern.
- Die übrige Klasse bildet **Beobachtungsgruppen.**
- Die Lehrkraft oder ein Klassenmitglied **leitet** die Diskussion.

Innenkreis – die Diskussionsgruppe:
- Der Diskussionsleiter bildet mit den Diskutierenden den Innenkreis, die sogenannte Fishbowl.
- Ein Stuhl bleibt für die Beobachtungsgruppen frei.

Außenkreis – die Beobachtungsgruppen:
- Die übrige Klasse bildet Beobachtungsgruppen und sitzt in einem Außenkreis um die Diskutierenden. Sie hören ihnen aufmerksam zu und machen sich Notizen (▶ Beobachtungsbogen).
- Wer etwas zur Diskussion beitragen möchte, setzt sich auf den **freien Stuhl** und tritt danach in den Außenkreis zurück.

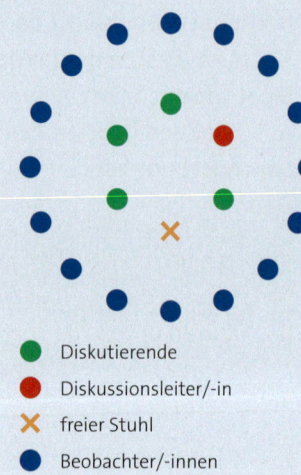

● Diskutierende
● Diskussionsleiter/-in
✗ freier Stuhl
● Beobachter/-innen

Die Placemat-Methode (auch: Platzdeckchenmethode) ▶ S. 290

1 Legt einen **großen Bogen Papier** in die Mitte eures Gruppentischs und teilt es wie nebenstehend dargestellt in vier **äußere Segmente und ein mittleres Segment** auf.
2 Jedes Gruppenmitglied schreibt in sein Segment sein **Wunschthema.** Ihr könnt euren Vorschlag auch knapp durch ein bis zwei Argumente begründen (▶ S. 35).
3 **Vergleicht eure Einträge.** Jeder liest die Notizen der anderen und stellt Rückfragen bei Verständnisproblemen.
4 **Einigt euch in der Gruppe** für einen Vorschlag und schreibt ihn in die Mitte des Blattes.

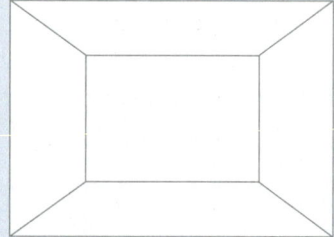

Ein Lesetagebuch anlegen und führen ▶ S. 127

Eure **Leseerwartungen und -erfahrungen** könnt ihr in einem Lesetagebuch festhalten.
Es ist ein **selbst gestaltetes Heft,** das euch während eurer Lektüre begleitet. Bestandteile sind:
- **Titelseite:** Bild, Romantitel, Name der **Autorin** / des **Autors,** euer **eigener Name.**
- **Inhaltsverzeichnis:** Verzeichnis eurer **Lesetagebuchseiten,** das ihr nach und nach ergänzt.
- Notiert **je Kapitel:** persönliche Leseeindrücke und Fragen, Hinweise zu den Figuren, ihrem Charakter, ihrem Verhalten und ihrem Verhältnis zueinander, Beobachtungen zur Erzählweise, Auffälligkeiten der sprachlichen Gestaltung, Überlegungen zu Illustrationen, z. B. zum Buchcover, eigene gestalterische Entwürfe, ergänzende Informationen zum Autor, zum Thema, zu den Schauplätzen, ...
- **Begründet zum Schluss** eures Lesetagebuchs, wie euch der **Roman gefallen** hat.

Eine Figurenskizze erstellen ▶ S.126

In einer **Figurenskizze** könnt ihr die **Beziehungen der Figuren veranschaulichen,** z. B.: *Abneigung, Freundschaft, Abhängigkeiten* usw.
- Ordnet die Namen der Figuren in einer passenden Reihenfolge an, z. B. nach dem Kräfteverhältnis, der Nähe zueinander, …
- Zeichnet zwischen den Figuren **Pfeile,** die die **Beziehung verdeutlichen.**
- **Beschriftet** jeden Pfeil mit einem aussagekräftigen Wort, z. B.: *liebt, bewundert, hasst,* …

Standbilder bauen ▶ S.94

- Bei einem Standbild schlüpfen Personen in die **Rolle von literarischen Figuren** und stellen diese als **unbewegliche Statuen** dar. Durch die Einnahme bestimmter Positionen und Haltungen sowie durch die Darstellung von Gestik und Mimik sollen die **Gefühle und Beziehungen der Figuren untereinander veranschaulicht** werden.
- Man kann ein Standbild gemeinsam bauen oder ein Schüler übernimmt die **Regie** und baut es auf Grundlage des Textes nach seinem **Leseverständnis.** Die Mitspieler sind dann Marionetten.
- Nach dem Bau eines Standbildes sollte man es **beschreiben und erläutern.**

Sinngestaltendes Vorlesen ▶ S.140, 163–166

Sinngestaltendes Vorlesen bedeutet, dass ihr einen Text **ausdrucksstark** vortragt und eure Stimme dem erzählten Geschehen anpasst. Ihr könnt z. B. lauter sprechen, wenn eine Figur mit ihren Taten angibt. Bei wörtlichen Reden könnt ihr eine andere Stimmlage für jeden Sprecher versuchen. Bereitet das Vorlesen vor, indem ihr den Text mit **Betonungszeichen** kennzeichnet:
- Betonungen bei Wörtern, die lauter gelesen und hervorgehoben werden sollen: _____
- Pausen: kurz: | länger: ||
- Hebung der Stimme, z. B. bei einer Frage: ↗
- allmähliche Steigerung des Lesetempos, z. B. zur Steigerung der Spannung: ↗

Tipp: Nicht jedes Wort muss betont werden und nicht jedes Komma bedeutet eine Sprechpause.

Die Stopp-Technik – Der Ghostspeaker ▶ S.169

- Bestimmt Spielleiter und Spieler. Lest eine Szene mit verteilten Rollen.
- An einer beliebigen Stelle sagt die Spielleiterin oder der Spielleiter: „Stopp!"
- Die Figuren unterbrechen ihr Spiel und sagen, was sie in ihrer Rolle gerade denken oder fühlen. Sie können auch erklären, warum sie etwas sagen oder warum sie so und nicht anders handeln.
- Variante mit Ghostspeaker: Hinter der Bühnenfigur steht eine andere Person, die aber nicht mitspielt (wie ein Geist auf der Bühne). Wenn „Stopp!" gesagt wird, äußert sich dieser „Geist" zu den Gedanken und Gefühlen seiner Figur.

Chorisches Sprechen ▶ S.172

Man kann durch die Art des Sprechens auf der Bühne bestimmte Effekte erzielen.
Eine besonders eindrucksvolle Art und Weise ist das chorische Sprechen, bei dem mehrere Schauspieler/-innen – wie in einem Chor – einen Text gleichzeitig vortragen.

Ein Bühnenbild erstellen ▶ S. 174

- Als **Bühnenbild** bezeichnet man die **sichtbare Gestaltung des Bühnenraums** für die Aufführung, z. B. durch Kulissen, Möbel und Requisiten (bewegliche Gegenstände).
- Es ist verführerisch, in einem Bühnenbild alles möglichst realistisch darzustellen. Doch es kann wirkungsvoller sein, wenn man **mit** sehr **einfachen Mitteln** arbeitet statt mit aufwendigen Ausstattungen. Auf das Wesentliche reduziert, ist es auch leichter, schnell umzubauen.
- Beim Bühnenbild ist auch einzuplanen, wie die **Auftritte und Abgänge der Schauspieler/-innen** verlaufen sollen.

Ein Buch vorstellen ▶ S. 127

- **Einleitung:** Nennt die Autorin / den Autor, den Titel, das Erscheinungsjahr sowie Verlag und Verlagsort. Haltet das Buch hoch oder lasst es in der Klasse herumgehen.
- **Überleitung und Hauptteil:** Begründet kurz, weshalb ihr das Buch vorstellt und fasst dann den Inhalt des Textes knapp zusammen (▶ S. 54): Nennt und beschreibt bei Romanen oder Erzählungen knapp die Hauptfiguren, wichtige Handlungsorte und Handlungsschritte.
- **Schluss:** Lest einen spannenden oder einen für den Text wichtigen Abschnitt vor.

Einen Audioguidebeitrag erstellen ▶ S. 114

- **Audioguides** sind **Tonaufnahmen,** die als **Führung durch eine Ausstellung** dienen. Sie können durch die Besucher **individuell angehört** werden.
  Tipp: Für einen Galeriegang in der Schule empfiehlt es sich z. B., die Audioguides auf die Schulwebsite hochzuladen und die Besucher aufzufordern, sich die Dateien von dort herunterzuladen. Dann kann sich jeder mit dem eigenen Smartphone und mit dem eigenen Kopfhörer die Audioguides anhören.
- Ein Audioguidebeitrag ist gewöhnlich max. **90 Sekunden (ca. 180 Wörter)** lang. So kann sich die Hörerin oder der Hörer darauf konzentrieren und sich gut Informationen merken.
- Der verwendete **Wortschatz,** aber auch der **Satzbau** sollten **einfach** sein. Fachbegriffe und große Abwechslung in der Wortwahl sind also zu vermeiden. Die Sätze sollten abwechselnd kurz und lang sein, aber maximal 13 Wörter enthalten und logisch verknüpft sein, z. B. durch *deshalb, also, weil, daher*.
- **Sprecherwechsel, Geräusche** und verschiedene **Methoden,** z. B. ein fiktives Gespräch, ein sprechendes Objekt oder eine Zeitreise, können den Beitrag interessanter und eindringlicher machen.

Ein Handout erstellen ▶ S. 301

- Ein **Handout** gibt den **Aufbau** und die **zentralen Informationen eines Vortrags knapp** und **übersichtlich** wieder (möglichst auf einer DIN-A4-Seite).
- Das Handout sollte
  - die Namen der Vortragenden, das Datum, das Fach und das Thema des Vortrags nennen,
  - eindeutige Stichworte zu den wichtigsten Abschnitten des Vortrags (Gliederung) enthalten,
  - die Quellen der verwendeten Materialien nennen (▶Quellenangaben, S. 190, 293–294, 309).

Folien oder ein Informationsplakat gestalten ▶ S. 173, 299–300

Folien/Plakate fassen **knapp und übersichtlich wesentliche Informationen** zu einem Thema zusammen. Sie beantworten in der Regel **zentrale W-Fragen:** Wer? Was? Wann? Warum? Folien und Plakate soll man **gern anschauen und gut lesen** können.
- Verwendet zu den Texten passende **Fotos, Zeichnungen** oder übersichtliche **Tabellen.**
- Achtet auf ein **ausgewogenes Verhältnis** von Texten und Bildern.
  Tipp: Ordnet Texte und Bilder übersichtlich an.
- Ergänzt bei Abbildungen oder Schaubildern **erklärende Beschriftungen.**
- Gebt der Folie oder dem Plakat einen **Titel** und gestaltet sie/es in einer **gut lesbaren Schrift.**
  Tipp: Verwendet nicht zu viele verschiedene Schriftarten und -farben.
- Hebt **Überschriften** hervor, indem ihr eine größere Schrift verwendet.
- Formuliert gut **gegliederte Texte.** Prüft sie auf **Rechtschreibung** und **Zeichensetzung.**

Eine Folienpräsentation erstellen ▶ S. 300

Präsentationsprogramme wie „Impress" oder „PowerPoint" arbeiten mit Folien. Auf diesen **Arbeitsflächen** könnt ihr euer **Thema** nennen, **wichtige Informationen in Stichpunkten** hinzufügen und **anschauliche Grafiken, Bilder oder Tabellen** zeigen.

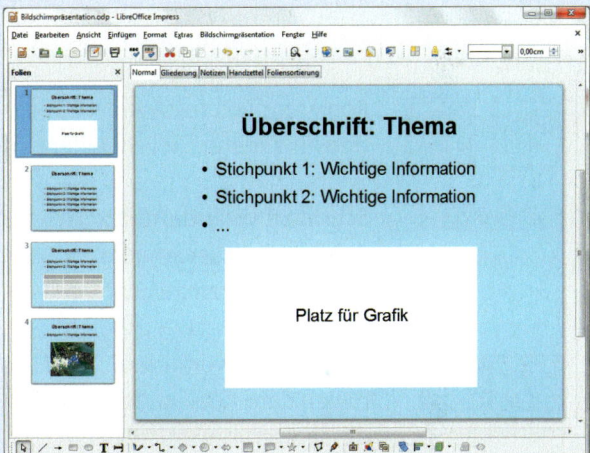

Mit Folien vortragen
Eine Folie dient zur Unterstützung eures Vortrags. Sie hilft, ihn zu gliedern, und ergänzt ihn um anschauliche Inhalte wie Grafiken und Bilder, die man mündlich nicht darstellen kann.
- Nennt auf einer Folie nur das Thema und wenige knappe Stichpunkte (höchstens 5). Randvolle Folien ermüden eure Zuhörer.
- Schreibt alle weitergehenden Informationen in der Notizenansicht auf die Folie.
  In dieser Ansicht könnt ihr euren Vortrag am besten einüben.

Tipp: Lest die Folien nicht ab. Erläutert die Stichpunkte durch einen ausführlichen Vortrag.

Folien gestalten
Vortragsfolien sollen gut lesbar sein.
- Verzichtet auf ablenkende oder mehrfarbige **Hintergründe.**
- Achtet bei der Wahl der **Textfarbe** darauf, dass sie sich gut vom Hintergrund unterscheidet.
- Nehmt eine klare **Schrift** (z. B. Arial). Die **Schriftgröße** solltet ihr so wählen, dass jeder im Raum die Stichpunkte mühelos lesen kann (mindestens 22 Punkt).
- **Tabellen, Fotos oder gezeichnete Bilder** müssen klar erkennbar bzw. gut lesbar sein.

Tipp: Präsentationsprogramme bieten nur einfache Werkzeuge zur Bildbearbeitung an. Gegebenenfalls müsst ihr euer Bildmaterial vorher in einem Bildbearbeitungsprogramm vorbereiten.

Mit dem Schreibprogramm des Computers umgehen

Eine Datei anlegen
Wenn man einen Text am Computer schreiben möchte, muss man zunächst eine Datei anlegen:
- Startet den Computer und wählt das Textprogramm aus, z. B. *Word*.
- Klickt in der Menüleiste auf „Datei" und „Neu".
- Verfasst den Text und speichert ihn unter einem Namen ab, indem ihr in der Menüleiste auf **„Datei"** geht, einen **Dateinamen** eingebt und **„Speichern"** anklickt.

Einen Text am Computer gestalten ▶ S. 22
In der Menüleiste eures Schreibprogramms findet ihr die folgenden Befehle, mit denen ihr einen Text gestalten könnt:

Ausschneiden und einfügen: Text mit der Maus markieren, auf die Schaltfläche Ausschneiden klicken und an anderer Stelle wieder einfügen (Schaltfläche „Einfügen").

Kopieren: Text markieren, auf die Schaltfläche Kopieren klicken und an anderer Stelle wieder einfügen (Schaltfläche „Einfügen").

Schriftart verändern: Text/Textstelle markieren, auf den Pfeil neben dem Auswahlfeld für Schriftarten klicken und Schriftart durch Anklicken auswählen.

Schriftgröße verändern: Text/Textstelle markieren, auf den Pfeil neben dem Auswahlfeld für Schriftgröße klicken und Schriftgröße durch Anklicken auswählen.

Fett, *kursiv* schreiben und unterstreichen: Text/Textstelle markieren, dann auf die Schaltfläche für fette, kursive oder unterstrichene Schrift klicken.

Textausrichtung festlegen: Text markieren, dann auf die Schaltfläche für linksbündige, zentrierte oder rechtsbündige Textausrichtung klicken oder Blocksatz auswählen.

Schriftfarbe festlegen: Text markieren, dann auf die Schaltfläche für die Schriftfarbe klicken und die Farbe durch Anklicken auswählen.

Die Rechtschreibprüfung am Computer nutzen

Textverarbeitungsprogramme helfen in der Regel auch, in Texten falsch geschriebene Wörter zu finden und zu korrigieren:
- Wählt im Menü „Extras" das **Werkzeug „Rechtschreibung und Grammatik"** aus. Das Programm markiert nun mögliche Rechtschreibfehler rot und mögliche Grammatikfehler grün.
- Prüft bei den rot und grün markierten Wörtern, ob diese tatsächlich falsch geschrieben wurden.
- Wählt dann aus dem Fenster **„Vorschläge"** das richtige Wort aus und klickt auf **„Ändern"**. Das Wort wird korrigiert.
  Tipp: Solche Programme finden oft nicht alle Fehler. Zeichensetzungsfehler sind z. B. mit solchen Programmen nicht aufzuspüren und auch *das/dass*-Fehler werden in der Regel nicht angezeigt. Umgekehrt kann es vorkommen, dass richtig geschriebene Wörter (z. B. Eigennamen) als Fehler markiert werden. Schlagt in Zweifelsfällen in einem Wörterbuch nach.

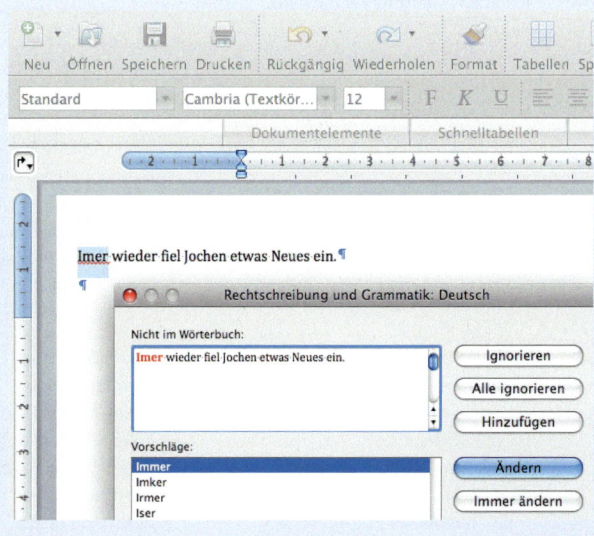

Den Thesaurus am Computer nutzen

Der „Thesaurus" (griech. = Wortschatz) ist eine Art **Wörterbuch** sinnverwandter Wörter, mit dessen Hilfe man häufig benutzte Wörter wie z. B. „sagen" durch andere treffende Wörter ersetzen kann:
- Markiert das Wort, zu dem ihr bedeutungsähnliche Wörter finden wollt. Aktiviert dann den Thesaurus. Ihr findet ihn unter
  „Extras" → Sprache → Thesaurus.
- Um das markierte Wort zu ersetzen, klickt ihr mit der rechten Maustaste auf ein Wort, das das Programm vorschlägt.
  Tipp: Nur manche Wörter, die das Programm vorschlägt, entsprechen dem Wort, das ihr ersetzen wollt. Prüft, ob das Wort auch passt.

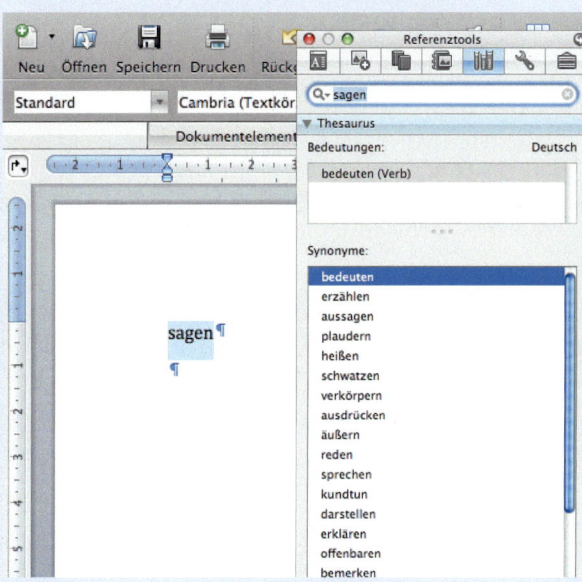

Textartenverzeichnis

Anekdoten
Ihering, Herbert:
  Die schlechte Zensur 61
Schreiber, Hermann:
  Der alte Mantel 62

Balladen / Gedichte / Minnelyrik
Biermann, Wolf:
  Die Ballade vom Briefträger
  William L. Moore aus Baltimore 151 f.
Britting, Georg:
  Kurze Antwort 107
von Droste-Hülshoff, Annette:
  Der Knabe im Moor 146
Erhardt, Heinz:
  Ritter Fips und sein anderes Ende 149
Friedrich von Hausen:
  In mînem troume ich sach 105
Geibel, Emanuel:
  Die Goldgräber 155 f.
Goethe, Johann Wolfgang:
  Der Fischer 144
Heine, Heinrich:
  Belsatzar 138 f.
Ringelnatz, Joachim:
  Ein männlicher Briefmark 149
Schiller, Friedrich:
  Der Handschuh 141 f.
Storm, Theodor:
  Abseits 148
Uhland, Ludwig:
  Die Rache 150
Walther von der Vogelweide:
  Nemt, fróuwe, disen kranz 105, 111
  Unter der Linde 111

Berichte / Reportagen
Geisterstadt nach Hurrikan „Sandy" 296
Gutes Benehmen kann man lernen 34
Hochwasser – Warum bei uns? 290
Löschke, Sina:
  Die Reifeprüfung 182 f.
Schwere Unwetter nach Hitzewelle 72
Weißer Sommer 72

Bibel
Da wurden die heiligen [...] Gefäße ...
  (Buch Daniel) 140

Bildschirmpräsentation / Plakate
Wie viel Müll in Europa ... 299
Müllproduktion pro Kopf in Europa 299

Diagramme / Grafiken / Karten / Tabellen
Alaska (Karte) 183
Diagramm zur Internetnutzung
  Jugendlicher (2016) 16
Die Olympischen Spiele der Antike und
  Neuzeit (Zeitstrahl) 187
Gehälter im Vergleich (2017)
  (Tabelle) 30
Jährlicher CO_2-Ausstoß ...
  (Diagramm) 295
Medaillenspiegel der Paralympics
  von Sotschi (Tabelle) 194
Meinungen zu Handy / Smartphone
  (2016) (Diagramm) 23
Sport und Spiel (Grafik) 184
Sportliche Gesellschaft (Diagramme) 184
USK-Statistik 2016: Freigaben ...
  (Diagramm) 26

Erzählungen / Jugendbuch- und Romanauszüge
Bauer, Michael Gerard:
  Nennt mich nicht Ismael! 116 ff.
Bergmann, Renate:
  Ich habe schon die CD ... 49
Birken, Herbert:
  Achmed, der Narr 67 f.
Boccaccio, Giovanni:
  Der Koch und der Kranich 55 f.
Brecht, Bertolt:
  Der hilflose Knabe 63
Craighead George, Jean:
  Julie von den Wölfen 89
Fühmann, Franz:
  Wie die Königinnen einander
  beschimpften 99 f.
  Wie Siegfried mit den Sachsen
  stritt 95 f.
  Wie Siegfried nach Worms kam 92 f.
Funke, Cornelia:
  Tintenherz 85
Garland, Inés:
  Wie ein unsichtbares Land 79, 81 f.
Hebel, Johann Peter:
  Der kluge Richter 64
Ihering, Herbert:
  Die schlechte Zensur 61
Kaminer, Wladimir:
  Schönhauser Allee im Regen 59 f.
Krabbe, Victoria:
  Hamburg liegt in Frankreich 279
  Urlaub vor der Haustür 272

Kreller, Susan:
  Schneeriese 77
Meimberg, Florian:
  David atmete flach ... 49
  Der unbekannte Bankräuber ... 49
  Tim keuchte ... 49
Schreiber, Hermann:
  Der alte Mantel 62
Schumacher, Hajo:
  Urlaubspläne am Familientisch 276 f.
Verne, Jules:
  Reise zum Mittelpunkt der Erde 229
Weber, Annette:
  Eins zu null für Fabian 50 f.

Film / Filmbilder
Spin or God is a DJ 195 ff.

Gesetzestext
Jugendschutzgesetz (JuSchG) § 14 ... 26

Handout
Fach: Deutsch ... 301

Internetseiten
Klimawandel + Ursachen 293

Interviews
Bergemann, Wibke:
  Interview mit ... Nina Janich 213
Ein Interview mit ... Philippe Wampfler 17
Interview mit Dr. Weber ... „Studien-
  informationen Internet" 30
Wir sind nicht allein im Universum 237 f.
Zu Fuß durch ... 234

Jugendtheater / Szenische Texte
Ahrens, Thomas / Ludwig, Volker:
  Rosinen im Kopf 160 ff.

Kalendergeschichten
Brecht, Bertolt:
  Der hilflose Knabe 63
Hebel, Johann Peter:
  Der kluge Richter 64

Lexikonartikel
Aus einem etymologischen Wörter-
  buch 108
Messengerdienste 15

Sachtexte
Auf der Suche nach dem Geistesblitz 256
„Auf die Sitze – fertig los!" 175
Auf zu den Sternen 235
Bayern und der Gardasee 274 f.
Das Ende des Nibelungenliedes 102
Das Geschäft mit der Mode 222
„Das war nicht schlecht, das war richtig gruselig!" 43
Der Briefträger William L. Moore 153
Der erste Motorflug der Welt 242
Der Traum vom Fliegen 240
Der UNICEF-Juniorbotschafter-Wettbewerb 283
Die Erfindung der Trachtenmode 224
Die Paralympics 192 f.
Die Tiefsee 232
Die USK 24
Die verrücktesten Erfindungen von Daniel Düsentrieb 244
Eine Jugend ohne Handy und Internet 14
Fliegen wie ein Vogel 241
Geisterstadt nach Hurrikan „Sandy" 296
Gutes Benehmen kann man lernen 34
Handyweitwurf und Moorfußball 176 f.
Honduras 285
Informationstext zum Thema „Stressfaktor Smartphone" 18 f.
Jugend forscht 248
Keine Millionen ... 254
Können sich Roboter ... 253
Linde, Verena:
    Harte Schule 261
Löschke, Sina:
    Die Reifeprüfung 182 f.
Machen Computerspiele gewalttätig? 27
Mehr als 1500 Jahre nach ... 188
Mode als Vorrecht des Adels 218
Müller, Simone:
    Der CO_2-Fußabdruck 288
Mülltonnenrennen 185
Nicht nur in Rüstung 219
Nicht zum Wohlfühlen gemacht 221
Pierre de Coubertin ... 188
Rahmstorf, Stefan /
    Schellnhuber, Hans Joachim:
    Aus der Klimageschichte lernen 295
Roboy 252
Schwere Unwetter nach Hitzewelle 72
Schwert und Rüstung allein machen noch keinen Ritter aus 97 f.
Seiner Zeit voraus –
    Leonardo da Vinci 245
Sonnabend, Holger:
    Der Anfang der Olympischen Spiele 186 f.
Spiele entwickeln – Studieninhalte und Ablauf 30
Spitzenhemd und Seidenstrümpfe 220
Szymanski, Dorothea:
    Beruf Computer-Spieleentwickler 29
Trachtler in Bayern 225
Vom „Knochenschüttler" zum E-Bike 257 f.
Wissen ältere Menschen alles besser als jüngere Menschen? 38
Wunder der Medizin 247
Zu Fuß durch die Antarktis 234

Sage / Epos
Das Ende des Nibelungenliedes 102
Die letzte Strophe des Nibelungenliedes 103
Fühmann, Franz:
    Wie die Königinnen einander beschimpften 99 f.
    Wie Siegfried mit den Sachsen stritt 95 f.
    Wie Siegfried nach Worms kam 92 f.

Werbung
207 ff.

Autoren- und Quellenverzeichnis

AHRENS, THOMAS (*1952);
LUDWIG, VOLKER (*1937)
160 ff. Rosinen im Kopf [Auszüge]
   aus: Verlag Autorenagentur, Berlin 2009

BAUER, MICHAEL GERARD (*1955)
116 ff. Nennt mich nicht Ismael! [Auszüge]
   aus: Nennt mich nicht Ismael!
   Aus dem Englischen von Ute Mihr,
   Carl Hanser Verlag, München 2008

BERGEMANN, WIBKE
213 Interview mit der Sprachwissenschaftlerin Nina Janich [Auszüge]
   aus: Bergemann, Wibke: Ich gebe alles. Außer meine Schuhe. Zitiert nach: http://www.fluter.de/ich-gebe-alles-ausser-meine-schuhe [05.05.2017]

BERGMANN, RENATE
(Pseudonym von Torsten Rohde; *1974)
49 Ich habe schon die CD …
   aus: www.sueddeutsche.de/kultur/twitter-und-literatur-uwe-timm-gefaellt-das-1.3403469 oder: https://twitter.com/RenateBergmann

BIERMANN, WOLF (*1936)
151 Die Ballade vom Briefträger William L. Moore aus Baltimore
   aus: Die Drahtharfe. Balladen – Gedichte – Lieder.
   Verlag Kiepenheuer & Witsch, Köln 1977, S. 28

BIRKEN, HERBERT (1914–2007)
67 Achmed, der Narr
   aus: Geschichten finden für Theatergruppen. Grafenstein Verlag, München 1987

BOCCACCIO, GIOVANNI (1313–1375)
55 Der Koch und der Kranich
   aus: Das Dekameron.
   Übersetzt von Albert Wesselski.
   Reclam, Leipzig 1956

BRECHT, BERTOLT (1898–1956)
63 Der hilflose Knabe
   aus: Bertolt Brecht.
   Gesammelte Werke, Bd. 12, Prosa 2.
   Suhrkamp, Frankfurt a. M. 1967, S. 297 f.

BRITTING, GEORG (1891–1964)
107 Kurze Antwort
   aus: Sämtliche Werke in 23 Bänden.
   Bd. 22: Nachlese Gedichte
   © Georg-Britting-Stiftung 2007

CRAIGHEAD GEORGE, JEAN (1919–2012)
89 Julie von den Wölfen [Auszug]
   aus: Julie von den Wölfen.
   dtv, München ^{26}2003, S. 14 ff.

VON DROSTE-HÜLSHOFF, ANNETTE
(1797–1848)
146 Der Knabe im Moor
   aus: Deutsche Balladen. Hg. von Hartmut Laufhütte. Philipp Reclam jun., Stuttgart 1991, S. 221–222

ERHARDT, HEINZ (1909–1979)
149 Ritter Fips und sein anderes Ende
211 Das Leben kommt …
211 Wir fuhren einst …
   aus: Das große Heinz-Erhardt-Buch.
   Lappan Verlag, Oldenburg 1999

FRIEDRICH VON HAUSEN (ca. 1150–1190)
105 In mînem troume ich sach [Auszug]
   aus: Deutsche Lyrik des frühen und hohen Mittelalters. 6. Bd. Hg. von Ingrid Kasten. Übersetzt von Margherita Kuhn. Deutscher Klassiker Verlag, Frankfurt a. M., 2005, S. 128

FÜHMANN, FRANZ (1922–1984) [Auszüge]
92 f. Wie Siegfried nach Worms kam
95 f. Wie Siegfried mit den Sachsen stritt
99 f. Wie die Königinnen einander beschimpften
   aus: Das Nibelungenlied.
   Deutscher Taschenbuch Verlag, München ^{3}2009, S. 12–15, 20–24, 84–86
   © Hinstorff Verlag, Rostock 1999

FUNKE, CORNELIA (*1958)
85 Tintenherz [Auszug]
   aus: Tintenherz.
   Verlag Friedrich Oetinger, Hamburg 2014, S. 124 ff.

GARLAND, INÉS (*1960)
79 f. Wie ein unsichtbares Band [Auszüge]
   aus: Wie ein unsichtbares Band.
   Übersetzt von Ilse Layer.
   S. Fischer Verlag, Frankfurt a. M. 2015, S. 9 f. u. 16 ff.

GEIBEL, EMANUEL (1815–1884)
155 f. Die Goldgräber
   aus: Deutsche Balladen. Hg. von Hartmut Laufhütte. Philipp Reclam jun., Stuttgart 1991, S. 313–315

GOETHE, JOHANN WOLFGANG (1749–1832)
144 Der Fischer
   aus: Deutsche Balladen. Hg. von Hartmut Laufhütte. Philipp Reclam jun., Stuttgart 1991, S. 65–66

HEBEL, JOHANN PETER (1760–1826)
64 Der kluge Richter
   aus: Schatzkästlein des rheinischen Hausfreundes. Hg. von Winfried Theiss. Reclam, Stuttgart 1981, S. 64 f.

HEINE, HEINRICH (1797–1856)
138 f. Belsatzar
   aus: Deutsche Balladen. Hg. von Hartmut Laufhütte. Philipp Reclam jun., Stuttgart 1991, S. 234–235

IHERING, HERBERT (1888–1977)
61 Die schlechte Zensur
   aus: Die Schaubude. Deutsche Anekdoten, Schwänke und Kalendergeschichten aus sechs Jahrhunderten. Hg. von Karl Heinz Berger und Walter Püschel. Verlag Neues Leben, Berlin 1964

KAMINER, WLADIMIR (*1967)
59 Schönhauser Allee im Regen
   aus: Schönhauser Allee im Regen.
   Goldmann, München 2001

KRABBE, VICTORIA (*1962) [Auszüge]
272 Urlaub vor der Haustür
   nach: Urlaub vor der Haustür.
   aus: GEOSaison Extra, 2008
279 Hamburg liegt in Frankreich
   nach: Urlaub vor der Haustür.
   aus: GEOSaison Extra, 2008

KRELLER, SUSAN (*1977)
77 Schneeriese [Auszug]
   aus: Schneeriese.
   Carlsen Verlag, Hamburg 2014, S. 109 f.

LINDE, VERENA
261 Harte Schule
   nach: GEOlino, 05/2009, S. 20–25

LÖSCHKE, SINA
182 f. Die Reifeprüfung – Mit dem Hundeschlitten durch Alaska
   aus: Sport. Was die Welt bewegt.
   GEOlino extra Nr. 15, 2008, S. 46–53

MEIMBERG, FLORIAN
49 Der unbekannte Bankräuber …
   aus: Florian Meimberg:
   Auf die Länge kommt es an.
   Tiny Tales. Sehr kurze Geschichten.
   Fischer, Frankfurt a. M. ^{4}2011
49 Tim keuchte …
   aus: Florian Meimberg:
   Auf die Länge kommt es an.
   Tiny Tales. Sehr kurze Geschichten.
   Fischer, Frankfurt a. M. ^{4}2011, S. 16
49 David atmete flach …
   aus: twitter.com/tiny_tales/status/33606962130190336?lang=de [23.08.2017]

MÜLLER, SIMONE
288 Der CO_2-Fußabdruck
   nach: Simone Müller:
   Dem Klimagas auf der Spur.
   GEOlino, 08/2011

RAHMSTORF, STEFAN;
SCHELLNHUBER, HANS JOACHIM
295 Aus der Klimageschichte lernen – Klimaarchive [Auszug]
   aus: Der Klimawandel: Diagnose, Prognose, Therapie.
   Verlag C. H. Beck, München
   8. Auflage 2012, S. 5

RINGELNATZ, JOACHIM (1883–1934)
149 Ein männlicher Briefmark
aus: Und auf einmal steht es neben dir.
Die gesammelten Gedichte.
Karl H. Henssel Verlag, Berlin 1950, S. 23

SCHILLER, FRIEDRICH (1759–1805)
141 Der Handschuh
aus: Deutsche Balladen. Hg. von
Hartmut Laufhütte. Philipp Reclam jun.,
Stuttgart 1991, S. 106–107

SCHREIBER, HERMANN (1920–2014)
62 Der alte Mantel
aus: Die Welt in der Anekdote. Eine
Anekdotenreise durch die Gegenwart.
Zusammengestellt und neu geschrieben
von Hermann Schreiber. Paul Neff Verlag,
Berlin, Wien, Stuttgart 1961

SCHUMACHER, HAJO
276 f. Urlaubspläne am Familientisch (1) / (2) [Auszüge]
nach: Entscheidung am Apfelsaftsee.
aus: GEOSaison Extra, 2008, S. 36 f.

SONNABEND, HOLGER (*1956)
186 Der Anfang der Olympischen Spiele
aus: Ruhmreiche Gladiatoren und
mächtige Herrscher. Beltz & Gelberg
Verlag, Weinheim / Basel 2008

STOPPEL, JANNES
297 Blogeintrag zum Thema
„Wir brauchen gute Regeln
für den Klimaschutz" [Auszug]*
zitiert nach: https://blog.greenpeace.de/
artikel/gute-regeln-fuer-den-klima-
schutz [05. 03. 2018]

STORM, THEODOR (1817–1888)
148 Abseits
aus: Sämtliche Werke. Hg. von
A. Köster. Insel Verlag, Leipzig 1923.
Zitiert nach: Der neue Conrady.
Das große deutsche Gedichtbuch.
Neu hg. von Karl Otto Conrady.
Artemis & Winkler, Düsseldorf / Zürich
2000, S. 483

SZYMANSKI, DOROTHEA
29 Beruf Computer-Spieleentwickler
[Auszug]*
Einzelne Formulierungen dieses Textes
wurden aus didaktischen Gründen vereinfacht.
nach: www.geo.de/geolino/berufe/6123-
rtkl-beruf-computerspiele-entwickler
[24. 07. 2017]

UHLAND, LUDWIG (1787–1862)
150 Die Rache
aus: Das deutsche Balladenbuch.
Hg. von Fritz Zschech. Greifenverlag zu
Rudolstadt, Rudolstadt o. J.

VERNE, JULES (1828–1905)
229 Reise zum Mittelpunkt der Erde
[Auszug]
nach: Reise zum Mittelpunkt der Erde.
Übersetzt von Hans Eich.
Arena Verlag, Würzburg 1999

WALTHER VON DER VOGELWEIDE
(um 1170 – ca. 1230)
105, 111 Nemt, fróuwe, disen kranz
(1. u. 4. Strophe)
aus: Walther von der Vogelweide. Werke,
Band 2: Liedlyrik – Mittelhochdeutsch / Neuhochdeutsch. Hg., übersetzt und kommentiert von Günther
Schweikle. Philipp Reclam jun., Stuttgart
1998, S. 278–279, 282–283

111 Unter der Linde (Strophe 1 u. 2)
nach: Deutsche Lyrik des frühen und
hohen Mittelalters. Übersetzung von
Margherita Kuhn. Frankfurt a. M.,
Deutscher Klassiker Verlag 1995, S. 396

WEBER, ANNETTE
50 Eins zu null für Fabian [Auszüge]
aus: Aus dem Leben gegriffen: Einfache
Kurzgeschichten für Jugendliche.
Materialien für den Deutschunterricht
ab Klasse 7.
Brigg Verlag, Augsburg 2009, S. 5–10

Unbekannte / ungenannte Autorinnen und Autoren

212 Bayern 3 …
aus: www.mediensprache.net/de/
networx/networx-41.aspx [11. 05. 2017;
PDF, S. 20]

91 Das Nibelungenlied
[Strophe 1. Original]
aus: Deutsche Klassiker des Mittelalters.
Nach der Ausgabe von Karl Bartsch.
Hg. von Helmut de Boor.
F. A. Brockhaus, Mannheim ^{22}1988, S. 3

103 Das Nibelungenlied
[Strophe 2379, Übersetzung]
aus: Deutsche Dichtung des Mittelalters.
Bd. II: Hochmittelalter. Hg. von Michael
Curschmann und Ingeborg Glier.
Fischer, Frankfurt a. M. 1987, S. 453

232 Die Tiefsee –
Reise in eine unbekannte Welt
Zitate aus: Tiefsee. Expeditionen zu
den Quellen des Lebens.
Begleitbuch zur Sonderausstellung im
Ausstellungszentrum Lokschuppen.
Hg. von Gerold Wefer u. a.
Rosenheim 2012, S. 11 u. 44 ff.

16 Ein Diagramm zur Internet-
nutzung Jugendlicher
aus: JIM 2016 Jugend, Information,
(Multi-) Media.
Basisstudie zum Medienumgang
12- bis 19-Jähriger in Deutschland.
Hg. vom Medienpädagogischen
Forschungsverbund Südwest (mpfs),
S. 28

18 f. Ein Informationstext zum Thema
„Stressfaktor Smartphone"
[Auszug]
aus: Stefanie Rack und Fabian Sauer:
Always on. Mobile Medien – Neue
Herausforderungen. Hg. von klicksafe
c / o Landeszentrale für Medien und
Kommunikation (LMK) Rheinland-Pfalz
^{2}2017, S. 8–9

17 Ein Interview mit dem Lehrer
und Medienpädagogen
Philippe Wampfler [Auszug]
aus: www-de.scoyo.com/eltern/kinder-
und-medien/soziale-netzwerke-kinder
[24. 07. 2017]

280 Erlaubt mir mich vorzustellen … *
nach: „Eine Schülerin berichtet –
Lesby aus Honduras" von Verena Linde.
Geolino 02/2011

296 Geisterstadt nach Hurrikan „Sandy"
[Auszug]
aus: SPIEGEL ONLINE, 17. 11. 2012
www.spiegel.de/panorama/hurrikan-
sandy-die-zerstoerung-von-seaside-
heights-in-new-jersey-a-867794.html
[Abrufdatum: 09. 05. 2017]

176 Handyweitwurf und Moorfußball –
Finnlands besondere Wettkämpfe
[Auszüge]
© dpa, 26. 08. 2014
aus: www.derwesten.de/panorama/
handyweitwurf-und-moorfussball-
finnlands-kuriose-wettkaempfe-
id9745109.html [Abrufdatum: 27. 07. 2017]

295 Jährlicher CO_2-Ausstoß verschiedener Länder und Regionen
in Tonnen pro Einwohner [Grafik]
zitiert nach: www.rossipotti.de/
ausgabe17/etwas_anderes.html
[Abrufdatum: 08. 05. 2017]

26 Jugendschutzgesetz (JuSchG)
aus: www.gesetze-im-internet.de/
juschg/BJNR273000002.html [27. 07. 2017]

23 Meinungen zu Handy /
Smartphone 2016
aus: JIM 2016 Jugend, Information,
(Multi-) Media.
Basisstudie zum Medienumgang
12- bis 19-Jähriger in Deutschland.
Hg. vom Medienpädagogischen
Forschungsverbund Südwest (mpfs),
S. 52

26 USK-Statistik 2016:
Freigaben 2004–2016 im Vergleich
aus: www.usk.de/pruefverfahren/
statistik/jahresstatistik-2016/
[24. 07. 2017]

234 Zu Fuß durch die Antarktis –
eine Reise der besonderen Art
[Auszug]
© GEO.de, 18. 03. 2013
aus: www.geo.de/reisen/reiseziele/
11586-bstr-zu-fuss-durch-die-antarktis/
141009-img [Abrufdatum: 20. 04. 2017]

Nicht im Autoren- und Quellenverzeichnis
genannte Texte wurden eigens für
das Schülerbuch verfasst bzw. fingiert.

*Einzelne Formulierungen dieses Textes wurden aus didaktischen Gründen vereinfacht.

Sachregister

A
Ableitungsprobe 336
Abstraktum **210**, 328
Adjektiv **266**, 322–323
- Nominalisierung **260**, 340
- Steigerungsstufen 323
Adjektivattribut 243
Adressat 21, 112, **136**, 310
Adverb (Umstandswort) **219**, 266, 327
adverbiale Bestimmung (Adverbiale) 241, **242**, 331
Adverbialsatz **251**, 333
Adversativsatz **251**, 333
Akkusativobjekt **240**, 330
Aktiv / Passiv 325
Anapäst **145**, 316
Anekdote 61, **62**, 314
Anführungszeichen ▶ Zitate / Zitieren
Anglizismen 212, **213**, 214–215, 329
Antonym **206**, 329
Appell 312
Apposition 243, **273**, 335
Arbeitstechniken 341–343
- Audioguidebeitrag **114**, 346
- Betonungszeichen **140**, 344
- Brainstorming 341
- Bühnenbild **174**, 346
- Chorsprechen **172**, 345
- Cluster-Verfahren **290**, 341
- Computernutzung 293–294, 300, **347–349**
- Diagramme **184**, 310, 318
- ESAU-Verfahren **77**, 343
- Figurenskizze **126**, 345
- Folien / Plakat 347
- Folienpräsentation **300**, 347
- Fünf-Schritt-Lesemethode **178**, 317–318
- Handout 301, 346
- Informationsbeschaffung 341–342
- Informationsrecherche 189, **190**, 309, 341–342
- Lesetagebuch **127**, 344
- Mind-Map **181**, 341
- Partnerdiktat 337
- Schreibkonferenz **304**, 343
- Standbildbau **94**, 345
- Stopp-Technik / Ghostspeaker **169**, 345
- Strukturlegetechnik 341
- Textlupe 54, 84, **343**
- Vorlesetechnik 345
- Wörterbuch 337
Argumentieren 34, **35**, **39–41**, 306, 311–312
- Bewertung 39
- Formulierungshilfen 35, **40**, 311–312
- Leserbrief 38–40, **41**, 47–48, 312

Artikel, bestimmter / unbestimmter **260**, 321
Attribut (Beifügung) **243**, 331
Attributsatz **244**, 333
Audioguidebeitrag **114**, 346
Aufruf (Projekt) 303–304, 312
Aufzählung **272**, 279, 335
Ausrufe- / Aufforderungssatz 332
Aussagesatz 330, **332**

B
Balkendiagramm 16, 23, 26, **184**, 295, 318
Ballade 137–142, **143**, 144–156, 316
- Szenengestaltung 155–158
Befehlsform ▶ Imperativ
Bericht 72, **223**, 324
Betonungszeichen **140**, 344
Bibliotheksrecherche 341–342
Bildschirmpräsentation 299
Bindewort ▶ Konjunktion
Blog 297
Buchvorstellung 346
Bühnenbild **174**, 346

C
Checklisten
- Aus der Sicht einer Figur einen Brief schreiben 136
- Eine Situation aus der Perspektive einer literarischen Figur schildern 87
- Einen informierenden Text verfassen 32
- In einem Leserbrief Stellung nehmen 48
- Über den Inhalt einer Geschichte informieren 70
Chorsprechen **172**, 345
Cluster-Verfahren 74, **290**, 341
Computernutzung 294, 300, 342, 346
- Schreibprogramm 348
- Thesaurus 349

D
Daktylus **145**, 316
dass / das 338
dass-Satz **234**, 326
Dativobjekt **240**, 330
Deklination 320
Demonstrativpronomen **221**, 322
Diagramme 310, 318
- Balkendiagramm 16, 23, 26, **184**, 295, 318
- Flussdiagramm 25
- Kreisdiagramm **184**, 318
- Kurvendiagramm **184**, 318
- Säulendiagramm 26, **184**, 318
Dialog / Monolog **163**, 317

direkte Rede (wörtliche Rede) 233, **234**, 235, 326
- Zeichensetzung 336
Diskussion 37, 306

E
Einstellungsgrößen (Totale, Halbnah, Nah) **199**, 319
Epik ▶ Erzählen / Erzählung (Epik)
Epos **103**, 315
- Nibelungenlied 91, 102, **103**, 104
Erklärvideo 19, 22, 178, 293, 297–298
Ersatzprobe 331
Er- / Sie-Erzähler **117**, 313
Erweiterungsprobe **266**, 332
Erzählen / Erzählung (Epik) 49–70, 307–309, 313, 315
- Anekdote 61, **62**
- Aufbau 54
- Figurencharakteristik 121, 31–44
- Figurenskizze **126**, 308
- Fortsetzung 80
- Handlungsschritte 52, 69, 313
- Ich- / Er- / Sie-Erzähler **117**, 313
- Kalendergeschichte **63**, 314
- Kurzgeschichte 59–**60**, 314
- Schauplatz 122, 314
- Zeit- / Raumgestaltung 83, **122**, 308, 314
- Zusammenfassung 54, 341
Erzählform **117**, 313
erzählte Zeit (Handlungszeitraum) 122, 314
Erzählzeit (Lesezeit) 122, 314
ESAU-Verfahren **77**, 343
etymologisches Wörterbuch 108–110, **329**

F
Fachsprache 163, **209**, 329
Feedbackbogen 302
Figuren
 ▶ Film ▶ Theater
- Dialog / Monolog **163**, 317
- Gestik / Mimik **163**, 317
- Rolle **163**, 317
- Sichtweise **130**, 133
Figurencharakteristik **121**, 313
Figurenskizze **126**, 345
Film / Filmtechnik 195–202, 318–320
- Einstellungsgrößen **199**, 319
- Erklärvideo 19, 22, 178, 293, 297–298
- Kamerabewegung **199**, 319
- Kameraperspektive **199**, 319
- Plot / Story **196**, 318
- Schnitt / Montage **200**, 319–320
- Schuss-Gegenschuss-Technik 200
- Ton **200**, 320

Filmdreh (Projekt) 203–204
Finalsatz **251**, 333
Fishbowl-Methode 344
Folien/Plakat 347
Folienpräsentation **300**, 347
Formulierungshilfen
– Argumentieren 40
– Figurencharakteristik 121
– Hausordnung 48
– Leserbrief 41
Frageprobe 240, 242, **251**
Fragesatz 332
Fremdwörter **263**, 339
– englische **213**, 329
Fünf-Schritt-Lesemethode **178**, 317–318
Futur I (Zukunftsform) **222**, 324
Futur II (vollendete Zukunft) 324

G
Galeriegang (Projekt) 113–114
Gattung **143**, 316
Gedankenrede 84
Gedichte (Lyrik) 315–316
– Ballade 137–142, **143**, 144–152, 155–156, 316
– lyrisches Ich 111, 316
– Metrum (Versmaß) **145**, 315–316
– Minnelyrik **105**, 107, 111, 316
– mittelalterliche 105–107, 111
– Reim, Strophe, Vers 315
– Vortrag 140
Genitivattribut **243**, 331
Genitivobjekt **240**, 331
Genus 321
Gesprächsregeln/-verhalten 35–36, **37**, 306–307
Gestik/Mimik **163**, 317
Getrennt-/Zusammenschreibung **266**, 340
Ghostspeaker/Stopp-Technik 169, 345
Grafik **97**, 310, 318
Groß-/Kleinschreibung **260**–264, 339–340
– Zeitangaben 262

H
Handlung, äußere/innere 84, **88**, **166**, 308
Handlungsverlauf **166**, 313, 317
Handout 292, **301**, 346
Hauptsatz **245–246**, 332
Homonym **207**, 211, 328
Hörspiel/Hörbuch **158**, 320

I
Ich-Erzähler **117**
Imperativ (Befehlsform) 312, **324**
Indefinitpronomen 260, 322
Indikativ 230, 233, 234
indirekte Rede 21, **233**, 234, 311, 326
Infinitivkonstruktion 234, 274, 326, 335
Informationsbeschaffung 189, **190**, 341–342

Internetrecherche 189, **190**, 309, 342
Interview 17, 30–31, 213, 234, 237–238, 296

J
Jambus **145**, 316
Jugendroman 79–82, 85, 89, 115–120, 123–125, 129–132, 135

K
Kalendergeschichte **63**, 314
Kamerabewegung, -perspektive **199**, 319
Karteikarten 37, 173, 191, **307**
Kasus 321
Kausaladverb 327
Kausalsatz **251**, 333
Killerphrasen **37**, 307
Klein-/Großschreibung **260**, 339–340
– Zeitangaben 262
Komma 332–336
– Apposition (Beifügung) **273**, 335
– Aufzählung **272**, 335
– direkte/wörtliche Rede 276, **277**, 279, 336
– Infinitivkonstruktion **274**, 335
– Kommaregeln 279
– Konjunktion **245**, 246, 272
– Partizipialkonstruktion **275**, 336
– Redebegleitsatz **277**, 336
– Relativsatz **244**, 333
– Satzgefüge 246, 332
– Satzreihe 245, **270**, 332
– zwischen Hauptsätzen 245
– zwischen Haupt- und Nebensatz 246
Kommunikation 14–15
Komparativ 323
Konditionalgefüge (Bedingungsgefüge) **230**, 327
– in Englisch 231
Konditionalsatz **230**, 251, 333
Konflikt **166**, 317
Konjugation 320
Konjunktion (Verknüpfungs-/Bindewort) 53, 323
– nebenordnende **245**, 332, 335
– unterordnende **246**, 270, 332, 335
Konjunktiv I **233**, 326
Konjunktiv II (Irrealis) **228**, 230, 233, 326–327
Konkretum **210**, 328
Konsekutivsatz **251**, 333
Konzessivsatz **251**, 333
Korrekturzeichen 343
Kreisdiagramm 184, 318
Kreuzreim 315
Kurzgeschichte 59, **60**, 314
Kurzvortrag **191**, 193–194, 290–291, 299–302, 307

L
Lautmalerei 328
Leserbrief 38–40, **41**, 47–48, 312
Lesetagebuch **127**, 344
Literatur, erzählende 79–82, 85, 89, 92–96, 99–100
Lokaladverb 327
lyrisches Ich / lyrischer Sprecher **111**, 112, 316

M
Mediennutzung/-recherche 289, 293–305, 309, 342
Meinung begründen 35–37, 306
Metapher (bildhafter Vergleich) **73**, 208, 328
Metrum (Versmaß) 143, **145**, 315–316
Mind-Map 84, 87, 98, **181**, 310, 341
Minnelyrik 105, 107, 111, 316
Mittelalter 329
– Frauenbild **99–101**, 108
– Gedichte 105, **107**, 111
– Literaturepoche **101**, 110
– Minnelyrik **105**, 107, 316
– Rittertum 95–98
Mittelhochdeutsch **105–112**, 329
Modaladverb 327
Modalsatz **251**, 333
Monolog/Dialog **163**, 317
Montage 200, 319

N
Nebensatz 230, 246, 334–335
– Adverbialsatz **251**, 333
– Attributsatz **244**, 333
– Finalsatz **251**, 333
– Gliedsätze **251**, 333
– Kausalsatz **251**, 333
– Objekt-/Subjektsatz 334
– Relativsatz 244
– Temporalsatz **251**, 25, 333
Niebelungenlied 91, 102, **103**, 104
Nomen 218, 260, 274, 320–321, 339
Nominalisierung **260**, 263, 266, 340
Numerus 321

O
Ober-/Unterbegriffe 181, **189**, 309, 328
Objekt **240**, 330–331
Objektsatz 334

P
Paarreim 315
Partizip I/Partizip II 325
Partizipialkonstruktion **275**, 336
Partnerdiktat 337
Passiv/Aktiv 325
Perfekt **223**, 324
Personalpronomen 220, **221**, 322
Personifikation **73**, 328
Placemat-Methode 290, 344
Plot **196**, 318
Plusquamperfekt **224**, 325

Sachregister

Pointe (Wendepunkt) 49, 62–63, 196
Positiv 323
Possessivpronomen 220, **221**, 322
Prädikat 330
Prädikatsklammer **240**, 330
Präposition (Verhältniswort) 218, **260**, 323
Präpositionalattribut 243
Präpositionalobjekt **240**, 331
Präsens (Gegenwart) **222**, 324
- Figurencharakteristik 121
- Schilderung **76**
Präsentation 292, 302, 346
- Bildschirmpräsentation 299
- Folien-/Plakatpräsentation **300**, 347
Präteritum (Imperfekt/Vergangenheit) **76**, **224**, 324
Proben 331–332, 336
Produktnamen (Projekt) 216
Pronomen (Begleit-/Fürwort) 260, 322
(siehe auch: Demonstrativ-, Indefinit-, Personal-, Possessiv-, Relativpronomen)
Pro-und-Kontra-Diskussion 36, **37**, 38–39, 43–44, 306

Q
Quellenangaben 21, **190**, 294, 309

R
Raumgestaltung **122**, 314
Rechtschreibprüfung 349
Rechtschreibregeln 337–340
Redebegleitsatz 233, 276, **277**, 279, 336
Redewiedergabe 54, 233, **234**, 326
Regieanweisung 94, 157–158, **163**, 317
Reim **145**, 315–316
Relativpronomen (bezügliches Fürwort) **244**, 270, 333
Relativsatz (Attributsatz) **244**, 333
Rolle **163**, 317
Rollenstandbild **94**, 345
roter Faden 22

S
Sachtexte/Informationstexte 17–30, 175–194, 317–318
- Diagramm, Grafik, Tabelle 318
- Fünf-Schritt-Lesemethode **178**, 317–318
- Textvergleich 186–189
- verfassen 20–32, 310
Sagen 92–102, **103**, 314–315
- Nibelungenlied 91, 102, **103**, 104
Satzanfänge, -verknüpfung 53, 311
Satzarten 332
Satzbauplan **247**, 269
Satzgefüge **230**, 332
- Haupt- und Nebensatz 230, **246**, 270, 332
- Komma 270

Satzglied 330
- adverbiale Bestimmung **242**
- Attribut 243–244
- Objekt/Subjekt **240**, 330–331
- Prädikat **240**, 330
- Umstellprobe **240**, 330
Satzreihe 332
- Hauptsätze **245**, 332
- Komma 245, 332
Satzzeichen ▶ Zeichensetzung
Säulendiagramm 26, 184, 318
Schaubild ▶ Mind-Map
Schilderung **76**, 77–82, 89, 307
Schlüsselwörter 19, 178, 318
Schnitt **200**, 319–320
Schreibkonferenz 84, 303, **304**, 343
Schuss-Gegenschuss-Technik **200**, 319
Silbentrennung 337
s-Laut 338
Spannungskurve 142–143
Spiel im Spiel **163**, 317
sprachliche Bilder **73**, 88, 208, 328
Sprachtricks 207
Standbildbau **94**, 345
Statement (Eingangsvortrag) 37
Stationenlauf 291
Stichwortliste 181, 189, 299, 307, 310
Stopp-Technik/Ghostspeaker **169**, 345
Story **196**, 318
Strophe 315
Strukturlegetechnik 341
Subjekt **240**, 330
Subjektsatz 334
Suchmaschine **190**, 309, 342
Synonym **206**, 310, 329, 348
Szene **163**, 317

T
Tabelle 318
Tageszeiten 261–262, 340
Temporalsatz 251, **253**, 333–334
Textarten 314–315
  ▶ Theater
- Anekdote 61, **62**, 314
- Ballade 137–156
- Erzählung 49–59, 307–309, 313, 315
- Gedichte 105–107, 111, 315–316
- Hörspiel/Hörbuch **158**, 320
- Jugendroman 77, 79, 81–82, 85, 89, 115–136
- Kalendergeschichte **63**, 314
- Kurzgeschichte 59, **60**, 314
- Leserbrief 38–41, 47–48, 312
- Sach-/Informationstext 18–32, 175–194, 317–318
- Sage 92–103, 314–315
- Zeitungsartikel 153–154, 317
Textbearbeitung
- Computerschreibprogramm 348
- Fortsetzung 77, 87–90, 309
- Fünf-Schritt-Lesemethode **178**, 317–318
- Rechtschreibprüfung 349

- Textgestaltung 347
- Überarbeitung 304, 343
- Zeitgestaltung 83, 122
- Zusammenfassung 52, **53**, 54–58, 67–70, 179, 311
Textkritik **127**
Textlupe 54, 84, **343**
Theater (Dramatik) 159–162, **163**, 164–175, 317–320
- Bühnenbild **174**, 346
- Chorsprechen 172, 345
- Dialog/Monolog **163**, 317
- Fachbegriffe **163**, 317
- Gestik/Mimik **163**, 317
- Handlungsverlauf/Konflikt **166**, 317
- Regieanweisung **163**, 317
- Rolle **163**, 317
- Spiel im Spiel **163**, 317
- Stopp-Technik/Ghostspeaker **169**, 345
- Szene **163**, 170–171, 317
Theateraufführung (Projekt) 173–174
Ton 200, 320
Trochäus **145**, 316

U
umarmender Reim 315
Umstellprobe **240**, 243, 330–331
Unter-/Oberbegriff 181, **189**, 309, 328

V
Verb 323–325
  ▶ Zeitformen (Tempora)
- Aktiv/Passiv 325
- Großschreibung **260**
- Imperativ 324
- Konjugation 320
- Nominalisierung 340
- Personalform **246**, 323
- starkes/schwaches **224**, 324
Vergleich ▶ Metapher
Verknüpfungswörter ▶ Konjunktion
Verlängerungsprobe 336
Vers **145**, 315
Versmaß ▶ Metrum
Vorlesetechnik 345

W
Weglassprobe 331
Werbetexte **206–216**, 312
W-Fragen
- adverbiale Bestimmung 241, **242**, 331, 333
- Akkusativobjekt 240
- Attribut 243
- Dativobjekt 240
- Erzählung 69
- Genitivobjekt 240
- Objekt/Subjekt 330
- Präpositionalobjekt 240
- Relativsatz 333
- Subjekt 240
wie-Satz **234**, 326
Wochentage 261–262, 340

Wortarten 320–327
- Adjektiv 266, **322–323**
- flektierbare / nicht flektierbare **219**, 320, 323, 327
- Konjunktion **245**, 246, 323
- Nomen 320
- Präposition **260**, 323
- Verb **224–226**, 323–325

Wortbedeutung 328
- Antonym / Synonym **206**, 329
- Homonym **207**, 211, 328
- Konkreta / Abstrakta **210**, 328
- Ober- / Unterbegriff 181, **189**, 309, 328
- sprachliche Bilder **73**, 206, 328

Wortbedeutungswandel 105–109, **110**, 329

Wörter 336–340
- ausdrucksstarke 75, 88
- mit Doppelkonsonanten 337
- mit Doppelvokal 338
- mit *h* am Silbenanfang 338
- mit langem *i* 338
- mit langem Vokal 337
- mit *s, ss, ß* 338
- Silbentrennung 337
- unbekannte 342
- Zerlegung 342

Wortfeld **206**, 329

wörtliche Rede ▶ Redebegleitsatz ▶ Zeichensetzung

würde-Ersatzform ▶ Konjunktiv II (Irrealis)

Z

Zeichensetzung 334–336
- Anführungszeichen ▶ Zitate / Zitieren
- direkte Rede (wörtliche Rede) 336
- Doppelpunkt 277
- Komma ▶ Komma
- Kommaregeln 279
- Redebegleitsatz **277**, 336
- Satzschlusszeichen 332

Zeitformen (Tempora) 324–325
- Futur I **222**
- Konjunktiv II (Irrealis) **228**
- Perfekt **223**
- Plusquamperfekt **224**
- Präsens (Gegenwart) **222**
- Präteritum (Vergangenheit) **224**
- zusammengesetzte **224**

Zeitgestaltung **83**, 114, **122**, 308
Zeit- / Raumgestaltung **83**, 122, 308, 314
Zeitungsartikel **153**, 154, 317
Zitate / Zitieren **21**, **234**, 277, 310
Zuhören 17, 25, 35, **37**, 44, 61, **101**, 105, **114**, 139, 145, 148, 151, 158, 163, 166, 172, 191, 200, 217, 289, 298, **302**, 306–307
Zusammen- / Getrenntschreibung **266**, 340
Zwischenüberschriften **22**, 310

Bildquellenverzeichnis

S. 3 o., 13: stock.adobe.com / georgejmclittle, **S. 3 u., 7 u., 33, 159–168, 170, 172, 302:** Cornelsen / Thomas Schulz; **S. 4, 49:** imago / Hoch Zwei Stock / Angerer / Getränke Nordmann GmbH; **S. 5 oben, 71:** Shutterstock / Alexey Lysenko; **S. 7 oben, 137–139, 219:** bpk / Lutz Braun; **S. 8, 62, 75, 153, 175, 178, 179, 185, 248, 290:** picture-alliance / dpa; **S. 9 o., 195–201:** SPIN, Regie: Jamin Winans / Interfilm Berlin; **S. 9 Mitte, 205:** Rainer Groothuis „Wie kommen die Bücher auf die Erde? Über Verleger und Autoren, Hersteller, Verkäufer und Gestalter, die Kalkulation und den Ladenpreis, das schöne Buch und Artverwandtes. Nebst einer kleinen Warenkunde" © 2007 DuMont Buchverlag, Köln, **S. 9 u., 217:** Bridgeman Images / Private Collection / © Look and Learn; **S. 10, 218, 239, 240:** akg-images; **S. 11, 259:** Shutterstock / BNMK0819; **S. 12, 289:** laif / Thomas Grabka; **S. 14:** Shutterstock / BrAt82; **S. 16, 23:** © JIM 2016; **S. 17:** © Markus Willi; **S. 18, 30, 204 o., 208 u., 250:** Colourbox.com; **S. 20:** Shutterstock / DisobeyArt; **S. 22 Mitte:** Colourbox / Stuart Miles; **S. 24–26:** Quelle: Unterhaltungssoftware Selbstkontrolle; **S. 27:** Shutterstock / Patricia Malina; **S. 29:** Shutterstock / Tashatuvango; **S. 43:** Shutterstock / Tero Vesalainen; **S. 44:** Shutterstock / Faber14; **S. 72:** picture-alliance / ZB; **S. 74:** Shutterstock / YuriFineart; **S. 81:** adobe.stock.com / Alexandr Vorobev; **S. 85:** imago / Westend61; **S. 89:** picture-alliance / All Canada Photos; **S. 90:** picture-alliance / WILDLIFE; **S. 98:** bpk / Staatsbibliothek zu Berlin / Ruth Schacht; **S. 102:** ddp images; **S. 107:** Bridgeman Images / Buyenlarge Archive / UIG; **S. 108:** Glow Images / Imagesource; **S. 113:** adobe.stock.com / NextMars; **S. 114:** Shutterstock / Pavel L Photo and Video; **S. 148:** ddp images / Ewald Fr; **S. 151:** Shutterstock.com / View Apart; **S. 152:** picture-alliance / Everett Collection; **S. 176:** ddp images / Steffens; **S. 177:** imago stock&people / Matteo Gribaudi; **S. 182:** picture-alliance / l27 / ZUMA Press; **S. 184 links:** picture-alliance / Globus Infografik, **S. 184 rechts, 194:** picture-alliance / dpa-infografik; **S. 186:** picture-alliance / Laci Perenyi; **S. 189:** Bridgeman Images / Granger; **S. 192:** mauritius images / Kent Smith / Firstlight; **S. 203 oben:** adobe.stock.com / Sven Hoppe; **S. 204 unten:** adobe.stock.com / Spectral-Design; **S. 207 links:** Shutterstock / fotobook, rechts: Shutterstock / Olexander Kozak; **S. 208 o.l.:** Shutterstock / Venus Angel, **o.r.:** adobe.stock.com / KOKALA VIEW; **S. 209:** Vorsicht Buch! Börsenverein des Deutschen Buchhandels e.V.; **S. 210:** Shutterstock / Twin Design; **S. 212 links:** imago stock&people / JOKER, **Mitte o.:** ddp images / Silvia Graf, **Mitte u.:** mauritius images / alamy stock photo / Stefano Paterna, **rechts:** ddp images / Sebastian Willnow; **S. 213:** © privat; **S. 214:** adobe.stock.com / Brian Erickson; **S. 215:** adobe.stock.com / István Hájas; **S. 220:** bpk / RMN – Grand Palais / image Beaux-arts de Paris; **S. 221:** bpk / The Metropolitan Museum of Art; **S. 222:** dieKLEINERT.de / Ursula Harper; **S. 223:** Shutterstock / Alena Dubinets; **S. 224:** imago images / H. Tschanz-Hofmann; **S. 225:** imago stock&people / Ralph Peters; **S. 227:** adobe.stock.com / styleuneed; **S. 228:** Shutterstock / 3Dalia; **S. 232:** imago stock&people / Siering; **S. 234:** @aleksandergamme; **S. 235:** interfoto e.k. / Granger, NYC; **S. 241:** adobe.stock.com / Juulijs; **S. 242:** akg-images / NASA; **S. 245:** Shutterstock / Leo Blanchette; **S. 247:** adobe.stock.com / liveostockimages; **S. 249:** Stiftung Jugend forscht e.V.; **S. 252:** © Adrian Baer / NZZ; **S. 254:** laif / Polaris / Rick Friedman; **S. 255:** action press / theoceancleanup / Exclusivepix Med; **S. 256:** adobe.stock.com / Martin Green; **S. 257:** interfoto e.k. / PHOTOAISA; **S. 273:** adobe.stock.com / hespasoft; **S. 274:** adobe.stock.com / Dirk Petersen; **S. 283:** OKAPIA KG / imagebroker / J.W.Alker; **S. 285:** adobe.stock.com / Marek; **S. 286:** adobe.stock.com / cgar; **S. 288:** picture alliance / John Greve; **S. 293 oben:** adobe.stock.com / WS-Design, unten: ddp images / DOCmedia; **S. 295:** imago stock&people / Garcia; **S. 296:** picture alliance / Photoshot; **S. 300, 347:** Libre Office, The Document Foundation; **S. 303:** Deutsche Gesellschaft für Umwelterziehung; **S. 304:** picture-alliance / chromorange; **S. 305, 349:** © Microsoft® Office. Nutzung mit Genehmigung von Microsoft

Lösungen zu einzelnen Aufgaben

zu Kap. 3, S. 63: Brechts Originalgeschichte schließt mit dem Ende A.

zu Kap. 14, S. 280: Hier findet ihr den Text in der richtigen Schreibweise.
1 Erlaubt mir, mich vorzustellen: Ich bin Linny, 14 Jahre alt und Jugendreporterin, genau wie viele andere Jugendliche in Tegucigalpa, der Hauptstadt von Honduras.
2 Wir machen bei einer Kindernachrichten-Sendung, die von dem internationalen Kinderhilfswerk UNICEF unterstützt wird, mit.
3 Ich war, als ich mein erstes Interview führte, ziemlich aufgeregt.
4 Der Wichtigkeit meiner Aufgabe bewusst, war die Nervosität schnell verflogen.
5 Mir hat der Gedanke Mut gemacht, als Reporterin viele Leute, Orte und Themen kennen zu lernen, vor allem aber wirklich etwas bewegen zu können.
6 Denn in Honduras, besonders hier in Tegucigalpa, gibt es viele Probleme, vor allem die Umweltverschmutzung, die wir nicht so hinnehmen wollen.
7 Weil ich darüber berichten wollte, bin ich mit Eduardo, dem Kameramann des Kinderfernsehens, zu einer großen Müllkippe gefahren.
8 Dort gibt es riesige Abfallberge, hoch wie Vulkane, und ständig bringen Lkws noch mehr Müll.
9 Wir sind dort lange stehen geblieben, was mir schwergefallen ist, weil es so übel roch.
10 Auch außerhalb der Müllkippe, die Wälder und Seen betrachtend, sieht man massenweise Müll.
11 Man muss Angst haben, dass wir alle davon krank werden.
12 Als Journalistin habe ich die Pflicht, dass ich die Wahrheit herausfinde und öffentlich mache.
13 Dann können auch andere Menschen nicht mehr vor den Tatsachen davonlaufen, sondern müssen nachdenken lernen, wie die Dinge sich ändern lassen.
14 Wenn unsere Sendung mittwochabends direkt vor den Hauptnachrichten auf Kanal 5 läuft, erreichen unsere Berichte alle Menschen, die hier ein Fernsehgerät haben.
15 Meine Mutter sowie meine Geschwister gucken am Mittwochabend natürlich auch immer.
16 Dass mein Vater nicht dabei sein kann, lässt mich traurig sein.
17 Er muss in den USA arbeiten gehen, weil er dort mehr Geld verdient als hier.
18 Nur alle drei Monate kann er uns von freitagabends bis Sonntagmittag besuchen kommen.
19 Nächstes Jahr aber wird er hoffentlich zurückkehren und dann immer hier sein.
20 Wenn mir das Lernen weiterhin leichtfällt, könnte ich später Journalismus studieren.

Teile einiger Kapitel wurden erarbeitet von:
Petra Bowien, Friedrich Dick, Dietrich Erlach, Ute Fenske, Birgit Ihlo, Peter Imhof, Alexander Joist, Rolf Kauffeldt,
Markus Langner, Marianna Lichtenstein, Angela Mielke, Deborah Mohr, Norbert Pabelick, Christoph Schappert,
Gerhild Schenk, Luzia Scheuringer-Hillus, Swetlana Staat, Marlene Stahl-Busch, Klaus Tetling

Redaktion: Thorsten Feldbusch
Coverfoto: Cornelsen/Thomas Schulz

Illustrationen:
Friederike Ablang, Berlin: S. 97, 203 unten, 297
Lars Baus, Münster: S. 5 unten, 91-93, 99, 101, 103, 109, 110
Uta Bettzieche, Leipzig: S. 34, 36, 40, 42, 47, 78, 150, 181, 211, 341
Volkhard Binder, Telgte: S. 183
Maja Bohn, Berlin: S. 50-61, 64-69, 141-143
Klaus Ensikat, Berlin: S. 147 Mitte
Michael Fleischmann, Waldegg: S. 146, 147 oben, 155, 156
Nils Fliegner, Hamburg: S. 15, 229-231, 237, 243, 244
Sylvia Graupner, Annaberg: S. 22, 348
Peter Menne, Potsdam: S. 6, 38, 115-132, 169, 173, 174, 261-272, 276-279, 291, 292
Mone Schliephack, Niedernhausen-Oberjosbach: S. 319

Umschlaggestaltung und Layoutkonzept: werkstatt für gebrauchsgrafik, Berlin
Layout und technische Umsetzung: lernsatz.de

www.cornelsen.de

1. Auflage, 3. Druck 2024

Soweit in diesem Buch Personen fotografisch abgebildet sind und ihnen von der Redaktion fiktive Namen, Berufe, Dialoge
und Ähnliches zugeordnet oder diese Personen in bestimmte Kontexte gesetzt werden, dienen diese Zuordnungen und
Darstellungen ausschließlich der Veranschaulichung und dem besseren Verständnis des Buchinhaltes.

Alle Drucke dieser Auflage sind inhaltlich unverändert
und können im Unterricht nebeneinander verwendet werden.

© 2019 Cornelsen Verlag GmbH, Berlin

Das Werk und seine Teile sind urheberrechtlich geschützt.
Jede Nutzung in anderen als den gesetzlich zugelassenen Fällen
bedarf der vorherigen schriftlichen Einwilligung des Verlages.
Hinweis zu §§ 60 a, 60 b UrhG: Weder das Werk noch seine Teile
dürfen ohne eine solche Einwilligung an Schulen oder in
Unterrichts- und Lehrmedien (§ 60 b Abs. 3 UrhG) vervielfältigt,
insbesondere kopiert oder eingescannt, verbreitet oder in
ein Netzwerk eingestellt oder sonst öffentlich zugänglich gemacht
oder wiedergegeben werden. Dies gilt auch für Intranets von Schulen und anderen Bildungseinrichtungen.

Druck und Bindung: Livonia Print, Riga

ISBN 978-3-06-062778-3

PEFC zertifiziert
Dieses Produkt stammt aus nachhaltig
bewirtschafteten Wäldern und kontrollierten
Quellen.
www.pefc.de

Weitere Bestandteile des Lehrwerks	
– E-Book zum Schülerbuch 7	(978-3-06-061721-0)
– Arbeitsheft 7	(978-3-06-062784-4)
– Arbeitsheft 7 mit interaktiven Übungen	(978-3-06-062790-5)
– Servicepaket 7	(978-3-06-062796-7)
– Servicepaket 7 auf USB-Stick mit Unterrichtsmanager	(978-3-06-200171-0)
– Schulaufgabentrainer 7	(978-3-06-200226-7)
– interaktive Übungen 7	(978-3-06-067503-6)
– interaktive Übungen 7 Schullizenz	(978-3-06-067500-5)
– Onlinediagnose 7	(978-3-06-068031-3)

Knifflige Verben im Überblick

(▶ unregelmäßige (starke) Verben, S. 224, 324; ▶ Konjunktiv I/II, S. 228, 233)

Infinitiv	Präsens	Präteritum/Perfekt	Konjunktiv I/Konjunktiv II
befehlen	du befiehlst	er befahl/hat befohlen	sie befehle/befähle
beginnen	du beginnst	sie begann/hat begonnen	er beginne/begänne
beißen	du beißt	er biss/hat gebissen	sie beiße/bisse
bieten	du bietest	er bot/hat geboten	er biete/böte
bitten	du bittest	sie bat/hat gebeten	sie bitte/bäte
blasen	du bläst	er blies/hat geblasen	er blase/bliese
bleiben	du bleibst	sie blieb/ist geblieben	sie bleibe/bliebe
brechen	du brichst	sie brach/hat gebrochen	er breche/bräche
brennen	du brennst	es brannte/hat gebrannt	es brenne/brennte
bringen	du bringst	sie brachte/hat gebracht	sie bringe/brächte
dürfen	du darfst	er durfte/hat gedurft	er dürfe/dürfte
einladen	du lädst ein	sie lud ein/hat eingeladen	sie lade ein/lüde ein
erschrecken	du erschrickst	er erschrak/ist erschrocken	er erschrecke/erschräke
essen	du isst	er aß/hat gegessen	sie esse/äße
fahren	du fährst	sie fuhr/ist gefahren	er fahre/führe
fallen	du fällst	er fiel/ist gefallen	sie falle/fiele
fangen	du fängst	sie fing/hat gefangen	er fange/finge
fliehen	du fliehst	er floh/ist geflohen	sie fliehe/flöhe
fließen	du fließt	es floss/ist geflossen	es fließe/flösse
frieren	du frierst	er fror/hat gefroren	sie friere/fröre
gelingen	es gelingt	es gelang/ist gelungen	es gelinge/gelänge
genießen	du genießt	sie genoss/hat genossen	er genieße/genösse
geschehen	es geschieht	es geschah/ist geschehen	es geschehe/geschähe
greifen	du greifst	sie griff/hat gegriffen	sie greife/griffe
halten	du hältst	sie hielt/hat gehalten	er halte/hielte
heben	du hebst	er hob/hat gehoben	sie hebe/höbe
heißen	du heißt	sie hieß/hat geheißen	er heiße/hieße
helfen	du hilfst	er half/hat geholfen	sie helfe/hülfe
kennen	du kennst	sie kannte/hat gekannt	er kenne/kennte
kommen	du kommst	sie kam/ist gekommen	sie komme/käme
können	du kannst	er konnte/hat gekonnt	er könne/könnte
lassen	du lässt	sie ließ/hat gelassen	sie lasse/ließe
laufen	du läufst	er lief/ist gelaufen	er laufe/liefe
leiden	du leidest	sie litt/hat gelitten	sie leide/litte
lesen	du liest	er las/hat gelesen	er lese/läse